百年寻梦从头说

夏书章 著

天津出版传媒集团

天津人民出版社

图书在版编目(CIP)数据

　　百年寻梦从头说 / 夏书章著. —— 天津：天津人民
出版社，2019.1
　　ISBN 978-7-201-14293-7

　　Ⅰ.①百… Ⅱ.①夏… Ⅲ.①夏书章-自传 Ⅳ.
①K825.46

　　中国版本图书馆 CIP 数据核字(2018)第 276974 号

百年寻梦从头说
BAINIAN XUNMENG CONGTOUSHUO

出　　版	天津人民出版社
出 版 人	刘　庆
地　　址	天津市和平区西康路 35 号康岳大厦
邮政编码	300051
邮购电话	(022)23332469
网　　址	http://www.tjrmcbs.com
电子信箱	tjrmcbs@126.com

策划编辑	黄　沛　王　康
责任编辑	王佳欢
特约编辑	郑　玥
封面设计	明轩文化 · 王　烨

印　　刷	北京雅昌艺术印刷有限公司
经　　销	新华书店
开　　本	787 毫米×1092 毫米　1/16
印　　张	32
插　　页	5
字　　数	350 千字
版次印次	2019 年 1 月第 1 版　2019 年 1 月第 1 次印刷
定　　价	198.00 元

卷首语

这里首先是向诸位读者问好！别的不想说什么。为了让诸位稍感轻松，想到一个小小的与本书有关的文字游戏：

过了一年又一年，

三四五六七八年。

到底共有多少年？

原来说的是百年！

其中略有"玄机"，相信不难识破。免去答案或说明，何妨一试？也可能早就知道了，付之一笑可也。

说到与本书有关，看来还有必要作些补充。这个百年在干什么？常识告诉我们，凡有愿待偿，必须加紧追寻，方能实现。否则不寻不得，虚度光阴而已。再说俗语有云："日有所思，夜有所梦。"梦乃思的集中具体反映，亦必经历长期追寻终于圆梦。可见，寻梦远非一朝一夕之功，因为人非生而知之，加上家庭、社会、时代等各方面的影响，难免存在不同认识。如何明辨是非、纠正错误、走上正道之类，都有待随时、随地、随人、随事表明态度和思路。这样，也只有这样，日积月累，逐渐形成主流，才能对路达标。"百年寻梦从头说"这个主题就是这样来的。也就是说，从生平学习、生活、工作的某些细节，反映自己对人生和国家社会的美好前景所持的心态。

目　录

第五个十年（1959.5—1969.5）

没有实践经验难免出现曲折 ……………………………… 139

第六个十年（1969.6—1979.6）

拨乱反正证明终究邪不敌正 ……………………………… 185

引　言

我是一个在 1919 年 1 月 20 日出生于祖国大地的中国人。真的没有想到，很快就要满一百岁了。庆幸的是，我的记忆力尚未有较大的衰退，往事不仅没有完全如烟，而且不少还历历在目，还经常给自己"过电影"。有点儿奇怪的是，较近的事反而不时忘记。这本《百年寻梦从头说》，虽然其中很大一部分是"自传"性质，不过内容比较广，包括国内和国际社会发展变化的有关情况，并对某些历史和现实现象以及问题尤其是国家前途远景有所涉及。全书按年代顺序编排，共分为十个十年。主要想说的是，现在中国人均寿命的延长绝非偶然，这是一个很有特点的百年，是在中国共产党的正确领导下实现国家富强、民族振兴、人民幸福的中国梦的百年。

一、从人生七十古来稀说起

"人生七十古来稀"这句唐代大诗人杜甫在《曲江》里留下来的古话，一直流传至今，大概有很多人都知道。但是看看事实，现在已经可以说是古稀今不稀了。因为在新中国成立前，旧中国的人均寿命只有 35 岁或者更低。而近年据统计，已相当普遍地在 70 岁以上了。再说稀是少的意思，不是全无，不稀亦非全是，这是完全可以理解的。

其实，早在宋代已有"人能百岁自古稀"的说法，那是一代名人王安石在他的诗《松》里的句子。明代无名氏的《增广贤文》说："山中自有千年树，世上难逢百岁人"，难逢也就是因为稀少。另一本无名氏的《名贤集》干脆概括说："人生不满百，常怀千岁忧。"明代于谦在《静夜思》中则更加肯定地认为："人生由来不满百，安得朝夕事隐忧？"说"自古稀""难逢百岁人"还算留有余地，断言"人生不满百"，甚至强调"由来不满百"，岂不明显缺乏调查研究和过甚其词？唐朝的名医孙思邈就活到 101 岁高龄（一说 102 岁或 142 岁，且都有根据）。历代也都有，只是不会很多罢了。

让我们把话又说回来，如今年过百岁的人也在大大增多。曾经听到过这样的豪言壮语："一百不稀奇，九十有的是，八十满街跑，七十小弟弟。"中国老龄化是个有待认真研究的新问题，但同时也反映了由于国家发展、社会进步，人民生活有了较大的改善，人们的身心健康水平已有显著的提高。

二、这是个特点颇多的百年

人类历史上的百年很多，各个地区、民族、国家和各个时期都可能有不同的特点，例如顺利发展、长期停滞、兴旺繁荣、贫穷落后、称霸欺人、四分五裂、内外交困、太平盛世、被动挨打、内忧外患、由盛而衰、振兴国强、政府腐败、闭关锁国、改革开放、和平友好……不一而足。就拿中国最后一个封建的清王朝来说，在包括入关以前的一段时间在内的将近三百年中（建国于 1616 年，初称后金，1636 年改国号为清，1644 年入关，至 1911 年灭亡，共历时二百九十六年),若分为三个百年,则其由强转弱的阶段性特点即很分明。

中国在从 1919 年 1 月起的一百年中,情况要复杂得多。当时,辛亥革命推翻清王朝虽已七年,但旧势力、恶势力依然很大,主要表现为有帝国主义做后台的军阀割据。1917 年俄国的十月革命,是马克思列宁主义的胜利。第一次世界大战后的巴黎和会竟然承认日本接管德国侵占中国山东的各种特权,北京学生因此在 1919 年 5 月 4 日游行示威抗议,开展了反帝、反封建的伟大政治和文化运动。中国无产阶级登上了政治舞台,为中国共产党的成立作了准备。作为辛亥革命领导者的孙中山,也深感"革命尚未成功,同志仍须努力",对建立不久的中国共产党寄予厚望,宣布"联俄、联共、扶助农工"三大政策,北伐战争一路告捷。可是众所周知,他的继承者背叛了他的遗愿,成为公开狂妄顽固的反共、反人民的反动派。紧接着的便是外战内战交叉进行且长期不断,结局是没有共产党就没有新中国,开始走上只有社会主义才能救中国的道路。

三、中国共产党的正确领导

在这整个百年中,起主要和决定性作用的是中国共产党的正确领导。前面刚说过的没有共产党就没有新中国是这样,新中国怎样发展也是如此。出了偏差,纠正就好。前三十年的旧中国,中国共产党经历的完全是从无到有、从小到大、从弱到强的发展过程,长征到达陕北以后,只用了十三年就建立起新中国。新中国成立后,马上改变了反动派造成的恶性通货膨胀,广大人民群众无不欢欣鼓舞。不久,抗美援朝开始。美国侵略者假借联合国的名义,出兵入侵朝鲜。为了保家卫国,中国派志愿军参战并获胜,美军全未料到。据传,德国某咨询公司曾作专题研究,结论是:若美国侵朝,中国将出兵,美军必败。欲知其详,索价五百万美元。美国不信,嫌贵致未成交。后来吃了败仗,还是以二百八十万美元买去看个究竟。德方研究认为,正是中国共产党历来正确领导的结果。

新中国成立后,建设社会主义没有经验,学习苏联也不能完全照搬照套,需要试验、探索,因此难免要付出一些代价。至于林彪、江青等人作乱的所谓"文化大革命",也终于被拨乱反正,国家进入改革开放的创新发展时期。1989年政治风波被平息了,紧接着不久的便是波兰等东欧社会主义国家剧变和苏联解体,这更突出了中国共产党的正确领导。随后继续努力建设、发展、实践毛泽东思想、邓小平理论、"三个代表"重要思想、科学发展观,在和平崛起中提高了新中国的国际地位和扩大了对世界的影响。党的十八大以后,聚焦"四个全面",集中"五大发展理念",把全面建成小康社会作为近期目标,最终实现国家富强、民族振兴、人民幸福的中国梦。这是习近平新时代中国特色社会主义思想的集中体现。中国梦是中国人民的梦,显然,这一切又怎能离得开或少得了中国共产党的正确领导!

以下分述的十个十年,随着年龄的增长和活动的不同,内容也有层次、详略和各有侧重之分。总体而言,前三个十年我主要生活在旧中国,接受小学、中学、大学和短期在国外的研究生教育。正式开始工作不久,便进入新中国的历史时期。在第一个十年中,对很多事情,一个十岁左右的乡镇儿童并不可能知道,而是后来听说和了解的。第二个十年我到了县城和较大城市,结束了中等教育并考上大学,算是接触"世面"稍广。比较起来,第三个十年应该是百年重点之一。大学本科毕业继续读研,随即在高校任教,又很快适逢中华人民共和国成立和广州解放。从第四个十年起,我已下定决心,这一辈子要自觉积极努力,使自己成为一名合格的共产党员。接下去的几个十年,也都是在思想上和工作中经历各种考验的过程。若问我的总体心态如何,似不妨套用一句老话来表达:旧社会有"江湖愈老愈寒心"之说,现在则是老人愈老愈开心和愈有信心,因为过去是每况愈下,而今后是蒸蒸日上、欣欣向荣、渐入佳境和进入更佳境。

第 一 个 十 年

1919.1
1929.1

寻 梦 始 于 观 察 不 同 社 会 现 象

1919

1929

1939

1949

1959

1969

1979

1989

1999

2009

2019

1919.1
1929.1

　　由于我出生在冬季,而每个学年一般都从秋季开始,所以我入学时已经是六岁半多了,初小四年毕业时,我已经过十岁半了。这第一个十年自然都在家乡度过,要说的也只是些基本情况。其中与后来的成长和发展可能或多或少、或直接或间接存在联系的,如家庭背景、地区环境、社会风气之类。此外,还不乏新旧交替、今昔对比,甚至有至今仍未得到可信答案的老问题。不过因为毕竟离乡太久,对于那里最新的方方面面缺乏切实的了解,还是以忆旧为主。虽然有过回乡认真调查研究一番之想,但已力不从心,只能事与愿违了。

一、出生时间

　　"引言"的第一句话已经说了,我的出生时间是 1919 年 1 月 20 日,就是那么简单,或者再加上大概是半夜,当时还不流行是几点钟的说法,好像是在传统计时单位的亥时。原来历法有新有旧,新历又叫阳历或公历(世界通行),旧历又叫阴历或农历(中国特有)。这就说来话长了。

原来1919年1月20日根据的是后来通用的新历,按旧历应为1918年的腊月(12月)十九。于是形成新旧交叉、衔接的格局,如人们常说的"天上月圆地上月半,月月月圆逢月半,阴历年尾阳历年头,年年年尾接年头"。阴历本来就是随着月亮的运转计算的,时差用闰月(增加一个月)去补,阳历闰年则在二月的二十八天里加一天,始终保持年尾与年头重叠的状态。

这种重叠的现象,一般也没有什么。现在把旧历新年叫春节,比新历新年元旦还要热闹,并且特意多放几天假。再说,叫春节也很有道理。春是一年四季之首,旧历又惯称农历,即因按农时分二十四个节气,每季六个,四季分明,在地处温带的中国是合乎农业科学发展规律的,已为国际公认。不过,旧历有一个依"天干"(甲、乙、丙、丁、戊、己、庚、辛、壬、癸十项)和"地支"(子、丑、寅、卯、辰、巳、午、未、申、酉、戌、亥十二项)顺序结合表示年份的传统。从甲子、乙丑等起,周而复始,每六十年一个循环。很多重大历史事件,都用这个办法来表示年代,如"甲午战争""辛亥革命"等。不仅如此,"地支"还分别代表十二种动物的属性,即鼠、牛、虎、兔、龙、蛇、马、羊、猴、鸡、狗、猪。说这么多只是为了带出一个个人属相问题:我出生在旧历的戊午年,午年是马年,要到春节才是己未年的羊年。因为每年春节前后属相不同,有人常误以为进入新历新年便是新的属相,我就不止一次地被认定属羊而不属马。这也难怪,手边一本2017年的挂历封面就写明"鸡年吉祥",下面注的是"贰零壹柒丁酉鸡年",其实丁酉年要到新历1月28日才开始,1月1日至27日还是丙申猴年。至于属相还有什么性格,那是胡扯。

现在再说这些,应已毫无意义。可在封建迷信盛行之际,这个生辰八字,即将年月日时各以干支二字合成的八个字都是算命打卦、谈婚论嫁的一项重要依据或凭证。记得家人闲谈中曾提到过我的"命相",是一匹出生在寒冬腊月半夜在槽的马。通常是秋收冬藏,冬天白天的马忙于运输,很辛苦,好在是入夜在槽可以休息云云。就是说,是一个还有休息机会的"劳碌命"。真是说了等于不说、白说,还要装腔作势、自圆其说。可是时间快过去一百年了,如今仍有人在起劲儿地助长迷信思想和搞迷信活动,实在令人深感遗憾!例子很多,不胜枚举。有的是出于一厢情愿或胡思乱想,往往经不起推敲,甚至达到无聊的程度。像厌四喜八,四的谐音字很多,为什么偏偏就抓住个"死"字不放呢?四号和第四层楼不说,四年级、第四卷等难道也要免去?至于八与"发"相近,又怎能只是发财、发达而不是发疯、发病、发大水?何况与"死"和"发"同音的字也不少,有些忌讳其实很荒唐和滑稽,使人想到历史上封建王朝中出现过的那些野蛮、残酷的文字狱。有人写过这么几句:"谐音本无吉和凶,全是自慰和自哄;图个吉利倒无妨,形成风气却不中。"①这首打油诗不无讽刺和警诫作用。

总之,出生时间只是客观地、具体地表明一个人的人生开始,并不预示其将如何发展和前途命运如何。有影响的是时代背景、所受教育,以及各种机遇,而不是根据算命打卦的生辰八字或什么属相等迷信因素。明乎此,也有助于我们揭穿"宿命论"的老底。试想,倘若什么都是"天生的""前生或命里注定的",那就没有改革创新的余地了!因此,对于各种迷信思想和迷信活动,我们必须经常保持高度警惕。事实早已证明,其中既有思想觉悟水平较低而受蒙骗上当的,也有居心不良、别有用心、故意装神弄鬼、设置陷阱、诱人投入的。凡此有违于倡导建设社会主义精神文明的,应该一律在被扫除之列。它们不仅是精神垃圾、废品,而且更严重的还是毒物!

①《人民日报》(海外版),1992年10月15日,第7版。

二、出生家庭

我出生于旧社会的一个平常家庭。很简单,姓夏的在当地只此一家。大房母女二人和二房一家人分居两处,都是自家的房屋。我是属于二房的,出生时前面已有两个哥哥,我是老三。后来二哥夭折,我成了老二。但习惯上仍叫我"三子",并且由于社会上流行一种重男轻女的说法,说把男孩当女孩养可保容易长大,于是母亲给我一只耳朵上扎了眼并戴上耳环(父亲去世后还在耳环上缠了白线,直到读中学时才把耳环除去)。据说我的表现比较文静,因而又有"三姑娘"之称。因大房有女无子,将老大过继,于是在二房实际上我又由老二"提升"为老大了。在我的后面,还有过两弟一妹,但小妹也夭折了,因此只有兄弟四人。父亲给我们四兄弟定名为书文、书章、书华、书国,根据是"礼义传家远、诗书继世长"这两句传下来的古训,父亲是"诗"字辈。书文虽已过继给大房,但仍同我们住在一起。再说虽然从小就有"国"的印象,但长大后才知道是怎么回事。

从父亲给我们的定名来看,他是有些文化基础的。他的字写得很好,大门的春联就是"文章华国,诗礼传家"。他平时也常给别人写字,有不少大大小小的图章,可是未能免俗,照样也搞迷信活动。还有一个最糟糕的毛病是吸鸦片成瘾(我长大以后才知道这与鸦片战争有关系)。他三十几岁就去世了,是我们想不到的。不过我从小没有见过祖父和伯父,大概寿命也都不长,可见我们家没有长寿的传统,或者可能是鸦片之类造成的。一个可供参考的数据是:长我三岁的大哥和分别小我四岁和六岁的两个弟弟,虽都已过世,却都比父亲活的长得多。他们均仅受过初小的教育,生活条件也较差。我就更"特别"了,至今仍健在,更算是打破了家庭的"纪录"。看来,其中似必有可以说明这种现象的缘故,也许并非没有长寿基因。

回想起来,父亲的日常生活给我的印象很深。当时倒没有感到什么,只知道是那么一回事。后来渐渐懂得,那样的身体怎能不坏,那样的家又怎能不败! 在他的小书房里放着一张专供抽大烟的床,我经常见到他躺着"过瘾"。除了偶尔写写大字外,他打麻将的频率更高,不是为了消遣,而是应付"牌局"。那是由一些缺钱花的游手好闲之徒撮合起来,靠抽头去填腰包的。时间越长,抽头越多,有时竟干通宵。平时他也是晚睡迟起,还不到三十岁,便体虚待补,在小火头的煤油灯上炖燕窝汤。不久终于病故,有人说与医药不当有关,也有可能。

母亲是个半文盲,识字不多,应该称得上是贤妻良母。但因为孩子多了,又缺乏营养和卫生常识,照顾不到或出些事故不能怪她。我小时就因跌破头至今留下大疤;因母亲没有及时给我换鞋子,长期穿小鞋导致脚趾受挤压而弯曲了。若从家庭教育的角度来看,父母在这方面的影响不大。除上述有关情况之外,我按时进入了镇上仅有的一所初小四年学校,随后即离家赴县城读高小和到扬州读初中,在外面的时间久了,说学校教育和社会教育对我的影响较大,便是这样来的。当然,家庭教育中还有父亲和母亲两方面的至亲,虽说不上有什么教育影响,但还应该略述其要。

父亲是个独生子,但有一个姐姐(也可能是妹妹,记不清了),即我们的姑母。她同我们家里过去开的商店的一个学徒结了婚,一直住在我们家一处屋里。他们生了一男一女,即我的表兄和表妹。姑母去世得早,姑父没有再婚。表兄外出打工,一直没有回乡,三十岁左右,未成家就病故了。表妹出嫁以后,也去世得早,而姑父却活得较久。这同我们家的情况相反。

还有外祖父家即母亲的娘家。母亲是长女,还有三个妹妹,另有三个兄弟,即我的姨妈和舅父们。其中小舅父是外祖父的妾生的,与母亲是同父不同母。外祖父的几个女儿,除三姨因病未嫁较早去世和二姨不育外,寿命还算正常。但大舅和二舅都先外祖父而去,我好像也没见过大舅,可见这是既不同于我们家又不同于姑父家的另一种情况。而家业衰败则大体上是一样的。记得在我离家十二年后第一次回家时,母亲、姑父都还在,外祖父家不仅老人已走,还应了早已有人预测过的那句话,叫"拆屋卖庭柱"了。三进(三排)大瓦房,其中带小楼的前两进已被拆掉卖了。

这些情况都很简单,也可算是旧社会的一般常态。吃遗产是不能长久的,总归坐吃山空。吸毒更是一大危害,是一个严重的社会问题。几家衰败都有这方面的原因。

三、出生地点

我出生在江苏省高邮县(现已改市)送驾桥(今送桥)镇。这本来好像没有什么可说的,然而不然,有些历来的说法还有待弄清楚。不妨就从省说起。江苏的简称有时叫"江",如"江浙",即指江苏与浙江两省。可有时又叫"苏",如"苏浙"(香港有苏浙同乡会等),"苏皖"指江苏与安徽,"苏鲁"指江苏与山东等。江苏地跨长江,不是像黄河那样分河南、河北两省。省区自身分苏南、苏中、苏北,江南部分为苏南,苏中是长江北岸的扬州、南通一带,苏北是与山东为邻的徐州和连云港等地。因此,江北的地区很广,上海人只把苏中人看作江北人是所见不广。

高邮地处苏中扬州地区。扬州过去是"府",高邮是"州",当时为"县"(现在称"市",也是县级市,仍属扬州这个地级市范围)。曾经有过"扬八属"的说法,即除扬州原地的江都以外,还有七个县,它们是高邮、宝应、盐城、阜宁、兴化、泰州、东台。过去原籍兴化的郑板桥被称为扬州人就是这样来的。现在的情况已有变化,但江都、高邮、宝应仍归扬州市,增加了邗江和仪征,其余未再提及。①高邮由来已久,又称秦邮,因为秦朝已开始在此设置邮

---

① 参见《扬州人:天南地北扬州人》(上),安徽大学出版社,2000 年。

站。有人以为那是由于高邮出了秦观(少游)的缘故,显然是误会。不过高邮
有个名胜"文游台"确与秦观有关,那是他同苏东坡在一起活动的地方。他
们泛舟高邮湖上,苏有"湖上买鱼鱼最美,煮鱼便是湖中水"之说可能属实。
至于秦观成为苏家女婿的故事,则是后人编的。

　　送驾桥是高邮县属的一个小镇,与县城之间隔着一个高邮湖,有几十
里的距离。湖面很大,在县城和运河之西,故称湖西。又分水南水北,送驾桥
位于水南。镇的南头同江都接壤,旱路直通扬州北门,也有几十里地。镇名
原叫宋家桥,有历史记载,谓有降明的元将,初被赐姓朱,他不敢当,然后皇
上改成近似的宋,被赏地数百亩就地安家,就叫宋家桥。清代改称送驾桥,
地方志没有说明,一直找不到根据。传说乾隆皇帝到过此地,这本该大书特
书,为何只字不提呢? 也有人认为乾隆南巡确曾到过高邮,城外有个地名
叫御码头,而"宋家"同"送驾"发音相近,镇上姓宋的又很少,这么一改,很
容易被普遍接受。1959 年被简化为"送桥",也有淡化封建色彩的意思。地名
究竟是何来由可能就这么算了,至于用桥为地名,在水乡很常见,送桥附近
就有菱塘、公道等桥。

　　我在镇上住的时间是从出生到十岁半,后来逐渐缩短。在回忆中,只有
一条从北到南的大街,东西两边各有三条巷子。除普通商店之外,有澡堂、
饭店、茶馆、客栈、药店各两间,还有官盐店、屠户、豆制品作坊和染坊之类,
一般生活必需品几乎应有尽有。每月阴历初一和初六"逢集",即广东乡镇
的"趁墟",各地商贩集中,比较热闹。镇上没有医生,医生也是逢集才来药
店坐堂。由于各地的集期不同,赶集的人便经常跑来跑去。一些有特色的摊
贩很引人注目。家庭手工业有一些,但没有工厂、钱庄,更不用说银行了。邮
政代办所倒是有一个,对我来说是个有利条件,因为需要对外联系。那时电
话远未普及,能通邮就好,而代办所恰好在我家当街的斜对门,很方便。若
缺乏这个渠道,消息会更闭塞。

　　镇上还有一个很可怕的现象是大烟馆林立。这种不挂招牌的场所难
以统计,当时听说至少有二三十家! 那时我才几岁就知道这不是好事,后

来学历史懂得这是鸦片战争失败的严重后果之一。父亲早逝显然与此有关，亲戚中的"瘾君子"也大有人在，那个外出打工的表兄去世也有吸毒的原因。有一个经常上门讨饭的瞎眼乞丐，便是因他抽大烟败家，妻子忍无可忍把他弄瞎的。镇上有个戒烟会的社会团体，但那也无济于事。一个小镇如此，全国可想而知。过去军阀割据，贵州等地方军队素有"双枪兵"之称，说的是兵随身有两支枪：一是射子弹的钢枪，二是抽大烟的烟枪。试问烟瘾发作了还打什么仗呢！

四、初级小学

镇里只有一所四年制的初级小学，没有幼儿园。初小也非常简单，仅有一连五间草房。中间一间是办公室，两边各两间打通可做两个教室。但只用一边的时间较多，因为经常是只有校长兼教师一人。记得我学习时有过两位教师，一、二年级和三、四年级各用一间教室。后来就四个年级合在一起，学生总数也不太多。教师给某个年级讲课时，别的年级便安排自习或做作业，可以各就各位，相安无事。音乐、体育课好像是"一锅炒"。

江苏本属"富省"，据说教育经费不缺，还支援过外省，但本省教育并不怎么发达，附近乡镇不仅没有高小，很多连初小也没有，要读高小还得到县城去。再说县也不是"穷县"，可县城除有几所六年制的小学外，也没有高级中学，只有一所初中和一所初级师范。这些情况一直延续很久。较快发展是在新中国成立以后的事了。如今镇上早已有了高中，初中有好几所，完全小学自不在话下。根据镇里的官方报道，在整个民国时期，全镇只出过一个大学毕业生，而在 20 世纪 80 年代末已数以万计。这样悬殊的今昔对比，在其中教育当然不可能是一枝独秀，必然是全面发展的结果，所以其他方面可想而知，不再赘述。

再说让我到县城去读高小是父亲的决定。这一点很重要，否则我将同别人一样留在镇上，更没有继续升学的可能。大哥比我早毕业几年，父亲也曾为他联系好到县城以相当程度考入初级师范学校（原规定高小毕业报考，但亦可根据相当程度的考试成绩），他却坚决不干，父亲无可奈何。还有两个弟弟，当时还小，后来父亲去世，家道中落，都只能做点儿小生意勉强维持。四弟一直没有成家，可见生活很不正常。据说，我初小毕业是第一名，城里来的老师认为不升学可惜，才引起家长注意，送我进城。当然，如果我也像大哥一样恋家，下文便必须改写了。

写到这里，翻阅由我题写书名的《送桥镇志》，那是 1993 年 8 月出版的，已经知道送桥在教育方面的发展有很大变化，早就不再是只有那一间初小了。后来在 2010 年 6 月收到送桥中心小学为庆祝百年校庆发来的邀请函时，才知道这所有现代化校园的完全小学的前身就是原来那间简陋的初小。虽未能前往，但十分高兴，写了几句，实为心声：

> 百年树人
>
> 文教为根
>
> 初小育苗
>
> 然后长成

五、北伐战争

一个不到十岁的孩子，根本不懂什么天下大事、国家大事。小地方没有报纸，更没有电视，大人也未必了解外面的情况。但是当年当事情闹到家门口的时候，就不可能视而不见了。印象很深的是那次突如其来的"过兵"，像是败退逃跑的上千人的军队，忽然来到镇上。大家都关门闭户，很怕受到侵扰，只有一些好奇又胆大的小孩子才去看"热闹"，我便是其中的一个。那些士兵武装整齐、有枪有炮，却都垂头丧气、疲惫不堪，没有久留。看样子似乎是后有追兵，一定很强大。可是败兵过境之后，并未很快见到有追兵到来。过了好几天，才有一队百人左右的骑兵轻装到镇。他们受到欢迎，毫不扰民，同败兵的形象相比，截然不同。

长大后听说了"兵败如山倒"这句话，可算亲眼所见是怎么一回事了。更重要的是那场北伐战争原是孙中山去世前定下的解决军阀割据以求全国统一的战争。国共合作时创办的黄埔军校师生中不少共产党人是骨干，如周恩来、叶剑英等人都是军校的领导成员和教官。北伐军取得的胜利，与这股进步力量所起的积极作用是分不开的。后来孙中山的继承人彻底背叛了他的遗志，走上反共、反人民的罪恶道路，才使国难加重，人民处于水深火热之中。小孩子当然不可能明白这些，可是已明确感到这两支军队确实存在差异，应有所取舍。紧接着的是一系列为什么、是什么的问题，如胜方为什么胜、人民都希望什么，等等。在隐隐约约之中，似乎已经从感性认识开始逐步追求理性认识，或者可以说是寻梦的开端。因为在后来的成长过程中，对这次观感的印象极深，历次遇到突发事情或有争议的问题，已逐渐养成思考、分析、对比、展开、论证等习惯。现在回想起来，真是记忆犹新。

六、终身大事

终身大事说的是婚姻问题，习惯上有这么说的。在旧社会盛行包办婚姻，即由父母做主。形式多种多样，常见的如童年定亲、指腹为婚、亲上加亲、招童养媳、收小女婿等，甚至买卖、欺骗、强迫、掠夺，什么性质的都有。

总而言之,父母不满意是不行的。还有男尊女卑,男女是不平等的。所有这些,都是封建社会的特征。可能有读者会感到奇怪,我在这里安排这个专题来谈是为什么。因为我在童年也曾遇到过这方面的问题。

那大概是在六岁左右,听说父亲给我订了婚,对方是相距十几里的另一个小镇某中药店主的女儿,还合过生辰八字,当然是配的。后据了解,此事原是双方父亲在一起抽大烟时商定的,也没有问过母亲们的意见。几岁的孩子并未认真把这当回事,只是偶然出于好奇想看看对方是个什么样子,但一直没有实现,也就算了。提高思想认识、采取实际行动,是在读高中时,但那是后话。这里先就这个问题发一通议论,因为在这个年龄段里有这回事,也是时代背景所反映的一个方面。

再说包办婚姻还有很多恶劣的社会影响。仅就所谓亲上加亲而言,最直接的是近亲繁殖,严重违反生命科学。至于抗婚、逃婚、逼婚、骗婚、偷婚,以及纳妾、嫖妓、乱伦等,在旧社会时有所闻。所有这些,都是一个正常的文明社会不该有的现象。说是封建遗毒,一点儿也不过分。加上资本主义、帝国主义的新毒,中国沦为半殖民地半封建社会甚至次殖民地,不革命不行。五四运动爆发、中国共产党成立都是历史的必然。

回顾第一个十年,个人和家庭以及住地的情况比较简单,变化不大。家里就是祖母去世了。外面的大事都是后来才知道的,如五四运动、中国共产党成立、孙中山的国共合作、反动派的疯狂反共、中国共产党建军和上井冈山建根据地等。地上长"猪毛"的事当时一度流传,也是后来弄清楚的。原来那是朱、毛的谐音,指朱德、毛泽东已起来闹革命了。

第 二 个 十 年

1929.2
1939.2

面 对 大 是 大 非 初 试 坚 定 选 择

1919

1929

1939

1949

1959

1969

1979

1989

1999

2009

2019

1929.2
1939.2

这个十年主要忙于继续升学。因自 1931 年九一八事变起进入抗日战争时期，又逢父亲去世、家道中落，求学的道路非常曲折、艰难。我既尝到失学、失业的苦头，又初试了当代课和任课教师的"牛刀"。西安事变时我正在南京，全面抗日战争开始后一时行踪难定，直到日寇入侵进行惨无人道的南京大屠杀前夕，我才匆匆离去，否则也很有可能被列入死亡名单。后来辗转续读临时高中，到 1939 年 2 月以后才是毕业班的最后一个学期。那时许多地区相继沦陷，以后何去何从是未知数。家乡回不去了，回去也难以安身。

一、五小一小

1929 年 2 月起，是初小毕业前最后一个学期。听说要进县城读高小，当然非常高兴。全镇仅我一人，显得有点儿特殊。那是我第一次进城，父母一同前往。联系的是县立第五小学，简称五小，上的是五年级第一学期。学校本可寄宿，但因床位已满，只好借住在城里的一个远房亲戚家实行走读。由于学校在北门外，路程相当远，中午就在学校搭食。如此很不方便，所以只读了一个学期，便转入在城中区的县立第一小学当住宿生直到毕业。

五小很好，后来了解到进入西南联大成为高邮著名作家的汪曾祺即五小校友。在我的记忆中，五小附近有一所叫"承天寺"的庙宇。听说一个称王称霸想当皇帝的某某，要书法家题写寺名。写"承"字的第一笔总是从"了"字开始，被认为是大不吉利，一连杀了几个人，也不说明是何缘故。直到被猜出先写一个"王"字才收场。此说给我的印象很深，觉得封建制度实在可恶、可怕，要想社会文明进步，确实是非反封建不为功。

在一小的寄宿生都是从县城以外的各乡镇来的。因为朝夕相处，结识了不少同学好友。在我的成长过程中得到他们不少帮助，正所谓"在家靠父母，外出靠朋友"。我在家的时间较少，外出的时间很长，跑的地方也多，对此更有体会。在一小的三个学期，只有寒暑假和父丧才回家。一小五六年级的规模较大，师资较强，除课程教学认真外，还注重安排各种有教育意义的课外活动。一小的历史悠久，其前身早期是致用书院，于是把整个校园作为"致用市"，在高年级学生中选出"市长"来进行课余校园管理，如交通秩序、清洁卫生、文明礼貌等方面。我曾被选为"市长"，像是那么回事地干了一段时间。我读大学本科和研究生时对"市政学"课程和专题很感兴趣，也可能与这段经历有关。"市政"即城市管理，是国家管理(行政管理、公共管理)的重要组成部分。用现在流行的说法就是治国理政的治理，治理不善便难以兴旺发达。看来，一小的这一课外活动很有针对性，对我不自觉的寻梦之旅或许不无影响。

一小接近毕业时，发生过一点儿小曲折。一位体育老师把毕业班学生的体育课成绩一律定为中等，原因是他认为毕业班的学生对他不够尊重。其他老师和许多学生都知道，这位体育老师的资历较差。别人是高中师范毕业，他仅是初中毕业以后经过六个月的培训当上体育教师的，所以有"三年六个月"的外号在流传。毕业班中可能有人议论被他听到了，他便来这么一手作为报复。后经班主任出面做工作，才改变了体育课没有优等生的状况。这一改变也成全了毕业班有德智体全优生的出现，同时反映了如何正确处理好师生关系的问题。

一小师生有人才，也出人才。例如，记得教我们美术(包括手工和绘画)的滑田友老师，到法国留学后成为中央美术学院的知名教授。毕业生的情况不用说，看看校友录就知道了。一小的校园很有特色，如后来被日本侵略者飞机炸掉的西式儿童图书馆，在小学中实不多见。图书馆建在有假山和凉亭的小型园林里，是我常去的地方。还有一大间位于校园中心的中式建筑"道古堂"，是搞小型集体活动和上音乐课的好场所。还有标本室和实验室，当时这样的小学是不多见的。但运动场地较小，显然是由于在城中心区受到了限制。据说一小已迁往别处。1999年曾接到现名实验小学(原高邮县立第一小学)的关于校庆一百年的邀请函，未能前往参加庆典，寄去了以下贺词：

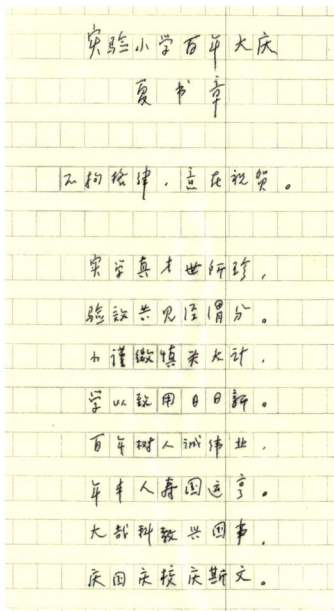

▲ 书贺实验小学百年大庆

实验小学百年大庆

实学真才世所珍，

验效共见泾渭分。

小谨微慎关大计，

学以致用日日新。

百年树人诚伟业，

年丰人寿国运亨。

大哉科教兴国事，

庆国庆校庆斯文。①

注：国庆五十年，校庆一百年，斯文者，建设中国特色社会主义提高文明水平也。

---

① 藏头句，以着重点加以提示，下同。

再把话说回去，前面已经提到，我在一小毕业前，家庭发生巨变，即父亲去世。毕业后能不能继续升学？心中无数，仍决定考了再说。当时最有名的是江苏省立扬州中学，从我家走旱路可直通扬州北门（往高邮城是湖上水路）。老师也鼓励我考省扬州中学而不考县初中，于是就这么定了。

二、扬州中学

那时我刚满 12 岁不久，第一次乘轮船沿运河前往人地生疏的扬州城。第一次找旅店住下，然后便忙于往省立扬州中学报名投考。对于能否被录取并无多大把握，为了保险，当时有三所"扬中"招生，除省立扬中外还有县立扬中和私立扬中，考试时间不同，于是都报名参加考试。结果三所都录取了，当然是首选省中。有趣的是，记不清是县中还是私中考语文时，因腹泻难忍，作文未写完就放下，照样榜上有名。想想也很有可能我在试卷上已写明不能完稿的原因，阅卷人没有苛求所致，而非降低标准。我至今还记得住过的那家旅店的店名，因为某晚我在灯下温课，竟然有店员来小声问我要不要"陪宿"。这表明旧社会的阴暗面是多么糟糕的情况，对一个孩子也如此伸黑手和下毒手，真是岂有此理，太不像话！

进了扬中以后才知道学校的规模很大，有高中部与初中部两处校址。全校活动则集中在高中部的"树人堂"。师资较强，学生较优，初中生很多直接升高中，很多高中毕业生考入名牌大学。在初中生的课外活动中有当时流行的"童子军"，扬中是有名的第六十团。平时校内经常有各种训练和比赛，出名是由于在校际比赛中得分较多。我在一次"观察比赛"中得了第三名，也算做了点儿"贡献"。总之，在扬中初中的学习和生活都很正常和有趣，但是学费和食杂费是要预交的一笔现金。家里经济已日益困难，一年级时便勉强应付;二年级时是母亲变卖了首饰来解决的;上三年级时,家里实在拿不出这笔款子,无可奈何,只好休学。不得已休学的情形,与著名作家陈忠实那篇《晶莹的泪珠》里的描述十分相似。也就是说,我在扬中初中只读了两年,没有毕业。而扬中校友会的工作却做得很周到,不仅经常寄来校友会刊,还注明是"(33)届",即1933年秋离校的。我的大女儿曾到扬中参观,在校友室还看到我的照片,校友会还派人来采访、约稿。另外,《扬州日报》也有记者来过,把我列入《扬州人:天南地北扬州人》(上)这本书中,其信息来源可能都是通过扬中校友会这个渠道。较近的一个例子是"扫一扫二维码,访问我们家乡的微店",题目是"请为家乡代言",附有"最美扬州"四个字,以及表明"天下三分明月,二分明月在扬州"和"五亭桥"等图样。大标题下的内容是:

亲爱的校友们

您有多久没有回到家乡了

还记得瘦西湖畔的姹紫嫣红吗

还记得……

……

2015年古城扬州建城2500周年

这是我们家乡的历史

……

一起为家乡点赞

……

请为我们的家乡代言

原文除两处有顿号外没有标点符号。全文共三十二句,没有一句是关于学校的。开头的称谓却是"校友",也就是此事是以校友为对象。虽未说明发文单位是校友会,但其他单位全无必要冒名行事。常识告诉我们,校友和家乡人是两个概念。有双重身份的,也有并非如此的。扬中校友会这样做,算是把工作做到"家"了。

话又说回来,扬州也确是一个风光很好的城市。古代名城固不待言,现在已发展得更好。同 20 世纪 30 年代初期相比,当然大不一样。在前面提到那本书的封面,曾有江泽民"把扬州建设成为古代文化与现代文明交相辉映的名城"的题词。旁的且不去说,仅以由江苏农学院、扬州师范学院、扬州工学院、扬州医学院等六所高等院校合并成立的扬州大学为例,该校在 2004 年已有二十四个学院、八十八个本科专业,涵盖了全部十二个学科门类中的十一个门类,在校本、专科学生(含博士、硕士研究生)和成人教育学历学生共计五万六千人。现在又过了十几年,一定会有更大和更好的发展。早在 1987 年 2 月初,江泽民在上海时曾题词:"古城扬州是我可爱的故乡。祝愿它在社会主义现代化进程中焕发出更加绚丽的青春。"这一祝愿切合实际,并逐步实现中。

一句"可爱的家乡",表达了人们的思乡之情。在外地出生的孩子,长大以后总想到老家看看,国外华侨的后代也常回祖国寻根。近来不少报刊,都有关于"乡愁"的议论。本来"家国情怀"是一个整体,国家、省、市、县、镇、村或某一特定地区等,都是由家组成的。故乡有大有小,常说的爱国爱乡是一致的。看,为了回家过春节,数亿中国人在路上!

三、开始抗日

在"扬州中学"这个专题中,有一件大事没有讲。因为太重要了,对我的震动和思想影响太大,所以另立了一个专题。在进初中以前的那段时间里,国家大事都是后来听说的。这次刚一开学,就遇上在东北三省发生的九一八事变和紧接着的十九路军一·二八淞沪抗战。扬中学生上街游行抗议,募捐慰问上海抗日战士。当时,我对于日本的疯狂侵略极为痛恨,深感国家必须振兴。我的寻梦思路因而进一大步地明确和强烈起来。周恩来出生于1898年,那是在中日甲午战争之后。他在沈阳东关模范学堂读书时,老师问他为什么读书,他的回答是"为中华之崛起"。那时我也有同感,在新中国成立以后,周恩来的这句话已被贴在许多学校的教室里了。

当时已传出有"不抵抗"的说法,其实是国民党反动派没有抵抗和不让抵抗而继续打内战。淞沪抗战,尤其是中国共产党领导或影响下的义勇军和东北人民已开始抗日,关内广大人民也坚决主张抗日。最近,教育部把抗日战争定为十四年,即从1931年到1945年,而不是从1937年算起。这是完全正确和符合事实的,是从局部到全面的过程。在后面还要谈到的西安事变是进行全面抗战的决定性转折点,那也是在共产党坚定不移的强大影响下实现的。所以从整体说来,实质上对抗日战争起最大积极作用的是共产党,详情容后再说。

初中生当然不懂得那么多,如十九路军打得很勇敢,反动当局却把这支军队调往福建,这是怎么回事?后来才知道,原来又是反动派同敌人之间的一种"默契",战局暂不扩大,对方改从华北入手。当时的国际组织曾为了"主持正义",很像有那么一回事地派代表团到中国东北来"调查",其实只不过是装模作样,像演戏一般走过场,当然没有也不可能有什么下文。在武装侵入和占领别国领土这一全世界有目共睹的事实面前,"强权就是公理"和"弱国无外交"明显是"法则"。试问,国家不振兴、不强大行吗?

在这个问题上,国共两党的态度对比鲜明。不仅如此,国民党反动派还特别集中力量于反共,甚至曾提出"宁可错杀一千,不可放走一个"的残酷口号,逼得共产党只能建军自卫,进入山区扩展根据地,一度在江西成立中华苏维埃共和国(也称作"苏区")。反动派在对苏区加紧围剿的同时,还设站随时对过路人进行审查。由于无知,还闹出一些令人啼笑皆非的大笑话。例如,他们把共产党人称为"赤匪",赤即红色,于是有了"恐红症",对红色封面的书也提高警惕。某次在审查时扣下一本红皮书,让持有者当场翻开,首页则是反动头子的照片。扣书者马上归还,还对持有者说"不好意思"。有的甚至怀疑戴红色帽子、围巾之类者有问题。闹得人们莫名其妙,致使红色商品一时滞销,后来才渐渐有所改变。又如,他们当中的许多一线执行者不学无术,根本不知马克思主义、马列主义是什么,而是见"马"就反,像是犯上了"恐马症"。某次有人被检查,他所携带的书中有一本古籍《马氏文通》被扣,扣书者以为马克思姓马,"马氏"一定是马克思了,真是驴唇不对马嘴。那是清代散文学家马建忠所撰的一本中国文法书。笑话虽然不少,但也反映了他们反共已经达到疑神见鬼和无所不至的程度。不过广大人民群众始终是心中有数的。

一个十二三岁的孩子,就算懂事较早,也还是很有限的,但对成年人中关于国家大事的传闻日积月累作出判断则颇有可能。除前已述及的对抗日战争的态度和行动外,还有如对于孙中山,人们对他有很高的尊崇之情,共产党人也是如此。国民党反动派呢?表面上是一如既往,公共场所挂"总理遗像",很多地方还配上"革命尚未成功,同志仍须努力"这副对联和"总理遗嘱"的全文。每星期一举行纪念活动,不仅行礼如仪,而且诵读"遗嘱",这总算是孙中山的信徒了吧?其实大谬不然,而是完完全全、十十足足的大叛徒。其集中表现或者说焦点、核心,就在于破坏了国共合作,成为走上顽固反共道路的历史罪人。与此同时,其丑恶的另一面也暴露在人民大众面前。原来他们是"四大家族"组成的反动统治集团!旧中国的蒋管区成了他们的家天下,政治压迫、经济剥削,日甚一日,不断变本加厉。日本侵略者得寸进尺,"胃口"越来越大。九一八事变后东北在关内流浪的青年所唱"我的家在东北松花江上"感人甚深。

四、失学在家

初中学习两年,家里已实在拿不出一笔要预交的费用,只好失学在家了。从 1933 年暑假回家,到 1935 年春,我才再度离家远行。在这一年半左右的时间里,日子是怎么过的呢?且说过去在扬中读书时,寒暑假都是回家过的。以后不能续学,当然很不习惯。但没过多久就能安下心来,抓紧自学,因为心里还总想着能有升学机会。首先是认真自学初三课程。由于读了两年初中,眼界已开了些,基础也好了些,在自学高年级课程之外,还学了不少课外读物。父亲留下的古书不多,凑巧当时正流行一种"一折八扣"的翻印本古籍,给了我很大方便。所谓"一折八扣",甚至有"一折六扣"的,即按原定价打一折后再打八折或六折,很便宜,还勉强买得起。因在家里主要是读书,因此知识面似乎也扩大了些。只是家乡比较闭塞,看不到报纸,对于外面的情况算是孤陋寡闻了。

父亲在世的时候喜欢写字,留下一些书法用具。除少数碑帖外,还有笔墨纸砚,我也正好用来练习。大哥照旧游手好闲,对学习毫无兴趣。两个弟弟还小,大概都仍在初小读书。父亲的遗物由我使用也很自然,但是字还没有练多久,竟然把家里的春联包了,还有邻居来索取。当时的笔力一定还很嫩,字未必写得好。常言道:"艺高人胆大",其实我是艺不高而人胆大。事隔八十多年后想起来还大为惊诧。这也算是应了另一种说法,叫作"初生牛犊不怕虎"吧。不过从那时起,也学习了一些应用文,知道写春联不仅是写几个字,而且要讲内容和要有针对性。如"寿比南山松不老,福如东海水长流"是用于老人房的,"向阳门第春常在,积善人家庆有余"是大门上用的,"一人巧做千人食,五味调和百味香"用于厨房,"室雅何须大,花香不在多"是对小巧的书房而言,讲迷信的还供"灶王",所用的对联是"上天言好事,下界保平安",还有横额如"姜太公在此百无禁忌",等等,特别要注意大吉大利。是祝福,也完全是主观愿望。单写的一个大"福"字,常见倒挂,"倒"与"到"同音,意思是福到了。但没有想到福的反面是祸,倒了正是走向反面,还是正着挂保险,倒挂得福只是一厢情愿。

从春联联想到广泛意义上的对联,那确是中国古老文化传统中的一个存在已久的组成部分,婚寿祝贺有贺联、过年有春联、悼念死者有挽联、名山大川和名胜所在有名联、遇事嘲讽有趣联。文人雅士乐此不疲,常人也见机而作,可以说是雅俗共赏。十几年前已有《千古名联》①这本专著出版,编著者所作的分类更多。虽然总共引用了一百多副,但都很有代表性,足以证明"它最能体现中华传统文化的意蕴和汉语语言文字的奥妙及魅力"。这里只举一个可能很多人知道的"讽刺势利者联":"坐,请坐,请上坐;茶,泡茶,泡好茶"。作者佚名,其实可能是阮元、苏东坡、郑板桥或纪晓岚,但已无从考证。这副趣联我读初中时就听说了,因为故事发生在扬州平山堂景区。

由于失学在家之前,除寒暑假短期回家外,在高邮和扬州各上了两学年,都有些印象,不时有些回忆。说高邮,有两个猜地名的谜语,一个是"航空信"(高邮),另一个是"城头跑马"(谐音高游)。那时高邮城池不大,四个城门都在,中间交叉之处叫"中市口"。东门外和西门内各有宝塔一座,东西门大街都比较冷清,南门外和北门外则比较热闹。我从家乡乘船过高邮湖,即从南门外的码头上岸,然后经南门进城。五小在北门外,一小在中市口,步行来去,好像还没有黄包车。有名的文游台在东门外,不是很远。高邮最出名的土特产是双黄鸭蛋。南京著名的板鸭和盐水鸭的原料,便是高邮的麻鸭,这与高邮湖盛产鱼虾有直接联系。不能不着重一提的是最近看到的《高邮螃蟹》②一文。儿时只知醉蟹味美,但不知早在北宋就很有名气,也不知著名作家汪曾祺曾说"醉蟹是天下第一美味",等等。我很认同作者提到

① 张器友、许厚今编著:《千古名联》,安徽文艺出版社,2002年。
② 周游:《高邮螃蟹》,《光明日报》,2016年11月4日,第16版。

的蟹黄包子和蟹黄豆腐都美不可言。

再说扬州,园林之美自有其特色。同苏州、杭州相比,太湖、西湖与瘦西湖之间,似乎有燕瘦环肥之妙。在社会生活方面,过去发生的那次"闲话扬州"引起的"扬州闲话",是由于贬得不当、过头和普遍化。"早上皮包水,晚上水包皮"只是某些少数有闲、有钱者的生活方式,并非也不可能所有男女老少都是这样。茶馆、浴室办得好和广受欢迎,也不可与此混为一谈。至于那出名的"扬州三把刀",实际上都是高明的技艺。可以这样认为,"理发刀利于首,厨师刀利于口,修脚刀利于走",头部的美容、口部的美食、脚没有毛病才能健步行走。看低这三种职业,完全是旧思想作怪,是地道的错误偏见。

当年,苏联一位著名的女舞蹈家来到中国,特别请一位扬州师傅帮她修脚,使她的舞跳得更好。很多外地同行到扬州去拜师学三把刀,回去后还特别说明是从扬州学来的本领。有的餐馆则标明有扬州菜或扬州师傅。我甚至还碰到过冒充的,那是在国外的唐人街,有一次走进一家自称"扬州酒家"的饭店,我用扬州话问这问那,店员们都不能回答或答非所问,结果他们说了老实话,他们都不是扬州人,只是因为扬州菜有名而取其名。还有俗话说的"扬州老妈子",她们工作认真、周到,服务质量较高,我们也应该欢迎、尊重,不可轻视。

五、曾想就业

在家待了一年以后,觉得闲待下去不是办法,想找点儿工作做做,有点儿收入可以减轻家庭负担。凑巧这时出现一个机会,原来镇上的那所初级小学,教师仍只有一人。他家在城里,有时周末回去,遇上较大风雨,船就停开,不能及时返校上课。因知道我读完初二,正失学在家,所以他想找我代课并给我一点儿报酬。我同意了,并立即上任。担任代课的"小老师"只是偶然为之,却使我想到何不另找机会谋生。于是想起在南京一家报馆当排字工人的表哥,我给他去信表示了我的愿望,他让我等消息。我与在南京的一个比我大几岁的同乡也有书信来往。后者的父母仍在镇上,他去南京是因为有个亲戚在南京开缝衣铺。铺主有个女儿想以他为婿,先让他读几年书。他在南京市立第一中学初中毕业,进了高中师范科,大概是等毕业后当上小学教员再结婚。某次他回乡探亲,我们见了一

▲1936年于南京与当排字工的表兄(右一)

面。谈到有关情况,知道那时已有规定,高中入学考试可以按"相当程度"或者叫"同等学力"报考,若成绩合格,即可录取。这一点我当然记在心上,因为我虽已萌生就业之想,但对升学仍念念不忘。

这次想去的南京,是我继高邮和扬州之后要去的第三个城市,而且是更大的城市。那时南京是直辖市,现在也是省会市。作为直辖市,在地理位置上还没有出省。再说去高邮是已有安排的,闯扬州是目标明确和很有信心的,而且都离家较近。去南京可要慎重行事,不可盲目乱闯。对两个熟人也不能幸存依赖之心,因为表兄一直没有回家,估计只能勉强维持,那位同乡算是寄人篱下,助人也有心无力。因此只有等消息了,急也没用。代课、自学照旧,一直等到1935年春,我已满16岁,表兄传来有业可就的喜讯,说他所在报馆正在征招一个校对员,让我快去应征。可是没有想到,前往南京的路费有待筹集,迟了几天才上路,到扬州、经镇江、转南京,没有现在这么快。到扬州没有公路,更没有汽车,只有人力推的独轮车;扬州到镇江虽有汽车,但没有过江的桥,还得用轮渡;镇江至南京的火车班次也不多。结果,

当我赶到南京时,那个职位已有人捷足先登了,真是毫无办法。

还有住处也成问题。旅店住不起,表兄住的是集体宿舍,没法去挤。马上回家又没有旅费了,也还想等等,看有什么别的机会。总算还好,那位在一中读书的同乡在学校里有一间经校方特批给他用的小屋,可以暂时借住。原来他在校内表现很好,师生关系也好,还常帮学校做点儿事情,因而得到照顾。我暂时住下后,想的是报考高中的事。但是袋子里剩下的钱已不多,又告贷无门,这可是个非常现实的大问题。谁知正在一筹莫展之际,来了一个意想不到的机遇:《首都学生》(当时南京是国民政府的首都)这个刊物举办有奖征文。反正我闲着没事,便写了一篇《我的故乡》去应征。没有想到很快就有结果,我竟得了个第三名,奖金十元大洋,随即兑现。按当时的物价计算,这笔奖金至少可以够我应付两个月的生活费。想起"天无绝人之路""无巧不成书"之类的说法,只能付之一笑。那篇文章中有不少内容是社会调查研究性质的,不是空谈理论,所根据的是平素在观察、了解、思考、分析和自学的过程中积累下来的资料。可惜的是,后来的生活流动性太大,没有留下这篇八十多年前旧作的原件。

其他类似的情况也不少,尤其是"文革"中销毁和流失的都已无可挽回。唯一的希望是在相关的图书馆或资料室,也许还有可能发现一些,但工作量可太大了。说巧,也可以理解为偶然性与必然性之间的联系。倘若我没有住在一中校园里,没有出现那份刊物,不知道有征文那回事,也就不会有应征之举。既然偶然知道了,有的人或不感兴趣,有的人则必然立即行动。

继上述这一小插曲之后,我便安下心来,全神贯注和全力以赴地准备报考。离家时随身带出来的学习资料很少,在这方面,那位一中同乡可真帮了大忙。初中课本应有尽有,要啥有啥,我抓紧时间埋头苦干就是了。按照规定,报名手续办得很顺利,肄业证书也是证件。我住在校内,报名和应试都不用走远路,可谓以逸待劳。也曾想过,考不上怎么办?考取了又怎么办?但还是决心考了再说,且一定要考好。每逢进考场后,取得试卷必须看清试题,认真思考如何作答,然后动笔。注意保持卷面整洁,字迹避免潦草,标点符号也不放过，外语拼写力求正确。交卷之前，再把答案仔细看看有无错漏，后来这就成为应试的习惯。结果被录取了，高兴不在话下。

六、南京一中

就业不成，摆在前面的是一条可以继续求学的新路。看到榜上有名，而且分配在高一甲班，可是高兴了一阵，马上又转入很大的烦忧：没钱交学费，连维持生活也成问题。不入学又能怎么办？面临的也是进退两难的境地！表兄自顾不暇，也完全是爱莫能助。在这样的艰难时刻，还是那位一中老乡及时发挥了关键性的积极作用。他深知我的情况，向校长和班主任转述其详。后者查阅我的成绩果然优良，准予免交学费。至于生活问题，代为介绍到一中隔壁府西街小学附属的民众夜校任教，每月大洋十元。伙食和零用都有了着落，还可以有点儿

▲1936 年于南京一中

积余，并且不妨碍白天的正常学习，这叫作半工半读。这两位师长是在我人生转折点上给予决定性帮助的恩师，我永志不忘。

开学了，同班同学中有人发现我在邻近的夜校任教，学生都叫我"夏老师"，他们就把这个称呼变成我的外号且常开玩笑。说来也有点儿怪，我自初小代课，接着任教夜校，抗战初期教过小学和新式学塾，大学毕业后教过中学，读研后一直在高等院校任教，可以说早已与教师这个职业结下不解之缘了。说回夜校工作，虽然不影响白天学习，但晚上的自修时间基本上没

有保证,只有更充分利用好时间,才能使学习成绩不致下降。还有体育活动和课外活动仍必须参加,所以在时间观念和安排上也经受了锻炼。可以这么认为,我已开始实践后来要研究的时间管理问题。一条校规和共识是:若非品学兼优,不能免交学费。穷小子更必须提高警惕,落实好时间管控。回想那时竟能常常抽空打打网球,真令人不可思议和难以置信。如何做到忙里偷闲和苦中作乐,不失为一种善于调节的能力。

高一甲、乙两班,学生不少来自外省,男女都有,特别是有来自重庆的(后来抗战时在重庆又见面),还有来自国外的华侨,表明一中有吸引力。师资较强,不少老师稍后当了大学教授。我在一中虽只读了两年,即因全面抗战而再次停学,但是感觉学得实在,这显然与师资条件好有关。例如,我的那位班主任,他是教英语的,却在努力研究关于职业教育方面的专题并取得了成果。我是怎么知道的呢?因为他曾要我帮他整理资料或誊写稿件。又如,地理、历史课的老师,能讲得引人入胜,使人产生兴趣并留下深刻印象,这很不容易,要比干巴巴地照本宣科好多了。当然,个别粗心大意、不认真备课和不看学生的教师也有。像点名念错学生的名字,讲课不看学生,只看天花板、地板和黑板的"三板先生"等。

由于我也长期执教,很自然地会经常回忆,从学生角度看各级学校所遇到过的教师,并从中汲取经验教训。当然,从低到高,不仅小、中、大学的具体要求不同,就是同一学校的不同年级也应区别对待。不同的年龄段和不同的知识储备程度各有特点,"一锅炒"不行。不过有一点是共同的,而且不可轻忽,即教师是教育工作者,不只是个"教书匠"。教师的职责是教书育人,要使教出来的学生能德才兼备。遗憾的是,常见现象为"分数挂帅""一考定终身""六十分万岁""混个文凭",等等。不仅重教轻育、有教无育,甚至连教也变味、走样。至于考试作弊,那更是缺德的表现。因此教师应有师德,才能称得上是教育工作者。社会公德、职业道德、个人品德都好,与所受教育密切相关。孙中山先生为中山大学确立的校训"博学、审问、慎思、明辨、笃行"中学、问、思、辨、行是什么,就包括德和才的内容。若仅限于才,则在

百年寻梦从头说

见诸行动之际的工作态度中即见分晓。过去有一种说法叫"一日为师,终身为父",表面上似乎是尊重教师,其实欠妥。排斥了女教师且不去说,把师和父等同起来未必恰当。因为师有各种各样的师,父有各种各样的父。有的师不如父,有的父不如师。而"能者为师"和"三人行必有我师"是包括比自己年轻的人。再说尊师包含德、才两方面的表现,但通常偏重知识和技术的居多。这应该引起我们的注意。

南京一中校友会的工作也做得很好,多年来常有联系。没有想到中山大学的一位知名老教授和党委书记也是一中校友,可见校友分布很广。2007年10月,我曾为母校写了几句:

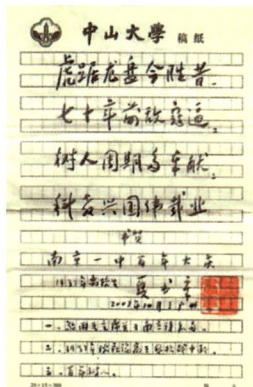

▲书贺南京第一中学百年大庆

贺南京第一中学百年大庆

虎踞龙盘今胜昔,①
七十年前敌寇逼。②
树人周期多奉献,③
科教兴国伟哉业。

在一中期间,我对前已述及的儿时包办婚姻的事作出了决定:抗而退之。因为已有了点儿法律知识,可以登报发表声明。但登报要花钱,乡下也看不到,便采取油印发给对方和众亲友。还记得内容大意是:根据当时"民法"第972条的规定,代订口头婚约作废。后来对方父亲到南京时约我见面,希望恢复维持,并可助我续学。我当然予以谢绝。否则必将改写历史,一中的那位学师范科的同乡同学,已是前车之鉴。

---

① 敬用毛泽东名句。

② 1937年敌寇入侵。

③ 百年树人。

在一中求学期间，还遇上一次重大历史事件，即西安事变。因为对我寻梦观的形成影响很大，所以另立专题以志其事。

七、西安事变

1931 年，我刚上初中，就遇到九一八事变。"我的家在东北松花江上"的悲歌，不断在关内传唱。敌人入侵的步伐没有放慢，华北的局势日益特殊化。与此同时，反动派对苏区的围剿加紧。出于内部不得已的原因，共产党人、红军被逼走上两万五千里长征的道路，最后到达陕北延安地区，建立了新的革命根据地。反动派消灭共产党的妄想成空，而且使进步青年奔赴延安成风。不仅如此，就在 1936 年 12 月 12 日，发生了逼蒋抗日的西安事变，又称双十二事变。

那是当时的东北军和十七路军为逼迫蒋介石抗日在陕西西安发动的事变。在中国共产党抗日民族统一战线政策和全国人民抗日救亡运动的影响下，张学良、杨虎城率领东北军和十七路军在西安对蒋介石进行所谓"兵谏"，在西安附近的临潼华清池扣留了蒋介石，并随即提出改组南京政府、停止一切内战等共八项抗日救亡的主张。事变发生后，中国共产党主张在有利于抗日的条件下予以和平解决。12 月 17 日，共产党派周恩来、秦邦宪、叶剑英到西安，对各有关方面进行说服工作，并参与张学良、杨虎城同蒋介石、宋子文、宋美龄的谈判。12 月 25 日，蒋介石在被迫接受"停止'剿共'政策，联合红军抗日"等六项条件下被释放回南京。

西安事变的和平解决，成为转变时局的枢纽。从此，十年内战的局面基本结束，国内和平初步实现。在抗日大前提下，国共两党实现第二次合作成为不可抗拒的大势。①这里所说的"基本结束"和"初步实现"是留有余地的，因为蒋介石只为保住老命，并未真正完全信守诺言，那是后话，暂且打住。但有一点是全中国和全世界有目共睹的，中国共产党人深明大义，不仅未借机报仇，而且还顾全大局，进行说服工作，极得民心。蒋如要什么花招，只能自食其果。这将是必然的前景。

且说蒋回南京后，官方发布的消息竟是"受伟大领袖精神感召不敢不放"云云，其实社会传闻才是可信的实情。蒋方有人也有想乘机取而代之的，表面上他们宣称为了保蒋而出兵进攻西安，并已开始行动。若真打起来，蒋必被置于死地。宋子文、宋美龄和蒋本人都心知肚明，不得不接受张、杨提出的条件。但人们没有想到张学良陪蒋回南京，大概张也想不到蒋要对他"法办"并长期软禁。后来杨虎城也遭蒋杀害。这次事变的背景，显然与九一八事变有关。东北军正是在蒋不抵抗指示下撤退到关内来的。不让打日本侵略者，却被调到西安一带，准备继续打经历长征并在延安建立了根据地的红军。东北军的广大官兵做何感想呢？更何况共产党是坚决主张抗日的，在东北的共产党人早已在抗日。众所周知，蒋对自己的"嫡系部队"即所谓"中央军"常不轻易动用，而对地方部队，则随便指挥打这打那，以便借机使他们被削弱甚至被消灭。各地方部队也已心中有数，所以在红军长征过程中懂得如何保存实力，不愿为蒋卖命。

西安事变后不久，1937年的七七事变标志全面抗日战争爆发。当时我已读完高二，正在暑假期内。紧接着上海八一三事变爆发，敌机来南京轰炸，市立第二中学就被炸了。我也知道不可久留，因为新学年开学无望。可是何去何从？回家无所事事，随大流去武汉也居无定所、无依无靠。这样白等了好长一阵，终于等到可行的机会。那是我的一个老同学，他没有像我被失学耽误，已在高中师范科毕业，担任母校高邮一小的教务主任。虽已进入战时，学校尚未停课，因规模大、班级多，常有教师因病或因事请假，

---

① 参见《辞海》(第六版彩图本)(第4卷)，上海辞书出版社，2009年，第2438~2439页。

需要代课教师。他知道我在南京一中读完高二,相信我有教学能力,要我前往任教。到校后立即"上马",从一年级到六年级,国(语文)、英、算、常识、音乐(用风琴)都教,据说很受欢迎。可是敌军进逼,不久又不得不再次转移。这里还要补述的是我离开南京后,敌人进城实行了惨无人道的大屠杀。其中有一中的学生,我若不走恐也难幸存。日本官方至今仍未认罪,甚至胡说实无其事!

县城东乡的老同学很多,我先应约去暂避。城乡学校均已停课,有些家长筹办新式学塾,以免孩子荒疏学业,我又应聘任教,总算有事可做。所谓新式学塾,就是不同于一般私塾,教的不是百家姓、三字经、千字文、四书五经那一套,而是现代小学的一些课程。对教师提供食宿,还有点儿津贴。稍后得到消息,江苏省教育厅举办省立临时高中,招收战时失学的学生,我很高兴有了完成高中学历的机会。

八、临时高中

关于开办临时高中,官方传出一种说法:为了防止失学青年投奔共产党领导的抗日队伍。根据反动派的所作所为,好像很有这种可能。但是假如办学宗旨和性质果真如此,也必将防不胜防。高中毕业后、大学毕业后呢?问题的核心还在于自

▲1939 年于临时高中(站者右一)

身的表现,历史所证明的正是这样。且说这所临时高中,是在邻县兴化的中堡庄,所以又称中堡临中。那完全是昙花一现,"临时"一下,没有下文。兴化是清代"扬州八怪"之一郑板桥的故乡,中堡庄是一个与县城隔湖相望的巨型庄园。庄上有高大宽广的旧式砖瓦建筑,临中选址在这里办学,倒也适宜。但没有体育场地,课余只有到湖边走走,或假日乘船往县城逛逛。

我放弃新式学塾的工作,来到临中。高三班的同学中,有原来比我低几届的扬中同学,因为我在初中和高中都失过学,初中因为家贫耽误了两年,以同等学力报考高中挣回了一年,又因抗战推迟了一年。临中同学中也有来自南京一中的同班同学,是一位在江西南昌初中毕业随在南京工作的父亲来到南京进了一中的女同学。这次她又是跟着父亲先到宝应,后到兴化进了临中的。我曾应约到她在兴化县城的家里吃过饭,见到她的一家人。还有一位从高邮来的老同学,家庭比较富裕,来临中后租了一室一厅,让我住在厅里,我们常在一起温习功课。新认识的同学也不少,后来都保持联系。

临中的教师队伍很强,几乎都是原省立扬州中学高中部的骨干。高三的课程安排应有尽有,而且要求很严,完全是一副为考大学作好充分准备的架势。国文(语文)课的作文抓得很紧,记得好像是每周要写一篇。教师认真批改,文末都有针对性的批语。学生作文还择优公布在公告板上,供大家参阅。英语教学也没有减轻或削弱的迹象,还不断有双语互译(英译中或中译英)作业的布置。经常现场提问,学生不好好准备不行。有些属于常识性的内容,如常用格言、一般函件等。过去没有学过的就要补上。有的同学以为高三会轻松些,但仍感到很有压力。数学中有解析几何,也许对将来学人文社会科学都没有直接的用场。那时的中学不分文理科,意在打好基础。问题就在这里,后来实行分科了,行之已久,好像一直存在不同意见。应该好好总结研究,因为事关基础宽窄、分科迟早,以及科学发展的前景和水平提高的问题,不能只考虑个人或社会暂时的得失和需要。同时,也又一次深感:办一流学校没有一流师资,只能徒托空言。

高三班也就是毕业班,因此毕业后干什么是大家共同关心的问题。上大学当然是首选。那时华北、华东的不少名校已开始不断迁往西南、西北，后来华中、华南的高校也纷纷内迁。读大学的难度显然加大，上海因为有租界而暂时成为日本侵略军包围的"孤岛"。当时已开始实行高校统考，但华东地区大部分已经沦陷，只能在上海设一个考区。前往上海必须通过侵略军占领区，要冒很大风险。何况上海早已人满为患，插足其间又谈何容易！就算大胆敢闯，我在上海无亲无故，加上余钱不多，去了也会流落街头。即使能考取，上海迟早会变，到内地去更难。想来想去，真是一筹莫展。留在兴化干什么？没法回答。回老家去？闻已沦陷。眼看就要毕业，心里非常着急。一位同乡同学知道我的心事，就向我表示，愿同我结伴赴上海报考。原来他有亲戚在上海工作，欢迎我们到上海去考大学。这下可好了，我能如愿以偿，决定考了再说。原来想去上海的不止我们两人，别人各有各的情况，谁都没有公开讲过，老师们也不知道，大家是到上海见面后才知道的。这些都是下个时间段的事了。

这里所说的时间段是第二个十年。至1939年2月我还在中堡临中，讲的是毕业前的一些思想活动。大家的处境不同，各有各的想法是完全可以理解的。这位约我同行的老同学过去就同我很友好，当时他的哥哥已在内地，希望他去。无论考得上与否，他总是要去的。这次再度成为同学，加深了友谊。后来我们还一起进行了不经过长江、从上海沿海转入内地到达重庆的"长征"，一直保持着联系。新中国成立后我们又在上海重逢，但至今消息中断已久，使我经常思念。像这样的老友不止一位，包括那些已经得到确讯的国内外各地和近在身边的至亲好友，渐渐体会到"知交半零落"的感叹，当然那个"半"字前面要加个"过"字，或改为"多"字了！没有办法，这是自然规律。

第 三 个 十 年

1939.3
1949.3

读书思考已悟问题关键所在

1919

1929

1939

1949

1959

1969

1979

1989

1999

2009

2019

1939.3
1949.3

在这个十年里，我经历了第一次到上海考大学、到重庆读大学、出国读研、回国任教，在新中国成立前夕从江苏徐州转往广东广州。这些经历使我的眼界和思路大开，逐步加强了寻梦的活力并越来越明确方向，也为在下个十年中申请加入中国共产党，希望终身努力成为一名合格共产党员打下了思想感情的坚实基础。这是我生活在旧社会的最后十年，亲眼所见和切身体会到共产党从无到有、从小到大、从弱到强、必将胜利的发展趋势和结果。抚今追昔，更坚信中华崛起、"两个一百年"奋斗目标和国家富强、民族振兴、人民幸福的中国梦必将圆满实现。

就我个人而言，也许有人难以理解，既不是无产阶级出身，受的又是半封建半殖民地的资本主义教育，怎么可能对共产党有好印象呢？先说阶级出身，我原以为应是破落地主或工商业兼地主，后来土改划阶级，按土改前三年的情况，定为城镇贫民，还不是无产阶级。再说所受教育，也完全和确实是那么一回事。不过经过端正和提高认识，剥削阶级的家庭出身是可以背叛的，例子不胜枚举。常言道，"事实胜于雄辩，公道自在人心"，"不怕不识货，就怕货比货"。民主人士一到延安，就作出了鲜明对比。从长征到延安仅十三年，从共产党成立也不过二十八年便成立新中国，比原来预料得早，不正是民心所向和深得人心吗？世界各国人民对中国梦的认可或有共识，也很能说明问题。

一、首访上海

临时高中毕业后，我决定到上海的统考区去考大学。这是我第一次到上海，也是一次冒险行动。我和同学化装成农民，由兴化乘木船经长江前往。进入敌占区后，日本兵要审查，翻译也没有为难我们，总算平安到达。在同学亲戚家的亭子间（上海楼梯间的小屋）挤挤，也算解决了住的问题。报名要填写志愿，规定可报三个。我填的第一志愿是已迁重庆的国立中央大学（后改称南京大学）政治学系，第二志愿是设在昆明的国立西南联合大学（由原北京大学、清华大学和南开大学联合组成）的政治学系，第三志愿是上海交通大学的管理学系（记不清了，也可能叫铁道管理系，因那时复旦大学似尚未改制）。老师和同学们知道后都觉得奇怪，因为当时最流行的是理工科，尤其是工科，经济学系也很时髦，而我的文理科成绩都很好，为什么要报政治或管理学科呢？我事前没有向老师请教，也没有与同学们商量，完全是自作主张。对于工科，我买不起学习要用的、价钱很贵的计算尺。但真正最主要的原因，也是长期一直有的想法，就是对"上医医国，其次医人"这句古话的印象太深。面对敌寇入侵的现实，是国家没有管理和保卫好，以为学政治学可以治理好国家，想法非常简单和天真。

在我的内心深处，总是希望国家能早日兴旺发达。至于学校，选的都是名牌，选择顺序则还有一些具体情况。在南京报馆当排字工人的表兄已随报馆迁往重庆，在南京一中同班同学中有一位家在重庆。更有吸引力的是，国立中央大学除属名牌大学外，在内迁时利用长江水运之便，运去的图书设备最多，其中包括几乎整个图书馆、全套理工实验室，连农学院的奶牛也运过去了。别的不说，图书资料在战争时期是难以携带和购置的，其他内迁院校就没有这个条件。例如，组成西南联大的几所北方院校，先匆匆迁到长沙，不久又转到昆明，只能进行人的转移。至于填上海交大为第三志愿，那只能说是为填而填。因为明知上海随时都有被日军侵占的可能，我也不想留在上海。何况若考试成绩达不到标准，交大也不会录取。

关于报考志愿，本可谈到这里为止，但后来有一位素不相识的女同学，由于报考志愿相同，便从同班同学、同事，到最后成为终身伴侣。也就是说，这是从报考志愿开始的，不妨提前说一说。原来就在同时，一个在上海，一个在昆明参加统一高考。两人都不想留在原地，而是舍近求远，同奔重庆。她的各科成绩也都好，也是自己做主，要进政治学系。原因是同样天真地认为可以争取实现男女平等和妇女解放。背景则是她的母亲已同父亲离婚，父亲为了要生儿子，娶了又娶，还是未能如愿。战争时期，她们母女相依为命，这些自不待言。说来有趣的是，我若不失学、停学，应比她早两年上大学，她要是家庭情况正常，也不会选政治学。迷信的说法是婚姻之事是有一位"月老"在"牵红线"，又有所谓"有缘千里来相会，无缘对面不相逢"，归结于"缘"。其实都无非是具体思想、行动表现为特定的机遇罢了。以后的事情还多，暂且打住。

说回上海统考，报名以后进入考前准备。大家聚在一起看书，也没有什么不好，但是比较富裕的同学似乎总是在随时慰劳自己，电风扇吹着(那时还没有空调)、冰淇淋吃着，还不时说说笑笑。我知道其中有些人平时学习成绩很一般，看来也未必认真把高考当一回事。结果如何可想而知，榜上有名的人不多。由于大学没有扩招，又没有降低标准，便开办了大学先修班。有的人进入先修班，或等下一年再考。不仅如此，就算考取了，入学时还要经过甄别考试，若不及格，就得学不计学分的补习课程，如补习国文、补习英文。实行学分制有一个要达到规定要求的总学分数，每学期又规定不可选课过多。于是正常的是四年毕业，学分不够就得延期。

我虽然被国立中央大学录取了，但是怎样进入学校仍是个大难题。像平时那样直接经长江入川已不可能。可行的路只有两条：一条是由上海先到香港,再经越南转昆明,然后前往重庆;另一条是从上海到尚未沦陷的沿海港口,然后沿着尚未沦陷的城市辗转到贵阳,再去重庆。前面那条路路费较贵,穷小子们难办,只有走后一条路了。我们三个人结伴同行,路那么远,本以轻装为宜,可没想到,竟有原来不认识的人,托带衣物给在重庆的亲友。我本想婉言拒绝,后来还是帮着带了,因为觉得人家既然信任你,也就让其乘一次便吧。

很快就要离开上海了,时间虽然短暂,还是有点儿印象。战争时期,也有些特殊情况。由于国家贫弱受欺,才有"国中之国"的租界。日本侵略者的胃口很大,已发展到要吞下全中国,上海这个"孤岛"只是靠租界暂时维持。在租界和日占区之间出入,不仅有严苛的搜查,而且中国人要对日本兵行鞠躬礼。在上海内部,汉奸明目张胆、招摇过市,嚣张得很。普通市民日常生活渐趋困难,因为柴米油盐都在涨价。到上海避难的一些富裕人士,也在忧虑时局向更糟的方向变化。还有不少人过着纸醉金迷、醉生梦死的生活,有过一天算一天、苟且偷安的思想。跳舞唱歌、吃喝玩乐的是一些公子哥儿、少爷小姐。整个社会,表面上似乎是歌舞升平。可是同上海外面的敌占区相对照,显然这是极不正常的景象,更不用说在抗日前线英勇杀敌的情景了。

当时离开上海,面临的是一条非常艰险的旅程。天上地下危机四伏,具体经过待后另述。只说我们决心去闯,确实是有"初生牛犊不怕虎"的劲头。结伴同行的三人,数我最穷,但他们也不是很富,否则他们必走另一条路。我没指望他们帮我,只有自己想方设法解决问题,往往会同时给他们带来一些方便。实际上,我毫无经验,是被逼出来的。从此我开始相信,自古成功在尝试,办法总比困难多。

二、沪渝途中

　　从上海到重庆要列一专题来谈,是因为那时这条路非常难走。古有"蜀道难,难于上青天"之说,虽然现在看来夸张了点儿,但在还没有航空和铁路的条件下,长江是可以直达的。可是那时的日本侵略者已经占领了长江沿岸的好多地方,不能通过了。前面已略述及,除经香港、越南绕道外,唯一的走法是:从上海搭乘外国轮船沿海航行到浙江宁波登陆,转经尚可通行的几省城市前往重庆。我们就是这样走的。我们登上一艘意大利公司的船,可我连最低客舱的票也买不起,没有票就走不成。怎么办?我试着与船上锅炉工谈了我的情况,他知道我要去读大学,很是同情。我提出愿当他的助手,做加煤等杂务,不要工钱。他认可,得到主管的同意后,我便进入锅炉间干活。没有铺位,就地休息,不仅未以为苦,还颇有点儿喜出望外。到了宁波,谢了师傅,我们便上岸继续前行。

　　因为甬江流经宁波,于是"甬"便成为宁波的别称。平常说的"沪杭甬"就是上海、杭州和宁波。我们曾到当地政府去请求帮助,被安排在招待所免费住了一晚。因为时间紧迫,我们必须赶路。后来有些经过的地方,也就难以一一去求助了。如在溪口(奉化)、金华等地,也不可能参观当地名胜古迹和品尝金华火腿之类的土特产。到了江西上饶,那是第三战区司令部所在地。我们好奇就决定去一趟,战区政治部军官接见了我们。看了我们的录取通知书,他们曾建议我们留下当政工干部。我们都不感兴趣,他们未能给别的什么帮助,只是发给乘车证明,让我们从湖南衡阳到广西免费搭乘了还在运行的火车(据说公路上的长途汽车他们管不着),也算尽力而为了。告别他们,我们就继续赶路了。

百年寻梦从头说

我们进入江西省境,经过鹰潭到南丰时,在车站尝到了便宜名产橘子。进入湖南便直奔衡阳,上火车到了广西桂林。久闻"桂林山水甲天下",但我们还要赶路,就不可能有游山玩水的雅兴了。短暂停留以后,经过柳州等地进入贵州。山路更多,路面条件也更差。贵阳是入川的必经之地,听说一路有"七十二拐"和"吊丝崖"等险象。与浙江、江西、湖南、广西境内的公路相比较,行车的难度和风险要大得多。一路提心吊胆、心惊胆战,终于在到达重庆后,方知果真如此。以下对此行的具体情况和共同特点,再作一些补充。比起从兴化到上海那一段来,因为路远、时间长、情况复杂,惊险的场面较多,程度也高,都是忘不了的。

先从离开上海所乘轮船说起,读者也许不会留意那是一条意大利船。尽管许多员工和乘客是中国人,但船主和所挂旗帜是意大利的。这一点关系到在第二次世界大战中,日本军国主义同德、意法西斯统治者是一伙的。如果那是一条中国或英、美、法等国的船,日本侵略者很有可能会制造麻烦,因为那时太平洋大部和中国沿海已经是日本海军、空军的"天下"。侵略者对意大利船没有进行干扰、破坏,但在前往中国未沦陷区的途中,随时有可能遭到日军飞机投弹和机枪的扫射。这是我们从宁波到重庆途中随时随地的担忧。

除了天上来的袭击之外,地上也有可能碰上长途汽车引起的危机。不说清楚或者会被认为是言过其词。原来许多公路是临时赶工修建的,非常简陋,这是一。再有由于战时汽油供应不足,而代之以木炭,很多是"木炭汽车",在车后安有装木炭的大笼子,动力不及汽油,这是二。还有沿途修理跟不上、不配套,或技术不过硬,存在勉强、"带病"上路的现象,这是三。更有司机的素质和表现有好有差,因为当时开长途车比较容易赚钱,不少司机是还没有学好或很缺乏经验的新手,由于管理不严,老手也有因长时间开车很累喝酒出事的,这是四。诸如此类,不一而足。我之所以能知道这些,都是从行家里手们的经验之谈听来的。特别是在山区,用"九死一生"来形容,其实并不恰当,因为没有统计数字可以依据。事实是后面的车子不知道,前面的车祸和翻下悬崖的车子接二连三。只有到了目的地,才能安下心来。

至于我是怎样搭车的,这直接与乘船的经验有关,我还是用自荐的办法,愿当司机的助手,因"木炭汽车"需要不断有人下河打水,我一路上替司机干这事也不要工钱,司机乐于接受。若他不再前进,我就另找下一段的司机,同样很"灵",因为他们可以不再那么辛苦,每次有人代他下河取水,我又不占座位,只是在他身边席地而坐。有时司机还允许我在车上过夜,也省了我住店的钱。我省吃俭用的习惯早已养成,不仅不以为苦,而且还觉得乐,这在前面好像已经说过。最高兴的是我们终于到了重庆!

三、中央大学

有些情况事前并不知道,直到身临其境,才弄清楚。中央大学的校本部在重庆市郊区沙坪坝的重庆大学的后面,在一片山坡上临时建起的许多瓦房。一年级新生要先到叫柏溪的地方去集中学习一年再转到沙坪坝来。

柏溪在嘉陵江对岸,与沙坪坝之间还有一段较长的距离,可以乘船来往,也可以坐"滑竿"(二人肩抬的躺椅)到对岸时再过江。我们三人到重庆后就分别活动了。

先说说我到柏溪后的情况。我到晚了,学校刚开学不久,还得照章办事,要进行入学后的甄别考试,我通过了考试并可立即开始上大一的基础课程。通不过的则要补习,就会推迟毕业,上海考区来的也有。由于迟到有正当的和不得已的原因,校方特别安排专为迟到生开的基础课,亦即公共必修课,大体上是按院而不是按系编班,因而谁是同系同学,一时还不明白。

到了柏溪,总算安定下来。但与重庆市区之间交通不便,联系困难,不像现在有手机这样灵活。不管怎样，我还是在一个星期口到市中心区找到了表兄。他已经不干排字工，而是自己开了一家刻字店。看样子混得不好，人挺消瘦。没过多久，他就病逝了。消息来自他的一个朋友，我曾赶去为他送葬。想想也真可惜，大概还不到30岁，尚未成家。从他朋友的议论中听出来，他的死可能与吸毒有关。这是一个可怕的社会问题，又一次使我想起父亲的短命都是鸦片的祸害。可怜的姑父可能还不知道，他的独子已客死他乡！记得在国文课的作文中，我写过一篇祭表兄的文章，罗根泽教授在评语中有"可与祭十二郎文同读"一语，我虽不敢当，但确是一片真情。

有一件事我还一直没有说过，也许细心的读者已经有所察觉，那就是我跑来跑去总得花点儿零钱，我又长期没收入，哪儿来的零钱呢？我是在非常节省的原则下，养成力求保持应付必要开支的能力。早在南京一中开始半工半读后，我就逐渐养成积蓄的习惯。高邮一小代课、新式学塾任教都是如此。要不是在离高邮城途中被散兵抢走一小部分，余钱还会多一些。临时高中不收学费，对特别困难的学生还有生活补贴。一路上，大钱(如长途车船票)花不起，得另行设法解决，但小钱还得花。若无新来源，只能越花越少。中央大学对来自沦陷区的学生，除免收学宿杂费外，还发放"贷金"解决伙食问题(按："贷金"原规定在毕业就业后偿还，后来通货膨胀，不了了之)。但全无零用钱不行。我试着向报刊投稿，被采用了，挣点儿稿费不无小补。后来寒暑假期，我都找零活干，否则渐趋山穷水尽，会连邮票都买不起。

大一时还发生了这么一件事，因为战时伙食较差，米里夹有很多杂物，如谷壳、稗子、细沙、虫屎等，我们吃的是"八宝饭"。吃这种饭的人常容易得阑尾炎(又叫"盲肠炎")。我成为患者后，立即被送往在歌乐山的中央医院。那是从南京迁来的著名医院，很快医生就给我动了外科手术，进行割治。我自离家外出，没有进过医院。这次全由学校打理，个人没有负担任何费用。深感幸好入学，否则毫无办法。好在前后时间不长，出院后照常学习，学年结束便转往沙坪坝上二年级。

这里还有一段小插曲，即在转往沙坪坝之前的那个暑假中，因为实在太穷,曾想去当邮政储金汇业局的职员。后来还是觉得继续读大学好而转往沙坪坝。且说两个年级最大的区别是一年级全是公共基础课,二年级开始主要是系里定的课程。除全系必修课外,针对具体专业在高年级再分组,也就是后来所称的专业和专门化。当时政治学系共分三组,即理论历史组、国际外交组和行政学组。其实这三方面的主要课程在全系必修课中都有,特别选修的课程不多。我选了行政学组,一是前已述及的“医国”思想的延伸和落实,不信“空头政治”,已知“弱国无外交”和“外交是内政的延长”等说法,想要真正切实做好治国理政;二是得知系主任是清华大学毕业后到美国斯坦福大学读研,选题即行政学,当时自己也动了这方面的念头。

到沙坪坝后才知道同班同学是些什么人。他们来自四面八方,江苏、浙江、湖南、湖北、山东、四川等地的都有,内有女同学二人。有趣的是年龄较大的那一位身材矮小,大家叫她“小某”,而大家都把较为年轻、个子高些的叫“大姐”。前者常有外校男生来找,后者据说已与外语系一男生订婚,但很少见两人在一起。既然“花”各有“主”,本系男生也就除上课见到她俩外,几乎没有什么接触了。在我的印象中,“大姐”多才多艺,曾看到她打篮球,而且是球队队长。她还在附中兼教音乐课,她的钢琴弹得很好。不仅如此,在中区的壁报上,几篇有鲁迅杂文风格的驳斥某些男同学歧视妇女、署名“坡上客”的文章,原来也是她写的。她用这个笔名,是由于女生宿舍在松林坡上。于是传开了“政治学系的某女同学笔杆子很厉害”的说法,我也看过那些文章,确实可圈可点。

政治学系顾名思义应少不了议论政治,但是其实不然,对于现实政治大家都避而不谈。班里只有两人分别具有中国国民党党员和三民主义青年团(简称“三青团”)团员身份,多数人被称为“清客”,或自嘲为不懂、不问政治的政治学人。原因何在?不言自明。实质上这正反映了对现实政治的一种不约而同的态度:惹不起,躲得起而已。想想过去在某些公共场所出现过“莫谈国事”的警语,不也正是以免引“火”烧身的意思吗?那是反动统治经常乱烧的邪火。

在柏溪时已经得知，那位家在重庆的南京一中同学也考进了中央大学就读经济系。我们见面后，他很热情地约我到他家去玩。在柏溪时因为交通不便很花时间，我就没去。到沙坪坝后近多了也方便多了，他便在周末带我到他家。原来他家相当富裕，有不少房产，还有一家面粉厂、一家报馆等。他父亲是有名的民主人士，他家是一个大家庭，兄弟姐妹九人并且都热情好客。后来我也常去，并在假期帮他家做点儿事情。毕业后还同他一起远赴美国，随后再说。

关于重庆，那时敌机轰炸是经常性的，有时是"疲劳轰炸"，警报频传，久不解除，大家得躲进防空洞。有一次在洞里时间较长，由于洞门设计得不好，人们急于挤出洞，结果不成，都闷死了，整条街的人一去不返。中央大学也在被空袭的范围，警报一响，我们立即进洞。有时抽水设备被炸坏，还得下山到江边去取水和洗澡。女生住在坡上，更加困难。社会风气也不正常，有一种"前方吃紧、后方紧吃"的说法，具有一定的代表性。发国难财者，大有人在。有一次，著名学者马寅初应邀到邻校重庆大学演讲，他讲到财经方面的情况和问题时，提出"应杀某某以谢天下"，指名道姓地说是当权派"四大家族"中的孔家。听众热烈鼓掌，经久不息。据说，讲者曾因此受迫害，真是不受迫害才怪。

国民政府内部的明争暗斗也很常见。在中央大学校长的问题上就闹过一阵风潮。我们这一届入学时的校长是当过清华、北大校长的罗家伦。到了毕业前夕，先换上一个姓顾的，接着还要换什么人，闹得不可开交。后来无法收场，打出"王牌"蒋介石来挂校长之名。显然他是不会干实事的，又特设了一个"教育长"来应付局面。说"特设"是因为当时在普通大学都没有这个设置，一般都是一个校长（无副校长）和一个秘书长，下设教务、训导和总务三长，然后是院长、系主任。我们这一届的毕业证书偏偏遇到这种情况，在校长旁边还加上教育长，这难免引起不知内情者的误会，以为学校的性质变了。其实后来未过多久，又恢复常态。回忆那次"易长风波"中，我在学生集会上作了有关的发言。班上那位"大姐"听了，表示认可。大多数同学和老师都是不赞成那么闹的。反动政客之间各谋私利,谁也不顾大局,国民党怎能不终归失败呢!

四、治平中学

从中央大学毕业后,真正尝到毕业即失业的滋味。因为过去一直忙于寻找续学的机会,就业问题没有大学毕业后那么突出。虽然也有读研的考虑,但尚未立即提上议事日程,总要先找个饭碗再说。眼看同班同学已纷纷各就各位、各得其所,而那位"大姐"(汪淑钧,后来成为我的夫人)和我,则还在傻等,成为全班最后仍无业可就的两个人。同学之间很关心,有两个同学已到一所私立中学去教英语,后来他们又找到自己觉得更好的工作,就把教英语的职位让给我和淑钧,我们欣然接受,一起赶去学校。据回忆,当时学科对口就业很难。政治学系毕业生不少改教英语和从事翻译工作的,后来淑钧即从中学教到大学,直到退休后仍不断有译著出版。

且说这所中学离中央大学不是很远,就在歌乐山下一个小镇旁边。我们带着简单的行李,乘公共汽车到歌乐山站,然后再走一段山路,找到了学校。原来所要教的是初中部,全是女生。淑钧还兼教高中部的音乐课,而高中部则在另外一个地方,她要两边跑,辛苦些,收入也稍多些。学校提供的伙食比大学的学生膳堂好多了,大概是善待教师的具体表现之一。我们一日三餐在一起吃,晚饭后常到附近的田野散步。见面的机会多了,也就经常谈些闲话,包括双方家庭的情况。谈得很坦率,所以很谈得来。

过去同班同学叫她"大姐"叫习惯了,变成对她的一种称呼。淑钧实际上比我小近两岁,我是因为失学、停学推迟进大学的。她的父亲原是湖北应城的一个石膏商,父母离异后,母亲带着她到汉口。她先后在汉口和武昌读到高中，因抗战迁到广西合校毕业后去昆明参加高校统考进入中央大学。这在前面已略提到过。她母亲也来到重庆，生活相当困难，她不能不予以帮助，所以她的负担也不轻。关于她曾订婚的事，在中央大学毕业前听说两人合不来，早就分手。这次经过一段时间的坦诚相处，加上同学期间已有所了解的基础，我们相互渐渐加深了好感，达成谈婚论嫁的默契。思前想后，真还有点儿像是"天作之合"。我们不讲迷信，但也确实是够巧的。我推迟两年上大学，一个在上海，一个在昆明，不约而同地报同一个志愿，又都能考取才能如愿以偿而赶到重庆。这还不算，若二人之间有谁不能通过入学后的甄别考试，也不能同班同时毕业，最后巧得不能再巧的是一起到中学教书。

我们在学期结束前开始筹办婚礼。消息传到中央大学，有的同学大为惊讶，说是过去毫无迹象，有的同学则认为非常自然。同学们都很热心帮忙，包括在重庆大学的原中学同学。婚礼在重庆黄家垭口的中苏友好协会大厅举行。根据礼仪要求，双方主婚人应是各自的家长。她的父亲战时已来重庆，这次不能不出场。我请了家在重庆那位同学的父亲为我主婚。同学们来了不少，婚礼热闹简朴。我们在一间小旅店住了一晚，第二天回学校在附近的小镇上请学校同事共餐，然后把我们简单的行李合并到我们原住的单间，也就是我们的新房。

▲ 结婚照，1943 年 12 月于重庆

在婚礼之前的一段时间内，出现了一个新的情况，即已有可能出国读研。我得到信息：反动政府头目醉心于法西斯式统治，曾有不许学习人文社会科学者出国深造的规定，因为他们连资产阶级

的那种民主都怕和力求避免。对此,国际早有批评和越来越认为中国此举不当。为了应付与缓和国际舆论,反动政府已开始略有松动。我便进一步深入了解具体办法,觉得大可一试。我们在结婚前已经谈过,同意着手进行。于是我在照常教学的同时,不断同各有关方面联系,如国外大学需要有申请函、成绩单、介绍信等,经审查确认后予以正式答复,然后据以办出国护照和签证等手续。其中有一个关键问题,即旅途和入学费用必须换成外币。对我来说,这确是一大难题。只拿了几个月中学教员的微薄工资,如果代价太高,根本无法负担这笔开支。不过已经养成省吃俭用的习惯是我的一个有利条件。那位家在重庆的同学从经济学系毕业后未找工作,也想到国外进修。他知道我正在办,也要我帮他办。后来知道,当时本币与外币之间有两种价格,一是官价,二是市价。前者比后者低,也就是要便宜得很多,但必须得到官方的批准才能买到。出国留学办好手续取得护照后,可按官价购买统一规定数额的外汇。那位同学随便花钱花惯了,嫌能买的官价外汇少,而想按市价再多买些才够花。我可不一样,只要能买得起官价外汇就行了。此事有了头绪,不久即可成行。

再说学期已快结束,淑钧已应聘到重庆南岸一所市立中学去教英语。我也要办些该办的手续,到重庆去更方便些。于是我们离开治平,前往市区。事先约好,我们借住那位同学家刚盖好的新屋,等我与他一起远行后,淑钧即往南岸市立中学就职。碰巧正是新年,又在寒假期内,总算诸事顺当。不过对于我们新婚刚满一个月,就叫"度蜜月"吧,马上又离开,而且很远,曾有好心人问淑钧:"你怎么让他走?放心吗?他不会变心吗?会不会不回来了?"她的回答是:"真的会变,在身边也一样。"这表明她对我是非常信任的。

关于这一点,我们真正和彻底的共识或默契是:"两情若是久长时,又岂在朝朝暮暮。"很有意思的是,回想起来,别后没有多久,她到市区另一所规模较大的中学教书,与她同时有两位女教师已婚或未婚(已确定婚姻关系)的男方都同时在国外读研,我们也都认识,后来均回国,相伴一辈子。我们都是名副其实的老伴。至于有些发生变化的,各有各的实际情况,不可也不必一概而论。

在离开治平到重庆市区后这一很短的时间内,为了早日成行,还有很多事情要办。各有关部门都要去跑,缺一个也不行。因此,对于各种规定、工作方法、态度与效率等方面,也有较多和较深的了解和体会。从一个应是服务对象的角度来观察,各种表现对比鲜明,是当官做老爷还是多少有点儿人民公仆的味道,大不一样。这对于我所选择研究的学科,从实践中得到不少启发,因为应用学科的本质在于学以致用,理论脱离实际则无从谈起。那时还是战争时期,与平时又不一样。印象很深的是,需要和值得深入研究的大小课题还真不少。

五、印度之行

我第一次走出国门是先到印度。本来目的地是美国,按现在的情况来看,航空可以直达,海路也可以横跨太平洋。但那是第二次世界大战期间,只有一条"驼峰航线"。当时的路线是:从重庆飞往昆明,然后飞越喜马拉雅山到达印度的加尔各答,再乘火车前往孟买,坐远洋轮船,经印度洋、南太平洋,先后停靠澳大利亚的悉尼和墨尔本两城市,转经巴拿马运河入大西洋,到达美国东部的大城市波士顿上岸。这是一条很奇怪的路线,原因是当时地中海那边的路已不通,北太平洋、中国沿海一带已经是日本侵略者的天下,即使在这条路线上,也会遇到日本飞机和海里潜艇、水雷的侵扰,要一路提防。这些我们随后再说,还是先谈印度之行。

在将要离开重庆的那一天早晨,我与同行的那位同学同时到达机场,想不到竟被告知因该航班客满要我跟下一个航班走。显然这一定是有什么"达官贵人"之类临时乘机,要把我这个无名小卒拉下来。我表示等就等吧,但同学不愿与我分开,结果是由他家人去"做工作",仍让我登机同行。其中"奥妙"不得而知,也可想而知。

回想起来还真比从上海到重庆的路上更触目惊心。在飞越"驼峰"的途中,需要吸氧不说,从机窗看下去,那些坠毁的飞机残骸历历在目,表明是随时有可能发生危险的。到了印度的加尔各答才算松一口气。那时去往孟买的火车班次大概也不多,记得还住了一晚,才继续前进。到了孟买以后,才知道赴美的海轮还没有到港,准确的时间无法预知。我们先住的是一家较大的宾馆,后来怕时间长了负担较重,还因为饮食不习惯。由于宗教信仰不同,有人不吃牛肉、有人不吃猪肉,该宾馆就只供应羊肉,我们吃不惯,很快就转到当地华人的出租屋去住,不仅便宜多了,可以节省外汇,而且生活也比较习惯。

印度的名胜古迹很多,本来是一次借机旅游一番的大好机会,但还是因为外汇不多,而且一时还不知道等船究竟要等多久,所以不能不注意节约。虽然如此,我们还是到新德里去了一趟。再说孟买也是个大城市,不免到处走走逛逛。原来除繁华地区外,孟买还有一个较大的贫民窟。回想在旧中国,上海也曾有过类似这种情况的近郊,不过好像还比不上孟买的范围和更悬殊的景象。后来看到美国大城市同样也有贫民窟,不说纽约和波士顿,连首都华盛顿也有,就不奇怪了。

在等船期间,我们的时间显得很充裕。可是由于要轻装上路,我们的行李都比较简单,更没有带可供阅读的图书资料。这完全是没有预料和缺乏经验,浪费了不少时间,实在可惜。稍后知道在等船的不仅是我们两人,大家有时聚在一起,也多了解了一些情况。但有个别大官的子女,没有同我们见面,大概是要保持自己的"身份"?还有一件小事,中国驻印度的官员与我们这些人也有所接触。他们并未特别说些什么,而是一个不声不响的小举动给人留下了较深的印象。他们在大家都没有注意的情况下,塞了一大沓印刷精良的"领袖标准相"到各人的行李包里,我们是在他们离开以后才发现的。原来那是蒋介石的照片,已在蒋管区的公共场所与孙中山遗像同时挂出甚至单独出现。他们这样做，无非是想让出国人员代为分送以扩大"影响"。其实他们错了，大家对此都付之一笑和弃之不理，因为蒋的名声已臭，国际舆论早有评议。他们的这一手在学术界更只能是如此下场。不过大家也怕反动派的特务，有话不明讲，心照不宣就是了。

身在印度，不能不引起对有关历史和现状的一些联想。中国著名古典小说《西游记》中的唐僧"西天取经"是有历史根据的，那个"西天"便是佛教的发源地印度。从地理条件上来看，中印两国是边界相连的邻邦。1944年年初，印度和巴基斯坦还没有分治，印度也还没有独立，而是被英国长期统治的最大一块殖民地。印度本是世界四大文明古国之一，但从16世纪起，便不断受到葡、法、英等国的入侵。在1600年，英国殖民者成立了东印度公司，逐步在沿海建立殖民点，到1849年就占领了全境。说说这个东印度公司吧，向中国倾销鸦片不正是它干的吗？后来在1840年发生的鸦片战争，也与这家公司密切相关。可见，殖民者亦即侵略者几乎是同时对中印两国下毒手的。中国虽没有完全沦为殖民地，但当局不断丧权辱国，列强在中国有租界和势力范围，实际上使中国成为半殖民地或次殖民地。当时和后来同印度学者谈起这些时，双方都认为两国应友好相处。

前面提到，候船的华人有好几个，很快形成了一个暂时的小圈子，不免有些闲言闲语，不时传来传去。特别是那位不同大家见面的大官家小姐，也是中央大学毕业的，早在沙坪坝就听说和见过。这次远行等船，她碰上一位猛追不舍的男士。此人大献殷勤，以博好感，帮她洗头梳发，等等。后来一路随侍，居然成其好事。但故事并未到此为止，还有下文。后来男方因需到台湾任教，女方则坚拒同行，于是分手。前后传闻如此，倘果如所传，岂非一场儿戏！

还有，前人有言："小人闲居为不善。"百无聊赖之际，也正是考验人的品质的时候。在候船人中，没想到还有人不甘寂寞，在异国他乡去寻花问柳，而且还当一回事来侃侃而谈。很有可能他是不以为耻的，很多人听了都感到特别吃惊。此人是学理科的，后来一直留在美国，混得怎样不得而知。

当然,他如不讲,谁也不知道,大家被蒙在鼓里,或者还会认为他是正人君子。不过他的如此这般不是出于坦率,而是在认识上根本不介意。我们平常所强调的要德才兼备和教书育人,这恰好是一个反面的镜子。邪正应否分明、真善美与假恶丑应否明辨,都是回避不了的问题。这也同核心价值观有直接和密切联系,追求什么、安于什么,显示出对人生的态度和将要走的道路。这些对于群体的影响也不可低估,尤其是在教育领域。

六、悉墨巴波

乍看这个小标题有点儿怪,需要简单解释一下。当时从印度孟买出发经海路到美国,必须经过澳大利亚的悉尼和墨尔本,通过巴拿马运河到达美国的波士顿。"悉墨巴波"就是悉尼、墨尔本、巴拿马运河和波士顿四个中译地名的第一个字组合而成。

美国的海船终于来到孟买,记得船名像是马利坡沙(S.S.MARIPOSA)。我们顺利上船后,大家都很高兴。这是我第一次乘这样的船漂洋过海,也不知道会不会晕船。开船之前,给每人发一件救生衣,规定必须随时随身带着,包括吃饭、睡觉和上厕所,因为一路随时都有遭日本侵略者空中和水下袭击的可能,也就是有落到水里去的可能,真是太可怕了!而且在船上的时间长,人人都得这样做。

开船以后,感觉还好,这也许与我在湖边长大有关。到县城去读高小时都是乘船来往的,只是湖上风浪大时,船常停开,而海船则不论大风大浪都照常行驶。我们从印度洋进入南太平洋后,第一个停靠的站是澳大利亚的悉尼。乘客可以上岸走走,但不让去市中心区,因为停靠的时间不长。到第二站也是这样。由于在船上的时间较长,大家都感到无聊,抽香烟的人很多，也许会有借以消遣的因素。战争时期，船上卖的香烟特别便宜。我就在这些情况下犯了抽烟这个大错误，但在当时并未察觉，后来才认识到的。我抽烟的习惯从此开始，那时我刚满 25 岁不久。

过了墨尔本，我们的船直向巴拿马运河入口处驶去。想起在中学学习世界地理课时，已经知道这条著名的运河，现在得到亲历其境的机会，实在很有意思。进入运河后，船行得很慢，大家都跑到甲板上观赏运河的风光。美国地跨两个洋，东海岸是大西洋，西海岸是太平洋。那时的太平洋可不太平，日本偷袭珍珠港之后，爆发了太平洋战争。正是因为这个缘故，我们此行不得不选择穿过巴拿马运河，在正常情况下是不会这么走的。

经过五十多天的颠簸，终于到达终点美国的波士顿。我原打算直奔芝加哥，因为我的目的地是芝加哥大学。但也知道著名的哈佛大学就在波士顿附近的康桥（剑桥，因英国也有剑桥，中译常作"康桥"以示区别），反正新学期开学已赶不上了，不如先顺便去看看。同时也听说附近不远的锡雷可斯大学在我所要研究的学科方面也较强，想顺道了解一下。没有谁可以商量，自己就拿了主意。至于那位自重庆出发一路同行的同学，他是学工商管理的，原定目标是宾州费城，即在东部地区，他就按计划行事了。

哈佛所在地的康桥与波士顿市区有地铁可通，非常方便。在康桥还有一所名校是麻省理工学院（简称 MIT），两校相距不远，常可互相听课。乘地铁去哈佛，即在哈佛广场站下车。不过还要注意，其商学院与校本部隔河相望，而医学院则在波士顿市区。原来有围墙的校区不大，后来增设的学院早已突"围"而出，分散在康桥各部分，如法学院、政治（原行政）学院、教育学院，等等。除大学有些宿舍外，多数师生员工也都分散在康桥各区域内。因此，说康桥是大学城也不为过。刚说过的那个哈佛广场车站，一出站的对面便是有"哈佛"名称的一家购物中心，有关哈佛的纪念品齐全，生意兴隆。哈佛毕竟是 1636 年就建立的老校，据说校园里的那座哈佛铜像可能是假的，而完全刻有中文的那块很大的石碑肯定是真的。关于哈佛的具体情况，待另列专题详述。

说回初访哈佛的情况。当时特别引起我兴趣的是该校于 20 世纪 30 年代建立的立陶尔行政学院(今肯尼迪政治学院中的重要组成部分)。这是一所没有本科、专收研究生的学院。看了有关资料包括师资队伍和开设课程等,心里已有考虑,但一时尚难判断,因为能否入学是双向选择,芝加哥大学那边已确定没问题,这里校方态度如何仍未可知。还有哈佛学费较高,也不能不量力行事。好在时间允许,不必急于决定,于是按原来的打算,再去另一处不远的大学看看。

那是上面已提到的在纽约州的锡雷可斯大学,位于被当地华人称为"山亚九"的城市,离波士顿不远。凑巧碰到一位即将在该校本科毕业的华人大学生,他非常热心,帮我找住的地方并陪我到校园去参观。此人是家在纽约唐人街的华侨子弟,由于家境不佳,在当地一家亲戚开的洗衣店帮工,半工半读能读到大学毕业也确实不易。不仅如此,他已经决定到哈佛去读研,并积极鼓励我读哈佛。后来果真又在哈佛见面,并同住在一间出租房,成为真正的同窗好友。再往后,我们不断有联系,我也知道不少关于他的故事,这里都暂不多说。

锡雷可斯大学也是一所老校,与我研究的课题有关的是该校设有公务和公民学院。在美国同行眼里,也有较好的名声。我同样看了有关资料,并与院方出面接待人员有所交谈。他们认为芝加哥大学和哈佛大学都是名校,在同类学科中也都很强。他们的院长是人事管理学专家,很有学者风度。对于来自中国的研究生,他们表示欢迎。接下去又有一件巧事。我住的是该校一位老教授家的出租房,听说我刚从中国来对我很感兴趣,不免闲谈一番。原来他是哈佛校友,谈到哈佛的事情,真是如数家珍。那位想到哈佛读研的华侨生,就是由他写的推荐信,因而对我所面临的情况,他也认为哈佛应是我的最佳选择。于是我决定转回康桥再去试一试,若行了,也可省下到芝加哥的一大段路费。

再到康桥,直奔我想进的那所学院。我在向院负责人表示愿望的同时,出示了芝加哥大学发出的同意入学的函件。真是完全没有想到,院方二话

63

没说,便立即点头同意,办理正常的入学手续。后来了解到,他们对芝加哥大学尤其是这门学科非常信任,连通常的什么笔试、口试都免除了。至于学费较高,国内已有规定,读哈佛者可以增购一定数额的官价外汇,加上注意节约,问题可以解决。

七、哈佛大学

我留在康桥、在哈佛立陶尔行政学院就读了,当时身边的外汇(美元)不多,生活必须节省。首先是住的问题,学校提供宿舍,但费用较高,远不及校外出租屋便宜,我当然选择后者。开始住一单间,后来与人合住一间,更加划算。吃饭是经常性开支,学校也有公共食堂,价格同样不低。我常自己动手,做点儿简单饭菜,偶尔也到中国餐馆吃点儿面条、炒饭之类,换换口味。在着装方面,那时与后来的风格不同,大家都不是太随意。上课的教授和听课的学生好像少见不打领带的,所以我多着西服系领带。由于住处离课室不远,来回步行方便,不用花交通费。衣食住行方面的情况大致是这样。

前面说过,麻省理工学院与哈佛大学是近邻,在康桥的中国同学会就把两校的中国留学生合在一起,人数相当多,可能与战争有关。有过一本名册,年深日久,已经不知道放到哪里去了。只记得中国的"达官贵人"和"皇亲国戚"子女没有或者是不让列名其中,更不用说公开露面了。中国留学生暗中有南北"派"之分,主要是来自国内北方几所院校的某些学生搞小圈子,实在很不应该,也很没有意思。教师中的中国人可不一样,真是一视同仁,都有一家人的亲切感。最突出的莫如已在哈佛长期任教的赵元任教授夫妇,他们一家人都很好客,凡新到哈佛的中国学生,都会受到邀请在他们家吃饭,这几乎已形成他们家的一项惯例开支。又如当过中国驻美国大使的胡适之教授,也曾在同学会上与同学们同乐,打打桥牌。同学中的政治背景很难弄清,但有进步倾向和真正爱国的不少。这从后来去了台湾、留在美国和在新中国成立前夕回到中国的情况可看到一些迹象。

关于在哈佛读研究生,我总的体会是获益匪浅。这里先说说本科生和研究生的区别。大学本科生和研究生的中文译名比原文更能表明其要求和实质。两者的原文仅指出是大学毕业与否或前后两个不同阶段而已,即under or post graduate。中译文则明确二者的重大区别:本科生要固本,要打好基础,研究生必须进行研究。如果不是这样,或者徒有其名,便会出现"挂研究生招牌,仍然是本科生的一套"的实际状况。在哈佛,研究生的教学方式主要是小班讨论,有任课教授在场指导和提问、评论、总结。学生课前就能收到课程提纲和参考书目,课前必须认真作好充分准备,亦即进行自学和研究,否则难以参加讨论。由教授主讲的大班听课不多,有的是专题学术研究报告。至于自由听课,那是不加限制的。考试是口试、笔试都有,也有用论文或作业代替。总之,研究生顾名思义,就是要养成研究习惯和提高研究能力,以求得到研究成果。

对于应用学科,哈佛非常重视学以致用。在学习期内,曾被安排在马萨诸塞州政府实习。波士顿是州政府所在地,来往也很方便。值得注意的是,州政府对哈佛研究生去实习的态度很认真,除表示欢迎外,还安排了办公台,可以到各种会议去旁听并有专人负责联系,等等。时间虽然不长,但我增长了见识,体验到理论与实践的密切关系。说来也巧,康桥市的市经理(美国中等城市所设,相当于市长或副市长)作为在职研究生与我同班,他知道我对城市管理很感兴趣,便邀请我去参观访问,使我有机会了解到不少关于社会、治安、交通等方面的管理实况。印象很深的是,他向我专门提到关于中国出产宣纸的事。听了觉得奇怪,原来他们知道宣纸经久不坏,一直珍藏了用宣纸书写的资料。好在我还有这方面的知识,不然倒会使他觉得奇怪了。他对全市的情况当然也很熟悉,常乐于介绍,有时还陪同我到其他部门和单位访问。

有一件事,按时间顺序,本来是在入哈佛之初就应该说的,这里补述也还不迟。在新婚远别之后,我总想找个机会,让淑钧也能出来读研或做些什么。因了解到在哈佛附近,有一所独立的法律外交学院,我去作了自我介绍后,便直接探询安排我的妻子到该院担任助教的可能。又一次令我没想到,我的坦率得到的是喜出望外的答复:行。于是我立即发出加急电报和航空快信,但不免扫兴的是,未能迅速见到下文。稍晚收到复函,方知难以实现。原来淑钧的母亲孤身一人,无依无靠,已同她住在一起,相依为命。对此,我岂能有丝毫责怪,反而对这位孝女增添了敬意。与此同时,我更决心好好学习,争取早日团聚。毋庸讳言,这也是在日本宣布无条件投降之后,我急于赋归的一个重要因素。显然,倘若淑钧能赴美当上那个助教,后来的情况又会有所不同了。

说回关于哈佛的事情。我在读研的同时,还随时留意怎样办好大学的问题。哈佛是一所历史悠久的私立大学,校友遍天下,校友会的工作做得好,基金充裕,名不虚传。但哈佛可不像那些只顾捞钱的"学店",而是很注重改善、提高办学条件和质量。例如,在师资和学生来源方面,一贯强调择优。教师待遇较好,但是门槛也较高。一般本校学生毕业后立即留校任教的极少,以免"近亲繁殖"。除非在外校任职表现较好,才有"回流"的,并以此为荣。对于外校培养有发展势头和已成名家的学者不仅不排斥,而且真诚热烈欢迎。来一句文言:"此正哈佛之所以兴也。"为了证明这是我的由衷之言,可以补充我直接接触的三个实例:一是我的同班同学毕业后工作出色,后来当另一名校想请他任校长的时候,哈佛聘他任院长,他选择了后者;二是外校一位教授想转入哈佛,虽然哈佛只定他为副教授,但他仍乐于接受,且不久即成为知名教授;三是已有较高成就的外校教授受聘到哈佛任教,同学们都认为是名不虚传。至于在学生来源方面把关较严,就不多说了。

大学图书馆是公认的重要办学条件之一。哈佛大学图书馆总馆的藏书量之多,在世界图书馆排名中居于前列是不成问题的。不仅如此,各院、系、所、研究中心等又都有各自的图书馆、图书室，为数当在一百个以上。此亦为世所罕见，而且很多都各有特色，以满足各专业教学研究之需，尤其是最新出版的一些学术成果（包括书刊），常能及时供应，颇为难能可贵。大学不能不花钱，但要花在刀刃上可不简单。试以费尔班克（中文名为费正清）研究所、东亚研究中心、哈佛燕京（北京的燕京大学）学社的中文图书馆为例，其藏书量即大有可观，馆长为华人学者。哈佛还有各种博物馆，也几乎无不应有尽有，这里就不多说了。

办大学当然少不了各种建筑。图书馆不能没有陈列室、阅览室，教学也需要有教室。我曾注意到，在哈佛老校园里的那些教室不仅都是古老建筑，而且台凳都已陈旧不堪，但都还在用，并且通常重视充分利用，尽量减少空闲，因而排课有排到中午和晚上的。更引人注目和深思的是没有大礼堂，因为全校性的活动不多，中型活动可借其他公共场所进行。一年一度的毕业典礼在校园中心园地举办，由专业公司搭台布置和租用座椅，隆重和热烈的气氛照样很足。很有可能他们是算过细账的，与其保持一座固定建筑有长期较大的闲置率，不如搭建机动灵活的临时场地，代价反而很低。否则既占钱又占地，还要经常维修，何苦来哉！但公立学校似乎少有这方面的考虑。

不是不花钱，但不能乱花钱，这点很重要。有一种"客座教授"或"访问学者"的制度，这是要由校方付旅费和报酬的，学者的主要来源是国外大学，这是活跃国际学术交流的一个经常性的渠道。这些国外来的教授、学者，一般是为期一年，照样安排课程和学术讨论。学生尤其是研究生对此很感兴趣，因为可以拓宽眼界。被邀请对象也乐于接受，因为哈佛是名校，会引以为荣。但对校方来说，这是一笔不算太小的开销，显然认为值得他们才这样干的。我就曾经被聘去教了一年，那是后来的事。

在授予学位方面，一般都知道有学士、硕士、博士之分。博士后不是学位名称，而是指在取得学位后继续做一段时间的研究工作。根据规定，学位分普通学位和专业学位。前者分文、理（科学）两大类，后者才按具体专业定名。在时间要求上,前者较短而后者较长。如普通文科硕士在本科毕业后再学两个学期就可以了,而如像行政学或工商管理学硕士则需要四个学期,并在名称上区别开来:前者为 MA,后者为 MPA 或 MBA。这类专业学位不多,专业博士学位更少。

当时的行政学院与法学院和文理学院靠得很近,常在路上碰到中国留学生。回国以后,大家分散在各大学任教,还有来往。遗憾的是他们不少已先后作古。他们在各自从事的学科研究方面都做了贡献,也算是老"海归"(当时还没有这个说法)吧。我们有一个共同特点,都是在国内大学本科毕业后出去的,因而这个中国之"本"相对比较牢固。一去不返的也有,那当然是另有外因和内因。

八、明尼苏达

明尼苏达是美国的一个州名。我怎么会跑到这个州去呢?那是在 1945 年暑期。原来在战争时期,各大学都不休暑假,而是在原假期内照常排课,称为"暑期"。哈佛原来也是这样,但 1945 年为了让教师们好好休息,没有继续照办。可我不想浪费这段时间,想尽早完成学分,了解到明尼苏达大学(以下简称"明大")暑期未停,其学分哈佛也予以承认。这对我来说,真是不可错过的好机会。于是学期一结束,赶快去读暑期,暑期结束又回到哈佛。其间发生一件大事,那就是日本宣布无条件投降,第二次世界大战告终。随后将另列专题,以述其事。

我在明大的时间不长。大学在明州州府明尼阿波里士市,一到那里就遇上了中国留学生。与在哈佛的中国留学生分散居住不同,他们有几个人在一起过集体生活,包括经常自办伙食。我也临时参加了,分享了他们在合作中所带来的某些方便。在抗战胜利以后陆续回国的大概也不少,其中有个别的后来在国内还在一所大学共过事,直到新中国成立后进行高等院校院系调整,才分在不同院校。

明大暑期学分被哈佛认可,据传是因为有一位哈佛教授是前不久刚从明大转过去的。果真如此,就有一个整体和个别评价及其相互关系的问题。无论是较好还是较差,都容易造成以偏概全的后果。常见的现象是普遍的客观事实。名校也有薄弱环节,差校会有个别强项。针对个别弱点或强项作全盘否定或全盘肯定,显然缺乏可信度和说服力。这里说这些没有别的意思,还是围绕大学究竟该怎么办这一主题,说明一些情况和提出一些问题,以供思考、讨论、研究。对于暑期课的印象很一般,有一位教师(不知是不是教授)还要求学生购买他的讲义,现钱交易,了解行情的美国学生后来说他的讲义比正式出版的书要贵得多。这是我仅碰到的一次,我一下懂得那些美国学生为什么在课堂上直摇头。这位教师不会认为自己有什么不当或不对,那么集体共识是否有必要呢!

因为考虑问题难免有些联想,倒不是把事情扯远了。前面提到过哈佛有聘外校教授为副教授的个案,那是双向选择即彼此同意的结果。但也有另外一些做法,如在抗战时期,中国大学曾有一般大学并入名校的例子。具体做法说来非常简单:一般大学的师生一律降级,教授降为副教授,副教授降为讲师,讲师降为助教,助教无可再降,但延长升讲师年限;学生四年级降为三年级等。因尚未招生故原无一年级生。这样是否合理,因为是在战时,大家都顾不上了。而在新中国成立不久进行高校院系调整时,调进调出的师生一律按原职称和年级没有变动,大家相安无事。后来,各地数所院校合并成立新校时也是如此,其中有关问题,似乎未知其详或本无其详。

世界之大,各国、各地、各个历史时期有各自的实际情况,这些特点、特色是毫不奇怪的。记得当时在美国有一所与当地城市同名的独立学院,开办较早,也办得较好。后来在该市另办了一所同名的大学,与同名的独立学院同时存在。一般人的心理,总会以为大学一定在规模和质量上比学院强。

在这个城市,却恰恰相反。这是令常人始料不及的例子,那所学院"稳坐钓鱼台",没有争先改称大学,反正同行都心中有数。在州(省)一级也有类似的情况,同名的学院和大学也有学院的名声远在大学之上的。这里也不用明说,因为早已是众所周知的事。不过在一般人的印象中,大学总是要比学院"大"得多,"好听"得多。于是有不少人急急忙忙于改变学校名称,从专科学校改称学院,又从学院改称大学。至于名实是否相符,那就以后再说了。这类现象,难道我们见得还少吗?

目前,大学林立,显得热闹有趣,令人耳目一新。但不可轻忽,因为学校都是经国家教育部门批准的,问题在于如何续其成和善其后。毕竟"罗马不是一天造成的",哈佛也是从一个小得不能再小的学院发展成今天的大学的。还记得过去有一句公认是开玩笑的话叫作:"大学者,大家都来学也",那是讽刺胡乱降低大学入学标准的。可是认真想一想,等社会发展到继扫净文盲以后,普及初小、高小,又普及了初中、高中,再进入普及二年制的社区学院,最后全面普及四年制的大学,不是很有可能吗?从发展势头来看,我国在实现"两个一百年"奋斗目标以后,中国梦圆,所以大有希望。这种普及并非降格以求,而是逐步提升。少数主客观条件不具备者不能跟上,仍有可能。我的一个孙女未读大学,是因为有严重的畏难情绪而止步不前。我的大哥更差劲,初小毕业后连再升学的机会都放弃了。由此可见,即使到了大家可以甚至应该都来学时,也许仍有一些人会难以从众。

在明大的时间虽短,但其暑期学分对我的有关计划至关重要。因为若学分达不到规定的要求,就要顺延学习的时间。哈佛同班同学很多人没有像我这样去另找暑期学校。有一位美国同学的家就在明州,并且在一个离明大不远的叫曼开多的小镇上。他回家度假,知道我在明大,特约我在周末到他家去玩,当然情不可却。他们一家非常好客。美国是个移民国家,他家祖辈就是从挪威来的移民。他的父亲是当地一所独立学院的院长,在地方上是一位有影响的人物。记得星期日有一场社会活动,这位同学也带我去参加,并向大家介绍我是他的哈佛同学。大概当地华人比较少,我一时成为

"稀客"了。他们态度友好，可能还有历史背景的原因，即中美一起抗日，尤其是在日本侵略者偷袭美国珍珠港以后，美国人对日本敌我分明，连对为数不少的日本侨民和日裔美国公民都另眼看待并加以管制。美国大城市有华人聚居的唐人街，分散在各地最常见的是华人餐馆和洗衣店。各大学也有不少华人学者，但他们常深居简出。这次我在那个小镇露面，纯属偶然。回想起来，美国朋友似乎对中国很感兴趣，因为听说我是在国内读的大学，刚从中国来美读研，而且读的是哈佛，于是问长问短，可能少不了好奇的因素，致使我一时成了谈话的中心。

九、抗战胜利

当第二次世界大战日本宣布无条件投降时，我正在美国。自 1931 年的九一八事变起，十四年的抗日战争取得最后胜利，我当然非常高兴。当时的心里只有四个大字"不如归去"！但是学习还没有告一段落，距离专业学位只差一个学期。经过认真考虑，决定坚持完成学业再说，这也是我原计划的组成部分。经过联系和了解，美国经远东回国的正规航班还很少，等待的队伍已经排得很长。国内由重庆出川的船也非常拥挤，估计要到 1946 年上半年才能赶到上海。因为淑钧不是单身一人，而是母女同行，这样买票就更增加了难度。

除平时上课、讨论要照常认真准备外，学期末还要提交学位论文。我的论文题目是"论中国战时地方政府"，实际上已包括了中国共产党领导的地区，即后来的"解放区"。后来论文获得通过，并宣布授予专业学位。为了作好两手准备，若一时还回不去，我已提交了读博的申请并得到批准，因校方另有规定，如不选课而只进行研究，可以不交正规学费，仅付少数图书馆利用费，我也这样办了。但是"不如归去"的心思一直有增无减，我转念一想，不如到西海岸的加州旧金山市去候船。时间已经进入 1946 年,可以南下转洛杉矶,再北上抵旧金山。这样可以顺路看看美国,旧金山是开往远东船只集中的码头。后来我就这么干了。

一路乘火车既便宜且方便,能够看到美国各州发展不平衡和存在的差距。由于在进哈佛前后,已认识几个日裔美国人,其中有兄妹二人的老家就在洛杉矶的附近,这回路过,约我去他们家做客。我去了,还受到热情接待。我不懂日语,他们不懂汉语,我们只能用英语沟通。他们反对日本军国主义,主张中美、中日人民友好,虽然日本国内也有反战人士,可惜难成主流。我同他们后来也曾有联系,但至今早已中断。人老故人疏,大概已成为一条规律。国内如此,国际尤然,可慨叹也。

到了旧金山,先说这个地名。它的本名是三藩西斯科,简称"三藩市"。因当地曾发现金矿,故又称金山。华人较多集中于此,也与此有关。后来澳大利亚也发现金矿,称为新金山,这里的金山便成为旧金山了。这里的唐人街也较大,我就住在与我在康桥同室的那位华人同学的亲戚家里,当然是由他介绍的。我与他的亲戚们素不相识,却一见如故。这种乡亲之情,确是难以言表。我感到遗憾的是,我们仍只能用英语交谈,因对方不懂普通话,那时我还不懂广州话,更不懂台山话。早期到美国的华侨,是广东"四邑"(台山、开平、恩平和新会四地)的人居多,台山话更是华人中的通用语言。在离广州不远的江门市,有一所五邑大学,就是上述的四邑。江门是地级市,四邑即归属该市,合共"五邑"了,也可见四邑有其重要的历史地位。由于长期受战争影响,这家主人已与家乡久无联系,见到国内来人,倍感亲切。他们虽然已入美籍,但热爱中国之情未减, 更真诚希望中国能够强盛起来。也的确完全没想到的是,我回国不久,便南下广州,到今日已过七十年。

在旧金山候船可真不是滋味。要常跑轮船公司,有时还要到码头去看看,信息不像现在这样灵通、方便。令人非常扫兴的是,正式营运的海轮不多,已经登记的乘客告满不止一班,因为从旧金山出发,经过日本到达上海,再在上海停留一段时间,来回共需约两个月。两班便要四个月,这还了得?所以要想早点儿走、快点儿成行，必须另想办法，不能只坐着傻等。当然办法还是有的，但是条件差些，倒没有出现"黑市"之类的"走后门"作弊等现象。有一种在战争时期临时赶制的"自由轮"，是运输船而非客船。船上设备简陋，铺位很少。当时有不少这样的"自由轮"在运作，被允许接纳少数要赶时间和不计较舒适条件的乘客搭乘。我是个从小不怕吃苦的人，于是乐于作此选择。因此，我在旧金山没有住多久，就登上了一艘开往上海的"自由轮"。

在离开旧金山前，已经获悉有不少我认识的或不认识的华人学者(包括哈佛和其他院校的)准备回国。也许他们已经登记上了，或者正在办理，都未能见面。后来回到国内，方知是谁、有谁。因为 1946 年春夏之交离 1949 年 10 月 1 日中华人民共和国成立只有三年多的时间，1947 年、1948 年回去的更近，这批老"海归"主要是为建设新中国服务的。他们不是不知道在抗战胜利以后，国民党又掀起反共的内战，不是不知道国内的基本形势和发展趋势，而是清清楚楚、明明白白，那时已是新中国即将成立的前夕！国统区的反内战、反饥饿等运动风起云涌，高等院校常见罢课、罢教，军事上反动派也是不断战败，美国当局的偏袒也无济于事。很快，形势急转直下，随着"百万雄师过大江"而解放全中国。要不是因为抗美援朝，台湾也许早就统一了。

再说回"自由轮"。乘客只有几个人，连我在内只有两个中国人。那位华人不懂普通话，也不懂上海话，我们只能用英语对话，连美国人都觉得奇怪，也难怪到上海后有人骂他"洋奴"了。经我解释，他们才知道是怎么一回事。现在这种情况也许还会有，估计应该少多了。再说那船内的设施虽较简单，但日常生活还算过得去，特别是少数人常爱在船头晒太阳、吹海风、聊天，也能自得其乐。同时，那时还比较年轻，生活上的适应能力也较强，而且与从印度到美国的途中一路提防日本海空侵扰的情形相比，气定神闲得多了。也许因为我是归心似箭，总希望船能走得快些。

船到日本的横滨停靠时，我们都上岸走了走。这是我第一次到日本，也是同美国人一道以胜利国家人民的身份踏上日本国土。想想这个国家，比中、美两国都小得多，竟然敢于大举侵略、进攻。当然这有我们自身的原因，尤其是自甲午战争以后,助长了对方的"胃口"。"落后就要挨打",中国不能再继续乱下去了!国民党反动派一面争夺胜利果实,一面又打内战,当然不得人心。我们的船从横滨继续前行,直接开往上海。我是1939年离开上海到重庆去的,心里惦记着,不知道重庆出川的亲人们到了上海没有。

十、回到上海

抗战胜利以后,上海的租界已经取消。我先住进一家旅馆,后来一位老同学要我到他那里去住。就在离开旅馆的时候,我的提包被窃。里面装有护照、相机、现金等,我不得不设法出售手表应急。这表明当时上海社会很乱。这位同学是住在他朋友家里,没过几天,我又迁到另一位在郊区有自己房子的老同学那里去了。经向各有关方面了解,知道从重庆过来的亲人还没有到,也就是说从美国回来的我已经先到了。

接着要办的,是到轮船公司码头去取托运件。同样反映上海很乱的,是我托运的一个大木箱已全被偷空,只剩下一些零碎和单只的旧鞋子,难怪在出发时不让买保险了,因为不保险。毫无办法,不认又能怎样!据说那时上海黑社会有个"规矩":凡被偷盗财物不会马上处理,在一定时间内,若有"头面人物"发话,立即照样退还。这话说了等于白说,不说我是初来乍到,即使落地生根了我又到哪儿去联系这些人呢!这也正应了上海人的口头禅,仅仅是"闲话一句"。

没过多久,淑钧终于同她母亲一道,平安到达上海。我们挤住在那位郊区同学家,随之而来的问题当然是今后我们去何处安身。想来也真缺乏经验和轻举妄动。淑钧已辞去原来在重庆一所中学的教职,我也没有在回国前接洽过到什么地方和单位去工作。正所谓"平时不烧香",只好"临时抱佛脚"了。可这是个非常现实的难题，一家三口总得有个地方去呀！当时的情况实在是很不妙或者可以说相当紧张，因为内战影响，知识界人士纷纷南下，上海、南京、杭州、苏州一带已人满为患。俗话说"见缝插针"，那就必须找"缝"，我不得不为此奔忙，先找到一份工作再说，于是就从上海开始。一些单位谈得都很好，表示欢迎，但不能落实，理由是一时尚无空缺。距上海较近的是杭州，我专程去了一趟，浙江大学校长亲自接待，也坦陈了具体情况，无非编制已满，让我留下地址，以便保持联系。苏州未去，因为估计大体情况相似，于是想到南京去试试。

南京之行主要是去母校中央大学看看。时任系主任还是过去的教授，他非常高兴和表示欢迎，因为他早知道我到哈佛读研。他很希望我留校任教，同时又在一个问题上很感为难，那就是应聘的职称问题，因为我的同班毕业同学当时仍是助教，如果聘我为高级职称，就怕与老同学之间难处。对此我很理解，所以也就算了。没有想到，那时东北大学正有人南下招聘，特约我见面商谈。不用说，我没有接受，因为缺人的地方没人去，人满的地方大家挤的局面已经形成，我们刚远行相聚，至少暂时不想又作长途旅行。凑巧的是，曾经是我老师的中央大学教授、时任徐州的江苏学院院长，得到我回国已在上海的消息后，特发专函要聘我为该院副教授。因为徐州离南京不远，又通铁路，所以我们就决定去应聘。至于淑钧的工作，只有容后再说。

我自1935年春离家前往南京后，已经十一年没回过老家了。1937年年底至1939年上半年虽曾在高邮、兴化、上海一带停留，但也没有回家看看。不是不想家，原因是多方面的：一是经常通信，包括到重庆和后来在美国都没有中断过，基本情况是了解的；二是家里有一兄二弟照顾母亲，除最小的一个弟弟外，兄弟都已成家；三是都有自己的住房，再做点儿小生意，后来变卖田产，也不无小补；四是我儿时的包办婚姻，虽在南京一中时即已宣布无效，但恐回乡时仍有可能发生什么纠缠；五是我这十多年来一直是设法不断求学，打工只是临时或短期的，经常手头较紧，必须尽量节省。上海离家乡不远，本想回去看看，但毕竟尚未安定，所以也只能先到徐州后再作安排。我已回到上海他们是知道的。

因为离开学还有一段时间，所以不急于赶往徐州。在上海还有几位老同学的情况有待分别谈谈，真有人到何处不相逢之感。现在想起来又确是往事已成空，恍如一梦中！经验表明：老同学、老朋友们，有的是家人转告的不幸信息，有的是联系中断已久，再无音信。在上海见面的这几位即大致如此。先说那位把我从旅馆接到他朋友家去住的老同学，他原是我从南京一中前往高邮一小代课时的教务主任。他没有满足和停留于高中师范科毕业，后来又进浙江大学的师范学院，毕业后暂住上海，将往附近的一所师专去任教。我送了他一套新西服，他很高兴。可惜的是他身体不好，不久便因病去世。

至于那位要我转到他家去住的同学，我在中堡庄临时高中时也在他家住过的。后来他也到了重庆，进入中央大学学农业经济。毕业后来到上海工作，仍然同他的继母生活在一起。我们一家三人便在他家落脚，我送了他一套新西服。我在徐州一年转往广州之前，又到上海在他家住过。但不久他也到了广州，打算到加拿大留学，我尽可能帮他办理有关手续。之后他在加拿大进入政府农业部工作，还娶了一位德国夫人，生了几个混血儿女。有个儿子还来广州找过我，又曾在香港见面。他的继母也到了加拿大，几年前都已相继病逝，孩子们也没有联系。

还有一位前面没有提到的老同学，也在上海见了面。但已记不清是不是这一次，也可能是一年后的另一次。他是与我一起从兴化到上海参加统考，又一起从上海到重庆去的同路人。他后来在南京迁往成都去的原金陵大学毕业，不记得在哪里工作了一段时间，当时正在办理赴美读研。回国后在上海师院任教，又曾在上海见过。他也来过广州，终于再去美国定居。好像是由于夫人和家庭的缘故，但未过多久即信息中断，大概已离开人世了。

再说一位与我两度同学的女同学。我们曾是一中两年的同班，又在临时高中同班一年。她没有到上海去参加大学统考，却在稍后跑到上海进了只要初中毕业就能进的助产士学校，毕业以后在医院当助产士和护士。不知道是她父母的主意还是她自己的主意。退休后我们还有联系，但之后同样久已信息中断。

现在老同学、老朋友越来越少，但仍不时会想起他们。真可惜，其中不少人未能看到新中国的今天！

十一、江苏学院

在 1946—1947 学年度，江苏学院在徐州。徐州自古就有兵家必争之地一说。那时也传将成内战前线，致使在徐州的人想走，外面的人多不想去。我应聘前往，其实是不得已而为之。我们到了以后，住房虽是单门独户，但无自来水设备，厕所很简陋，只能通向一个粪坑。燃料是大块的煤，要敲碎才能用，而且要自己从煤店运回。购物买菜也不怎么方便，市容市貌远不及别的一些中等城市。没有注意市区是否有公共交通，反正平时极少出来活动。

▲1946 年从美国回国后在江苏徐州居住的小屋（与淑钧母亲同住）

▲1946 年冬与淑钧和岳母于徐州

再说江苏学院，它本是在抗战时期，由战区首长倡议用"苏皖"名义建立的一所学院，抗战胜利后迁到徐州，改名为江苏学院。学院有几个系，只有一座主楼，学生也不多。我所在的是政治学系，开设了三门课程，即行政学、市政学和管理学。后者是按院方要求，给外系开设的。曾有个别年龄较大的学生，对我这个年轻的教师有点儿不大在乎。我倒没有介意，消息却已传到院长那里去了。该生被院长叫去痛斥，向我道歉，我才知道有这么一回事，因而我更加注意在教学过程中鼓励学生提问。

当时没有安排家属工作的惯例（后来到中山大学也是这样），因而到徐州后，淑钧的工作问题是不久后才解决的，是一所由邻县迁来的中学请她去教英语。我们不知道这所中学为什么有此迁移，但也足以反映徐州一带的实际状况，大概必有迫使迁移的因素和有不少工作需要相应的人手。我们也已开始有不会久留的预感。后来果如所感，这里暂且打住。

徐州离南京不远，南京有什么动静，徐州很快就尽知其详。因为通货膨胀、物价飞涨，公教人员（当时对公务员和教育工作者的统称）的待遇较低，以致生活日趋困难，外地已有罢课罢教的抗议行动，并有派代表赴国民党政府请愿之举。江苏学院的进步师生起而响应，我也开始写《公教人员薪给问题之理论与实际》之类的文章，在南京、上海以及后来广州的报刊上发表。没有想到，我回国以后，首先撰写的是这方面的文章！有什么办法呢？我们一家三口，有两人工作，生活上仍必须精打细算，远不宽裕，每月仅能给在老家的母亲汇点儿象征性的补贴。

因为相对来说离家乡近了，母亲曾带一个孙子来徐州住了几天。我与淑钧也利用寒假回到我已离开了十二年的家乡。说近也不是很近，要经过南京、镇江、扬州，再有几十里的乡村土路才能到达属于高邮的那个小镇。交通情况同我当年离家时完全一样，经南京和镇江有铁路，镇江与扬州之间还没有桥，要坐轮渡，然后搭汽车到扬州，出了北门，人力的独轮车还是主要交通工具。我们要在南京和扬州各住一晚，中途还要吃一顿饭，然后才到家，用时三天多。小镇的街道和老家的房屋依旧，只是显得更陈旧了。逢集(墟日)的时候,我们主动下乡去见了不少亲戚,有的人家已经很明显是破败了。如外祖父家,真的应了当年有人所作的"拆屋卖庭柱"的预言。我们夫妇的衣履都很朴素,没有什么"衣锦荣归"的气派,有的亲邻私下议论"看来混得不怎么样",我们觉得很有意思。

来回都经南京,并在南京过夜。回程还有时间,曾去访问一个小学同学。到了那家,通报说有个姓夏的老乡来了,叫我在客厅等候,还听到里面有人在谈笑,那位同学肯定在屋内。可是左等右等,很久都不见人出来,我只好走了。后来他深表歉意,说的倒是大实话。原来他家乡下的佃户姓夏,他以为是他又来要他减租之类,才故意迟迟不出来的。说得很像是那么一回事,但不弄清楚至少可能误别的事的。何况果真是那个佃户,这样对付也不应该,简直是在摆"地主"的架子。

回到徐州,不幸的事情发生了。淑钧的母亲一人在家,常在外面吃点儿零食,大概是食物中毒,不得不进医院,加上她本来就有胃病,真如雪上加霜。不久岳母便不治而葬身徐州,年仅53岁。后据了解,徐州的医疗条件也不怎么样,还有民工偷窃遗物(包括首饰和现金)的迹象,也没法追究。女儿虽已曲尽孝道,但岳母心情一直不好,这与她的遭遇坎坷有关。这是又一个常见的旧社会妇女地位极受歧视的例证。难怪她的独生女儿很天真地认为,学政治学可以实现真正的男女平等了。

江苏学院是徐州唯一的高等院校,平时没有什么学术研讨活动。人心思去是公开的和随时可见的现象。学年的第二学期还没有结束,早就听说谁和谁将要去哪里和哪里,连院长也要走。后来新院长提前接手,了解这些情况后,采取早发聘书的办法保住师资队伍。别人的情况我不知道,我较早就收到了下学年的聘书,并且是聘为教授,当然也提高了工资。我同大家一样,迟迟不答复应聘,因为我已经听说,在广州的国立中山大学派人到南京招聘,老院长对我比较了解,已予以推荐。稍后即收到中山大学聘我为教授的正式聘书,基于对该校早有较好和较深的认识与印象,我欣然应聘。老院长、原来的师友,连在家乡的老姑父听到消息后都说,这是较好的选择。

我曾经想过不知广州需人否，但没有去联系、了解，只求早点儿就近解决问题，而导致走了一年的弯路。正如俗话所说，顿生"早知今日，悔不当初"之感。可是悔之晚矣，又有什么用呢！只有吸取教训，临事多动脑筋，以免错过本来存在的较佳机会。旁的不说，岳母也许不致食物中毒和可能有较好的医疗条件。同时，也可见有关信息的重要。

从徐州到广州，当时的交通可没有现在这样便利，至少要用三天的时间。经陇海路到郑州转武汉沿粤汉路南下到广州是一种走法，也可以经长江到武汉再转广州。那时还没有长江大桥，上海也没有直通广州的火车。因为我们想再到上海去住些时日，便决定采取从上海乘轮船到淑钧在武汉的亲戚家，然后搭火车去广州。于是学期一结束，我们又回到上海的老同学家。这时已是 1947 年的暑期，听说广州的冬天不冷，我们连带皮毛的棉鞋都留下送人了。因为是又一次长途旅行，力求轻装减负。还有一个更重要的原因，淑钧已身怀六甲，我们的第一个孩子即将在年内出世，而她之前曾流产过一次，不能不格外小心。

十二、中山大学

对于广州和中山大学，早就闻名和很向往了。那是1947 年的暑期，我们从上海乘长江轮船到武汉，住在汉口淑钧的亲戚家，对黄包车的随便乱要价有较深的印象。我之前知道有一位哈佛法学院的同学回国后在武汉大学任教，故特意留下访问。原来他也是 1946 年回来的，但比我有经验，一回来就直奔武大。按年龄，他是我的老学长，比我大八岁，同在中央大学毕业，当过校长秘书。但在国内没有见过，他本考上留英庚款，因战争转往加拿大后再转到哈佛的。这次见面后我们一直保持联系。他是国际法专家，在国内有较高的知名度。在被误划为右派恢复名誉后,立即申请加入共产党并得到批准。武大创办政治学系时,我被聘为名誉系主任,就是他推荐的。后来他在99岁时因病去世。他就是韩德培教授。

在武汉暂停后,我们乘火车直达广州。因为事前未发电报,不想麻烦校方来接,叫辆出租车就行了。可是又一次没有经验,因未问清情况,以为一说中山大学便可以了,结果司机把我们拉到郊区石牌,才发现那是办公和教学区,又转回在市区的中山大学旧校区住宅区。原来中山大学确是在石牌,但房舍不够,许多教师要住在旧校区,上课乘车去石牌。出租车司机没有错,是我们自己没搞清楚。我们被安排在叫"北斋"的大四合院,两室一厅,但无厨房、厕所,只有公厕。别人家有在走廊安炉灶的,我们当时还是二人世界,就在屋里做饭,但要到室外去取水。

物质生活条件虽然如此,精神方面却很受鼓舞。住下没有几天,继院长、系主任来看望之后,年长的校长王星拱也来宿舍同我见面,我实在愧不敢当。那时校长只有一人,没有副校长。而中山大学的院系较齐,是当时全国三所规模最大的国立大学之一(另两所是北京大学和中央大学,后者后来改称南京大学),校务是很忙的。王校长原任武汉大学校长,刚调到中山大学不久。校长住宅也在市区,在市区的还有医学院。再说比较大的石牌校区是在全面抗战前建成的,各个学院都有自己的大楼,文、法两学院各占一个山头。战争时期中山大学曾迁往云南,后又转回粤北山区各地,胜利后才回归石牌。旧校区也不小,地跨文明路和惠爱东路(两边都有门出入),包括一所附属中学,孙中山主持的国民党第一次全国代表大会的礼堂及其讲述新三民主义的场所和鲁迅任教时住过的钟楼等。当时的宿舍除北斋外,还有西堂、南斋、中斋。毛泽东主持的农民运动讲习所,就在文明路附近。

关于惠爱东路,有一个也许是真有其事的笑话。本来广州有一条很长的中山路,共分八段,叫中山一路、中山二路等。惠爱东路属其中一段,但习惯上仍用旧称。曾有讲英语的人问中山大学旧校区在哪里,回答都是"惠爱东路"。问者问了又问,觉得奇怪,怎么会没人知道呢?原来他把广州话的发音听成英语的"Where? I don't know."（什么地方？我不知道）了。广州地近香港，常有外国人顺道来访，难免有语言误会。公共汽车报站，常把中山纪念堂简称纪念堂，广州话音近英文的"get down"，曾有外国人误以为到站下车的。说普通话听不懂广州话的笑话也有，如问在哪里，回答"嗟呢道"（在这里）误为"海南岛"的。当时的情况是校内普通话可以通行，因为师生来自全国各地，讲课都用普通话，但社会上还远未普及。上街还要学听、学说广州话，淑钧比我学得又快又好。

说到淑钧，她来广州后的工作尚无着落。校方本想接受她当讲师，但被一位教授背后捣乱，没有成功。过去听说过有一种人是当面客客气气、背后鬼鬼祟祟，这回可真碰上了。后来她到私立华南联大、广州法学院和岭南大学担任过兼职讲师。到1947年年底，我们的第一个男孩出生，她的工作也暂停。那时还没有什么休产假之类的制度，我们也力求适应。接着下一年又一个男孩出生，我们仍未请保姆，邻居都赞淑钧坚强、能干。

当时反动派的所作所为，令生活环境越来越糟，恶性通货膨胀愈演愈烈，拿一大捆钞票只能买一点儿东西。有一次传来石牌校部补发工资的消息，我忙赶到车站准备去取，遇到回来的人说补发工资数还不够车钱，只好作罢。教师因生活困难罢教、学生上街作反内战反饥饿的游行，有因此被捕的，我们又到反动派的省政府去奔走营救。在解放军即将解放南京前夕，反动派的教育部迁来广州，就在中山大学旧校区挂牌。我们办了一次"国立中山大学教授活命大拍卖"，横幅就在那个招牌的旁边，拍卖衣物的摊位正在那个"部"的门前。那是轰动一时的新闻。

到1949年3月，我到广州还不到两年，我亲身体会到，在中山大学进步师生中，存在孙中山的革命传统。这要从"中山首创"说起。就在广州，孙中山深感"革命尚未成功，同志仍须努力"。中国共产党刚成立不久，他便首倡国共第一次合作，提出"联俄、联共、扶助农工"的鲜明主张，与列宁互致敬意，并在解释新三民主义时指出，他所主张的民生主义就是共产主义，吸收共产党员担任重要工作。鉴于军阀割据和旧官僚的不足信，创办文、武两校,即黄埔军校和广东大学(孙中山逝世后为纪念他改称中山大学),培养革命人才。后来誓师北伐,节节胜利,其中就有共产党人和进步青年参与其中的重要积极因素。

前面讲过儿时所见的北伐军,就很能说明问题。当时还有一种情况,也能表现对孙中山的崇敬之情。那就是北伐军所到之处,以中山命名的大学便随之出现,并按顺序排列,广州为第一中山大学,武汉为第二中山大学,杭州为第三中山大学,南京为第四中山大学,还有未经批准即命名为当地中山大学的有多起,如兰州、安徽、上海等。后来认为欠妥,才仅保留广州一所,其余恢复原名或另取名,如武汉大学、浙江大学、东南大学(后来的中央大学、南京大学)。虽然如此,莫斯科仍有过中山大学,以培养东方革命干部。台湾较晚也办了中山大学,但为“台独分子”所不容。至今在全国城市里以“中山”命名的路和公园之类,就更多和更普遍了。问题是国民党反动派彻底背叛了孙中山的遗愿,从国共合作的大好局面,走向反共反人民的罪恶道路。前面说过的西安事变,表现了共产党人大义凛然以国家人民的利益为重。国民党反动派在全面抗战时期仍不断搞“摩擦”,抗战胜利后又掀起大规模内战,很不得人心。至1949年3月,广州已处于解放前夕,反动派大势已去,但还要作最后挣扎,中山大学进步师生都已提高警惕,防止反动派的破坏。那是我的第四个十年从4月份起将忆述的内容。

第 四 个 十 年

1949.4
1959.4

最 美 好 的 梦 是 实 现 共 产 主 义

1919

1929

1939

1949

1959

1969

1979

1989

1999

2009

2019

1949.4
1959.4

教育部人文社会科学百所重点研究基地

中山大学行政管理研究中心

Center for Public Administration of Zhongshan University

四、最美好的梦是实现共产主义
为四年十年（1949.4——1959.4）

中华人民共和国于1949年10月1日成立，广州到10月14日解放，这在今年四月以后的2个月中。广州人民早就作好迎接解放的心理准备，但反动派还要搞破坏，人们都很高警惕和有所应对。就这个十年而言，国家社会大变样，进入了新的国家，新的社会的发展阶段，个人的最大变化，则是经过接受一系列的再教育，成为中国共产党党员，那是1956年的事。从此我的美梦四绕，有了崇高的和具体的目标和道路。今后更要不断努力，使自己成为一个合格的共产党员，在党的领导下，为建设新中国和为人民谋幸福作出贡献。

▲写作手稿

87

中华人民共和国于1949年10月1日成立,广州是10月14日才解放的。在当年的4月份以后的几个月中,广州人民早就作好迎接解放的心理准备了。但反动派还要搞破坏,人们都提高了警惕且有所应对。就这个十年而言,国家社会大变样,进入了新的国家、新的社会的发展阶段。我个人的最大变化,则是经过接受一系列的再教育,提出申请加入中国共产党,那是1956年的事。从此,我的寻梦思维有了崇高的和具体的目标与道路。今后更要不断努力,使自己成为一名合格的共产党员,在党的领导下,为建设新中国和为人民谋幸福做出贡献。

这个十年按历史顺序有很多对我有明显重要影响的经历。中华人民共和国宣告成立的消息是封锁不住的,多数人兴高采烈,个别人急于赴港转台。后者的政治背景不言自明,大家都心照不宣。对于反动派要破坏工厂和想把中山大学迁到海南岛去的图谋,工人护厂和师生护校的行动使反动派未及得逞。后来只炸了海珠桥,其余皆平安无事。中山大学的情况是这样的:图书设备虽也真的打包装箱,但护校师生设法拖延没有装运。其实海南岛很快就解放了,反动派全是白费心思。广州和海南岛相继解放以后,按当时的大势所趋,必然是趁热打铁解放台湾,但因抗美援朝又不可放弃。历史遗留问题至今仍有待解决,我们已经从国家建设和发展中看到希望。

一、不眠之夜

1949年4月以后的广州,已主要是静候解放。有些情况前已述及,这里就直接回忆那个已确定无疑的"不眠之夜"。10月13日解放大军已兵临城下,看来不止我们一家,好像左邻右舍都在等待。很奇怪的是电灯一直通明,后来才知道是电厂的工人护厂,反动派想破坏没有成功。更奇怪的是天都大亮了,却没有听到任何枪炮声,原来反动派明知无法抵抗,早已逃之夭夭。我们听到街上传来一阵一阵的欢呼声,解放军已经大队进城,正受到群众的热烈欢迎,我们出去看到这种场面,也忘了一夜未眠的疲劳。

令人十分敬佩的是,解放军进城后,较快便成立了人民政府接管了这座南方大都市,一切表现得井井有条和实效显著,尤其是反动派造成的恶性通货膨胀立即被制止。可以理解的是,从东北到华北、华东、华中、华南,已经积累了很多宝贵的管理经验。例如,人民币稳定可靠,很有购买力,不像反动派的纸币,什么法币、金圆券、银圆券、关金券,到头来都是一堆废纸。

经济是个关系国计民生的严重问题。人们记忆犹新,还在抗战时期的重庆,已有著名学者提出借某某之头以谢天下的呼吁。抗战胜利以后,人们称反动派接收敌伪遗产的大员为劫收或窃收大员,因为他们把所得据为己有。所谓"五子登科",即指房子、车子、金子、票子、女子。对于反动派中央政府的回归,有新民谣是这样唱的:"中央不中央,来了更遭殃!"后来到了徐州,已常见因待遇太差而罢教罢课和请愿的事。来到广州,更是每况愈下,学生因反饥饿、反内战被捕,教授举行"活命大拍卖",无一不是现实生活的具体反映。

我本身便是一个具体例证,补发工资不够往来车钱是我亲历之事。根据原有规定,我的底薪是高的。可是在恶性通货膨胀的形势下,发行的大额货币也无济于事。具体数字我记不清了,还记得曾有每月百万以上的收入,可是不能马上一起花掉,物价又早中晚都在上涨,有时涨幅惊人。怎么办?另外一种转嫁剥削的方式出现并流行了,那就是到处有广州话所说的"剃刀门楣",像是地下钱庄的小铺头。办法是用反动派的纸币去兑换港币、美钞、银圆,以保币值。不少商品干脆用港币标价,但如碰上假的外币或银圆,那就只有活该倒霉。银圆还有"大头""小头"之分,即袁世凯和孙中山的头像,都有真有假。试想处在这样乱七八糟的情况下,老百姓的日常生活可怎么过呀!连反动派内部的某些中下级人员也不得不摇头叹息反动派的"气数"已尽。他们暗中流露:随去台湾实在是情非得已且毫无信心。

针对上述情况,人民政府在发行人民币的同时,还及时开展了扫荡、取缔"剃刀门楣"等运动,大得人心和大快人心,真正使人民生活焕然一新。中山大学师生都积极参加了这些社会运动,受到很有意义的社会、政治教育。新中国成立前夕的一些乌烟瘴气,很快就一扫而光。但这并不等于一切已经就绪,还有很多部门、单位有待接管和开展工作,思想政治教育的任务应受到重视。广大农村更有土地改革和对农民进行社会主义教育的问题。广东是较晚解放的地区,但也有个有利条件,前面已经说过,北方一路来的多方面的好经验可供参考运用。那时还属于广东省的海南岛,很快也解放了。

广州是广东的省会,也是南方的最大城市,历来受到重视。广州解放后人民政府第一任市长是当过北京市市长的叶剑英同志,就充分表明了这一点。在中国近代史上,广州对外开放最早,是鸦片战争中抗英的英雄城市,是孙中山领导辛亥革命的南方基地,过去形成的小三角地带叫"省港澳",即广东省会城市广州和香港、澳门的简称。广义的珠江三角洲,也以广州为首。改革开放后的四个经济特区有三个在广东不是偶然的,其中一个是深圳与香港为邻,一个是珠海紧靠着澳门,也都与广州的存在有关。在全国改革开放发展经济中让广东先走一步,是众所周知的。曾有"东西南北中,发财到广东""先走一步是广东,紧紧跟上是山东,后来居上是浦东,中国出了个毛泽东"等民谣。目前也常有人提到"北上广"如何如何,这个"广"也许应指"广东省",因为广州还不是直辖市,只有省才与直辖市同级。但在说"北上广深"时,"广"就该是广州了。不管怎么说,反正说省也得包括广州。说得更早一些,"广货"在中国久已出名,在北方商店里常标明卖的是"京广杂货"或"苏广杂货",与"京货""苏货"齐名。这些不再多说,还是回到刚解放后的广州来。

说实话,解放前的广州面貌同所处的地位并不相称。我之所以有此印象,是因为我在中山大学所讲授的三门课程,即行政学、市政学和行政法学都与城市现状有密切关系。我的课不只是在教室里讲讲、黑板上写写,尤其是市政学,我常带学生到市区走街串巷、实地考察。发现城市建设说不上有什么计划性,包括街道、道路、建筑、园林等,在很大程度上显得听其自然或顺其自然。"骑楼"虽有特色,但在街道过于狭窄的背景下,显得不够开阔。巨型的商业场所较少,小打小闹的小铺头很多。当时,市区横跨珠江的只有一座海珠桥,两岸的发展很不平衡,差距较大,等等。

不过这些也不足为怪。当时初到香港的上海商人也曾有过像是到了乡下的说法。虽然有点儿夸张,但繁荣程度存在差异是无可否认的。据传,当时曾有大批物资、商品,原计划从海外运往上海,因上海即将解放,便在中途改运香港。还有一些上海的广东商人转移到香港经营,从广州转去的也有,使香港日趋繁荣起来。这类说法并非空穴来风,而是有事实根据的。上海的几个著名大公司是广东商人操办的,香港也原是广东省东莞市的一部分,东莞的特产莞香从那儿出口,才取香港这个地名,所以广东人到香港经商极其自然。历史和地理难解难分,天时、地利与人和之间的相互影响也是割不断和有次序的。现在香港回归了,竟然出现什么"港独",当然没有出路。

二、协助接管

人民政府接管中山大学,成立了接管工作委员会和协助接管工作委员会,我曾为协管会成员之一,主要工作是搞好法学院的学习。在崭新的历史条件下,必先认真学习,端正和提高思想认识以及对新生事物的态度,才能弃旧图新,跟上时代前进的步伐,不致落伍、掉队。否则,我行我素,率由旧章,安于落后,还有成为大势所趋的历史潮流中的阻力和障碍的可能。对此我深有体会,并非常明确地看清中国共产党领导工作的一个重大特点是重视学习。任何工作几乎都是在准备阶段作计划到正式开始再至结束以后作总结,无不结合着理论联系实际的学习。因为这样,也只有这样,才能目标鲜明、不忘初心、方法对路、积累经验、汲取教训、齐心协力、继续前进。

那时的中山大学法学院共有四个系:法学、政治学、经济学和社会学。当时规定,专职教授必须教三门课。在江苏学院是这样,在中山大学也是这样。我教的三门课是行政学、市政学和行政法学。除本系学生外,也有外系学生选修的。我是最年轻的教授,而且来校不久,仅有两年。有一个年龄最大的毕业班学生只比我小五岁。一位英文报纸的记者来采访,戏称我为"娃娃教授"(Baby Professor)。怕被误会,特别说明是善意的,外国也有,中国早就有了。因为年轻,比老的"世故"少,在有关集会中的发言便给人以敢讲的印象,与进步师生的接触因而较多。还有我虽在美国生活过,但对美国当局一点儿也没有亲美、崇美、恐美的观念,反而对美国的假民主、种族歧视、横行霸道等有自己的看法,尤其是偏袒国民党反动派更被当作与中国人民为敌的帮凶。两国人民应该友好,则是性质不同的另外一回事。院里的进步师生和有进步倾向的师生为数不少,我们安排和开展学习比较顺利。

◀1951 年与中山大学政治系应届毕业生合影(前排右一)

本来,学校顾名思义就是学习的场所。高等院校更是相对较高级的知识分子成堆的地方,读书为了明理,不学自然无术,因而也应该是格外重视讲理的地方。但也有个读什么书、讲什么理的问题,既不可无理取闹,也不能强词夺理。但要力求做到以理服人,使人心悦诚服,可没那么简单、容易。于是就有学习内容和学习方法的选择,以适应轻重缓急的需求。当时我们面临的是从长期反动统治到革命取得胜利的重大历史转变。对于貌似强大的反动势力为什么那么快土崩瓦解,而开始微弱的革命的星星之火终于迅速燎原,有一个急于正确理解的问题。对过去不少反动派散布的流言蜚语,也必须加以澄清。否则很有可能仍心存疑虑,至少不能像别人那样对新的国家社会建设做出应有的积极贡献。

现在回想起来,当时安排的学习内容的确很有现实针对性,也就是同革命队伍相比,完全像是"补课",主要是赶紧学习一些关于马克思列宁主义、毛泽东思想的基本知识,例如社会发展史、中共党史、新民主主义论等。我们必须知道,为什么没有共产党就没有新中国?为什么只有社会主义才能救中国?为什么对美帝国主义的张牙舞爪我们毫无惧色?事实上,无可讳言,我们原本是旧知识分子的群体,若不认真学习新知识,便无从更新思想和更新行动。实际上,更新思想就是要进行思想改造,所以我们随后就直接用思想改造的说法代替学习或政治学习。大家在学习讨论中,对新旧思想作分析对比,展开批评与自我批评。这也是我们的主要学习方法。

具体来说,学习社会发展史是要让大家都知道,人类社会是怎样从没有阶级的原始共产主义社会发展到出现国家,由奴隶社会、封建社会、资本主义社会及其最高形式的帝国主义阶段,发展到共产主义,成为彻底消灭了阶级的理想社会。资产阶级民主革命推翻封建统治虽有一定的历史进步意义,但资本主义及其制度不是永恒的,因为它的存在仍然牢牢维护着人剥削人的事实。因此,到资本主义发展的后期,尤其是进入帝国主义阶段,必须揭穿资产阶级御用学者的那些伪装和谎言,如根本不存在的什么自由、平等、博爱。他们大讲人权,其实徒托空言或虚有其表。一个明显和不无滑稽意味的例子是资产阶级绅士们满口"女士优先"(Lady first),而现实则与真正实现男女平等的预期相差很远,新中国在这方面则远在他们之前和之上。

关于学习中共党史,更属当务之急,必须知道中国共产党是怎样从无到有、从少到多、从小到大、从弱到强、趋于更强的。在中国共产党刚刚成立不久仅约两年,很有历史和政治眼光的孙中山就决定实行国共合作,在北伐战争中取得节节胜利。但在他逝世以后,他的继承人背叛了他的遗志,采取血腥手段,妄图消灭共产党。共产党不得不建立军队和根据地以自卫和反抗,但反动派仍坚持围剿,总想把共产党斩尽杀绝,致共产党人被迫而有两万五千里长征的壮举。反动派置日寇入侵的事实于不顾,大失人心,连自己的部下也看不过去和忍无可忍,实行"兵谏"。那就是震惊中外的西安事变,中国共产党人深明大义,主张不计前仇,只要共同抗日可以放他一马保住他的老命。可是他在全面抗战时期仍搞"摩擦"不说,胜利以后竟然又掀起了大规模的内战,终于自取灭亡。这段历史很值得记取和研究,时至今日,新中国正阔步向前,世人更刮目相看,难怪国际上已出现"中共学"这一崭新学科,我们岂不更应该努力以求传其真?

关于学习毛泽东著作,实际上不止《新民主主义论》一篇,主要是应该明确我们的新民主不是旧民主,即那种实行资本主义的资产阶级民主,而是要过渡到社会主义的人民民主。随时随地突出"人民"二字,国家是人民共和国、政府是人民政府、军队是人民解放军、货币是人民币,等等。资产阶级民主虽也标榜"民有、民治、民享",但都有名无实,或者叫口惠而实不至。我们是真正说到做到,由人民当家做主和为人民服务。如果不是这样,中国又怎么会有今天呢?

说回接管中山大学,不久即任命校党委书记和校长,学校开始在新的历史条件和体制下运作。书记是由北京调来的原中央文化部的领导同志,可见中央对中山大学的重视。这位书记在做知识分子工作方面很有经验,随后还会谈到。再说以上谈的学习,是在教师和职员中的学习。但是同样的内容,也在全校学生中以上大课的方式进行教育。我也在边学边教的情况下,成为任课教师。所谓大课,就是跨院系只是同年级的大班,人数较多,学生学习的积极性很高,也安排若干小组讨论。我的印象是他们听课都很认真,很感兴趣。广东省人民政府教育厅和中山大学校方好像是在同时或稍有先后成立了思想政治教育委员会,我都曾参与其事,成为其中的成员,主要是讨论、研究如何在新中国开展和加强各类各级学校的思想政治教育这一重要工作。就总体发展趋势来观察和考虑,上大课已不是一种临时措施,而应作长远打算。

三、抗美援朝

前已述及,在广州解放以后,不久就解放了当时属于广东省的海南岛。本当顺势解放台湾,但因为美帝国主义打着联合国的旗号,入侵朝鲜,中朝是近邻,过了鸭绿江就是中国,所以抗美援朝。事关保家卫国,不能不及时行动。中国人民志愿军"雄赳赳、气昂昂、跨过鸭绿江"就是要"打败美国野心狼"。此事震惊中外,曾经反应不一。现在历史早已下了结论,中国是取得最后胜利的一方。

回忆当时在广州,得到抗美援朝的信息,反应是热烈拥护和积极支持。中山大学学生报名参军的很多,也确实有赴朝参战的。我在校内及时加强学习的同时,并不断作社会宣传。主要是清除亲美、崇美、恐美思想,认识帝国主义侵略者的本质,即同所有反动派一样都是"纸老虎"。这在当时的一段时间内,成为思想政治教育中一个很受重视和欢迎的专题。当然,这也同马克思列宁主义、毛泽东思想的学习结合得很紧。事实胜于雄辩,抗美援朝前线不断传来胜利消息,使中山大学师生很受鼓舞。德国咨询公司的预测完全符合事实。

无可否认,确实也曾有人对敌我之间的实力悬殊感到担心。不过想到过去与国民党反动派之间也存在过类似情况,又觉得可以放心了。不管怎么说,我们是正义所在的一方。在国内,我们的军队是人民的军队,是人民的亲人,得到人民的积极支持和配合。人民志愿军在朝鲜作战,朝鲜人民更视如亲人,共同对敌。而敌人是入侵者,只能孤军深入,随时随地会遭到抗击的。何况他们不可能不知道自己在干什么,身在异国他乡又欺人太甚,能毫无顾虑吗?国际评析比较客观,常能中肯。美国打着联合国的招牌侵朝,只是自欺而欺不了人。很多人都知道的是德国咨询机构作过专题研究,预测美国倘若侵朝,中国必将出兵,美国必败。美国不信这个结论,也不愿花钱购买研究成果。后来真的败了,才再花稍低一点儿的价格买回那份资料看个究竟。原来新中国这个对手,是不能光看物质装备如何来估量其真正实在的战斗力的。

这就要从中国共产党领导的军队从创建到抗美援朝前夕,一路所经历的战争和所积累的经验说起。想当年,共产党成立之初,完全可以说是手无寸铁,而且人数不多。但不过两年,就得到孙中山的重视,开始实行国共合作,北伐战争取得胜利,其中共产党人功不可没。因为在孙中山首创的黄埔军校中,已有周恩来、叶剑英等人所做的贡献。但在孙中山逝世后,其继承者背叛了他的遗志,成为国民党反动派。他们不仅不继续与共产党合作,反而要消灭共产党人。

在这种逼人太甚的紧急情况下,共产党不能不武装自己以谋自卫,才不得不宣布建军和建立根据地。上井冈山完全是被逼的,接着成立"苏区"也是如此。与此同时,反动派更加紧了"围剿",但连续四次都以失败告终。第五次因共产党内部误听洋顾问的意见而离开"苏区",进行了艰苦卓绝的两万五千里长征,终于到达陕北根据地。这一路也是经历无数次的战斗,克服艰难险阻取得胜利才过来的,在战斗中成长的中国共产党更强大了。

国民党反动派呢?从1931年的九一八事变起,一直对日本侵略者抱不抵抗的态度,却集中注意力打内战,打主张和实行抗日的共产党。还厚颜无耻地想欺世盗名,说什么"攘外必先安内,安内才能攘外",其实把基本概念都弄颠倒和混乱了。他们根本没有也不想"攘外"和"安内",因为他们要先消灭抗日的共产党,这不是"安内"而是在"乱内",他们不仅没有"攘外"而且是在"助外"。后来发生的西安事变,扭转了这种局面,开始全面抗战,显示出共产党才是正确的。

有些不少已经在前面谈了,以免过多重复。这里主要谈的是军事方面,还得作些补充。说的是全面抗战时期,中国共产党领导的八路军和新四军。众所周知,日本侵略者也知,除部分坚决抗日者外,国民党反动派对抗日是不积极的,甚至是不得已的或应付式的。因此,在战场上即实战中,日军对他们不大在乎,而对八路军和新四军则保持较高的警惕。因为后者的装备虽不怎么好,但很讲究战略、战术,特别是士气极高,非常勇敢,为训练有素的侵略军所畏惧和敬佩。具体战役没法说了,在反围剿、长征途中、抗战时期、阵地战、游击战、突击战、遭遇战、保卫战中都有体现。有一点非常重要,即共产党的军队是正义之师,打的是人民战争,所以才能更理直气壮、气壮山河。不过我们也不能完全贬低国民党抗日的表现,我们近几年的抗日题材电视剧,讲了不少共产党与国民党爱国将士联合打日本的内容。这就是说,国民党有真正爱国的将士,我们是看到了的。

我们在这里讲的抗美援朝,当然是正义之举。对人民志愿军必将打败"野心狼",我们很有信心。这种信心完全有充分的理性根据,那就是长期以来人民解放军的英雄事迹。因此,我们在学习研究中共党史之际,决不可忽视军事这个重要组成部分,而且一定要包括对毛泽东这位伟大历史人物至关重要作用的深切理解。既然已经谈开了,我们就在这方面再作些补充。

人们常说,事在人为。这话对不对呢?看来无可否认,很多事是因人而异。反围剿最后便是由于人的因素而进行长征的。要不是在长征途中,遵义会议请毛泽东复出,又会是什么光景?历史事实摆在那里,我们怎能不予以正视、重视!毛泽东本来是一介书生,投笔从戎,文治武功全面发展,较早显示出其军事奇才,用木枪、爆竹缴了北洋军的真枪实弹。秋收起义、三湾改编创建了前所未见的新军。虽打过败仗,但终于获胜,真是说来话长。他不仅成为全国议论的传奇人物,也早被蒋介石看作最大的心腹之患。军事专家对他赞叹不已,彭德怀便称他为"诸葛亮"。刘伯承曾认为,若非毛泽东改变方针,三万红军只有毁灭,如此等等,不一而足。在国际上,对他看过的兵书,美国总统要进行研究,美国西点军校当作必读教材,在全球范围内革命者都把它奉为经典或作为"最高指示"。正如他对联邦德国总理赫尔穆特·施密特所说,他的一个长处是懂得怎样打仗和打胜仗。抗美援朝时他还健在,当然必胜无疑。现在他留下的智谋,仍在启迪后人。

四、城市规划

广州解放不久,我收到广州市人民政府由叶剑英市长签署的聘书,聘我与中山大学工学院建筑工程系的一位教授担任新成立的城市计划委员会的委员。我真没有想到,人民政府这么快就开始城市建设并就如何管理好这个南方大城市作了具体业务的安排,还了解到我们所任教的课程都直接与城市建设和管理有关。这也使我们看清新旧城市领导工作的不同。紧接着的是参加有关会议,知道人民政府已开始筹划如何改进城市工作,希望有关人员配合和提供参考意见。前已述及,我在教市政学课程时,已对广州市的情况有所了解,所以也畅所欲言。

谈到城市规划和发展问题,无非是城市设计、建设与管理。正如人们常说的,国有国情,省有省情,市也有市情,不可能也不应该搞成"千城一面"。了解的程度宜深不宜浅,面也宜广不宜窄。市情内容丰富,包括历史、地理、政治、经济、社会、文化等方面。还要有比较才好鉴别,否则往往停留在只能就事论事。比较也有纵向和横向、全面与专项比较之分：纵向比较是对过去、现状和前景的比较，横向比较是本市同其他城市比较。全面与专项比较在纵向和横向比较中都有。还有城市特色或特色城市问题，也不能不认真考虑。像前面刚提到的"千城一面"，便忽略了这一点。可见，关于城市的研究，还大有文章可做。倘能见多识广、眼界大开，则将更有利于参考借鉴。这是肯定无疑的。

那时我在国内到过的大、中城市不多，停留时间较长的更少。在来广州之前，还没有去过北方城市。加上年纪不大，还没有许多关于城市科学的知识和进行研究的思想准备，所以只有记忆中的一些表面印象了。以下谈的，可能有的前面已或多或少、或详或略地说过，这里从不同角度再提，可能难免有重复了。

我从家乡小镇进入的第一个城市是高邮县城。那时县城不大，只有直通东、西、南、北四个城门的四条大街，在中市口交叉。其余都是些大大小小的巷子，可谓有"四通"、无"八达"。街道全是砖结构，非水泥或柏油马路。好像还没有黄包车，更不用说汽车了。房屋也是传统的砖瓦房，以平房为主，很少有楼房。一小有过一座西式小型平房图书馆，后来被日本侵略者炸毁。有一个很不错的公园，但街上是看不到树木的，这是旧城市的共同点之一。城际交通沿运河与湖面用船，陆上通长途汽车是稍晚的事。至于怎样建设和发展，并无明显迹象。对一个十岁左右的小学生，更是闻所未闻。

我进入的第二个城市是比高邮要大和繁华得多的扬州城。行政级别较高，也热闹多了。著名的省立扬州中学初、高中两部有不少现代建筑，而且楼房居多。城内街道很密，楼房也多。公私园林都有，同样不见路和树。旧式街道特别是中心区显得拥挤，若通行汽车则更有困难。酒楼茶馆很多，生活称便，也与生活习惯有关。在繁华的同时和背后，还有不正当行业存在和活动，有待取缔。城外风景区基础很好，也有要保护好和管理好的问题。当时遇有国家大事，省扬中的学生上街游行、宣传，对社会文化有积极影响。前面已不止一次提到的1931年的九一八事变和1932年的一·二八淞沪抗战，便是两个例子。

我进入的第三个城市是比扬州又大得多的南京市(镇江只是过路)。那时南京是国民政府的"首都"，也是后来的江苏省会城市。此外，南京还是一个古都，可以看到这个城市早就有过一番计划。市区主要道路都有人行道和种树的大马路了，尤其是城北一带。像往中山陵去的，便是现代化的大路。前面刚说过的"四通八达"，南京确有此气派。至于城南和门东、门西(以中华门为界)虽还有些旧街道，仍给人以井井有条的印象。市内交通除公共汽车外，城南城北还通火车。市际交通虽尚无长江大桥，但有铁路和长江码头，南北交通都算便利。好像已有京杭国道等公路，空中交通也开始了。

我进入的第四个城市是兴化县城，情况大体与高邮相似。第五个城市是上海这个当时的"十里洋场"。租界周围已被日本侵略者占领，既然是"洋场"，道路、建筑等也就可想而知。但中国的弄堂还是比较普遍的民居形式。除正屋外，还有亭子间，是穷小子们存身之所。此外，马路两边高楼大厦林立，与内地城市相比，显然有其特色。路名很多是外文翻译的，抗战胜利后尤其是新中国成立后很多才改为现在的名称。在租界时期，曾一度在某处出现过侮辱中国人的"狗与华人不许入内"(大概是公园门口)的牌子，真是岂有此理，是可忍孰不可忍。中国人不自强行吗？后来再去多次，已有根本变化。

一路经过和住过一两晚的城市不算，我进入的第六个城市是重庆。当时是国民政府的"战时首都"，也是现在的直辖市。重庆是个山城，不同于平原城市，有其独特的地理位置。当时正是战争时期，大量沦陷区的人员和工厂涌入。平时经常性的建设不得不暂停，而应急措施只能是因陋就简，及时解决问题。如前已述及的中央大学校舍，都是临时凑合。江边的简易建筑比比皆是，无一不是"下江人"的安身之所。根据回忆，那时城市很拥挤，整个城市的面貌也显得陈旧。城市发展规划一时难以提上议事日程，加上敌机不断轰炸，随时都有听到空袭警报的可能。有时后果严重，还不得不及时处理。

后来出国往返经过不少外国城市，也多数是短暂过境。如印度的加尔各答，澳大利亚的悉尼、墨尔本，巴拿马运河沿岸城市，日本的横滨等，都仅见局部表面现象。但在印度的孟买候船较久，印象较深，新德里也只是一次短暂的观光。在美国到过的城市更多，同样是以"走马观花"为主。暑期在明州明大，因忙于学习，也未能深入考察。但在波士顿地区时间较久，特别是哈佛所在地的康桥，因有当地有关人员的协助，了解情况较多和较细。美国有一种"市经理市"，当时在中等和较小城市颇为流行，有的在有市长的同时还有市经理主管市政业务，有的不设市长干脆由市经理当家。总而言之，美国城市化的程度较高，其城市设计、建设、管理，有可供参考借鉴之处，当然不能完全照搬。

在把自己到过的中外城市回忆出来后，我便借鉴这些城市管理的特点和经验，在给市政府当参谋时提出过一些有关的建议或意见，并在教学科研中有所借鉴。在所发表的专题、出版的有关专著中，都有关于这方面内容的反映，这里就不多说了。

五、思想改造

在前面"协助接管"那一节中，主要是谈在接管中山大学的过程中很重视学习，并已经谈到学习与思想改造的关系。后来校方安排了一段时间，把思想改造作为一个专题来学习讨论。看来在新旧交替之际，此举很有必要。但有人认为，这个说法似乎很不好听，怎么思想还要改造呢？其实人之一生，思想就是在不断改造之中。区别在于，是主动、自觉，还是被动或经提醒，最后仍需自己做自己的主。因此，这不是什么好听与否的问题，而是实有其事，应该实事求是。

百年寻梦从头说

让我们从思想说起。"人为万物之灵"这句话大家都同意。若问"灵"在何处,答在于有思想活动,相信也不会有谁反对。可不是吗?你想干什么才会去干什么,想怎么干才会去怎么干。客观环境有变化,原有的想法不改变便不能适应。这表明思想不能满足或停留于胡思乱想、想入非非,而是应有其具体针对性、可能性、可行性。所谓"心之官则思,思则得之,不思则不得也","左思右想""三思而行""思前想后""有心""无意""有顾虑""无信心",诸如此类,都是思想活动的表现。

至于思想改造,我们还要进一步提高认识的是:在整个思想活动中,思想改造性质的活动是经常的并占很大的比重。只是没有标明,而是已成常态。但在紧要关头,面临重大转折之际,为了加快转变和更新的进度以求得更好的效果,提出思想改造的要求,人们反而觉得生疏、突然,甚至怪异了。不过只要根据发展形势把具体情况和要求弄清楚,也就可以积极主动参与不致消极被动。即使犯过错误、有些缺点、走过弯路,也都是改了就好。堂堂正正做人,总比背着"包袱"或心里有"鬼"过日子强。

思想改造运动进行得很顺利,从动员开始到结束总结的时间不长。学习文件、小组讨论、大会发言都比较踏实。讨论中有批评与自我批评,也可以称得上是和风细雨。大家都感到很受教育和有所提高,尤其是新旧对比鲜明,对新中国的发展前途充满信心和希望。在整个活动的过程中,积极分子起了很好的带头示范作用。他们都是新中国成立前反饥饿、反内战和罢教等活动中的积极分子,表示渴望解放已久,认为思想必须彻底改造,才能适应建设新中国的要求和做出应有的贡献,并深信会人同此心、心同此理。

广大同事也有快有慢地懂得,思想改造运动并不是共产党出于对旧知识分子的怀疑不满、轻视或蔑视,而是爱护和重视这股很有潜力的重要力量,能排除陈见、成见、偏见,同心同德地投入为实现建设和发展新中国的伟大理想而共同努力。对我个人来说,这使我的寻梦思维又从此向前迈进了一大步。回忆从参加思想改造运动开始,我就树立了与共产党员看齐的意识。当时还没有这种说法,现在用上也很恰当。相信有这一想法的人,一定不止我一人。后来有不少同事先后入党,便是明证。看来,思想认识的转变、提高,还是至关重要,否则见诸行动将无从说起。

思想改造运动之后,工作层面的表现也可谓焕然一新。本来,对比新中国成立前夕的乱七八糟到新中国成立后的立即正常安定,大家早就心服口服。经过思想改造,认识更加深刻或者说有助于提高觉悟,自然在工作上会表现出来。不仅有积极性,而且很注重效率。有趣的是,连日常的服装也有明显的改变。过去,知识界流行的长衫和西服,女界的旗袍和连衣裙等,很快就被蓝、黑或者灰色的干部装所代替。政府没有作出规定或下过命令,完全是自愿的行动。后来改革开放以后,又恢复了过去的着装习惯也是如此。这是怎么回事呢?

这里将服装的改变与思想改造连在一起,也许有点儿不太好理解,特别说是自愿行动,新时代的读者更会感到莫名其妙。因为所谓放弃旗袍,改着干部装,并不能说明其必要性;后来又说改革开放以后,人们恢复了对服装的喜好,似乎前后矛盾。对此,还需要说清楚。

不用奇怪。我们在谈思想改造活动问题时提到着装,就是因为此事也与思想改造有关。不仅自愿与否是思想活动,就是按规定办的制服、礼服、民族服装等也是一样。例如你想当兵,才去着军服;想去行礼,才去着礼服;想显示你是某民族的成员,才去着民族服装;想演戏,才去着各种角色的戏服。诸如此类,不一而足。各个国家、民族都有各种传统服装,学校、机关、团队、商店、工厂也有统一着装的各种制服,等等。想干哪一行,就得着哪一行规定的服装,否则别干,仍在于自己的选择。

说回前面所谈的干部装,原来是解放区通行的那种曾经叫中山装的,外国又称为毛式服装的制服,扎上武装带或腰扎皮带,就成了军装。从党政军最高领导,直到一线工作者,都是统一规格,真正是一视同仁。原料在早期都是土布,新中国成立后才开始逐渐有优质布料和呢制品。这种干部服的男装和女装略有区别,通行到"文革"结束,实行改革开放以后才有改变。这在前面已经谈到,问题是为什么会恢复着西装等习惯?

一般的答案是要同国际接轨,似可理解。国际流行是事实,除欧美外,日本也以西服代和服。我们采用国际度量衡制和公历就是先例,如未设中华人民共和国元年等。但在保留有创造性的中国特色方面是否有考虑的余地,值得研究。因为中山装已非中国传统服装,而是采西装之长,免打领带,显得端正大方。有关旧作短文一篇附于此以供参考。

说中山装①

读因《中山装:一个时代的生命符号》这部"奇特的书"而发的《中山装的时代意义》一文,感到中山装确应与辛亥革命挂钩,其实用性亦将继续。

据回忆,中山装是孙中山首创和带头穿着的新装。对待这一"遗产",后来在国民党统治区和共产党领导的解放区有不同的景象。前者公职人员着中山装较多,还有大城市中类似中山装的学生校服。而在社会上尤其是知识分子中,则仍多保留长衫或西服的习惯。后非常普遍,大有"工农兵学商,都着中山装"之势,特别是在新中国成立以后,到处是中山装的"海洋"。虽然略显单调,毕竟是历史空前、世界罕见和极一时之盛的风尚。

上述变化真是既巨大又微妙,通过当时和前后对比,其区别的关键在于不同的政权性质。新中国成立前,人们对中山装隐隐约约有"官"味之感,于是敬而远之,不愿沾边。试想:作为官老爷高高在上、作威作福,与不摆臭架子、深入群众、平易近人,岂可同日而语!这里,老舍对中山装的心态和行动就很有代表性。被扭曲的状况一旦改变,本来方便实用的服装设计自然受到广泛欢迎。国外曾称那是"毛式服装",其实就是中山装。国内也有称之为"干部装"和"人民装"的,革新的意识很浓。

实行改革开放,对衣着显然有影响。在公共场所和社会活动中,中山装已日益为西服代替。要与国际接轨,可以理解。但人们对中山装的印象,并未完全淡忘、消失。且不说在改革开放初期,大批华侨、华人入境改着中山

---

① 载《中国行政管理》,2010 年第 11 期。

装者不乏其人,后来还有因为不易买到中山装而感到扫兴、遗憾和奇怪的。看来,中山装已进入民族服装范畴,对其生命力不可低估。记得季羡林、钱学森二老,均在国外生活多年。前者在新中国一直着中山装,后者回国后也不再穿西服。近年来不少年轻人爱上类似过去学生装的一种新装,也可以看作中山装的变化。今年(2010年)我国驻奥地利大使馆举行新年招待会,代办即未着西服。另一个例子是广东省委书记汪洋着中式立领服装拜年。二者均有从中山装演变而来的迹象。事实表明,西服也不是一成不变的,看看美国历届总统的服装就大不一样。相信服装专业的设计大师、能工巧匠,对中山装的不断创新,必将大有施展才华以做出贡献的余地。

六、课程初改

广州解放之初,可能因为全国尚未完全解放和要改革的方面很多,对大学的重大改革一时还没有提上日程。但对课程的初步改革,则已开始进行。对别人所讲授的课程我没有了解,我自己讲授的课程,除行政学、市政学和行政法学有些变动外,增加了教公共政治课如社会发展史、中共党史等的教学任务。原来三门专业课的变动也不大,行政学课程改称行政组织与管理,市政学照旧不动,行政法学改为政策法令。同时,无论名称改变与否,教学内容都不能还是旧的那一套。因此,在紧密联系和结合实际方面的难度很大。这主要是由于新中国成立不久,无论是国政、省政、市政、县政,还是基层行政工作,都刚刚开始,政策法令更是内容丰富、头绪繁多。例如城市规划,便几乎完全从头做起;又如关于政府工作和政策法令的参考资料也较难取得,除已公布者外,存在保密问题。

除现状外,历史方面的研究也非常重要,特别是中国共产党过去在根据地和解放区所进行的全面治理及其取得的经验十分宝贵，当时知之甚少。对中国革命史和中共党史的研究，还有待认真从事。因为全面治理涵盖甚广，军事之外，若其他方面配合不好，也难以获得人民群众真诚热烈的拥护和支持。我所讲授的三门专业课都是应用学科，更要理论联系实际才能学以致用。否则，停留于传授书本知识，正是共产党人所反对的教条主义、本本主义。对西方的那一套，只能作为参考，不可完全照搬。总之，深刻了解国情极其重要，我已下定决心，要在这方面狠下功夫。

革命和建设实践不是盲目的，而是有理论指导的。中国革命和建国的胜利，是在马克思列宁主义和毛泽东思想的指导下实现的。因此，认真学习马克思列宁主义和毛泽东思想已刻不容缓。当时也同样因新中国刚刚成立不久，在有关典籍的出版发行供应方面，一时还跟不上广大读者的需求。有关的全集、选集、单行本等，都是后来陆续出版的。

根据个人的回忆和体会，特别像《毛泽东选集》是按中国革命各个时期的重要著作来编的，如第一次国内革命战争时期、第二次国内革命战争时期、抗日战争时期、第三次国内革命战争时期和新中国成立以后，以及社会主义革命和建设时期等。这就给读者的学习创造了一个极大的有利条件，即完全可以系统地认识中国共产党是如何从头开始领导中国革命和建设而取得越来越大的胜利的。很多标题即已对学习研究者有很大的吸引力，深感必须认真细致阅读思考，再对照历史事实，便受到一次深刻的教育：原来如此！真是恍然大悟似乎还不足以形容。

试酌举数例，以见梗概。

《中国社会各阶级的分析》(1925年12月1日)开头的第一句话是："谁是我们的敌人？谁是我们的朋友？这个问题是革命的首要问题。"真是开门见山，一语破题。这是首要问题，也是根本问题。对此倘若心中无数，成效无从谈起。

《湖南农民运动考察报告》(1927年3月)说的是五县情况，但很有代表性。既说明了问题的严重性，又对不少情况作了具体分析，如"糟得很"和"好得很"等。那"十四件大事"没有一件不好,不以为然的是些什么人也很清楚。

《中国的红色政权为什么能够存在？》(1928 年 10 月 5 日)只讲了六个问题,包括中国红色政权发生和存在的原因,具体回答了这个主题。紧接着的是《井冈山的斗争》(1928 年 11 月 25 日)和《关于纠正党内的错误思想》(1929 年 12 月)相互都有联系,那几条错误思想必须纠正。

《星星之火,可以燎原》(1930 年 1 月 5 日)这篇太有历史意义了。仅仅是在十九年以后,燎原之势终于形成！ 真如原文所说:"我所说的中国革命高潮快要到来,决不是如有些人所谓'有到来之可能'那样完全没有行动意义的,可望而不可即的一种空的东西……它是……已见光芒四射喷薄欲出的一轮朝日……"

信笔写来,已经篇篇谈到,大有欲罢不能之势。本来这是完全可以理解的,但因篇幅所限,只好选列一些主题,亦可想到全面治理内容。如必须注意经济工作,关心群众生活,注意工作方法,中国革命战争的战略问题,中国共产党在抗日战争时期的任务,为争取千百万群众进入抗日民族统一战线而斗争,实践论,矛盾论等。在抗日战争时期有:反对日本进攻方针、办法和前途,为动员一切力量争取抗战胜利而斗争,反对自由主义,国共合作成立后的迫切任务,和英国记者贝特兰的谈话,抗日战争的情况和教训,在抗日斗争中的八路军,抗日战争中的投降主义,民主制度和抗日战争,上海、太原失陷以后抗日战争的形势和任务,抗日游击战争的战略问题,论持久战,中国共产党在民族战争中的地位,统一战线中的独立自主问题,战争和战略问题,五四运动,青年运动方向,反对投降活动,必须制裁反动派,大量吸收知识分子,中国革命和中国共产党,新民主主义论,新民主主义的宪政,抗日根据地的政权问题,改造我们的学习,整顿党的作风,反对党八股,在延安文艺座谈会上的讲话,第二次世界大战的转折点,关于领导方法的若干问题,学习和时局,为人民服务,论联合政府,愚公移山等。

在第三次国内革命战争时期如:抗日战争胜利后的时局和我们的方针,蒋介石在挑动内战,关于重庆谈判、国民党进攻的真相,减租和生产是保卫解放区的两件大事,建立巩固的东北根据地,美国"调解"真相和中国内战前途,迎接中国革命的新高潮,蒋介石政府已处在全民的包围中,目前形势和我们的任务,将革命进行到底,把军队变为工作队,论人民民主专政,丢掉幻想、准备斗争,唯心历史观的破产等。这些宝贵资料是我在前三个十年中没有接触过的,新中国成立后及时补上,大大有助于对革命从胜利走向胜利和积小胜为大胜及其形成的优良传统有较深和较强的理性认识,以及对美好前景的信心。

在课程初改这个专题中,谈这么多关于毛泽东著作的内容,正是为了彻底更新教学所应遵循的理论基础和在实践运用中的具体针对性。中国与外国不同,新中国更不是旧中国。如果没有明确的指导思想,要制定评价治国理政的标准便无所适从或难以服从。例如我们常讲的行政,就有一个所行何政的前提。西语把政治和行政作为两个词,而汉语之妙在于政治一词中已包含了治。治即治理,亦即行政。因此,西方有所谓"文官中立"的主张,那分明是有名无实之谈。在行政系统谁当行政首长,你能不听谁的吗?我们是中国共产党领导的国家,就必须高举马克思主义伟大旗帜,不忘初心,继续前进。特别是在教育界,首先有一个培养什么人的问题,没有培养革命接班人的共识,将是严重失责。

七、土地改革

新中国成立之初,在我们国家内展开了抗美援朝、土地改革和镇压反革命三个大规模的运动。关于抗美援朝,前面已经谈过。关于镇压反革命,我们随后再谈。这里要谈的是土地改革。在抗美援朝运动中,我受到很深刻和很现实的爱国主义教育。在土地改革运动中,我也受到很具体的教育和锻炼,思想也得到进一步的改造。当时,农业在国民经济总体中所占的比例很大,土改在先解放的地区早已逐步试行,并已积累了不少经验。广东解放较晚,那些经验成了继续开展工作的有利条件。对我个人而言,直接进入农村,面对农业,与农民实行同吃、同住、同劳动的"三同",还真可以说是大开眼界和广见世面。因为我出生于小镇,一直在小、中、大城市中成长、受教育和工作,对农村、农业、农民的情况知之甚少或者只能算是茫然无知,这是一个大好的"补课"机会。

土改工作由省方统筹安排,中山大学在校师生组成土改工作队,分赴指定地区工作。我去的粤北地区是一个小县的乡村,生活比较艰苦。没有想到我被指定为工作组的组长,对于这方面的工作毫无经验,只能边学边做。特别困难的是语言不通,许多南下干部都面临这个问题。那时的普通话还远没有普及,怎么办?用"翻译"。但效果仍差于直接沟通,在访贫问苦中多少总难免打点儿折扣,能保证不致发生误会就很好了。很多有趣的又无可奈何的例子,现在都记不清了。广东的方言又比较多,如广州话(又称广府话或白话)、客家话、潮州话、海南话(那时海南还属于广东省),都有很大的不同,全国就更不用说。因此,要大力推广普通话,在当时已感到是当务之急。难怪华人居多的新加坡提倡讲普通话那么积极了。

土改干部"三同"的对象当然是贫下中农,虽然吃饭是付费的而不是白吃,但水平不高是可以想见的。有的农民晚餐吃粥,而专供干部吃干饭,或弄点儿菜给干部吃,自家不吃,这怎么好意思呢!我们岂能接受,坚持强调要"同"。在同劳动方面,我们的力气和技术都没法与农民比,只好边干边学、边学边干,农民也很惊讶。我曾学习耕田,老牛就是不听使唤,自个儿干着急也没用,弄得农民笑话。为了不误农时,我们对这类技术活也实在不宜争着去干。在劳动过程中有休息时间,男性农民几乎都抽烟。他们抽的是用一小张纸包起来的土烟丝,或没有牌子的简单包装廉价香烟。前面说过,我在出国的海船上抽烟成瘾,平常抽的又是较好的名牌。在这里可不行,在农民看来那是地主富农才抽得起的烟!我当然必须从众,也跟着大伙抽土烟或廉价香烟。结果胃出了毛病，淑钧知道后便开始劝我戒烟，她还引证了当时苏联学者巴甫洛夫"条件反射"的学说。但我显然已成习惯，也可能有与农民同好的因素，还是照抽不误。加上开始对地主恶霸斗争会常在夜晚举行，抽烟"提神"似乎无可厚非。当然后来还是戒了，那完全是淑钧之功。

根据中央的指示，土改在农忙时一律停下，总结经验；要争取当年丰收；各县都有农民代表会和训练班，对条件不成熟的事情，无论何时何地都不要勉强去做，而要积极创造条件；在土改完成以后，要立即转入生产和教育两大工作；要劝告农民以不采用严刑拷打为有利，这些我们工作队都注意到了。至于土改后，增划区乡，缩小区乡行政范围，那是县人民政府行政管理的事了。土改完成，工作队便回到原单位。从全国来看，除一部分少数民族居住的地区以外，1952 年全部完成土改任务。随之而来的普遍高涨的爱国增产运动，与在农村实现土改和在工厂实现民主改革后，工人和农民获得发展其爱国精神的极大积极性直接相关。

事后想想，对于参加土改工作，体会可分主观和客观两个方面。先说客观方面，为什么要作这样的安排？不是不重视知识分子，这正是重视的表现。问题在于革命和建设需要怎样的知识分子，理论脱离实际不行，要能脚踏实地；孤芳自赏脱离群众不行，要有工农感情；害怕困难不行，要能吃苦耐劳；没有远见不行，要能高瞻远瞩；对社会主义前景没有信心不行，要有坚定意志勇往直前，等等。参加土改工作是一次重要的教育、锻炼的机会，有助于思想改造。

再说主观方面，即个人的体会。我除了完全理解这种安排的积极意义外，还有不少意外的收获，对后来的待人接物、为人处世感受和影响较深。还因为这次时间较长，不是"蜻蜓点水"，所以能有较深的印象。例如对天时、地利、人和一说，虽然早已知道，也常挂在口边，但在农村住了一段时间后，才更懂得其重要性和不可忽视。春耕、夏种、秋收、冬藏，农忙、农闲，界限分明，不可有误。地有水地、旱地、荒地、山地之分，土壤有不同的地质，施什么肥、如何施肥，以及如何选种等大有文章。很多老农经验丰富，因而称老为宝。再有"人勤地不懒"也是对比鲜明,如在及时深耕细作、选种、施肥、用水、除杂草和病虫害等方面认真、得当与否,收成则大不一样。普及和加强农业科学教育包括农业管理,如田间管理等教育,以及总结和交流经验

也大有可为。至于农业现代化、机械化等就更不用说了。前人早有"……汗滴禾下土……粒粒皆辛苦"的诗句,我们应该尊重农民的辛勤劳动和感谢农民所做出的重要贡献,密切和加强工农关系、城乡关系,为实现新型城镇化、城乡一体化,从淡化到消灭城乡差别的理想境界而不懈努力。不过实事求是地说,我们也不能只报喜不报忧,在工作过程中出现过个别吃不了苦的"逃兵",但那远不是主流,这是完全可以肯定无疑的。

▲1953年全家福(真、善、美)

▲1954年全家福

在这段时间里,要补述一下的是家庭发生了一点儿新情况。在下乡之前,我们又多了一个女儿。这次回家,她长大了些,见面开始怯生。后来看见两个哥哥同我很亲热,才知道是一家人。当时还不兴计划生育,我们觉得三个孩子有男有女,可以到此为止了。于是在春节时,门前的春联这样写道:"儿女止于真善美(三个孩子的名字),教学面向工农

兵。"不料贴春联的门框上新刷的油漆未干，上联的糨糊一干就掉下来。邻居笑着说："计划"垮了！大家都付之一笑。"真善美"就是三个孩子的名字，前面都有一个"纪"字，即纪真、纪善、纪美。因为按老家的辈分是据"诗书继世长"这句话的顺序来排行的，我的父亲为诗，我这一辈为书，下一辈为继。当时的繁体字笔画多，我就用"纪"字来代替。后来真的发生变化，倒不是什么迷信的应验，而是实际生活所遇到的周折和主观原因难以避免而已。这里不妨提前说说，以早破此"谜"。除纪真照常外，后来陆续发生的变化有三：一是纪善因医误而夭折，二是纪美在"文革"时被认为有"纪念美国"之嫌而改为音近的梅，三是后来又增加了一男一女，另名纪康和纪慧，共有四个儿女，男女相同。四人均为大学毕业，兄习工科，弟习哲学，姐妹均习英语，其中二人已成祖辈。土改时期，康和慧都还没出生，这里提前说了。

八、镇反运动

"镇反"是镇压反革命的简称。新中国成立初期，在全国范围内开展的镇反运动，是一项非常必要和重要的任务，也是一场伟大的、激烈的和复杂的斗争。国民党虽已无可奈何地败逃台湾，但他们并不甘心，也没有死心，还痴心妄想说什么要"反攻"大陆，卷土重来。他们在败逃之前，总想大搞破坏活动。结果是时间已来不及或没有得逞。前面说过的广州解放前夕的有关情况，便是很能说明问题的实例。他们留下暗中传谣和进行破坏的反革命分子，是有经验的革命者意料中的必有之事，他们的罪恶活动也证明了实有其事。因此，不坚决镇压不行，否则危害性极大，国家社会不得安宁，人民难以安居乐业。革命胜利的果实必须得到保护、巩固和发展，绝不容许破坏、污损和丧失。

当时，在全国进行镇反运动，中山大学师生也积极参加了，又一次受到很好的政治教育。其中包括认识和体会到，党的群众路线是有效的工作路线。在党委的集中统一领导下，不仅动员全党，而且动员群众，包括吸收各民主党派以及各界人士参加，在统一的计划中统一行动。在不同的历史时期，注意采取有针对性的具体斗争策略。非常重视广泛地开展各种宣传教育工作，如举行各种代表会、干部会、座谈会、研讨会、群众的大小集会、受害者的控诉会、反革命分子的罪证展览会等。还充分利用已有的形式如电影、幻灯、戏剧、歌曲、报纸、刊物、小册子、传单之类进行宣传，旨在家喻户晓和深入人心。也就是说，对于这项重要任务，一定要打破关门主义和神秘主义，让广大群众都来关注和参与。

对反革命分子的审查与处理另有专业队伍去执行，我们虽然没有亲历其事，但通过有关文件资料的学习，也可以了解到不少实际情况。总的来讲，必须坚决反对草率从事的偏向，要保证镇反工作取得完满胜利，特别给人以深刻印象的是，把严格审查逮捕和判处死刑者名单作为最重要的事情来对待。这充分表明共产党对人民高度负责的精神和态度，因而又明确规定，凡介于可捕可不捕或可杀可不杀之间者，捕或杀了就是犯错误。与此同时，为防止在镇反运动高潮中发生"左"的偏向，决定在规定时间内，将批捕和处死批准权一律提高级别，并不得要求改变。此外，对留用人员和新吸收的知识分子普遍地和分步骤地进行清查，方法是学习镇反文件，采用整风方式，根据自愿非强迫地进行。在政府部门、学校和工厂进行清查时，还规定必须有党外人士参加工作委员会而非仅由共产党员孤立单干。回忆起来，当时我对这项运动既感新鲜，又觉得完全可以理解。俗话说"明枪易躲，暗箭难防"，对于暗藏的反革命分子，若不保持警惕，其危害性不可低估。尤其是反动派贼心不死，还梦想死灰复燃，革命者必须洞烛其奸。

当然，镇反可不是一件简单容易的事，我们在前面已谈了许多。集中来说，镇反必须打得稳、准、狠。该杀的不杀不行，不杀必将姑息养奸，既脱离群众,又留下后患。所谓打得稳、准、狠,就是要注重策略,不要杀错和坚持将罪有应得的反动分子处死。事实上,当时在有的地方曾出现过干劲不足和草率从事这两种偏向,以后者的危险最大。因为事情若搞错了,如错捕错杀了人,影响就会很坏,所以一定要十分审慎。至于干劲不足,那也要加强教育和提高认识,以鼓足干劲做好工作。

党中央的决策是非常慎重的,如在党内、军内、各级人民政府内、教育界、工商界、宗教界、各民主党派和人民团体内清出的反革命分子,除罪不至死应判有期或无期徒刑,或予以管制监视者外,凡应杀分子,只杀罪大恶极(曾列举具体罪行)者,其余一律采取判处死刑、缓期二年执行,以观后效的政策。这个政策既可免犯错误,又可获得社会同情和分化反革命势力,有利于彻底消灭反革命,保存大批劳动力,有利于国家建设事业,主动权仍掌握在革命者手里。这个"以观后效",就有充分的回旋余地。再说,这种政策还是以民意为依归的。因为对民愤很深非杀不足以平民愤者必须处死,而对那些民愤不深,人民并不要求处死但又犯有死罪者方可判处死缓,强迫劳动,以观后效。这也体现了党的领导很重视合法、合情、合理。

在《三大运动的伟大胜利》(1951年10月23日)这篇重要讲话中,毛泽东在讲到抗美援朝、土地改革和镇压反革命三个大规模运动取得伟大胜利,大陆上的反革命残余即将肃清后,曾经提出过以批评和自我批评方法进行自我教育和自我改造的建议。"现在,这个建议已经逐步地变为现实。思想改造,首先是各种知识分子的思想改造,是我国在各方面彻底实现民主改革和逐步实行工业化的重要条件之一。因此,我们预祝这个自我教育和自我改造运动能够在稳步前进中获得更大的成就。"细心的读者也许还记得,在本时间段中的第五个专题,即"思想改造"放在"抗美援朝"专题之后和"土地改革""镇反运动"两个专题之前,这是为什么呢?

原来,自广州解放、协助接管、安排学习开始,已经认为所有学习、教育和参加各种运动与工作,都是学习、教育、锻炼以转变、提高认识,亦即进行思想改造的过程。换个说法,便是没有正确的思想认识,就不可能搞好运动、做好工作。有人觉得"改造"二字不大好听，或听起来不舒服。其实改造并无贬义，而是有积极建设的意思。国家、社会、世界也需要改造，如改变"一穷二白"，建设繁荣富强的新中国是伟大光荣的任务，那么个人改过自新有什么不好？改掉旧习惯养成新习惯岂不更好？诸如此类，不一而足。我们自觉进行思想改造，正是为勇往直前开路。否则，只停留于因循守旧，与新生事物就会格格不入。把老祖宗关于"日日新，又日新"的教导忘得一干二净，又怎能适应新时代的新要求呢？最有说服力的例证，莫如新中国之能有今日的和平崛起以及已经在望的前程美景，正是在中国共产党正确领导下，不断积极改变旧中国，创造、建设新中国的伟大成果。

九、"三反""五反"

作为全党的一件大事和当作一场大斗争来处理以及看作如同镇压反革命的斗争一样重要的反贪污、反浪费、反官僚主义这"三反"斗争和反对行贿、反对偷税漏税、反对盗骗国家财产、反对偷工减料和反对盗窃经济情报这"五反"斗争，中山大学师生也都参加了。我们主要是学习、宣传和受教育，具体接触实际斗争的情况不多，尤其是在"五反"方面。师生提高了对斗争必要性、重要性的认识，则与全党是完全一致的。

先说关于"三反"的斗争。当时认为需要来一次全党的大清理，才能停止很多党员被资产阶级所腐蚀的极大危险现象。用"大清理"和"极大危险现象"来形容，一点儿也没有夸张。也就是说，这场斗争势在必行，非搞不可，这是党中央早在意料中的事，也是一定要实现的防止腐蚀的方针。若不及时开展，任其滋长，后果将不堪设想。干部被资产阶级腐蚀而发生严重贪污行为这个事实，倘不认真注意发现、揭露和惩处，广大人民群众将怎样看待和评价共产党？新中国又怎样建设和发展呢？

"三反"中的第一个"反"是反贪污，这可是个具有长期历史性的官场现象。俗话有"无官不贪"的说法，也许说得普遍了点儿，不过真正的清官较少大概是事实，旧社会是把"升官"同"发财"联系在一起的。所谓"一年'清'知府，十万雪花银"，那只是送上门的一些"小意思"，就算是"清官"了。国际上也是如此，真正做到比较清廉的国家和地区屈指可数。"衙门八字开，有理无钱莫进来"简直是公开的权钱交易，至于"钱能通神"和"有钱能使鬼推磨"就更不用说了。还有"经手不穷"，就是说对经手的财物总要多少捞点儿油水进自己的腰包，等等。我们至今仍在坚持反贪，并且要"老虎""苍蝇"一起打，是完全有必要的。最近公布几个在扶贫款上打坏主意的典型案例，也正好表明反贪的原则不可放松。回想当年"三反"斗争同镇反斗争一样，发动广大人民群众包括民主党派及社会各界人士一样大张旗鼓去进行，一样是首长负责，号召坦白和检举，轻者批评教育，重者撤职、惩办，判处徒刑（劳动改造），直到枪毙一批最严重的贪污犯，才算解决问题。现在有法可依，应该依法治理。

"三反"的第二个"反"是反浪费，对浪费的危害性不可低估。当浪费成为一种常见的现象和坏习惯时，认真反对很有必要。否则见惯不惊，习以为常，损失将越来越大。关于我们所说的浪费，有明有暗、有大有小，很难列举无遗。显而易见的如公款吃喝、旅游，有时还被认为是一种"待遇"。在这方面应该作出明确规定，以便遵循。开会、考察、调研之类，都不可假借名义，趁机搞铺张浪费。过去有过统计，公共开支属于浪费性质的数字确实惊人。在对公私物品的爱护、爱惜方面，也存在较大的差距。私人常注意节约，而对公家的东西却显得"大方"。至于化公为私的，那已属于贪污性质。还有一种浪费，很值得讨论，即关于机构设置和运作的问题。如机构臃肿而致人浮于事，既增加财政负担，又存在人力浪费。长期以来，似乎一直没有妥善解决。具体表现是多方面的，也相当复杂，包括政治上的考量，统一战线的因素，多民族的特点，等等。不过我们仍可以实事求是地作一些具体分析，尤其是在干实事的部门,如副职过多、太多,官多兵少,甚至有官无兵,有的人没事干,有的事没人干……造成无谓的浪费。

"三反"的第三个"反"是反官僚主义,这是个怎样好好为人民服务的大问题。不仅在新中国成立初期要大反特反,而且要经常保持高度警惕。毛泽东在"三反"斗争之后又着重指出:"反对官僚主义、反对命令主义、反对违法乱纪这种事,应当唤起我们各级领导机关的注意。"说的是在"三反"中虽然基本上解决了部分官僚主义的问题,但对不了解人民群众的疾苦、干部中的坏人坏事,未引起义愤、不觉问题严重,不去支持好人、惩治坏人方面的官僚主义,在许多地区、方面、部门还基本上没有解决。如处理人民来信,即有很多积压信件没有得到及时处理,其中许多是控告干部无法无天罪行的。看来,官僚主义和命令主义在党政机关不仅当时是个大问题,还可能长期存在。论社会根源是反动派作风的反映,要做好对干部的审查,开展整党工作。对典型的官僚主义、命令主义和违法乱纪的事例要公开揭发,违法者给予法律制裁。与此同时,既要把邪气压下去,又要把正气发扬起来,表扬好人好事,使大家向好典型学习、看齐。

"五反"是与"三反"配合进行的,这种配合既很必要,又很及时。其对象是违法的资产阶级,这场斗争是大规模的、坚决和彻底的斗争,我们通过学习,知道反动资本家的罪行,并从中受到阶级斗争的教育。对于行贿、偷税漏税、盗骗国家财产、偷工减料和盗窃经济情报等恶行、罪行都不可容忍。在支持抗美援朝的物资中也曾出现假货,可见他们已经肆无忌惮和猖狂到什么程度!依靠工人阶级、团结守法的资产阶级及其他市民,少数罪犯就会被孤立。共产党重视斗争策略,又一次显示出统一战线的力量强大无比。例如,对工商户处理的基本原则是:过去从宽、今后从严;多数从宽、少数从严;普通商业从宽,投机商业从严等。对私人工商户的类型,又分守法的、基本守法的、半守法半违法的、严重违法的和完全违法的五类,并在数量上作出估计,以便掌握。还有不少具体规定和措施,保证了斗争目的的达成和取得重大胜利。过去对共产党善于克敌制胜只有抽象的概念,通过这一系列的运动、斗争,才领会到其中从理论到实践的学问真是太大了,值得下苦功去学习研究。"实干兴邦"理所当然,新中国不是凭空而来的,是中国共产党领导人民干出来的,问题在怎样干才能干对、干好、干成和继续发展、创新、提高。前面提到过的俗话"无官不贪",还有常连在一起说的"无商不奸",都说得太绝对了。共产党人就善于在治贪治奸的同时,倡廉守正,力求以真善美取代假恶丑,共同奔向美好的未来。

这里可以结合以习近平同志为核心的党中央开展的反"四风",即反对形式主义、官僚主义、享乐主义和奢靡之风,严肃党纪,出台《中国共产党党内监督条例》《中国共产党纪律处分条例》等措施的内容,还有热播的电视剧《人民的名义》等来考虑。可见在新的历史条件下,党的优良传统仍在继承和发展。

十、院系调整

前面谈过"课程初改",当时改动不大。但从 1952 年开始,全国高校"院系调整",变化真的太大了。整个高等教育界,无不有所改变。而且事情来得很急,没有什么酝酿、准备、学习、讨论的过程,照上面宣布的方案办就是了。议论归议论,猜测归猜测,二话不说,立即执行。后来也一直未见解释,可以称得上是一个历史"谜团"。传得比较多的是教育部苏联专家出的主意,后面在"学习苏联"专题中另议。

先说调整采取相似模式的三所大学:从北到南分别是北京大学、南京大学(原中央大学)和中山大学。这三校规模较大、院系较多,又刚巧各校的所在地都各另有一所规模较小的大学。于是将北大的保留部分迁入原燕京大学,南大的保留部分迁入原金陵大学,中大的保留部分迁入原岭南大学,燕京、金陵、岭南的校名不复存在。这三所大学的原校址,则留给原所属工学院等,另组独立院校,其他大学原址不动,仅将该调整的部分迁出或迁入。

外校的具体情况不很清楚,试以中山大学为例,或可有助于说明问题。中山大学的原工、农、医、法、教(师)院都另立门户,文、理两院也不齐全,如哲学系和中文系的语言组调入北大,地质系调往中南矿冶学院,人类学系归社科院,原来的数天系也把天文部分调给南大等。剩下几个系连院这一级也取消了,学生最少的时候大概只有七八百不足千人。我所在的政治学系同法学、经济学和社会学都属原法学院,本该调往武大或中南政法学院。但因为我正担任公共政治课"马列主义基础"的教学工作,又是思想政治教育委员会的领导成员,所以被留了下来。后来还把外语系的德语调往南大,把法语调入北大,直到以中山大学外语系为基础去办广州外语学院。时间久了记不清,可能还有遗漏。

原来中山大学的其余部分,立即建成四个独立学院:华南工学院(今华南理工大学)、华南农学院(今华南农业大学)、华南师范学院(今华南师范大学)、中山医学院(后称中山医科大学,今已回归中山大学,为中山大学医学院)。与中山大学外语系有关的广州外语学院,今已成为广东外语外贸大学,简称"广外"。这样的变化在全国似乎都差不多。也就是说,除了新的是"另起炉灶"者外,其余的莫不可以溯源于"院系调整"。或难免有点儿沾边,或存在模仿效应。

关于"院系调整"的传说很多,无法一一核对,大体上都应该是事出有因。有的就完全是那么一回事,为后来的情况所证实,想起来也蛮有意思。不过这一笔一笔的"老账"是算不清的,更毫无必要去算,只是随便说说而已。

例如武汉大学,其原校址未变,但工学院另立为华中工学院(稍后称华中理工学院或科技学院,今为华中科技大学)。还有一些别的学院,不去说了。当时调去一位著名的经济学家协助筹建,后来该院(校)的经济学科显得较强,便与此直接相关。这里反映出一种具有普遍性的现象,即原来的综合性大学经过极度"瘦身"以后，又逐渐增强了综合性；而几乎所有以单科命名的大学，都力争向多科发展。因为上述两校的发展趋势表明了这一点。这是"院系调整"之初所始料不及的。

在调整实践中，既有加强也有削弱，既有限制也有突破。清华大学、浙江大学原来都是综合性大学，调整时被定为工科大学，而将文理调出，被调入的院校当然欢迎。但听说当时清华方面已有所保留，没有调出馆藏文科珍贵图书，意在总有一天还能派上用场。现在看来，这可算得科学预见！浙大文理科调出时对方也有所增强。清华和浙大今天的面貌如何，还用说吗？

另外一个比较突出的例子是，南京老"东南大学"的再现。因为"东南大学"是南京大学的前身即曾用过的校名之一，前已述及。经过院系调整，其本部已迁入原金陵大学校园，而将原址留给独立建院的南京工学院，正如中山大学原址留给华南工学院一样。但大不相同的是，后来改称大学时用上老"东南大学"的牌子，致使许多老校友不知如何适从，有的两边都认，有的只认南大。还有一个建校时间和办学历史以及举行校庆的问题，估计总好解决。因为这是经教育部批准的，已是既成事实。台湾不是还有"清华大学"和"中山大学"吗？连苏州大学的前身"东吴大学"，也早已在台湾出现。那里有不少大学，没有听说进行过什么调整，当然也未知其详，这里只是顺便提及而已。香港地方虽小，高校却有较大比重。其"中文大学"并非专攻"中文"，通常已为人所知。顺便说说，关于大学的简称也很容易弄错，如清华、南开不称清大、南大；"中大"过去在北方特别是华东是指中央大学，华南则为中山大学，香港即指中文大学；华师大也因地而异，北京师大之外，上海、华中、华南都各有师大；交大也有上海、西安等地之别。

说回"院系调整"这个主题上来，高校内涵趋同，似乎有悖调整初衷。因为时间不长，纷纷由学院改为大学。尽管单科名称基本照旧，但专业和学科设置则常见你有我有大家有。这是否与广开生源有关，或还有其他因素，也不得而知，反正是那么一回事就是了。由于我从事的是行政管理或公共管理专业的教学工作，这不仅是一门课程，而且已相当普遍地成为一个学系、一个学院,甚至是自成系统的学院,如国家行政学院和省、市、县级行政学院。后者很多虽与同级党校合并,但仍标明学院名称和出版学院学报,我就常收到、读到从北到南许多省市的这类刊物和见到报纸上的有关广告。

这里说的,主要是普通院校,设有公共管理院系的,大概相当普遍。有的简单直称公共管理院系,有的称政府管理学院,较多的称政治(或政治学)与公共管理学院,有的称政治学与公共事务管理学院(简称政务学院),有的称国际关系与公共事务管理学院,等等。国家教育部在全国人文社科百所重点研究基地中,就设有中国公共管理(原称行政管理)研究中心。随便了解一下,不难获悉有公共管理专业院系的高校非常之多,这没什么不好,但应引起高度关注的是,这是一门很重要的应用学科,必须认真做好理论联系实际的工作,特别是关于中国治国理政的实践。其中,中国共产党从根据地、解放区到新中国成立至今和平崛起的治理全过程,已为全世界瞩目。《习近平谈治国理政》一书的广受欢迎,提醒我们必须深入进行系统研究。

十一、学习苏联

新中国成立后,非常明确的是要建设社会主义国家。自己没有经验,而苏联作为第一个社会主义国家已先新中国存在三十多年。向"老大哥"实行"一边倒",势必是唯一选择,因而"学习苏联"成为应有之义。前面刚谈过的"院系调整",已提到与此有关。学习别人的先进经验应当虚心,这是不成问题的,但是中国毕竟有自己的实际情况,不能完全照搬照套。例如,俄国社会主义革命采取城市武装起义,而中国只有用农村包围城市的办法才能获胜。当时在"学习苏联"的具体执行过程中,可能有偏离或淡忘毛泽东思想之处。例如,曾经有一种说法,说在同苏联专家打交道时,不要争论或发表不同意见，还要来个"无理三扁担，有理扁担三"。不争论可以理解，发表意见无论正确与否都要挨"扁担"就莫名其妙了，何况不争论也不等于不能有所保留和有所考虑我国的基本国情和有关实际情况。

当然，从学习中得到启发、帮助总是有的。例如，汽车制造业便是从无到有的一例，不过因为对其他领域的情况缺乏了解，不能凭空乱发议论。还是要回到高等教育方面来，从回忆中谈些体会。事隔多年，也可能没有什么重要意义。我们同苏联专家的直接接触极少，记得仅有一次是在"院系调整"之前，在会议室参加过一次接待，谈话也没有给人留下什么具体的深刻印象。后来常听说的所谓"专家意见"，都是非正式的道听途说的传闻。关于"院系调整"的具体情况，这里不再重复，只谈与"学习苏联"有联系的一些事情。

据说在"院系调整"的方案中，苏联专家以莫斯科大学为模式，而莫斯科大学又基本上属于欧洲古老大学的模式。中国在"院系调整"前的高校体制比较乱，采用英美国家、日本做法的都有。例如，将政治、经济、社会等学科归于法学院就很有日本味道，综合大学不止有文理学院还兼及其他门类学科便是英美的一套。中国还远没有形成自己的特色，甚至还有校长曾留学某国某校便照某国某校办的习气。若调整不能有所创新，仍遵循某些旧的"轨道"，必将难以符合、适应客观、科学发展规律的要求。

后话应该后说，这里不妨先少说几句，以表明未过多久，事情便开始发生变化，至今仍是被普遍关注的重大问题之一。那是在20世纪60年代前后，中山大学复办哲学系，并在该系一度设政治学专业（仅存在一年）等，改革开放以来直到今天，中山大学已远非当年"院系调整"前的中山大学可同日而语，更不用说调整之初的中山大学了。放眼全国，形势更加喜人，也更发人深思，我们的高等教育究竟该怎么办呢？

说回"学习苏联"，除"院系调整"这个大动作外，还有一些小的项目，曾被很当作回事，有的至今想来还令人啼笑皆非。例如要实行据说是苏联通行的"六时一贯制"，即不间断地安排六节课。按五十分钟一节课休息十分钟,或按四十五分钟一节课休息十分钟,六节课共多长时间是很容易算得出来的。无论是在上午还是在下午,在中国都行不通,只好算了,谁也不能坚持。再如在考试中采用口试的方法,一时雷厉风行,被称为苏联先进经验。年轻人未经历过还情有可原,某些领导者也认为必须普遍采用,则很有可能受到某种压力。因为笔试与口试早已存在,要看学科性质和内容来决定考试方法。甚至有的连笔试与口试都用不上,得用演示的方法,如技术操作性的体育、烹饪、绘画等。三如"五级计分法",以三分为及格、四分为良、五分为优取代百分制。这很容易改变,马上就用。但若说它无比优越,未必尽然。不说"优良中可劣"这五个等级早有表述,有些成绩用百分制可更精确、公平、合理,"五分制"不能独沽一味。学习者不能以偏概全,置一般常识于不顾,这应该是一条教训。四如"习明纳尔"(课堂讨论),听说是苏联的一种社会主义教学方法或环节。在当时的中国,与政治学习的小组讨论相比,确是不无新意。但据我所知,那也原是欧洲大学传统做法之一,并且在研究生阶段用得较多。美国早已引进,我在美国读研时就常以课堂讨论的方式参加学习。我无意中说过此事,没想到后来"反右"时这一条竟成为"反苏"的"罪证"。

关于"学习苏联",还有一件事记得非常清楚,就是曾大力提倡学习俄文。过去普遍是从中学开始直到大学学的第一外语都是英文,为了"学习苏联",一度规定以俄文取而代之。不仅如此,还大办学习班突击学习。我和淑钧同许多人一样,也参加了这种学习。印象深刻的是,淑钧学得又好又快,嫌学习班的进度太慢,全靠自学,不久便达到能进行书面翻译的程度。那时她已经是三个孩子的母亲,孩子们都还很小,未请保姆,家务已够重的,她却能统筹兼顾,抓紧时间,真正做到学有所成,并且成绩显著。这使我深受感动也更增敬佩,也充分证明志、能、行三个字缺一不可的有机联系是客观规律。而行动是否积极有效,又是明摆着的事实。

有两件事可以说明上述情况。一是力争买到工具书。当时俄文字典、辞典之类因畅销而脱销,但外文书店的橱窗里陈列着好些本样书作为广告不卖。淑钧写信给书店经理,商请因急需是否可稍减样书数量,结果抽售一套解决问题。二是试译第一本俄文书向北京的一家出版社投稿,很快被接受出版,曾列出校阅者姓名。后来连出几本,即不再有校阅者。其中也有我参加的,但实际上都是以她为主。这些成果当然也与拥有多种工具书有关。否则,整天泡在图书馆里是很不方便和不可能的。大家看到她译的书,中山大学历史系正急需翻译大量苏联历史资料,于是聘她承担这项任务。这不是旁的工作,而是必须能胜任才行的。可是竟有人造闲话,说是因为我的关系,结果她一气之下愤而辞职。"人言可畏",也很讨厌。她原在几所高校任兼职讲师,"院系调整"时没有反映,不然早进中山大学了。后来公社化时动员家属出来工作,任她为福利部副部长兼幼儿园园长。校领导察觉她应到外语系工作,她才得以转变工作岗位到外语系工作直到退休。

除俄文学习班外,当时为适应形势发展的要求,在全校教工中还同时办了另一个学习班,即马列主义夜大学。学习的内容主要是四门政治理论课程:哲学、政治经济学、中共党史、联共(布)党史(马列主义基础)。教工表现出较大的学习热情,认为学习很有必要,因而学习秩序和气氛特别好。由于我已担任了这方面的教学工作,所以仍按边学边教的办法分担了夜大学的教学任务。显然,这两个学习班都与"学习苏联"有关。紧接着我和淑钧就翻译出版了一本俄文著作——A.奥库洛夫著的《列宁与斯大林为马列主义政党的理论基础而作的斗争》(1908—1912),由生活·读书·新知三联书店于1954年11月出版。后来她的俄文和英文译著选题,也偏重这方面。

十二、成为党员

1956 年,在我满 37 岁之后,被批准成为中国共产党预备党员。《南方日报》发表了这条消息和我的相关认识,这是在我寻梦过程中新的重要历史阶段的开始。争取入党对我来说,是一件极其自然的事。讲过的不用过多重复,但不妨简单地归纳一下,点到为止。这也许可以作为又一次的"从头说"。亦即进行系统性的回顾、反思,以不断巩固、增强和提高认识与信心,继续坚定不移地奋发图强,努力争取所寻美梦的早日实现。

回忆还在不大懂事的儿童时期,对于鸦片的危害、早期北伐战争的两军表现,就有深刻的印象。刚开始读初中一年级,便遇上了九一八事变,深感侵略者的可恶和反动派不抵抗的可耻。稍后得知东北人民义勇军已在积极抗战,中国共产党是主张和实行抗战的。没过多久,哀伤的"我的家在东北松花江上",就被如后来成为新中国国歌的《义勇军进行曲》等抗战和进步歌曲所代替。这充分表明广大人民群众的人心所向,尤其是广大爱国青年,都勇于奋起"担负起国家的兴亡"的大任,"冒着敌人的炮火,前进!"可是反动派仍在忙于"围剿""追剿"共产党,完全置侵略者的得寸进尺于不顾,继东北被占又使华北"特殊化",已达到令人不能容忍的程度。

就在这个时候,1936 年 12 月 12 日,发生了震惊世界的西安事变。当时我正在南京市立一中读高二的上学期,关于捉放蒋的情况,反动派的宣传完全是一派胡言,真实可信的却是民间的传闻。要不是共产党的大义凛然、顾全大局,反动派内部也会打起来,蒋必无法生还。这是一个至关重要的历史转折关头,终于在半年后,实现了全面抗战。大家也看得很清楚,除部分真正爱国的将领奋勇抗日外,蒋介石的抗战是消极应付式的,总想保存实力对付共产党。对于已经改编为八路军和新四军的共产党领导的军队，不仅克扣军饷，而且常搞"摩擦"，力求予以削弱。但在抗日的战场上，八路军和新四军却常捷报频传，无论是打阵地战还是游击战，都是日本侵略者必须认真对待和有所顾忌的对手。这也是世所周知的事实。

在我读大学期间，同学们对少数公开的国民党党员和三青团团员都投以鄙视的眼光，原因是这两个党团是反动派的骨干力量。反动派在抗战时期的表现令人民失望，后方除敌机突袭提醒大家是在战争时期外，政府作风、效率没有改变，官商勾结大发国难财者大有人在。共产党主办的《新华日报》在大学生中很受欢迎，因为它讲的都是真话。也曾有民主人士到延安去参观访问过，对政府作为、社会风气等方面所作的对比，总的说来是大不一样，可以说是心照不宣了。前已述及，当时大学生中的主流是"清客"，也就是有一个不谈政治的共同特点。其实不谈并不是不当一回事，而是心知肚明，心中有数。对共产党虽未必真正了解，对反动派则已看透了。

接着我在美国读研，从表面现象来看，美国似乎比国内反动政府"民主"和"强"多了。但经过认真观察、思考、分析以后，也觉得存在假象和只说好听的一面，如"自由、平等、博爱"之类的理论和实际之间，存在很大的距离。一件印象很深又对我颇有影响的事，是在中国留学生中有进步倾向的人不少，由于所处环境不同，大家都敢讲真话而无所顾忌。特别是在抗战胜利以后，反动派又掀起大规模的内战，但是情况已经大不相同，共产党占了明显的优势。反动派虽有美国的偏袒，也根本无济于事。最重要的是人心所向，大家无不认为反动派只会把中国弄得更糟而绝对不可能转好。人们的共同心愿，自然是希望使国家富强起来。

据我所知，这些中国留学生在新中国成立前夕或之初，都已回到中国，为新中国的发展服务。其中较突出的如某亲兄弟三人，父亲是著名的民主人士，老大在人民银行工作，老二任总理秘书还当过新中国外交部的副部长，老三在社科院经济所任职。其他不少人像我一样，在各高校执教。估计在这些人之中，后来在"反右""文革"等运动中可能会有出"问题"的，因不知其详不能乱说。但我确实知道有这么一位,比我年长又比较熟。他曾在一所著名较"左"的高校任教,还当过学校的秘书长。曾被定为"反革命分子"和"右派分子"去接受劳动改造,不过没有多久,便得到平反。他立即申请加入共产党,并马上得到批准,可见真正是人心向党,他并没有因上述遭遇影响对党的感情。

我于 1946 年上半年回到上海,没有继续留在美国,是因为满怀抗战胜利的喜悦,希望同家人团聚,当然也有为战后国家建设做贡献之想。可是一时竟难觅一枝之栖,到了徐州,想不到已成内战前线。反饥饿、反内战的呼声日高,南下广州又势在必行。恶性通货膨胀,日子更加难过。进步师生横遭迫害,这些前面都已讲过,总之反动派已苟延残喘,广大人民群众都在期待和迎接解放。时间虽只是短短的两年,但现实生活教育所留下的印象极深。尤其是一夜之隔,恍如隔世,若非亲身经历,简直难以置信。"没有共产党就没有新中国",事实分明,言实由衷,是真正的令人口服心服,人心向党了。

更重要的是,新中国成立后参加了协助接管的工作,同党员干部有了直接的接触。从安排学习要结合思想改造,到参加抗美援朝、土地改革、镇压反革命等一系列的运动,深感有了中国共产党的领导,国家必将繁荣昌盛。也正是有此崇敬的心情,萌发了争取早日成为共产党员的念头。看到有比我年轻的同事被批准入党,我也增强了信心,于是决心一试。组织上要进行内查外调,我是知道的。有的情况我自己也不清楚,这次组织上却给弄清楚了。例如,我的家庭成分,因我少小离家,我以为是破落工商地主,不知后来在当地土改前三年,已被划定为城镇贫民。又如,我曾被某民主党派列为发展对象,因久未表态而被认为"骄傲",令人无可奈何。至于同学有国民党党员和三青团团员,那只是客观存在的历史事实,无法改变,问题是并无联系。这次被批准为预备党员,当然高兴,也下定决心,要遵循党的要求,成为合格的正式党员。后来又经历反右斗争,最终转正的时间稍晚,党委经办同志有此表示,我却赞赏这是严肃认真的态度,比随便办理强。

十三、全国工代

全国工代说的是在北京举行的中华全国总工会第八次全国代表大会，我作为广东省代表团的成员之一出席了会议。这当然也事出有因，原来我在担任教学工作和教研室任务的同时，还作为兼职参加过校基层教育工会的工作。后来又分别兼任过基层工会的主席、党组书记、广州市工会委员，以及市总工会的执行委员。大会开得很隆重，党和国家领导人出席开幕式并同全体代表合影留念。没有想到，会上还碰到了多年不见的大学同学，也是别省的工会代表，可见全国都在落实党的知识分子政策。记得这位同学是学工科的，在当时一间国营大厂任工程师或总工程师，还当过该省教育厅或科技厅的副厅长。在这里对此人多说几句，是因为他的妻子就是那位与淑钧同时和我们同班的"小某"女同学。"小某"毕业后原已在大学任助教，婚后辞职与丈夫同往国营工厂，只好在附属小学当老师了。回想当年我们教中学时，她曾谋到大学助教职务，真是变化无常。不过话又说回来，小学教师工作也很重要，何况事在人为，像淑钧那样自强不息、成为名副其实的翻译家是完全当之无愧的。

本节的主题是工会工作。教师是教育工作者，常同职工一起，统称"教工"。在新中国，工人阶级是领导阶级，知识分子成为工人阶级的一部分是很光荣的，因而自动自觉地重视思想改造是应有之义，尤其要高度警惕有轻视工农的传统旧观念。过去长期以来，所谓"士农工商"总是把"士"列为四民之首。这方面的说法很多，如"农工商学兵""兵农工学商""工农兵学商"等，"学"的地位显然挪后了。历史上已有"九儒十丐"之说，后来的"臭老九"大概是这样排的："地、富、反、坏、右、叛徒、特务、走资派、知识分子"。假如果真如此,岂不糟糕透了？应该明确指出,这根本违背党的知识分子政策,是"文革"中"四人帮"为残酷迫害广大知识分子而进行的诬蔑。这些以后还有机会再说。

我们试放眼全球,从马克思、恩格斯、列宁、斯大林等马列主义者到马克思主义中国化了的毛泽东思想、邓小平理论、"三个代表"重要思想、科学发展观、习近平新时代中国特色社会主义思想及其坚持者们,都无一不是学识丰富的革命知识分子。他们的共同特点,也都在于理论与实践完全体现出无产阶级、工人阶级先进性和符合社会发展的客观规律。追求实现科学社会主义和共产主义是他们的共同目的,因而彻底抛弃或背叛非无产阶级的家庭出身。我们必须向他们学习,不可停留于徒有"工"的虚名。共产党是无产阶级的先锋队,那么作为共产党员,就更应该加强这方面的修养。

在社会主义国家,国家与工会都是由共产党领导的。这是一个极其有利的条件和非常可靠的保证,国家与工会的性质也正是这样决定的。资本主义国家也有工会,但在资产阶级专政的条件下,工会有名无实,或可能成为某种"御用"工具,不能真正维护工人阶级的根本和长远利益。虽然有时也会出现罢工和同资方进行讨价还价的谈判,但是情况复杂,"工头"还有被收买和接受贿赂的可能。"工贼"这个名称也就随之而来,这也许是新社会的人没有听说过的。因为在工人阶级真正当家做主的形势下,工会对国家、社会、个人目前和长远的利益是全面协调的。工人阶级是大公无私的阶级,不是要给以什么特殊照顾的群体,但对真正的弱势群体,则要给予及时到位的帮助,不像在旧社会那样听之任之和熟视无睹。经过有效的民主协商,事关国计民生的政策总能合法、合情、合理地制定出台,得到认真贯彻执行、具体落实。

事实上,我们的每个部门和单位包括工会组织,既是工作场所又是思想阵地。由于指导思想不可忽视,对工作性质、为什么和为谁工作若不明确,便很有可能只落得"混碗饭吃"的地步。那是旧社会常见的普遍现象,实在太可悲了！说到指导思想,我们在前面已经提到马列主义等。不管是谁,大家都应该好好学习。不过曾经有个说法，"道高一尺魔高一丈"，就是有人会弄虚作假，以假乱真。马列主义问世以后，也有"修正主义"随之出现。后者也自称是马克思主义者，实际上已偷梁换柱，弄得面目全非，会使不知情者上当受骗，误入歧途。这在国际上有，国内也曾有过，所以不能不在学习时提高警惕，明辨是非，以免误导。根据个人的体会，凡是能学习原著者还是以先学习原著打下基础为好。现在我们早已具备较好的条件，即有关全集、选集、文选、专著等相继出版，各大、小图书馆里也都存有不止一套，以供读者查阅。

从工会工作谈了这么多关于学习政治思想理论的问题，也许有人会认为是不是跑题了，或者是借题发挥？我说都不是，这虽与我担任"马列主义基础"这门课和已成为预备党员有些联系，但主要还是我确实认为完全有此必要。请看马克思主义的经典著作，其扉页都有一句："全世界无产者联合起来！"这是至关重要的提醒，联合起来干什么，当然是为了争取实现共产主义。

再说我们现在的所有工作包括工会工作，都是为了建设和发展中国特色社会主义。早期的"没有共产党就没有新中国"和"只有社会主义能够救中国"，都已为历史所证明并在不断实践之中。大家都已有较多的感性认识和理性认识，倘能继续普遍提高，必将更有利于加快实现中国梦的步伐。前已提及中国和平崛起引起国际关注，一般都归结到治国理政有方。也有人提出连续十三个"五年规划"简直难以想象，因为世界上能坚持一个"五年规划"的国家已属难能可贵，别说几个甚至十几个了。人们又集中注意到，中国国家和各级领导层都比较稳定、得力，这又是诸多大国所望尘莫及的。后者多忙于竞选、保位、连选，还轻诺和乱开"空头支票"，以及难以避免"实力派"的影响等，根本无暇也无法顾及全面、长远的国计民生。他们自夸的"优越性"，也越来越受到怀疑和显得暗淡，甚至已被完全否定。

十四、反右斗争

　　这是新中国思想政治领域的又一次重要斗争。记得当时的背景是:为了发扬民主,必须提倡批评与自我批评,并实行党的"开门整风"。这本是中国共产党立党为公的重要表现之一, 很有利于促进共同事业的更好发展。与此同时,有一条"百花齐放、百家争鸣"的方针,又叫"双百方针"。后来出现了"大鸣大放",右派分子竟借机向党进行猖狂进攻,于是展开了这场反右斗争,亦即对他们的反击。

　　右派分子向党进攻是多方面的, 也包括对开设马列主义课程的进攻。我当然不能容忍,曾写了一篇《右派分子为什么敌视马列主义课程》的稿子,发表在 1957 年 8 月 18 日出版的《光明日报》上。但在这场斗争中,我也曾被认为有右派言论,好在领导听了我的有关说明,对批评意见进行分析以后,没有给我扣上"帽子"。事后说我是"边缘人物"呀、"漏网"呀,各种说法都有。我当然心中有数和问心无愧,别人爱怎么说就怎么说吧!

　　其实,他们对我的攻击也很简单,说来甚至荒唐可笑,而且没有从言论入手,所放的第一"炮"也许被认为是"重炮"的,是根据某些表面迹象或传闻和他们自己的"逻辑推理"胡编乱造出来的奇谈怪论。他们煞有其事地说我是"美国特务"! 好家伙,这还了得! 到底是怎么一回事呢? 原来在不久以前,《参考消息》登过一条消息,说美国总统肯尼迪是哈佛大学毕业的,当时有人半开玩笑地说我和他是同学,即同为哈佛校友。我也无法否认,只是表明并不认识,知道他读的是本科,我是研究生而已。事情过去了,但也传开了。稍后运动一开始,他们便抓住这根稻草,编出明眼人不难一眼看穿的鬼话:他是同肯尼迪约好的,分别向上爬,自己"钻进"共产党当"特务"! 如此捕风捉影,分明是别有用心,自然不可能有"市场"。何况我对美国的认识和态度早就是明确的,对美国官方在中国内战中偏袒反动派是深恶痛绝的。

本来不想谈这一近乎无聊的情节,但因毕竟是严肃的反右斗争所出现的实际情况,岂能避而不谈。说到美国,记得当时我还同淑钧合作翻译出版了两本揭美国老底的俄文著作:一本是 A.E.库尼娜著的《1917—1920年间美国争夺世界霸权计划的失败》,由世界知识出版社于1957年出版,另一本是 G.N.赛伏斯奇雅诺夫著的《美国在远东战争策源地形成中的积极作用》,也由世界知识出版社于1957年出版。两书出版时间似相隔三个月。说揭老底,也就是我们可以更清楚地看到美帝国主义争夺世界霸权的野心由来已久,其制造战乱的图谋也显而易见。还有很多具体细节,必须全面地从历史的角度来进行分析,这里不多讲了。

传闻往往走样,却有时影响深远。从传肯尼迪是我的同学,到美国总统是我的同学,后来又被用在别的总统身上,直到"文革"时期,还不时有所反映。我的大儿子在工科大学毕业后被分配在一所国防工厂工作,即曾一时盛传这样的事。那时的美国总统已另有其人,还是照说不误。连我儿子也只好摇头无奈地说:反正不管是谁当总统都是我爸的同学。好在他所在单位的有关领导已经明白是怎么回事,没有影响他入党。顺便说说,我的四个孩子都是共产党员,可见那笔"陈年老账",早已算清楚了。

前面说的,还只是反右斗争开始时有人所指我的"罪状",没有提供什么"右派言论"。后来他们煞费苦心,甚至可以说是挖空心思地提出我有"反苏"(反对苏联)言论。前面在"学习苏联"那一节里已经说过,即关于课堂讨论的教学方法是欧洲传统方法而非苏联所创。当时是据我所知,随便说说的,他们也没有吭声但却给我记下了一笔。这"反苏"是同"反共反人民"联系在一起的,算得上一大"右派言论"。我听了付之一笑,他们更认为是态度嚣张。后来大概是有人做了工作,他们就没有再继续坚持下去。看来他们还是抱有我是美国留学回来的成见,却不知道美国有许多事情是从欧洲学去的。俄国和后来的苏联保留了不少过去欧洲的传统说法、做法,完全是事实。对不知情者的一般表现可以理解和谅解,但若借机随意整人,使别人蒙冤受屈而后快,则很应该好好研究是何居心了。也许是真正出于公心,但是缺乏经验,怀疑一切,也许是假公济私,损人利己,转移视线,出风头等都有。时隔多年,回想起来仍不无感慨,只要国家能长治久安和兴旺发达,这些对于个人算不得什么,作考验观未始不可。

当然,为反击资产阶级右派分子对党的猖狂进攻开展的反右斗争是完全必要的,但要求运动做到十全十美,即各部门各单位都不出现任何偏差或缺点也不切实际。例如,当时曾有一种传闻,说为审慎计量,最后揪出的右派分子要有一定的比例。若果有此事,则违背了反右斗争的精神和原则,本应不搞扩大化,不能有什么固定的限额。看来在这一点上,可能存在某些误解。假如刚好实现比例,自然没有问题。但对已超过的,则有可能把应定为右派的轻轻放过,而对未完成定额的,则忙于"凑数",把原处于"边缘"甚至远非右派的人拉了进来,成为后来要平反的对象。有这么一个并非笑话的实例:曾有不是右派但不知轻重的积极分子,看到领导因未完成定额而为难,特"自告奋勇"地进入右派行列。可见凡事要领会精神实质,才能避免和少犯错误。

稍后,党制定过渡时期总路线,同不久出现的"大跃进"和"人民公社"合称"三面红旗"。若能真正跃进自然是好事,但不能仅凭急于求成的主观愿望,而不顾生产、社会发展的客观规律。像"人有多大胆,地有多大产"这样无视科学的口号,是经不起认真推敲的。还有明显没有可能的几年超什么、几年赶什么的具体目标,以及经过不太长时间的努力,就可以"跑步进入共产主义"等提法,还制成精美的巨型标语立于交通要道,这显然失之轻率。可见,在反右高潮后对"左"的情绪和思潮应保持清醒和警惕,这可以说是一种历史教训。

十五、劳动锻炼

本节的许多内容与"土改运动"和"思想改造"有密切联系。已注意力求少些重复。

1958年,在干部下放劳动锻炼的运动中,中山大学组织教工到广东的高明县三洲镇农村去进行劳动锻炼,成立了"中大下放干部大队",我被委派为大队长。在这次下放劳动锻炼的全过程中,我曾被推选为高明县、佛山地区和广东省下放干部的积极分子,并转正为中共党员。

在当时的知识分子中,有不少人对劳动锻炼的意义和作用还没有正确的认识,有无可奈何的抵触情绪,有的甚至把劳动锻炼与劳动改造混为一谈或等同起来,学习讨论时不出声。其实文件已说得非常清楚,为了提高思想觉悟和培养工农感情,参加劳动锻炼完全是自动自觉之举,与违法犯罪在被管制中的强迫劳动改造,有根本性质的不同。何况即使有改造思想的意味,自觉的改造也是觉悟较高的体现。

不错,在参加土改运动时不是已经实行"三同"了吗?但实际上"同劳动"的时间不多,因为还有许多工作要做,如扎根串连、访贫问苦、开小组会、诉苦会、批斗会等。劳动锻炼则是集中一段较长的时间,全程参加劳动,学习、锻炼的内容也集中于劳动实践。这对没有从事过农业劳动的人来说,自然比较辛苦。在我所领导的这个大队中,就曾出现过吃不了苦而开溜的"逃兵",跑回城市去了,而且还是比我年轻得多的青年男子汉!

那时我已经进入人生第四十个年头，不能算老，但在学习农业知识和技术方面，还存在很大的距离。这包括传统和现代的内容，不像一般人想象得那么简单、容易。如用牛耕田，真正做到懂得牛脾气，使它听使唤，可不是一朝一夕之功。

▲1958年秋于广东高明任中山大学下放劳动锻炼干部大队大队长

除体力活之外，还有很多相关的重要事项，知与不知、知多知少、知透知浅，效果大不一样，并很有可能关系成败。善选良种便是一个极其现实的重要课题，对使用什么肥料，病虫害如何防治，产品怎样储存等，都必须慎重对待，尤其是进口的化肥、农药，又事关土壤、水质、季节、天气，切不可"听到风就是雨"，照搬别人成功的经验。农业机械的逐步普及，又有不少随之而来的有关工业方面的知识和技术需要好好掌握。即使是对常用的普通农具，也应进行比较和选择。用牛还要会养牛，水牛和黄牛又有所不同。不误农时是一件大事，中国的农历之所以叫"农历"，正是那二十四个节气给农事定下了规矩，不可错乱。我至今还背得出，它们是"春雨惊春清谷天，夏满芒夏暑相连，秋处露秋寒霜降，冬雪雪冬小大寒"，亦即立春、雨水、惊蛰、春分、清明、谷雨、立夏、小满、芒种、夏至、小暑、大暑、立秋、处暑、白露、秋分、寒露、霜降、立冬、小雪、大雪、冬至、小寒、大寒。

对上述这些，与我同龄的农民一般都很有经验，可见农业劳动确实不仅是体力劳动，也包含脑力劳动，农业知识技术就属于后者。可是通常一提劳动锻炼，总是指体力劳动。因此，我想在这里强调一下，劳动锻炼在进行体力劳动的同时必须有脑力劳动的密切配合和支持。否则，不动脑子的体力劳动会有笨干、蛮干、乱干等不计成本和效果的危险。例如，不选良种、不按季节播种、胡乱施肥、乱用农药等，均将使体力劳动白干，甚至有害。那叫什么锻炼？岂不是成为破坏了？老农的宝贵经验，也恰恰证明了这一点。

实际上，人们精益求精的精神是非常可贵的。求精包括创新，没有全面深入和持久的思考与分析研究不行。这也就是脑力劳动锻炼的过程，既可以在体力劳动之前，也可以在体力劳动的同时或之后。在前为计划安排，同时是联系结合；在后是总结回顾，旨在干得更好。也可以认为，主观活动必须符合和遵循客观规律。

可能有几百条的各地农谚经常为农民所传播。已有专门记载，这里难以全部照录，酌举几例，也可说明问题。如在时间方面有："小麦种迟没头，油菜种迟没油""谷雨前后，种瓜种豆""六月不热，五谷不结""晚稻不过秋，过秋九不收"。在耕作方面有："冬耕深又早，庄稼百样好""精耕细垡，来年必发""三耕六耙九锄田，一季庄稼肥一年"。在施肥方面有："庄稼一枝花，全靠肥当家""种地不上粪，等于瞎胡混""稻子孕穗肥要足，施担人粪换担谷""养猪不赚钱，回头望望田"等。不用再多举了。与农业有关的还有气象谚语，也都是有根据的总结。

在我下放劳动锻炼的时期内，因为经常和农民及基层干部接触，还有一个重要收获，就是学会了"白话"，即广州话。我来广州十几年了，但在校内都讲普通话，没有机会学习地方语言。土改去的是一个讲客家话的地区，客家话同普通话比较接近。这次去的是讲广州话的乡村，使我的听力和表达能力都有较快的提高，否则无法交流，因为农民是听不懂和不会讲普通话的。前面讲过在中国人之间用英语沟通的事，那是不得已而为之。广东全省的主要方言当时共有四种，即广州话、客家话、潮州话和海南话（后来海南岛才另外建省的）。香港、澳门说广州话，台湾说与潮州话相近的闽南话，语言不通不仅不便，有时还会发生误会甚至械斗。

这里不能不联想起在新中国成立初期，许多南下广东的干部下乡都得请翻译。现学也来不及，只能是那样对付。推广普通话在大城市比较好办，在边远乡村难度要大得多。不仅如此，连全国究竟有多少个省、直辖市和自治区这样常识性的问题，不少人也未必清楚，更不用说别的有关情况了。周恩来有鉴于此,曾编了四句口诀:"两湖两广两河山,五江云贵福吉安,四西二宁青甘陕,还有内台北上天",共三十个单位,即湖南、湖北、广东、广西、河南、河北、山东、山西,江苏、浙江、江西、黑龙江、新疆(与江同音)、云南、贵州、福建、吉林、安徽,四川、西藏、辽宁、宁夏、青海、甘肃、陕西,内蒙古、台湾、北京、上海、天津。那时港、澳尚未回归,海南尚未建省,重庆还不是直辖市。现在已经是三十四个单位了,我试作如下的改变和补充:"港澳两湖广河山,五江云贵福吉安,四西二宁青甘陕,琼渝内台北上天。"其港澳即香港和澳门,琼即海南,渝为重庆,都是习惯上的别称。说到这些别称,现在也有不少人感到生疏或不知道了。例如,前面说的"闽南",就是福建省的南部,还有"北上广深"的提法,则广深显指广州和深圳,深圳是特区城市,也在广东省内。单凭实际情况,不管什么头衔,倒也颇有新意,特别是深圳的兴起和发展之快,不仅在国内而且在世界范围内都令人刮目相看。

第 五 个 十 年

1959.5
1969.5

没 有 实 践 经 验 难 免 出 现 曲 折

1919

1929

1939

1949

1959

1969

1979

1989

1999

2009

2019

1959.5
1969.5

　　由于时间较久、活动较多,有些事情已经记不清楚或记不得了,特别是两个时间段之间,具体时间往往难分先后。但又实有其事,只好照讲不误。其间或有联系,或有重复,在所难免。如在本段时间开始时,我已结束下放劳动锻炼回到学校。校内批判"右倾""保守""白专"的运动都是参加了的,但也可能是前已提到的"三面红旗"的余波,因为持续的时间并不长,而且问题似未真正得到解决。这种情况是经常存在的,不足为奇。也就是说,一波未平、一波又起的现象已见惯不惊。

　　有些变化说明与过去的事情有直接联系。如1952年的全国高校院系调整后,中山大学原有的哲学系已并入北京大学哲学系。那可是连人带马、连根拔掉的。可是从1960年度的第一学期起,据说是"根据新的实际需要",又复办起哲学系来,具体情况容后再说。后来社会经济生活日趋困难,是前所未见的,说是商品生产跟不上,那又是为什么呢?

　　运动还是不少,如整治"刮共产风"的整风整社,农村社会主义教育(简称"四清")运动要参加两期。至于稳定办学秩序的《教育部直属高等学校暂行工作条例(草案)》(简称《高教六十条》)颁布实施的力度好像不大。不久,"文革"突然爆发,高等院校首当其冲。那是从1966年开始的,直到70年代后期结束,共约十年之久。

一、批判"白专"

批判"右倾""保守""白专"的运动,几乎在各个领域内都广泛开展。在高等院校中,"树红旗、拔白旗""批判反动学术权威"之类,一时颇为流行。要由学生来编写教材的主张,也时有所闻,并且不只是说说而已,好像已有过试点。不过持续的时间不长,最后问题也没有真正得到解决。

很明显,此事并非突如其来,而是由来有自。从批"右倾"和"保守",到批"白专",可算是顺风顺水,到高等院校就必然要更加集中和强调狠批"白专道路",以及要坚持高举"红旗"、拔掉"白旗",批臭"反动学术权威"了。人们不会淡忘,不久以前刚进行过反右斗争。可能有人还意犹未尽,认为不够彻底。

这批"白专""树红旗、拔白旗"的背景是早有"又红又专"一说,要走"红专道路"。也就是要既有一颗"红心",又要有较好的业务专长,能够"红透专深"或"红透专精"。这种要求很好,标准也高。在短期内普遍达到很不容易,也不大可能。与"白专"之间的主要差别,则在于"红"与"白",而"专"似乎是一样的。其实并不尽然,因为"红"若不"专",或没有为实现"红"的理想对"专"有强烈要求,则其"红"可能被架空、落空,甚至是虚假的。最低限度的说法,至少是理论脱离实际或有言无行,实质上还是弄虚作假。或者可以认为尚非真"红",或"红"得不透。而"白专"的情况又不一样,是"专"而不"红"。"白"的有深浅浓淡的差异,转变的难易快慢又存在区别,不宜笼统对待。所谓"白",主要是指对马列主义和共产党的思想认识与政治态度问题。这就既有感性认识,又有理性认识。从旧社会过来的知识分子,对于这类认识的积累、转变和提高,有一个或长或短的过程。急于求成的愿望虽可以理解,但又不能置客观存在的实际情况于不顾。

这次批判"右倾""保守""白专"的运动,在措辞上已显然与反击资产阶级右派分子向党猖狂进攻的反右斗争不同。对"右倾""保守""白专",直到"反动学术权威"等,不是经简单批判便能立即或迅速扭转的。它们的形成并非一朝一夕,有的甚至已根深蒂固,必须结合长期的正面教育、善意的观察、帮助和期待,才能收到不同程度和速度的弃旧迎新的实际效果。

我们批判什么,有一个同时提倡什么的问题,也不是为批判而批判,为提倡而提倡,总要持之有故和言之成理,不能成为无稽之谈和无理取闹。批判"右倾"不是提倡"左倾",而是拨乱反正,回到正轨。批判"保守",不是提倡胡作非为,应抛弃旧秩序,遵循新秩序。"吐故纳新"也不能把优秀传统吐掉,把纳新停留于花样翻新而非真正创新。批判"白专"、提倡"红专"即"又红又专",而不是"红"而不专。也就是说,我们所批的是"白"不是"专"。国家建设和为人民服务都需要"专",若是"专"供反动派驱使,等于为虎作伥,国家没有兴旺发达的前途,人民也陷于水深火热。我们对于"专"不仅没有轻视或否定,而是肯定和尊重、寄予厚望的,力求做到既动之以情,又晓之以理,乃至"红旗"即树、则"白旗"自倒,不是代拔而是自拔。依同理,我们批判"反动学术权威",也最好能做到使其主动从反动转向靠拢,心甘情愿和心悦诚服地为新中国的建设、发展和广大人民群众的根本利益以及世界和平做出自己的贡献。说到底,这完全是一个怎样把消极因素转化为积极因素的过程。原则决定了,方式方法还大有文章可做。其中包括区别对待和因事制宜,很值得详细和深入研究。为什么许多运动有的单位进行得较好而有的较差呢?看来在这方面会存在差别。

至于有些事情包括想法、说法和做法一时颇为流行,那也要看当时的风气,需要在热闹中冷静地思考。前面提到的"三面红旗",就是仅凭主观愿望发出的口号,后来还继续有所表现。本来,要创新必然会出现新的景象,包括做种种试验。例如在这次运动中,有提出由学生编写有关课程教材建议的传闻,而且好像还有已搞过试点的印象。这不是不可以,但最好是能在事前,就其是否确实可行认真讨论一番。后来只是昙花一现,未见再有下文,便是明白无误的说明。又如在人民公社化运动时,曾要求大家到公社食堂用餐,不要家庭再有厨房的主张。结果如何,当时已有事实作了回答。这次运动所持续的时间较短,正因为还有不少需要研究的急务催我们注意。

这里所说的急务,其实也不是与这次运动的内容无关,而是属于更具体得多的事情。同在高等教育领域,受时间和空间所限,总有个轻重缓急之分。于是那些批判自然从缓,而把一些有待及早解决的议题提上议事日程。在众多议题之中,又不能没有先后。例如在 1959 年第 7 期的中国人民大学《教学与研究》发表了我的文章《要改变教学方法》,并聘我为该刊的"特约撰述"。大家知道,该刊的主要内容是关于高校政治理论课的教学与研究。讨论教学方法的改变,也主要是指政治理论课的教学方法,重点在于应努力做到理论尽可能紧密结合实际。这在当时颇有现实针对性,决非无的放矢。

广义来说,高等院校的其他课程都应当重视教学方法,因为它与教学质量存在直接联系。凡事要改进就必须认真研究,才能改得中肯。高等教育不是没有别的问题,都急迫需要既不讳疾忌医,又能对症下药。为此,一定要找出"病因""病史""病根"。高校有自己的任务,不能像台湾有人用闽南话所说"大学是由你玩四年"(与英语 university 谐音)吧!也不能如有些人所形容的"大学招牌、中学内容、小学方法、幼儿园脾气"吧!高校院系调整以后,好几年了,不仅不少原有的老问题依然如故,新问题也不断出现。加上各种社会政治运动,师生都要参加,在受到教育的同时,又对各种专业的教学计划产生不同程度的影响。一项为了稳定高校办学秩序的《高教六十条》的颁布施行,就明白无误地证明了这一点。

二、复办老系

哲学系本来是中山大学的一个老系，自 1952 年被并入北京大学哲学系到1960 年第一学期复办，时间相隔八年。据说是因为有新的实际需要，还从北大调回原中山大学哲学系的老师。新办的哲学系不同之处在于，设有哲学和政治学两个专业。因为我原在中山大学政治学系任教，就让我到哲学系任副主任，分管政治学专业。值得一提的是，系设副主任是院系调整前所没有的，新设政治学专业也属于复办性质。但奇怪的是只办了一年，就把它并入哲学专业。什么原因？不知道，大概是没有新的实际需要了。二十八年以后，经过筹备、停止筹备，又正式成立政治学与行政学系。那就是相当遥远的后话了。

回忆在哲学系工作的那段日子，时间虽然不长，但工作重点却曾有了转移。开始时还兼任公共政治理论课的教学工作，主要任务是分管系务，特别是政治学专业和担任专业课的教学工作。关于高校教学方法问题，广东省高等教育局曾邀请我去作过专题报告，还出版了《高等教育管理学讲话》专著。其实，教学方法不是孤立的，教学方法对路，工作积极性也会得到提高。大家不能不认同的是，通常要把任何一种工作做好或不断改进，缺乏认真切实的研究便不可能或很难达到更高水平，在高等院校的教学工作中尤其是这样。

说得更广和更深一些，高校是为国家建设和发展培养各种人才，在校学生必须打好基础，并培养对所学专业的研究能力和习惯。一般来说，从入学到毕业共有四年之久，学生学习既要打好基础，又要有一定的前瞻性，至少对学科的最新发展应有所了解。因此，任课教师绝不可满足于照本宣科，甚至搞"一本通书用到老",而要对教学内容和方法加以研究,以不断提高教学质量,这也是真正有责任感的具体表现。

在政治学专业办了一年又停办以后,我仍在哲学系工作。准备干什么呢?系里只有哲学专业,打算成立一个美学、伦理学、逻辑学(简称美、伦、逻)教研室,我决定为开设伦理学课程作准备。在1962年第3期的广东《学术研究》上我发表了与张迪懋合作的《论功利主义的阶级性——重读〈在延安文艺座谈会上的讲话〉》一文。平时考虑较多的,也是关于伦理、道德方面的问题,阅读这方面的有关资料也较多,深感课题重要,很值得认真研讨。稍后又在《中山大学学报》(社会科学版)1963年第3期上发表了《阶级与道德》一文。后来还不断在报刊上发表这类文章,这里就不一一列举了。因为伦理道德问题在政治学和行政学(行政管理学、公共管理学、治国理政研究)中也占有非常重要的地位,因此培养人才要德才兼备,依法治国也要以德治国。

也还是在这个时期,我又短期参加了省里派往潮汕地区的整风整社的工作队,主要任务是整治一个时期以来的"刮共产风",搞"一平二调",阐明那些不符合而且严重违反党的现行政策,中央的政策到地方基层走了样。当地农村的生活很艰苦,主食吃的是番薯,粥水很稀,而不久以前还曾一度发出"一天吃三顿干饭"的号召。由此可见,没有科学根据的主观估计,实在害人不浅,这还不包括随心所欲的瞎指挥、乱弹琴等极不负责任的表现。清清楚楚的事实俱在,先后对比明明白白,教训太深刻了!当时城市经济生活也开始出现困难,容后另列专题。

这是我第一次到潮汕地区,所在乡村是讲潮州话的。我当然不懂,于是发生了误会。曾有村民在我身后连声高呼"爱东子",我不知道是在叫我"夏同志",不知他在说什么。村民告到队部,说我"骄傲"不理睬人。后经解释,大家都感到好笑。我也因此下决心赶紧学习,先求听懂,再试着说。至今还有些印象,没有完全忘记,也算是又一次附带的收获。关于学习方言,前面已谈过学习广州话和客家话的情况。想起在普通话远未普及之前,我曾碰到过另一种误会,就是以为我是广州人,只说广州话。有一次我到北方做客,对方知道我来自广州中山大学,担心我作报告时用广州话学生听不懂,后来才知道推测是错误的,担心是多余的,也都付之一笑。记不清是从什么时候起,我总觉得倘能随时学习一点儿有用的知识和技能,都是很有必要和很有趣的事。

不过推广普通话仍很有必要。不说国内、省内有那么多的方言诸多不便,连这次在农村所在的县也有两种方言,即潮州话和客家话。相距不远,就在眼前,想想也很别扭。广州话有个说法,叫"鸡同鸭讲",可不是吗!历史上早已有"车同轨""书同文"的要求,但醉心封建割据搞分裂者则大异其趣,如山西曾偏要特别窄的车轨,广东曾自设币制之类。推广普通话与保存方言可以并行不悖,但情况又有所不同。事情正在发展,水到自然渠成。过去英语渐在国际流行,现在世界上已有很多人开始学习汉语,学的当然主要是普通话。有人半开玩笑地认为,这一趋势有可能成为"倒逼"国人快说普通话的因素。然乎不然,我们拭目以待。

参加整风整社运动的时间不长,回到学校仍在哲学系,继续从事开设伦理学课程的准备工作。倒是没闲下来,当然我也闲不住,还参加了不少校内外的有关学术活动,只是有些具体内容和时间已经记不清了。除前面已提到过的外,还在1961年第1期的《中山大学学报》(社会科学版)发表了《学习、学习、再学习,团结、团结、更团结》一文,主要是讨论学习和团结在我们的共同事业中的重要意义;在第3期,又发表了《列宁关于辛亥革命的科学预见》一文。那是为纪念辛亥革命而作,回忆孙中山为什么有感于"革命尚未成功,同志仍须努力",在广州举行中国国民党第一次全国代表大会上,倡导了"联俄、联共、扶助农工"的三大政策,实行第一次国共合作。列宁与孙中山曾互致敬意,他们对中国的辛亥革命是有共识的。孙中山对成立不久的中国共产党非常重视,若不是他的继承人背叛了他的遗志,走上反共、反人民的罪恶道路,新中国也许会提前若干年出现在世界的东方。

三、凭票供应

在参加整风整社运动时，农村生活已经很苦。而且与此同时，城市经济生活也开始出现困难，主要是日常生活物资逐渐趋于愈来愈明显的短缺。怎么办？只好采取凭证限购的办法来保证供应。发达国家在战争时期也曾用过此法，但我们要凭证购买的生活必需品和日用品的项目日益增多。如粮、油、煤、鱼、肉、布、纸、皂、烟、酒、糖等，都发给票证。紧俏商品则更是求大于供，于是"走后门"之风也随之而来，并愈搞愈厉害。

为什么会出现这种情况呢？非常明显的原因，就是生产没有跟上，以致形成了这样的局面："外销不行转内销，后门不要前门要，沿海多了转内地，城市不要农村要。"所谓只有"卖方市场"，各种流弊也就蔓延、滋长。多年不见的"黑市"，又有卷土重来或"复活"的"机遇"。

诸多不便是肯定无疑的，首先如天天要吃饭的问题。吃饭要有粮票，而粮票又分全国粮票和地方粮票。全国的最方便也最受欢迎，地方的过了界就不行。再如在限量方面，当然只能有个平均数的标准，实际上难免出现有余和不足。在一家一户之内，要适当内部调整也存在不同的具体情况。倘若大家的饭量都比较大，困难更是明摆着的。亲戚朋友之间互相照应，那是常见的现象。问题解决不了，邪门歪道也就应运而生。事情已隔多年，细节早记不清了。某些零星有趣的印象，不妨略述于后。

饭店和食堂虽然照常运作，但在米饭的供应方面已大有"文章"。生米和熟饭之间是否等值，大家都心中有数。果能如实反映自然好，一般稍留"余地"，也尚可"理解"（突破了是要赔的），通常都是拉开"差距"，只能以确保不亏为原则，对熟人稍宽、对生客稍紧。一时间，锅巴也很抢手，连弄到一块锅巴也成为乐事,并吃得津津有味。

凡是有困难,大家都会想办法。番薯供应不要票证,于是大吃番薯。有趣的是平时吃得很简单,随便烤烤煮煮剥皮就吃,还有人连皮一起吃。真没有想到,那时还出现甚至流行过一种叫"番薯宴"的吃法,也就是说特别"隆重"起来了。其实是以番薯为主,多搞点儿花样而已,当时也未能持久,现在更不用说。

海味的供应也不要票证,但价格较贵,一般也不想常吃和多吃。但在当时的情况下,也有人借此进行安排和配合。某次赴北京开会,主食是窝窝头(不是米面食),但有不少海味佐食,总算是很费心思地办好接待了。据说当时在东北工作的南方人,因为吃惯了大米饭,尤其感到困难。偶尔吃顿大米饭,就会觉得是一次享受。

至于鱼、肉的限量供应,意见似乎不大。乐观主义者认为,这比"三月不知肉味"强多了。少一点儿,还不是全无,吃多了,对身体未必有利。这很可能是由衷之言,对烟、酒、糖也是如此,现在看得更清楚了,特别是许多公共场所已禁止吸烟,有吸烟习惯的还是戒掉为好。酒也不宜多喝,糖也一样,特别是对糖尿病患者来说,甚至是忌而不是限了。

还有限购的油、煤、布、纸、皂,总是被引向用得节约点儿好。油少可能稍影响营养,煤、皂少可能稍影响卫生,布、纸少也逼得注意减少浪费。例如,布票很少,就不必忙于衣着更新。我们的几个孩子,都是用"新老大、旧老二、缝缝补补到老三"的好办法,老大长大了,大人的旧衣服改一下也行。纸也可以更充分地利用,如有些废纸的背面即可派上用场。我在抗战时期读大学时的听课笔记,用的都是这类废纸。认真修旧利废,其实大有可为。据我所知,在发达国家不少资金充足的部门,也很重视和讲究精打细算,决不在明明可以节省的地方任意挥霍。例子很多,包括公用纸张、车辆、公款接待、差旅,等等。记得在美国哈佛大学,内部的公用信封就可以用很多次,办法是在信封上印好空格,用一次划一格,都不封口。不止以一当十,甚至更多,给我留下深刻的印象。

以上讲的，主要是一般应对暂时困难的态度和方法，因为一条根本的共识是生产没有跟上，如果生产发展了、提高了，物资短缺的困难即将迎刃而解。物资丰富了，不愁卖不出去，怎么会限购呢！可是往往就在面临暂时困难的时候，有人迫不及待地大搞不正之风。这可是一个严重的社会问题，人们所期盼的风清气正的局面有可能走向反面。

试以"走后门"为例。常识告诉我们：只有买方没有卖方就不成交易。要"走后门"就得有"后门"可"走"，而且一定要有人"开后门"才进得去。如果"后门"与"前门"的价格一样，"掌门人"即不必多此一举。也就是说，必有利可图，而且肯定是私利。这又与贿赂的性质有什么不同？因此，说"走后门"是非法的行为，完全恰当。

关于那几个商品转销的问题，也有必要进行具体分析，不宜光看表面和一概而论。

"外销不行转内销"，指的是原出口商品。这涉及国际竞争问题，若是质量达不到对方所要求的标准，或数量已经饱和，以及价格太低等原因，不得不转内销，是完全可以理解的。在发达国家也有类似的现象，其中关系争取国际市场和外汇的问题。外销恐难全停，转内销部分也可以起点儿救急作用。

"后门不要前门要"，这种"后门"优先的现象是应该排除的，因为它完全是作弊行为，对紧缺物资更是如此。又等到所谓的"后门不要"，不难设想都会是些残次商品。要是"后门"都要了，没有剩余，岂非很有可能让持证者反而得不到及时供应？那才真是既不合法也不合理！

"沿海多了转内地"，也存在一个合理分配的问题。倘使一定要等"沿海多了"，才把剩余的部分"转内地"，那么不多呢？内地岂非全无？这与发证限购的原意不符，沿海的居民似乎享有特权，那这又是什么法律规定的？

"城市不要农村要"，这与上述情况完全相同。农产品农民可能自己生产一些，但工业产品则需要购买或换取。若城市供应都不足，农村则肯定要落空了。

总而言之，在凭票供应的那段时间里，特别是还受到某些优待的知识分子,都难免对日常生活有后顾之忧。

四、家庭新貌

关于我的小家庭情况,之前有说过的,也有未说过的。在这个时间段里,有一些新的变化,大体上已经稳定下来。我们在 1947 年秋初到广州时是二人世界,到 1954 年年末,已有三个孩子。1956 年大概是春夏或夏秋之交吧,我因有代表学校赴南京大学出席科学讨论会之便,顺道回乡把母亲接到广州同住。1960 年夏,又有一个小女儿出世,全家共有七人了。不久,三代人中又有不同的动向,分述如下:

母亲来广州后,生活上一直难以适应。除生活习惯外,语言不通也感到不便。后来不知怎么听说广州已推行火葬,她的思想顾虑很大,因而下定决心,表示非回老家不可,我也只好听从,将生活费按月汇去。她于 80 多岁去世,让她始料不及的是,家乡也实行火葬了。

▲1960 年 5 月全家福

▲1961 年 11 月 26 日全家福(中间老者为我的母亲)

我在这个时期参加的各种运动和在校内的工作变动，已经分别叙述过，这里不再重复。淑钧的情况前面已经说到人民公社化时聘她担任社会福利部副部长兼幼儿园园长的事。后来校方知道她有多年的英语教学经验，就将她调入中山大学外语系从事公共英语教学，直到1986年退休。但她实际上是退而不休，翻译出版了许多英文著作，其中又以商务印书馆特约的经典著作为主。

▲1961年1月四个孩子于广州

关于四个孩子，按照年龄顺序来说，就是纪真、纪美、纪康、纪慧，都没有什么特别的意思，无非要真诚、美好、健康、智慧而已。原来有过真、善、美的排列，因纪善夭折，只有真、美了。纪康出生于康乐村，也有点儿纪念之意。但在"文革"时有人对纪美的命名牵强附会，有大字报硬说其名与父亲曾在美国留学有关，她顶不住压力，只好到派出所去改名为纪梅。这也算是"文革"中的一段小插曲。

老大是长子纪真，在广州广雅中学五年制试点班（"尖子班"）毕业后，参加统一高考，被中国人民解放军哈尔滨军事工程学院优先录取。因他在中学读书时，对跳伞运动颇有兴趣，并曾在全国跳伞比赛中获过奖，因而他自己选了航空工程方面的专业。一般规定中学是六年毕业，而这个"尖子班"提前了一年。那是1965年，还没有知识青年上山下乡的要求,所以他能参加当年高考。

老二是长女纪美,"文革"中改名为纪梅,也曾在广雅中学读书,1968年她遇上了知青必须上山下乡的政策,被安排到海南岛的一个农场。那时海南仍属广东省,五年以后才作为工农兵学员被保送至高校,那是下个时间段的事了。

老三是次子纪康,1954年年底出生,到1969年5月还没有满15岁。在他前面的一哥一姐都读广雅中学,而不知从什么时候起,已改为就近上学,就读于第52中学。毕业那一年,全市没有知青上山下乡,都进入工厂工作。他在厂里干了五年,才让报考大学。

老四是次女纪慧,在1969年5月时不到9岁,所以还在读小学。后来也是就近就读于市立第6中学。毕业后赶上1977年恢复高考,过去的有关规定被取消而被允许报考大学。她在城里参加高考后才到农村去插队的,几个月后就收到录取通知书回城了。她在这一点上,比大姐和二哥幸运。

▲1962年7月全家福

▲1963年夏天全家福

▲1964年全家福

1966年哲学系"造反派""抄家时的"革命杰作"(从镜框中取出撕碎老在地上)
2001年春清理旧物时发现,将其机贴好,留作"纪念"(十年动乱的见证)
2001年3月11日(在国内区)

▲1965年全家福

以上说的,都是家庭的基本情况。所谓"新貌",也就是新的变化,如母亲走了、小女儿来了、淑钧有了新的工作等。但更大的变化还在后头,那是1966年"文革"的突然爆发。后面还将列专题,这里只说它所引起的家庭变化。

我是被批斗对象,被抄家已成家常便饭。淑钧因讲大字报所言失实,而被"造反派"戴上"保皇党"的帽子。大儿子从哈尔滨回家,不敢或不愿在家里住。大女儿从学校回家,也要"划清界限"、找"材料",因为她在校内受到很大压力,前已说过,连名字也不得不改了。两个年纪较小的孩子,在外面常遭到"革命造反派"孩子的欺负。

1967年全年在"文革"中度过,与被视为"牛鬼蛇神"者的经历大体相似。全年被困家中,行动受到限制。不仅如此,住宅大门上还被贴上大字报,表明我是被管教对象,致使外地来访亲友看到后不敢再有联系。接着兴办了五七干校,我与淑钧去了干校,家里只留下两个小孩

154

子。好在学校食堂离家不远,吃饭问题可以解决。再说中山大学干校设在粤北的天堂山区,分在三处,我与淑钧分在相隔较远的两处。我那里是三个点中最远的一个,原来的那个家,至此至少已分在三处。关于干校的情况后面还要谈到,这里也仍只是关于家的部分。

到 1969 年,天堂山区的干校没有多久就迁往广东英德红桥茶场、原省里的"模范监狱"。那里地势较平,也离广州较远。因原来的监狱太小,于是大兴土木,先搭临时性的草棚,同时建造砖瓦结构的宿舍,似将作长久打算。在形势稍缓后,双职工中分住男女集体宿舍的夫妇,开始分配给非常简陋的一小间草棚,我们也分到了,算是我们的新"家"。

但这个新家没住多久,因国际上对中国高校停止招生一直有议论,所以 1970 年部分高校恢复招生,中山大学是其中之一。因正常的教学活动即将重新开始,不少在干校劳动的教师被分期分批陆续调回学校,淑钧因有公共英语教学任务,也先行一步,调回学校备课。这样,这个"家"又发生了变化。到 1971 年,我也因工作需要而调回学校。经全校教职工住宅大调整,住房从原"模范村"的三室一厅,迁往西区小两间半的"飞机屋"。房间很小,床以外放不下一张书桌,男女两个孩子只能用上下两层的床住在同一室内,那个半间就只能放一张小饭桌。但不管怎样,我们又有了新"家"。这已经说到下个时间段去了。不得不暂时打住。

本节主要是讲家的变化,从正常稳定到各种变动,又转入正常稳定。其他有关情况,都不谈或少谈。但住处是有直接联系的,仅在中山大学校内,到"飞机屋"为止,我们已先后住了六处。

▲1966 年 1 月 19 日全家福

▲1971 年 11 月下旬全家福

▲1972 年 6 月 22 日全家福

▲1972 年 6 月 22 日四个孩子于广州

五、撤退专家

关于有大批苏联专家来华、帮助新中国进行各方面建设工作的事，我虽略有所闻，但肯定不知其详，更没有同专家们有过直接接触。1960年，又听说苏联大举撤退其在华专家和撤销原定的合作建设项目。这究竟是怎么回事呢？本来，不难设想，专家来华工作绝非个人选择，是去是留都是苏联政府的决定。其中必有缘故，自是显而易见的事。

当时，苏联作为世界第一个社会主义国家已立国很久，又取得过第二次世界大战中卫国战争的重大胜利，在各方面建设的经验自然要比成立不久的新中国多一些。出于兄弟友好之情，给新中国以适当的帮助是完全可以理解的。而新中国对此不仅表示热烈欢迎，并且给专家们以较好的待遇，特别作出关于对专家要充分尊重的规定。这在前面"学习苏联"一节中已经谈到，但我们面对的，只是高等教育的部分情况，并且感到"尊敬"似已过头，有的建议不够切合中国实际。不过总体说来，对帮助的积极作用应予肯定，尤其是在工业建设方面，成绩比较显著。由于对有关具体情况缺乏了解，所以也很难评说。

这次大举撤退专家和撤销合作项目，当然事出有因。从种种迹象来观察，有极大可能是涉及国家的根本利益，甚至事关军政大计。苏联是强势的一方，我们曾不得不"一边倒"。大学俄语、大派留学生赴苏联留学，一度流传"苏联的今天是我们的明天"，苏联电影、文学作品、流行音乐等，几乎极一时之盛。可是对方内部已开始发生变化，尤其是领导层，是不是仍坚守马克思列宁主义的理论原则，渐渐显得很成问题，甚至问题愈来愈严重。后来我们不得大大批"苏修"（"苏联修正主义"的简称），一批、二批，好像有九批之多。实在是应该批、批得对、批得好！

记得非常清楚，我们曾把苏联称为"老大哥"。他们本应对我们友好平等相待，实际上不仅没有，却乘机欺负我们。在他们的心目中，中国也许已成为一块新的"殖民地"。这简直有帝国主义的味道，中国怎能继续忍受！谁也没有料到，两国之间出现过兵戎相见。这可算是世界奇闻，也正中某些敌对国家的"下怀"。后者早已对苏联抱"和平演变"的希望，也从中看到了某些他们所愿意看到的"苗头"。

新中国从来坚持独立自主，早在新中国成立之初，便决心抗美援朝。那时苏联的态度，就给人以不够明确的印象，支援也远没有达到应有的积极程度，中国则经过力战而取得最后胜利。这充分表明，中国抗美援朝是动真格的，丝毫没有向受援方提出任何利己的要求。此事为世所周知，有目共睹，苏联的明智之士，也对此认同。

话又说回来，自那次大举撤退和撤销之后，除前已述及的"批修"、动武之外，相互关系已难以保持正常。消息不时传来，苏联共产党党员干部，尤其是高层领导的特殊化日趋严重。具体表现在工资标准、生活待遇、商品供应和额外收入等方面，明显高度脱离广大基层群众。这已成为中国共产党人很现实的反面教材。因为后来发展下去的情况，同这里的主题直接和密切相关，不妨提前说说，以免到时候反而有弄不清前因后果和来龙去脉的可能，又要从头去说。

我们虽然难以掌握具体细节，特别是不清楚广大基层群众有何反映，但可以通过有代表性的个别事例来进行分析。事实是苏联的最后解体，就是一个"和平演变"的过程。除了上述各方面所表现的特殊化以外，专家学者的纷纷转移，肯定必有其内因和外因。我在20世纪80年代初期，曾在国外接触苏联一位中学校长全家移民美国的事。按常情而言，中学校长还算不得高级名家或大专家，但都已经如此，其他更可想而知，据说也正是这样。

可以相比和对照的是，新中国诞生前夕和成立之初，不仅原来的专家学者中的绝大多数没有离开或随去台湾，仍继续留在大陆，而且远在海外的多数人都想方设法争取回国为建设新中国做自己的贡献。说想方设法，并没有夸张。如其中有著名的专家曾遭到对方的阻拦，不让他回到自己的祖国，后来采取了迂回配合的办法才如愿以偿。事实证明，他们对新中国科学技术，尤其是现代国防科技进步和赶超国际先进水平，都做出了杰出的贡献。在实行改革开放与坚定不移地建设和发展中国特色社会主义、争取实现"两个一百年"奋斗目标，以及国家富强、民族振兴和人民幸福的中国梦以来，这种无比强大的向心力和凝聚力，在科技学术界更显得斗志昂扬。

再让我们转眼看看，苏联是怎样终于落得解体下场的。共产党原应是工人阶级的先锋队，而他们的特殊化却使之逐步成为"工人贵族"。国家的性质已从小变到大变，人心是聚是散也日益分明。因而时机一到，立见分晓，谁也阻挡不了。早期的多国武装干涉和第二次世界大战中的法西斯侵略军兵临城下都没有动摇过的伟大的十月革命的光辉成果，但现在就这么被静悄悄地断送了！不仅如此，东欧一大片的社会主义群体也相继随之消失。西方"和平演变"论者在庆祝他们"胜利"的同时，却总觉得还有一块"硬骨头"怎样用力"啃"也"啃"不下来。

不说，读者也许已经猜到，那指的是社会主义新中国。他们也想对中国不遗余力地搞"和平演变"，曾在苏联解体前夕，于1989年6月4日明目张胆地搞过一次政治风波，但他们失败了。新中国稳如泰山，他们不甘心失败，还继续编造谣言，说"中国很乱，不让知识分子出国，出国的都不回去"。就在当年8月初，我出访新加坡，遇到一位西方学者，他以为我是日本人或韩国人，或来自中国台湾、香港。后来我告诉他我来自广州并在访问后就回国，他才明白听到的是谣言。又在1990年11月，我在西班牙马德里出席国际会议，一位来自苏联的代表对我说："你们曾说苏联的今天是你们的明天，现在我们要说，中国的今天是我们的明天了。"说此话时，他的表情非常沮丧。

六、再谈教学

在前面的有关部分,已经谈到教学问题。例如,教学方法、教学质量和颁布《高教六十条》以稳定教学秩序等。虽然经济生活仍然比较清苦,各种运动也不断夹杂其间,但是教学秩序基本恢复了正常,大家的思想情绪渐趋稳定以后,工作热情和积极性一般也都比较高。这里再集中谈谈教学方面需要注意的一些问题。

这里的所谓当时,是指在"文革"发生之前。时间虽短,但头绪很多,主要还是实行"院系调整"以后,怎样才算办好高等教育?以下试就新中国高等教育的任务、对学生的要求和对教师的要求这三个主题谈些认识。其中有不少重要原则,有待得到公认和共识。否则将不利于国家的建设和发展,也会造成国家资源,首先是人力资源的浪费,那可是无法补偿的时间损失,同时也难以形成在国际竞争中的优势——关键所系的人才优势。

先说高等教育的任务。要回答的问题共有三个:一是什么是高等教育?二是为什么要办高等教育?三是怎样办高等教育?三者之间存在密切联系,若不相互配合,就可能办不了或办不好,不宜说办就办和办了再说,最好是先心中有数,然后不断总结改进,亦即避免盲目从事或简单模仿,因为过去出现过类似弊端和毛病,应该汲取教训。

什么是高等教育呢?顾名思义,当然是教育事业中的高层次部分,是相对于中等教育和初等教育而言的。我国的现行教育制度,大体上由国外引进。一般是小学六年(初小四年、高小二年)、中学六年(初、高中各三年)、大学(本科)四年。这是一个直接的教育系统,既各有其具体内容,又为其进入高一级作好准备和打好基础。除存在自学跨越的可能外,通常都在教育质量上有显著影响,也就是说,高等教育之"高"不能徒有其名。若中、初等教育水平较低,则"高"将有限,甚至完全"高"不起来。因此,也曾有人根据进入高一级重点学校的比例评定该校的办学质量。至于是否应该有重点学校,那是可以讨论的另一个问题。说到这里,我们又常听到关于普及初等教育、中等教育的呼声。那么有没有普及高等教育的必要和可能呢?这显然与国家发达的程度有关。放眼世界,真正做到普及高等教育的国家或地区尚极罕见,或者可以说还没有。因为这不仅是一个高校多寡的事实,还要看实际的普及率。光凭"高校林立"的"盛况"是靠不住的,其中"水分"很多,不少只是以赚钱为目的的"学店"。混个文凭、资格,似有学历、实无学力。我们岂能要那样或允许有那样的高等教育!我们正是要在普及初、中等教育的坚实基础上,根据国家发展的需要,踏踏实实办好名副其实的中国特色社会主义高等教育。深信在实现中国梦的过程中,会迎来普及高等教育的那一天!不过在20世纪60年代则言之过早。

关于为什么要办高等教育,上面无可避免地已经有所涉及。最集中的回答就是,为国家培养各种建设人才。中国是一个社会主义大国,要彻底摆脱"一穷二白",成为社会主义强国,就迫切需要全面开展建设。建设没有人才不行,高等教育责无旁贷地担负起培养人才的任务。针对这项重要任务,高等院校的专业设置必须根据国家建设的要求,尽力做到应有尽有,紧密配合。而且我们社会主义高等教育培养的人才是德才兼备的,是具有较高社会主义觉悟的专业人才。那就是前面已经谈到过的"又红又专"的要求,把学到的专业知识、技术为建设和发展社会主义做贡献。所谓"教书育人",其实教书正是为了育人。至于育的是怎样的人,便决定于德育和智育的内容。光注意智育而忽视德育很不全面,最好还是德、智、体、美、劳五育并重。平常强调的德、智、体,是把美、劳纳入德育了。曾经有过一种戏言:"出了学院进法院,出了学院进医院。"说的是个别大学生缺德犯法,或健康太差,可见光是注重智育只是独沽一味不行。我们高校师生,对此应保持高度警惕,不可淡忘。

关于怎样办高等教育，上面也同样有所涉及。要真正全面办好高等教育，重要的因素很多，既有精神方面的如办学理念，又有物质方面的如各种建设。这里很难面面俱到，也有不少已不言而喻，仅主要集中于对学生和教师的要求。把学生放在前面，也不是不尊重老师，而是我们首先要弄清培养什么样的人、开些什么课等，然后校方才能选聘教师，老师才能因材施教，以及面对学生解答疑问，有利于教学相长。

对于学生的要求，要从入学做起。学生选择专业往往一知半解，跟风、随大流等随意性较大。校方最好作些宣传，让学生及其家长知道实况。入学方式也很值得研究，要不要经过考试、考什么和怎么考，还有保送生品德如何等。在校学生则必须打好基础，使之对所学专业确有兴趣，并逐步养成研究能力和习惯。因将历时四年之久才能毕业，所以在专业学习上，不能不密切注意要有一定的前瞻性，最低限度应对学科的最新发展有所了解，以免知识陈旧，跟不上时代前进的步伐，那将是很令人遗憾的事。这已经联系到对有关教师的要求，但与此同时，也应要求大学生改变中小学生的学习习惯，更不可仅满足和停留于"上课记笔记、下课对笔记、考试背笔记、考后全忘记"，而应加强自学能力，广泛阅读有关参考资料。

对于任课教师的要求与对学生的要求密切相关，不可只重教书而不重育人。而且应在做人方面，注意起示范作用。教学必须认真编选好教材和指定必要的参考书，绝不可满足于"一本通书读到老"。应力求避免讲授只顾灌注而非启发式，必须积极细致地备课，包括整个学期或常年的课程和每节课要讲的部分。这就要对教学内容和方法加以研究，以期不断提高教学质量和显示对国家与学生高度负责的态度。教师本有从事教学和进行科学研究的双重任务，但不可厚此薄彼。通常有偏重科研而放松教学的现象，这是一个稍带普遍性的问题，应该引起高教管理方面的重视，避免在评定教师职称时存在某种偏向。

七、副教务长

　　1963年，校方调我任副教务长，于是我离开了哲学系。当时学校有教务长，设两个副教务长，下设教务处与科学研究处（简称科研处）。文科和理科的教研，由两个副教务长分管。我管文科，要经常与文科各系联系。这是一个行政职位，须每天上班下班、坐办公室，有时开会或到系里走走。开始有点儿不大习惯，因为对教学较感兴趣且不用坐班。不过我学习、研究的专业是行政管理、公共管理，有实践的机会正好学以致用，好好理论联系实际。

　　联系文科各系，扩大和加深了我对学校具体情况的了解。记不清当时有哪些系了，总的印象是中山大学文科的师资队伍是较强的，各系都有在全国同行中知名度较高的学者，诸如某系有几大教授之说，等等。在《中山大学学报》（社会科学版）也常可以见到他们的学术论文。

　　在任副教务长期间，处理本职工作的时间不久，仍常被调出参加运动试点和正式运动。记得很有趣的是一次参加全国性高等院校教学工作会议，照例要填写报到表格，我作为重点高校的代表只填了教授，没有填副教务长的职务。另有某普通高校的代表是副教务长、讲师，只填了副教务长，没有填讲师。结果在安排住宿时，我被分配住散铺，讲师却住了单间。原来"官场"的习惯，是按"官本位"办事，心中有"官"、目中无"学"。后来会议主办方觉察到了，赶紧向我道歉。其实是我不了解情况，自食其"果"。不过我是一个想得开、看得破的人，并不计较是散铺还是单间，反正一样睡觉。

　　没有想到，这件小事引起大家的议论。真有点儿众说纷纭，莫衷一是或各有其是的味道，也好像是确实存在问题有待解决的样子。比较集中的是，在"官本位"和"书生气"之间较难协调，特别是有些地方尚无明文规定，或仅有内部通知。有的是约定俗成,习惯是按"常规"办事,满足于有例可循,都在实事实办,但又各有其是,而非实事求是。看来还是有法可依为宜。

既然议论开了,那就不妨看看究竟议论些什么。围绕"官本位"与"书生气"来观察,比较突出的是如何理解和执行那个流行的"相当于"的问题。也就是在"官阶"和学术职称的级别之间,如何体现对等或相当。因为这本来是性质和要求不同的两码事,在不同的领域,有不同的条件和具体内容。俗话说:"隔行如隔山。"虽有点儿过分,但有所不同是肯定的。还有"行行出状元",这一行和那一行不是一回事,也是如此。如果硬要混为一谈,实行"拉郎配",往往不是滑稽可笑或令人啼笑皆非,就是出现偏差、流弊。归根到底,还是"官本位"居于主导地位,即围着"官阶"转。这样转来转去,会有怎样的后果?

高等院校是分等级的,据说最高也只是副部级,因为只有教育部才有部长,而高校都归教育部管,这叫顺理成章,顺的是"官理"。部级以上不去说了,以下则有司局(厅)级、处科级等。这样一来,高校内部如大学副校长等,最高也只能是司局(厅)级,以下依此类推。在院、系主管领导下的教师,原有教授、副教授、讲师、助教之分。教授比讲师高两级,但在上述趣例中,"官本位"者是把教授看作低于副教务长的。没有"误会",事实正是如此。"道歉"非为失误,而是暗指教授未言"官相"罢了。

各行各业因规模、质量等存在差异而有不同等级是可以理解的,但是否都要同行政级别挂钩,则很值得研究讨论。再说在高等院校中,大学和独立学院之间仅在名称上,即有行政级别高低之说。如果属实,则难怪从那时开始就已有争取改名称的趋势,不只是名称好听些,而且提高级别,有助于扩大办学,等等。

说回"官本位",其实让教授去当处长未必比由科长干上来的强,原来一直干行政工作的处长也未必能胜任教授的工作。说"未必"是没有把话说死,还保留另一种可能性。如果前者对行政工作确有兴趣和能力,后者对学科也有较强较好的功底是不能排除的。也就是说,一般在不同业务之间,不宜简单搞对等和相当。说一般不宜,是留有余地的。例如,退役士兵和转业军人在安排工作时,就不是不宜,而是一定要考虑保证和相当。军官的"军阶"也是一种官阶,性质相近或相同,转换也相对较易。至于新的具体业务,那最好是采取允许互相选择和分配结合的办法,努力自学,辅以有针对性的培训,务求人适其位和位适其人。假如确实难以适应,必须及时调整,以免误人误事。这里又关系机构编制是否科学合理,如机构臃肿、人浮于事为何出现和存在,甚至长期保持、直到愈演愈烈?!例如,"一杯茶、一支烟、一张报纸看半天"。何以一闲至此?"门难进、脸难看、话难听、事难办",是这样为人民服务的吗?有些副职过多,多得离谱,岂能熟视无睹、听之任之?其他不正之风不用列举,总该风清气正。

除弊固然重要,提效亦须落实。一件二十年前的真人真事,给人留下深刻印象。不妨回头看看,借以对照、警惕。

一位外籍华人在沿海某市办停车场,历时五年,耗资数万,仍未动工,遂作《自嘲》打油诗一首寄该省新省长:

一心一意,志在返乡;两全其美,建设吾杭①;三家合作,政策当行;四处汇报,人人赞扬;五年奔波,曲折周章;六度会审,肺炸心伤;七巧八珑,难寻方向;八方风雨,飞短流长;九曲流殇,烟酒共享;十分敏感,请示协商;百忍为要,个别拜访;千般解说,鸡同鸭讲;万岁各税,规费先上;十万火急,慢待思量;百万资金,等派用场;千万别撤,莫负衷肠;噫嘻难哉,动土在望;永续经营,我是好样。②

据说新省长认为此文批得痛快,政府就应该开拓、务实、高效、廉洁。

---

① 杭指浙江杭州。

② 《读者》,1998 年第 11 期 B,第 31 页。

八、"四清"运动

这是 1963 年至 1966 年 5 月,在部分农村和少数城市工矿企业、学校等单位开展的一次清政治、清经济、清组织、清思想的社会主义教育运动,又称"四清"运动。广东进行农村运动试点,中山大学组成工作队,我任工作队副队长,被派往高州县农村人民公社。

在高州参加"社教"试点后回校不久,又被派往花县(今花都区)参加正式开展的"社教",因为当时省里有规定,干部必须参加两期。到花县是1964 年的事了,大概到 1965 年才回校。好像在花县也曾担任工作队的领导工作。两期合起来时间较长,因而在这个时期内,学校的情况便不得而知。

高州和花县以及去劳动锻炼的高明都是讲广州话的地区,我的广州话听、说能力有较大进步,工作也方便多了。但这两期运动的任务是从"清"中进行社会主义教育,在对于解决干部作风和经营管理等方面的问题起了一定作用的同时,由于指导思想上有"左"的错误倾向,可能把较多不属于阶级斗争性质的问题当成阶级斗争或阶级斗争在党内的反映,致使不少基层干部受到本不应有的打击。1964 年 12 月至 1965 年 1 月,中共中央政治局召开的全国工作会议上通过的"二十三条",虽然纠正了此前某些脱离群众、打击面过宽、神秘化等偏差,但提出运动的重点是"整党内走资本主义道路的当权派",实际上是使"左"的错误偏向得到进一步的发展。①

以上是总的情况和一般概述,据传运动在广东开展时已吸收了不少北方的经验教训。不过按具体情况而言,有些偏差仍然发生了而没有完全避

---

① 参见《辞海》(第六版彩图本)(第 3 卷),上海辞书出版社,2009 年,第 1995 页。

免,因为既然要"清",村、乡干部即成为揭露和批判的主要对象。当时要"清"的内容虽然是那四个方面,但大家长期共同面对的是两个根本问题:一是彻底分清社会主义道路和资本主义道路,二是认真对待人民内部矛盾和敌我矛盾,亦即两条道路和两类矛盾。别说一般村、乡干部难以普遍达到这样的水平,连我们工作队甚至某些高级干部恐怕都不敢对此夸下海口。我认为可以结合揭批加强学习,处理则宜慎之又慎。我在前几年即有此感,才有前已述及的那篇关于学习和团结的文章发表。不管怎么说,"运动"仍在运动,几乎紧接着的就是"文革"的爆发,我们随后另议。

常言道:"山雨欲来风满楼。"这个"四清"运动是不是"风"源之一,不知道,也没有去研究。但据回忆,其中似存在某些联系。直到"文革"结束以后,实行改革开放初期,关于"市场"的争论,便是一个例子。世所周知,中国创办了四个经济特区,其中有三个在广东省。有人认为办经济特区,是发展资本主义经济。经邓小平说明,"市场经济不等于资本主义,社会主义也有市场",大家才恍然大悟,真可谓"冰冻三尺非一日之寒"。这"左"的"冰冻"竟如此之久,也算是"寒"得可以了。中国终于走上这条建设和发展中国特色社会主义的康庄大道,实在可喜可贺。

在连续两期的"四清"运动中,中山大学根据省里的要求,派不少教师参加。有人觉得下乡时间长了些,怕对教学会有影响。这种顾虑似乎难免,不说也感觉得到或看得出来,也是可以理解的。我曾在适当的时机,讲过自己对这种情况的看法,因为过去有"三门干部"之说,指的是从家门到学校门,再到机关门,我们则是又到学校门,即对社会情况比较陌生。参加一些运动,接触面可以广些,多少对"三门"的局限将有所冲淡和补充,借机又开阔眼界和增加见识,体验体验农村生活。也就是说,可能有教育意义和起教育作用,对此有不少人表示认同,也有人笑着说我总是把事情往好处想。

这就碰上哲学问题了。我们说的是马克思主义哲学:辩证唯物主义与历史唯物主义。如把事情往好处想,要是没有确实客观存在的好处,想也是空想,是胡思乱想。但有好处你不去想或根本不认账,那若非糊涂就是别有用心了。人们常说,凡事有利有弊,应一分为二。还有弊大于利或利大于弊的,不是凭空想象或空口说,而是客观存在的事实。因此,将马克思主义哲学列为公共必修课,是完全有必要的。几乎可以说,我们随时随地和随人随事都用得着,当然包括对"四清"运动和参加这个运动的分析。

除有利有弊外,还有现象和本质的区分。社会主义的对立面是资本主义,"四清"的对立面是"四不清"。此外,有共同的现象、不同的本质,或共同的本质、不同的现象等,情况相当复杂,都应落实对待、处理,以免发生错乱。共同现象(包括名称)的例子如"银行",无论是社会主义的还是资本主义的都叫这个名称。共同本质(包括主权)的例子如"中国货"可以有许多牌子和门类等。还有伪装和假冒,以次充好、以假乱真、兴风作浪、浑水摸鱼等,花样翻新,不一而足。这些无不需要有较强的鉴别能力,以作出明确判断,从而予以妥善处理。凡此亦非天生的本领和一日之功,而需通过自己的长期实践,以积累经验。渐渐由生疏到成熟,举措得当,应对自如。有些现场直感和前所未有的最新场景,书本上没有,也难以依赖别人的指点,只有靠自己拿主意了。另外一种可能即书上虽有,但没有读到读好,同样是"书到用时方恨少,事非经过不知难"。

像参加"四清"之类的运动,既然参加了,就得好好干。任务完成得好,个人也增长了才干,这叫双得。如果只是勉强应付,工作差劲,低效甚至无效、负效,不仅个人失去了提高的机会,还虚度了光阴,这叫双失。我的逻辑或许与我曾在美学、伦理学、逻辑学教研室工作过有关。美学、伦理学和逻辑学有内在联系,最重要的是凡事一定要有心、专心,才能办成、办好。所谓"世上无难事,只怕有心人(或只怕心不专)",说的正是这个道理。干了,必须全神贯注和全力以赴,力争胜利、成功,不负客观期待。否则,浪费了个人宝贵的年华,生命还是次要的,事关全局问题的责任可就重大了。

九、"文革"爆发

1966 年,"文革"突然爆发,高等院校首当其冲。如果算到 1976 年开始拨乱反正,那就整整闹了十年之久。这是举世瞩目的一大历史事件,社会上陆续发表的有关专文、专著已经很多,我不想凑这个"热闹",只是把自己的经历作一简要介绍。在这个时间段里,亦仅说到前三年,还可能有些交叉,因为具体时间已难以说得很准。

说突然爆发,一点儿也没有夸张,确是突如其来,风云突变。首先是大字报铺天盖地,来势极猛,学校很快成为大字报的海洋,可见是先有一批"积极分子"发动起来的。校内外的观众,一时达到拥挤的程度。大字报的内容和措辞,有不少捕风捉影、浮夸失实之处,似在力争吸引观众眼球。观众中有人指出这一点,有自称"革命派"者却盛气凌人地辩解道:"不这样,革命能搞起来吗?"显而易见,那不就是在明知故犯。

大字报的矛头直指的是"走资本主义道路的当权派""反动学术权威",以及叛徒、特务,等等。概括起来,就是要"横扫一切牛鬼蛇神"。说你是什么,你就是什么。还给人一种印象:几乎大多数"当权派"都是"走资本主义道路"的,大多数"学术权威"都是"反动"的。

继大字报之后,开大大小小的批斗会。有文斗,也有武斗。文斗也常拉拉扯扯,武斗即动手打人。我曾遭到"革命造反派"的围攻,致腰部受伤,幸好校医还敢于为我拍照 X 光片,后来到广州市正骨医院治疗,历时近五十日才基本恢复正常。但遇到稍长的阴雨天气,仍隐隐有痛感。又由于是"文革"提出了"破四旧"的任务,于是"造反派"可以随便抄家。开始时只是到家里撕毁一些旧书和外文书刊,后来发展到顺手取走较好的衣物包括现金。据说那也是外地来人所为,这就难怪更乱了。有人见到他们把"抄"来的衣物在邮局里寄包裹,可见实有其事。

在"造反有理""革命无罪"的口号掩护下,有些事情是出了格的。曾有一度提出要"复课闹革命",但为时短暂。1967年全年都是在"文革"中度过的。与其他被视为"牛鬼蛇神"者的经历大体相似,都被困在家里,行动受到限制。稍后,"造反派"内部,不知怎么会"打派仗"。令人纳闷和想不通的问题比比皆是。接着又要"踢开党委闹革命",这样闹来闹去,结果是学生不读书(当然教师也不教书了),工人不做工(工厂停产了),农民不种田(农时不顾了),国民经济濒临破产边缘。还盛行"打、砸、抢",批斗、管教、侮辱、伤害,随便得很。还有许多事项,随后另列专题。困扰着人们的问题在于,国家能长远如此折腾下去吗?

由于"复课闹革命"没有认真实行,只停留于口号。接着又有"抓革命、促生产""斗批改"等口号的相继提出,还是只说不做,没有落实到行动。就这样进入1968年,也许是不能任凭这种严重的无政府状态持续下去了,就有了"工宣队"(工人毛泽东思想宣传队的简称)开始进驻学校之举。具体时间已难以准确回忆,只记得大体上有那么一些情况罢了。

与此同时,另一项具体措施是兴办"五七干校"(干部学校),把教职员下放到设在山区农村的"干校"去劳动改造。那是1968年的事了,1969年"干校"又从山区搬迁到另一个地区。本时间段即将到此为止,但"文革"还远未结束,在下个时间段里还要过好几年才能真正拨乱反正。不过这时已有的某些预测,可以留待且看下回分解。

记得我们在下"干校"之初,工宣队曾经要大家作好思想准备:你们将终老于此!看精神和语气,完全不像是随便说说的。还有的工宣队人员宣称,以后办一所大学,只需几十个人就足够了,不用那么多的教职员工。据说其根据为一个系只要一个教师,再加个把校长,大学就算办起来了。真的那么简单吗?也许是吧,请看我们在"干校"迁移之后,原有房屋太少,便大兴土木,先盖临时性的草棚,同时大建砖瓦结构的宿舍,大有将作长远打算的趋势。后来怎么样？我们都回校了，那些新瓦房是搬不走的，不知会派上什么用场。

从"文革"说到"五七干校"或从"五七干校"说到"文革"，有两份重要文件必须知道，按时间先后：一是1966年5月7日的"五七指示"，是毛泽东在给林彪写的一封信中，要求各行各业以本业为主，兼学工、农、军，同时坚持批判资产阶级。"文革"中，全国大办"五七干校"，试图由此达到消除城乡、工农、体力劳动与脑力劳动三大差别的目的。二是1966年5月16日的"五一六通知"，即《中国共产党中央委员会通知》（以下简称《通知》），宣布撤销彭真主持制定的《文化革命五人小组关于当前学术讨论的汇报提纲》（简称《二月提纲》），重新设立"文化革命小组"，该小组一经成立，实际上就逐步成为不受党中央政治局约束的、直接指挥"文革"的机构。《通知》逐条批判《二月提纲》，提出了发动"文革"的主要理论和方针、政策，号召各级党委夺取文化领域中的领导权，批判所谓混进党内、政府内、军队内和文化领域等各界内的资产阶级代表人物。《通知》通过和执行，标志着"文革"的开始。①

十、"五七干校"

前面已经提到，兴办"五七干校"是"文革"中的一大举措。这里只是稍述其详，后来很像是不了了之，没有下文。且说中山大学的干校，原设在粤北的天堂山区，分在三处。据说当时在全国、全省高等院校的干校中环境最艰苦。首先，进山就要翻山越岭，根本没有可以通车的道路。其次，粮食和日

---

① 参见《辞海》（第六版彩图本）（第4卷），上海辞书出版社，2009年，第2421、2423页。

常生活用品,都必须下山购买,重病号只有抬担架才能下山就医。很有趣的是我们没有那么多现成的米袋。可是办法总比困难多,大家用长裤扎住两个裤脚装米正好跨在肩上,一路上山。我在校内虽已离开哲学系,但在"文革"开始后,因为行政单位没有学生,仍被划归哲学系管。哲学系在干校的所在地叫紫溪洞,是三个点中最远的一个。

干校生活一般是夜晚学习(主要是学习时事政治),开展批斗。已记不清从什么时候起,在干校流行跳"忠字舞",还有"早请示、晚汇报"等仪式。遇有新的"最高指示",还要及时传达不过夜。有时在风雨之夜,也敲锣打鼓,到山区农民家去传达。不管农民睡了没有,反正这是一项不可过夜的重要政治任务。干校的房屋不够,便自建草棚、茅屋。劳动项目还有养猪、种菜,等等。

在天堂山区干校的时间没有多久,已经是 1969 年的事了,中山大学干校即迁往英德红桥茶场(原来省里的"模范监狱")。那里的地势较平,离广州较近。住房比山区干校好,有人开玩笑说"模范监狱"应该是关"模范囚徒"的地方。说笑归说笑,但原来监狱太小,容不下那么多人,于是动手扩建,从搭临时草棚入手,兴建正规的瓦房作为干校宿舍。

不过新的干校生活,与天堂山相比,基本上变化不大,劳动的主要内容除采茶(英德红茶是很有名的外销名品)、养猪、种菜之外,另增加了牧羊。经常要说的祝寿词中,也在"万寿无疆"之后,添上"永远健康"。"运动"仍在继续开展,据说是在"深入"进行"内查外调",这是不用说的,或者换个说法叫不在话下,因为没有真凭实据,随便"定案",难以服人,也说不过去。想不到的是他们冥思苦想,想出也许被认为是很"妙"的"办法"来。我听了觉得他们真的是煞费苦心,但也只能付之一笑。原来他们是想用偷听梦话的办法,去获取我的"罪证"!

我们当时睡的是大通铺,即床连床、铺靠铺。我的两旁常常换人,我也没有介意。后来有了解情况的好心人告诉我,他们是在听你讲什么梦话,原来如此! 大概因为我睡得很好,没有讲梦话,使他们"失望"了。

还有，在天堂山干校时，我与淑钧不在同一个点。我还在受"管教"中，她常跑几十里山路来看我。我们在食堂前当众见面交谈几句，竟然有人在旁边"监督"，还追问"你们在谈什么"和下令"不许多谈"！其实他们不懂，一旁多听些交谈，不是要比偷听梦话会更有"收获"吗！

在英德干校后来形势稍缓，记不清何时宣布"解除管教"，正式"解放"，恢复自由。在双职工中分住男女集体宿舍的夫妇，开始分配简陋的草棚一小间作为住房，我们也分到一间。但是时间不长，我们就先后调回学校，担任教学和行政工作。

回忆我们在干校时期，没有把孩子带在身边。两个大的，一个已在北方读大学，一个当了知青下放到海南岛（当时还属广东省）的一个农场。两个小的，一个在读中学、住在家里，一个在读小学、住在学校办的寄宿班。没有带他们到干校，不仅是怕影响学业，也不想让干校环境给孩子们留下难以理解的印象。好在淑钧还能不止一次地请假回家看看，我们也就放心多了。听说小哥哥还会弄点儿凉拌黄瓜同妹妹一起吃，想到孩子们从小就有养成独立生活能力和习惯的机会，也是好事。

说回干校生活，既有单调、枯燥乏味的一面，也有偶尔忙里偷闲、苦中作乐，好像还蛮潇洒的时刻。例如，农村都有墟日，干校允许大家去"趁墟"（北方的"赶集"，集或集市，到时候很多小商贩聚集在一起，很热闹）。在天堂山时，虽是山路而且较远，大家也高高兴兴地跑来跑去，吃点儿小吃和买点儿什么。还记得有一位老汉卖的炒花生米很受欢迎，确实是香脆可口，大家都爱买。可把那位老汉忙得乐开了花，引起别的小贩羡慕。据说自有干校以后，"墟日"更旺和大旺，相信此非虚语。干校迁往英德红桥，既是平地，又离"墟场"较近，所以对"趁墟"更有兴趣。这些都是在广州市区看不到的景象。且说这个"墟场"，比起山区的那个，商品更多、更好，小吃的水平也明显较高，所以有更多的人去"趁"，几乎或近乎全校出动，也大大提高了"墟场"一时热闹的程度。其实我们心知肚明，那时不少人已经不发（或叫停发）原工资，只给少量的生活费，购买力说不上，吃点儿小吃之类的开支还能对付。顺便说说，关于停发工资部分，后来全都给补上了。有人认为也好，等于代为"储蓄"，不然可能早花光了。瞧，这不又是朝好处想了？

关于工宣队曾说我们将永留干校和要有作长期打算的准备，多数人听了是将信将疑的，我也感到未必。若问有什么根据，实在不用说什么大道理，一般常识即已足够。借他们的话来说，大学还是要办的，只是用人不多。这里就有两个现成的问题：一是要办大学干什么？二是一个系只要一个教师行吗？

关于第一个问题，办大学是为了培养国家建设人才是肯定的。但大学与中、小学有所不同，也是应该的吧？那么大、中、小学的教师从哪里来、到何处去找？"五七指示"原是各行各业以本业为主，兼学其他和坚持批判资产阶级，并非都放弃本业，不应误解。

关于第二个问题，大学一个系只要一个教师。即使不分专业，也有许多课程和四个年级。这个教师纵有三头六臂，或是全面奇才，也未必招架得住。在我的记忆中，只有早年乡镇的那所四年制的初级小学，出现过这种一人包干的情况。也许现在还有，但不是又说大、中、小学有区别吗？

十一、革命分派

大概也是在 1967 年，"革命组织"内部开始出现不同派别之分。这下"麻烦"可大了，首先面临的是干部（包括批斗和审查对象）、群众要对自己"站在哪一边"的问题各"表"其"态"。干部纷纷表态，一时"热闹"得很。但是随之而来的是，有人被攻击为"投机"，有人被看作找"靠山"或"后台"。不"表态"吧，又常成为众矢之的，两大派都不放过。还有一个叫"逍遥派"的，则是都不得罪，"明哲保身""乐得逍遥"的人，估计为数不能算少。

先说这为数不少的"逍遥派",为什么不愿"表态"？原来大家都已有点儿政治"常识",这分两大派,不知"上面"会不会是有什么"来头"。站错了队,可不是闹着玩的。还是了解、观察一阵再说为宜,以免惹"祸"上身,遭到无妄之灾。也就是说,突然分派,而且斗得厉害,旁观者不明真相,自然应审慎些好,特别是还有拉人或催促别人"表态"的,就更令人生疑。

再说已加入某派的,言行一定要受到约束。在与相对立的派别之间,往往必须保持和突出"派性"。在同一场运动中,这个"派性"显得很怪。对于原共同批斗和审查的对象,在有意无意之中,显示了入本派与否待遇不同的结果,即对入本派者放松、从宽;对入另一派者抓紧、从严;对两派都没有"表态"者,反而不紧不松,一切照常。前面所说"投机"、找"靠山"或"后台"者,不少是原批斗和审查对象。闹"派性"已经很怪,在这一点上则完全可以说显得更怪。

作为批斗审查对象,我是没有"资格"当"逍遥派"的。但我也没有对分派"表态",因为我经过再三考虑,认为革命分派极不正常,难以持久,而且这种"投机",不啻制造"危机",这样的"靠山"并不可"靠",这样的"后台"终将垮"台",还是应该坚持党性,努力做一名合格的共产党员。"派"方对我也可能存在某种"顾忌",少见来"动员"加入。记得绝无仅有的一次还被我婉言谢绝了。真的没有想到,对方因此给我"顽固、不识抬举"的评语。我对"顽固"容易理解,而"不识抬举",则不知何意和发人深思。

好在这样的时间不长,说是"无政府状态",还不足以形容,至少有两个"政府",可以说是"多政府"了。1968年我们去了"干校",校内是否还继续"打派仗",不知其详。但即使继续,时间也不会久。因为形势发生变化,学校恢复招生,不能不改变工作环境和工作方法。倘若有谁还抱住"派性"不放,显然必将严重影响新的工作任务,甚至无法开展和完成。这可算得一大历史教训,必须牢牢记取,至少我个人是这样看的。

这与科学研究、学术探讨的性质和原则有所不同,不同的学派不仅不妨碍而且有助于学科的发展和繁荣。上述闹"派性"的人,若是以此为据,就弄错了。所以很有必要说说"百花齐放、百家争鸣"这个方针，究竟是怎么回事。先说这两个"百家"说法的来由："百花齐放"原指百花同时盛开的繁荣景象，用来形容各种形式和风格的艺术作品并存及其自由发展。"百家争鸣"则是古已有之，"百家"原指学术上的各种流派，在战国时期学术界形成一种互相争辩的局面和风气，大大推动了当时文化和学术的发展。

再说作为中国共产党发展、繁荣社会主义科学、文化、艺术事业的基本方针——"百花齐放、百家争鸣"，是1956年根据中国生产资料所有制方面的社会主义改造基本完成后的具体情况，在承认社会主义社会仍然存在各种矛盾的基础上提出的。"百花齐放是一种发展艺术的方法，百家争鸣是一种发展科学的方法。"这一方针的着重点是，发扬社会主义的艺术民主和学术民主，主张在为人民服务、为社会主义服务的前提下，艺术上不同的形式和风格流派可以自由发展，科学上不同的学派可以自由讨论，艺术与科学上的是非问题，应当通过讨论和实践去解决，而不应采取简单的方式去解决。这一方针有利于马克思思想在同各种非马克思主义的交流中得到发展，在同反马克思主义思想斗争中得到发展，有利于加强和巩固马克思主义在科学、文化、艺术领域中的指导地位，有利于充分发挥科学、文化、艺术工作者为人民服务、为社会主义服务的积极性和创造性，使我国科学、文化、艺术事业得到发展和繁荣。在知识界、学术界，我们必须认真和深刻领会这个方针的原则精神。

此外，我认为还很有必要补充追述与上述方针有关的历史情况，有助于理解其来龙去脉。说的是在新中国成立初期，党为改革和发展中国戏曲艺术而提出的方针，也适用于其他艺术部门。更早是抗日战争时期在陕甘宁边区提出的"推陈出新"口号的进一步发展。主张不同的剧种、流派、形式和风格通过自由竞争而共同发展；对待遗产必须采取批判的态度，剔除其封建糟粕，吸收其民主性精华，在新的基础上加以改造、发展；积极创造反映社会主义时代生活，反映无产阶级思想感情，塑造社会主义时代的革命英雄人物的作品和用历史唯物主义观点创作历史题材的作品。它促进了戏曲以及各种民族、民间文艺的革新和发展,使全国许多剧种恢复了青春,许多民间文艺得到记录、整理、加工和流传;鼓舞了新的创造,推动了各种形式、体裁和题材的作品的创作与演出,也促进了新文艺进一步的民族化、群众化,以及少数民族文艺的迅速发展。这就是"百花齐放、推陈出新"①。

由此可见,这个"双百方针"同"革命分派"而致大闹"派性"是性质完全不同的两码事,我们切不可混为一谈。不仅如此,而且正是要在集中统一的社会主义社会和为人民服务、为社会主义服务的前提下去开展,才能充分显示其优越性和生命力。这里还不可避免地涉及不少相关的重要理论问题,有待深入研究和不能淡忘。例如,我们为什么要经常提醒必须批判资产阶级?因为只要稍有不慎,就有可能陷于迷糊而不自知。

十二、工宣进驻

在"革命分派"以后,情况不妙。大概是不能让乱局再持续下去,工宣队等开始进驻学校。时间大约是 1968 年,这件事是毛泽东亲自过问的。

先说工宣队,它的全称是"工人毛泽东思想宣传队"。这是在"文革"期间,工人进驻教育、科研、文化等机构实施领导的组织。1968 年 7 月下旬,毛泽东指示派工人宣传队配合解放军进驻清华大学,制止武斗,并领导学校的斗、批、改运动。8 月,中共中央、国务院、中央军委、"中央文革小组"发出通知,要求各地照此办理,以打破"知识分子的一统天下",由工人阶级占领上层建筑。此后,全国成千上万工人组成宣传队,陆续进驻大、中、小学及科

①《辞海》(第六版彩图本)(第 1 卷),上海辞书出版社,2009 年,第 84 页。

研、文化机构,在这些单位领导"斗、批、改",建立革命委员会和恢复党组织活动,承担了主要领导工作。学校党政领导机构恢复以后,工宣队的作用渐渐缩小,到"文革"结束后撤出。中山大学也大概是这样的一个过程。

这里谈到工宣队,不能不令人联想起毛泽东早在 1942 年就提出了"工农兵方向"。那是在延安文艺座谈会上,根据中国新民主主义革命时期群众的需要和实际斗争的需要,从文艺工作的实际状况出发而提出的。它要求所有接受无产阶级领导的革命文艺工作者,在深入工农兵群众、深入实际斗争、学习马克思列宁主义和学习社会的过程中,把立场转移到无产阶级和人民大众方面来,在思想感情上和工农兵大众打成一片,创造为工农兵服务、表现工农兵群众并为工农兵所需要和便于接受的作品。要求革命的文艺家吸收由群众中来的养料并帮助和指导群众进行业余文艺创作,将文艺的普及工作和提高工作辩证统一起来。①这是个"方向"问题,在新民主主义革命时期已经应该注意,那么进入社会主义革命时期,岂非不言而喻和更加应该强调?

作为"文革"的经历者,或者叫"过来人",对于工宣队进驻学校后所起的作用和所发生的变化,是明显看得到和感觉得到的。前面谈到过的那些乱七八糟的现象,几乎很快就被制止住了。尤其是"踢开党委闹革命"和大闹"派性"的现象,随着革命委员会的成立和恢复党组织生活后,便不复存在,工作转入正轨。

关于学生不读书,曾经一度提出"复课闹革命",但为时甚短。后来教师进了干校,自然更是教师不教书了。反正恢复正常教学秩序,还是以后的事。教师中开始流行用"破师立工"来表示"破私立公",卖掉藏书,准备改行。其实,知识分子到哪儿都是一样,根本问题在于思想感情的转变,而且贵能自觉。当年投奔延安的进步人士和很多青年学生,便是很好的例证。能开展批评与自我批评是好事,思想斗争也确是存在"斗",但这种"斗"显

---

① 参见《辞海》(第六版彩图本),上海辞书出版社,2009 年,第 1 卷第 175、214 页,第 2 卷第 1198 页。

然是"文斗",而不是"武斗"。用武力相逼,能收到"心悦诚服"的效果吗?当时如果讲这些,可能会招来更多更重的打击。只有"免开尊口""忍气吞声"而已。

对于"打破'知识分子一统天下'"的提法,也应该有正确的理解,而不能以为是排除或轻视知识和知识分子。问题是要区分是工人阶级的还是资产阶级的知识分子。例如,马克思列宁主义的创始人,几乎无一不是知识分子出身,他们也都背叛了原来的剥削阶级,而坚定不移地采取工人阶级的立场、观点、方法,具有极其丰富和浓厚的工人阶级思想感情。在工宣队中,也可能有知识分子,但已取得工人身份。再说在我们的社会主义制度中,少不了教育制度。我们有社会主义的大、中、小学,培养出来的是社会主义的知识分子。还有在共产党员中,也不是没有知识分子,同样不是那"一统天下"里所指的知识分子。只有分清这一点,才不至于把后来"知识分子是工人阶级的一部分"之说看成矛盾。

还有,"逍遥派"其实并不"逍遥",他们也随时提防"派性"斗争会斗到自己头上来,因而对工宣队进驻,大大松了一口气。但"文革"还远未结束,要到下个十年的过半才告终止。到那时,对许多存疑或不好理解的事情,才知道是原来如此!一个崭新的历史,才终于开始!

十三、解除管教

具体时间已记不清,但大体上是在回校之前或回校之初。因为这是回校的必要程序,不像一般教职员没有什么太多的手续,只要把户口从农村迁回城市就行了。而对原批斗、管教对象,有一个要正式宣布解除管教、已经"解放"的问题。这里放在回校之前,亦即这个时间段末来谈,是因为在干校最后已让我们夫妇同一般教职员一样，可以分配到一间小草棚去住，应已"解除管教"，正式"解放"和重获自由。

这在当时，可算得是一件"大事"。对现在大讲法治和略有法律常识的人来说，可能很难理解甚至不可思议。然而这毕竟是千真万确的历史，历史是过去的事，路就是这样走过来的。作为一个亲历者，倒觉得抚今思昔，不是不堪回首，而是大可回味。国家在发展，时代在前进，真是得来不易。

"管教"这两个字，看上去很简单。管是管理的意思，管人、管事、管钱……这里当然是指管人而言；教无非是教育、教导、教养……这里像是有怎么管的含义。但不能光看这个名称，实际上一被纳入"管教队"，面对的是批斗，有文斗还有武斗，同时失去了一般教职员那样的自由。说是犯了什么"罪"呢，又不知根据哪条、哪款，也不像有法官一样的审判，更不用说容许有律师辩护了。"文革"既然是一场"革命"，那么所"创"的"新"，自不足怪。问题是一般人在思想认识方面，一时还转不过弯来，或者叫跟不上。

这与人们常说的"管束"又有所不同，虽然也说的是管教和约束，如"严加管束"，即所管对象凡事不可随意自己做主。通常是指家长对子女，或主人对奴仆，倒转来不行，一般化也不行。"文革"中的"管教"，显然远非这种"管束"所可比，范围、权力之大和性质之严重，都不可同日而语。其来势之猛和为所欲为的气派，实为人们始料所不及。而且更普遍的是，以学生为主，还有一些比较年轻的教职员，他们没有"历史包袱"，都是"管教"者，而老教师和各级干部，大概都成了被"管教"的对象。

说来也很有趣，当时从中央到省、从大学校级到院或系一级，都由三人领导，习惯将三人的姓连在一起简称，如中央有"刘、邓、陶"，广东省是"赵、区、尹"，中山大学是"冯、李、马"。中山大学当时没有院一级，校下面就是系。虽然我已离开哲学系，但因当过系副主任，所以又被拉回去凑数。系里的三位负责人就应该是"杨、夏、刘"，可是"夏刘"连着念不好听，就改成"杨、刘、夏"。这样，我就真正成为"末座奉陪"了。

且不说这每级三名是偶然的"巧合"，还是故意安排的，难道就不可或多、或少、或无吗？何况后来事实证明，其中"出入"很大，甚至可说是太大。如中央一级有"邓"，竟是世界公认的中国20世纪三大伟人之一！他实行改革开放，开创中国特色社会主义伟大事业，为实现国家富强、民族振兴、人民幸福开辟道路和打好基础，真是为国为民劳苦功高。那么发人深思的是，他为什么曾被列入国家级的"走资派"呢？直到"文革"结束，才真相大白。原来，"文革"的高层领导中有"鬼"，出了许多"鬼点子"，耍了许多"鬼花招"，有一系列的"阴谋诡计"，还经常煽阴风、点鬼火，那都出自林彪和"四人帮"。

好在毛泽东还能保持高度警惕，曾经警告过不要搞"四人帮"，加上周恩来的力保（包括保荐和保护），邓小平才终于能有充分发挥其历史作用的机会。否则，埋没人才固然是一大遗憾，影响国家的发展可是个更严重的问题。"四人帮"经法庭审判，确实是罪有应得的历史罪人。

说到法庭审判，那是法治的常规。前面已经谈到，"管教"作为群众运动中的一种"措施"，与正常的法治程序要求相比，显然是大异其趣的。例如，在现行的法治程序中，有一种叫"管制"的，就是对已经被判定为犯罪分子的一种刑罚，即不予关押而短期限制其人身自由，而且是我国的独创。"管制"是有限期的，一般为三个月以上、两年以下。如遇数罪并罚时，可以延到三年。这要由人民法庭判决，然后交公安机关执行。还要强调被判处"管制"的犯罪分子必须遵守法律、法规，服从监督，向执行机关报告自己的行动、活动情况。迁居或外出必须经执行机关批准。参加劳动的，实行同工同酬。①

对比现在所说的"管制"和当年所经历的"管教"，所谓"大异其趣"之处在于："管教"是不管什么法不法的，先一律定为犯罪分子再说，而且所给予的"待遇"还远不及"管制"规定的那么"文明"。详情不用重复了，特别是"管制"的最后还规定"参加劳动的，实行同工同酬"，真算是非常周到。其中说"管制"是我国的独创，也许又同"管教"的实践经验相关且存在某种联系。

---

① 参见《辞海》（第六版彩图本）（第1卷），上海辞书出版社，2009年，第767~768页。

若果真如此,我们作为一种"试验品"似乎也还值得。进入法治时代,还是很可喜的。这又是从好处去想了!

不过在本十年内和直到"文革"结束以前,法治问题都远没有提上议事日程,即言之过早。能及时宣布解除管教,已算是"开明"之举。但在某些人的印象中,也有先入为主的,即对原批斗对象,仍抱有成见或继续存在"阴影",可见运动之"深入人心"。后者常常表现在一有适当的机会,便重提已被否定的旧话或重算已经算清了的旧账,使当事人啼笑皆非和无可奈何。尤其是反映在子女亲人身上,更是莫名其"妙"!这些以后再说,可见影响深远。正所谓:别人"往事已成空",有人"还在一梦中"。

总之,运动的"后遗症"和"副作用"常因人而异地存在和表现着。其中如"捕风捉影"和"想当然",有时会出人意料地像煞有介事,以假作真。因为"捕"者、"捉"者、"想"者都曾"大胆设想",后经辗转相传,再添油加醋,什么风云想象,似乎都成了事实。还是许世友将军痛快,针对江青、姚文元等诬蔑邓小平,他指出:"娘们秀才莫猖狂,三落三起理应当。谁敢杀我诸葛亮,老子还他三百枪。"①

---

① 《文摘旬刊》,1988 年总第 78 期。

第 六 个 十 年

1969.6
1979.6

拨乱反正证明终究邪不敌正

1919

1929

1939

1949

1959

1969

1979

1989

1999

2009

2019

1969.6
1979.6

　　在这个十年中,"文革"继续进行,直到宣告结束,仍占七年之久。所不同的是,我已从干校回到学校,我所担任的工作在不断地发生变化。我仍一如既往,完全服从分配,要我干啥就干啥,而且尽力认真干好。很多工作是从来没有干过的,我就试着、学着干,觉得很有兴趣,也从而增加知识和积累经验。因为我所研究的专业,是行政管理即公共管理,它所涉及的面很广,各行各业无不有要管住、管对和管好的问题。其中既有共性原则,又有个性特点,所以不能只知其一,不知其二。这也是应用学科必须理论密切联系实际的要求。

▲20世纪70年代末用打字机工作

　　因此,我对工作的变化,没有进行挑挑拣拣的思想准备(当然也不存在挑拣的可能和余地),反而表示欢迎,或者叫欣然接受。例如,一所正规的和规模较大的大学,其分门别类的管理工作就相当多,某一个环节管理不善,便会对全校有负面影响。后来我在下一个十年中当副校长时,更深有此感。许多问题是平时必须关心和有所考虑的,例如恢复招生要不要恢复入学考试,办学体制是不是可以不分系科专业,国庆和校庆应该怎样庆祝,教育革命将如何开展,大学的外事该怎么办,学报编辑部与一般刊物有何异同,大学学术委员会怎样运作等,还要到各单位进行调研等。所以遇有实干一段时间的机会,可谓正中下怀了。大家都想提高工作的质量和实效,但在掌握理论原则的同时,必须从实际出发和脚踏实地才能实现。

一、恢复招生

"文革"开始后,基本上是停课闹革命。复课的时间很短,更已有几年没有招生。国际上对此有不少议论,中央便决定先在部分重点高校恢复招生。中山大学是其中之一,加上广州是中国的"南大门",所以也比较受重视。这就是说,正常的教学活动即将重新开始。不少在干校劳动的教师必须分期、分批陆续调回学校做各种准备工作。淑钧因有公共英语的教学任务,也被提前调回备课。接着不久,我也因工作需要而被调回学校。

当时仍在"文革"期内,虽然恢复招生,但没有同时恢复入学考试,而是采取推荐的办法,不仅推荐工、农、兵上大学,并且管大学和改造大学(简称"上管改"),以致学生的水平参差不齐,有的悬殊太甚。经过多届实践经验的总结,后来还是恢复了招生考试。不是有"自古成功在尝试"这句话吗?试一试也好,这叫作此路不通走彼路。但彼路也未必是十全十美的,也常可能有利有弊,看是利多弊少,还是弊多利少罢了。入学考试至今仍在继续讨论,希望能有所改进,以求不断改得好些、更好些,有利于提高办学质量。

推荐的办法也不能完全否定,要看具体情况和有关条件。光看是不是工、农、兵,未免过于简单。因为这是进大学学习、深造,大学还有基础和能力的要求,例如应有相当于高中毕业的程度,而且为入学名额所限,有一个如何才能择优录取的问题。由谁来推荐,推荐人也会存在很大的差异。推荐的视野有限,知道和了解对象不可能太多,这就难免荐次而漏优。不能完全否定的事实根据是,现行制度仍有比例较低的保送生源,但规定明确、严格,可信度较高。

想起一件与此有联系的往事,即曾在 1950 年 12 月 14 日开始举办工、农、兵速成中学和工农干部文化补习学校。那是为了在较短时间内提高工农干部文化水平而设置的学校,要培养他们成为新的知识分子。尽可能地使全国工农干部的文化程度,能在若干年内提高到相当于中学的水平,修业时间为三年。1951 年又有关于工农速成中学附设于高等学校的决定,学生毕业后,一般可直升本科高校继续深造。1953 年有首批毕业生一千五百余人被高校录取。1958 年工农速成中学准备分别改为大学的工农预科和正规的工农中学。至此(1958 年),工农速成中学算是已结束了自己的历史使命。[①]这段约八年的历史,到了 1970 年提出推荐工、农、兵"上管改"时,似不无值得回顾参考之处。

前面提到的"参差不齐"和"悬殊太甚"并非凭空猜测,而是同样有事实根据。一个非常突出和具有典型意义的例子是,一位化学系的教授来到学生宿舍,对新生进行课前辅导。由于事前已经知道,新生文化程度一般偏低,在个别测试时出了一道"1/2+1/2"的算术题。真没有想到,学生得出的答案竟是:2/4! 教授大吃一惊,忙问是怎么得来了,答题的学生满怀信心并振振有词地反问道:难道不是上面一加一等于二,下面二加二等于四吗?这样"上"大学,还要读理科,真不知该怎么教了!

---

① 参见《教育管理辞典》(第二版),海南出版社,1997 年,第 211 页。

"上、管、改"中的"管",就是管理大学。通常对没有做过的工作,总有一个了解情况和逐步上手适应的过程。特别是管理工作,在基本情况毫无所知和完全陌生的条件下,要求并且认定可以管起来和管得好,大概只能属于主观愿望,其实际可行性、可操作性难以兑现并值得怀疑。试设身处地想一想,被保送上大学的工、农、兵,并不知道大学是怎么回事,要管些什么和怎么管。也不知是谁出的主意,曾经有人提出由学生编写课程所用的教材。这当然是教学管理中的一项重要任务,但问题仍在于学生还没接触过课程内容,忽然要去编教材,并且要编写得比旧教材好,这究竟是对学生的水平估计过高,还是在给学生出难题呢?后来没有下文,大概也可想而知。

不管是退多少步或进多少步来说,即使学生对管理工作是行家里手,完全能够胜任和干得出色,也不可淡忘在"管"的同时,还有"上"的要求。上课、读书、做作业、思考、讨论,就算不再考试,也都需要有时间去做。那么"上、管"同时并举,不可偏废,最好是能做到两全其美,而非顾此失彼,甚至两败俱伤。到底有谁或有多少人真正能做到这一点,没有调查研究和很有说服力的资料。后来不了了之,也许是胜于雄辩的事实。用过于"理想主义"来形容,也不一定很恰当。至于应该听取学生关于大学各方面的意见,那是很有必要的另一码事。

还有"上、管、改"中的"改"虽没有谈,但与上述情况相近、相似已不待言,甚至犹有过之而无不及,亦非夸张。因为"改"是要改变原有的状态,有所创新,只能改好,不能改坏。于是就有改什么、为什么改、怎么改、为什么要这样改等一系列的问题,有待给予可信度较强和可行性较明确的回答。大学的改造,涉及古今中外的大学体制和对大学的具体要求。中国现行的大学形式和内容,几乎原来都是从国外引进的。尤其是在新中国成立前,不少大学各有"特点",有"英美式""德日式""法国式",等等。一般的背景,常与校长曾在某国留学有关。新中国成立后,经过前已述及的"学习苏联"和"院系调整",情况有些变化,但仍远未定型。

"文革"进入20世纪70年代,大学在恢复招生以后,对被推荐的工、农、兵大学生提出"上、管、改"的任务。这个"改"字更不简单。上面已经说了，要比"管"的难度大得多。"谈何容易"这句老话，意思是言易行难。倘若"上、管"的担子已经不轻，再加上"改"的重压，刚进大学校门的学生吃得消么？还是自己"姑妄言之"，令人"姑妄听之"？其实，"文革"中的不少现象是极"左"的翻版。"人有多大胆，地有多大产"换个说法就是，只要你想改，改天换地都行，没有什么客观规律。"革命造反派"总是有理无罪，"说你行你就行，不行也行；说你不行就不行，行也不行"。大胆怀疑、大胆假设，连影子也没有就可以宣称"罪大恶极"。

二、办大文科

在恢复招生前后，有一个办学体制怎么改变的问题需要讨论和作出决定。一仍其旧不行，不能忘记还在"文革"期内，来点儿新的做法，不妨试试。我原属文科教师，知道将试办不分专业的"大文科"。原来的文科专业分得较细，狭义的文科主要是指文（包括中文和外文）、史（包括中国史和世界史）、哲（包括中、外哲学等）。其中还有分得更细的，如中、外文学与语言学、古今中外的翻译学等，后来甚至有把一门重要课程发展成为一个新专业的。广义的文科则将社会科学各专业包括在内，如政治学、经济学、法学、社会学、管理学、教育学、人类学等，不一一列举了。只说当时要试办的那个"大文科"究竟"大"到什么程度，现在已很难具体回忆。但是时间不长，是可以肯定的。这里面便存在一个为什么的问题，很明显是试一下，浅尝辄止。

当时学校已由"革命委员会"领导，原教务处改称"教育革命组"等。顾名思义，革命特别是教育革命仍在进行。关于试办"大文科"，当然也是革命措施之一。恢复设置系和专业并任命校长，则都是以后的事。据说我是因为工作需要被调回学校的,但工作很不稳定。记得曾在《中山大学学报》(社会科学版)编辑部负责过一段时间,主要是编学报。也曾到教育革命组担任副组长,随后各分专题再谈。有时还有外事组安排的接待外宾的任务,恢复"文革"前副教务长职务则更后,总之是工作较杂。前面说过,我是安于这种工作变化的,还经历过不少"工种",随后再说。

关于试办"大文科"的事,我并没有直接介入。但是作为一项重大举措,我是很注意、关心和很感兴趣的。这涉及大学到底该怎么办的问题,与国家的建设和发展需要什么样的人才直接和密切相关。"大文科"要培养的似乎是文科的大通才,而不是某些学科的专才。诚然,专才也应该有较好的广博基础,不是只能停留于钻"牛角尖"。但若通才落得个"样样通样样松",也将会在"术业有专攻"者面前相形见绌,更难以成什么"气候"。这又与中等教育有联系和分工,在中学没有文理科之分的历史时期,我们看得很清楚。在中学分文理科之后,问题同样存在。但情况有所不同,基础是宽些好还是窄些好,也必须认真研究。这里有两个问题:一是到大学阶段后是否应分专业以提高和深入,二是中学分科与大学分专业有何联系和利弊。

大学本科一般都是四年毕业,若"大文科"要安排原来分专业时的主要课程,更不用说全部课程,难度极大。时间又不能延长,只能是"蜻蜓点水"了。那么"大"虽有之,"专"则有名无实。那样的话,很有可能还属于打基础的性质,而把专精、专深的要求转向研究生阶段去了。这在国际各大学之间,必将出现无法避免和难以消除的差距。对口、对等交流,也会因而缺乏共同语言。我们不能永远闭关锁国(稍后很快就实行改革开放),外国研究中国的学者已大有人在。研究中国的机构和专题,也在与日俱增。我们自己也早就应该把"中国故事"讲好。"大文科"有可能培养出"博学多才""见多识广"的学者,但不利于各科专家的成长。后来试办不久,即归于沉寂,不再提起,也就算过去了。

通过试办"大文科"之类的情况来观察和思考,"文革"既然是"革命",理所当然的是应在文化方面有所变革。在教育方面首先是高等教育要破旧立新，也是完全可以理解和必须肯定无疑的。旁的暂且不说，光是我们的老祖宗，早就有过"日日新，又日新"的著名遗训。很多著名的中外学者把它作为"座右铭"，可见受到高度重视。可是集中到这个"新"字，我们还需要从各方面来分析和认识，以免出现误解或差错。

首先，是我们求新、更新观念中的"新"，亦即我们心目中的"新"是怎样的？是不是或会不会认为一切"新"的总比旧的好？如果在有意无意之间有这样的想法，那是很不切合实际的。有些成功的和有益的经验随便抛弃不行，新手还应该向老手学习。新瓶装旧酒，老人着新衣，旧酒仍是旧酒，老人仍是老人。所谓"新官上任三把火"，无非要显示一下还有点儿本领，以免不受重视。重要的是，"三把火"烧完以后，日久天长所表现出来的能力。因此，"新"的强弱、优劣和历时长短，无不有待实践和时间的检验。在事实面前，对比鲜明，是与时俱进，还是固执成见，也就不难分清。

其次，是我们遇到某些"新"事，分析起来常会有"标新立异"之嫌。这在"商业广告"中有较多实例。"吹"得天花乱坠，其实尽是陈货。或者改头换面、乔装打扮，实质上是对顾客进行欺骗。诸如此类，都少不了在"新"字上大做文章。有趣的是，为了推销积压商品，商家却说是"新"到的一批，要大家"欲购从速"，以免"错过机会"，云云。至于还有改变生产日期或有效时间，以次充好、以假作真的，则已属于作弊行为。在商业上如此，对文化教育界也有影响。例如把别人的旧作，偷换上自己的名字，或剽窃别人的旧作，成为自己提升职称所要求的新作。还有一种刊物，不管论文质量，只要交"版面费"即可刊登，也是这类"交易"。

最后，也是最重要的，我们必须认真创新。这是我们共同事业正常发展的关键所在和首要条件，但并不那么容易。除了对上述表面工作与各种误解应提高警惕和力求避免外，还要聚精会神和狠下功夫。用"全神贯注和全力以赴"来要求，可以归纳为创新竞争。所谓"人无我有，人有我优，人优我新"，都是创新创出来的。"赶超"也是如此，否则只能永远落在后面。我们国家的和平崛起，正是积极努力不断创新的体现。世界已经公认，中国自20

世纪 70 年代末开始的几十年的成就,相当于发达国家过去几百年的经历。那么只要我们创新不止,"两个一百年"奋斗目标和中国梦岂不将如期实现,甚至有提前的可能吗?

三、主编学报

从干校调回学校干什么?没有想到,曾在中山大学《学报》编辑部负责过一段时间,主要是负责其中的"社会科学版"。这也许同我常在各报刊发表文章,特别是在该版发表过不少篇文章有关。我很感兴趣,所以也干得很起劲。原来《学报》是各高等院校主办的综合性学术理论刊物,以反映该校教学、科研成果为主,定期或不定期出版。又按学科内容,常有"自然科学版""社会科学版"或其他专业版之分。其共同的主要任务是,坚持社会主义办刊方向,贯彻执行"百花齐放、百家争鸣"的指导方针,为广大教师(包括部分外校教师)提供发表学术论文和研究成果的园地,从而协助调动广大教师从事科学研究的积极性,发展和扶植科技人才,促进教学质量的提高,以及国内和国际的学术交流。其领导体制一般可分为编委会负责和校长或院长领导下的编辑部负责制两种。应该认为,《学报》是中国科学研究的重要理论阵地,对推动中国科学研究事业的发展起着重要的作用。①

这里所说中山大学《学报》的全称是《中山大学学报》(社会科学版),另外还有一个自然科学版。前面刚谈过试办不分系的"大文科",后来没有下文。但是这个"社会科学版"的《学报》,倒真像是一个"大文科"的模式。社会上的学术理论刊物也有综合性的、专业性的区分。《学报》则以较大分类为

---

① 参见《教育管理辞典》(第二版),海南出版社,1997 年,第 360 页。

主,细分专业的极为罕见。具体办法是,内容丰富,可分栏目,另外更主要的是文章标题鲜明,一看即知所讨论的是哪方面的内容,读者不难选择或便于参考。这与办学大不一样,除前面说过的外,如试办不分系的"大文科",主修课、必修课一定较多,选修课也不可能少,必读参考书和选读参考资料都少不了。还有其他活动,要"一锅炒",真能做到、做好"统筹兼顾"怎么"吃得消"呢!

对于办《学报》,除自身的固有特点之外,还有与办刊物相关的共同要求。我的体会是,刊物内容的作者、读者和编者(简称"作、读、编")的努力、支持和配合,是核心力量。作者的水平、读者的兴趣和编者的能力能否起积极作用,往往是刊物的现状和发展前景的决定因素。如果这三者缺一,或其中一个是薄弱环节,则刊物将必受其负面影响,直到办不好,甚至出不来。为此,我记得在为一些刊物和出版机构表示祝贺时,曾多次提及上述有关观点。例如:

为大连《人事与行政》写的题词是:

> 贺发北国自南天,
> 人和应为三才先。
> 事须经历知难易,
> 与人为善顾可廉。
> 行远自迩知马力,
> 政风正处集群贤。
> 出类拔萃竟方晓,
> 刊赖三者作读编。

为《行政管理研究》创刊的贺词是:

> 行政管理关国计,
> 政通人和应可期。
> 管理亟需现代化,
> 理论实践不相离。

研之习之贵能用，

究其成效观实际。

创业从来费艰辛，

刊物精神在求是。

赞抚顺社联杂志易名为《社科百家》：

赞所当赞说因由，

社会主义有源头。

科学昌明世方盛，

百舸得水始争流。

家非一孔门户见，

新时新事重新谋。

刊赖三者作编读，

名实相符复何求。

贺《人事》创刊五周年：

贺意由衷自武汉，①

人和因素不简单。

事须经历见高下，

创业不易展更难。

刊物海内存知己，

五载辛勤岂等闲。

周期无论长中短，

年复一年道路宽。

贺《公共管理学报》创刊：

公平效率贵能兼，

———————————

① 当时作客武汉。

196

共享繁荣齐奋勉。

管住管好皆服务,

理论不钻牛角尖。

学以致用是本色,

报喜报忧未可偏。

创新尤重自主始,

刊物支柱作读编。

贺上海《行政与人事》创刊五周年:

行政与人事,

理论联实际。

改革开放中,

研讨好园地。

复兴我中华,

大家出主意。

稿发高安路,①

海内存知己。

五载不寻常,

奉献深可喜。

继往开来处,

前景更美丽。

高效并清廉,

四化加快至。

共勉作愚公,

壮志永不已。

---

① 该刊上海地址。

贺《政治与法律》杂志出版 150 期：

> 中国重要专业刊，
>
> 二十五年不简单。
>
> 改革开放多风雨，
>
> 必经善治这一关。
>
> 三个代表须自觉，
>
> 体制保证非等闲。
>
> 构建和谐新社会，
>
> 落实科学发展观。

不再多举了，这些都是关于办刊的切身体会。

还有一点很重要，或者可以说是更加重要的，是作、读、编三者各自对本身的要求。先说作者，对自己将要公开出版的稿件，应该多下一点儿认真、过细的功夫。许多知名的学者正是这样做的，而且久已传出关于这方面的佳话，很值得我们学习。有一种被称为"多产作家"的，我们不可把"多产"同"粗制滥造"混为一谈。只要都是精品，岂非多多益善？而且若是少而不精，即少未必佳。像前面已提到的，为升职称装"门面"东拼西凑甚至抄袭来的"货色"，那就更不足挂齿了。许多作者是读者或也在干编辑工作，那就更应该设身处地想想，作者在这三者当中所处的地位和所起的作用了。

再说读者，喜欢和希望得到一些什么样的读物，一般总会是心中有数的。但要求也不应太高，十全十美的作品并不多见。很有可能存在缺点或可展开讨论的观点，那就大可不必消极对待，何不转身加入作者行列，作为争议别树一帜？若是读者本身就是作者或也有编辑工作经验，前已述及，毋庸更赘。

最后是关于编者，这里要多说几句。我的体会是必须谦虚谨慎，尤其是在下笔改稿之际。我遇到的几个例子，很有助于看清问题。一是某次应邀演讲，有关报道没有让我看过原稿，就公开发表了。我的原话中有"上有好者，下必甚焉"，却变成了"上有耗子"。即使我的普通话不够标准，也不能有这样的错呀！二是在一篇文章中，我的原文有"旅进旅退"一语，编者竟大笔一挥，改为"累进累退"。那原是"俱进俱退"的意思,出于《礼记·乐记》。三是在一次电话采访中,我曾引用了"周郎妙计安天下,赔了夫人又折兵"这两句话,原意是妙计不妙。而记者只抓住前一句而略去后一句,还添油加醋,大讲"妙计"之"妙",应该向周郎学习。编者也没察觉,实际上让我背了一次"黑锅"。

四、住"飞机屋"

调回学校以后,住房从原中区"模范村"的楼上三室一厅和楼下的厨房加小饭厅,迁往西区两小间半的"飞机屋",在生活上是一个新的转折点。人们常说的"衣食住行","住"是其中之一。这里也正好借这个机会,集中谈一下我到中山大学后,关于住的变化情况。其中有"巧合"之处,也可能多少与"运动"有关,那就说不清,也不用说了。

▲1971 年 11 月于"飞机屋"前

◀1972 年与淑钧于西南区 83 号"飞机屋"前

百年寻梦从头说

先说这"飞机屋",完全是一种比喻和象形的称谓。它中间是稍长和突出的厅,两边各有两间小房,从空中看像是一架小飞机。总体而言,也确实是够小的了。原设计似乎是一家住的,后分住两家,又将中厅一分为二,显得更小。这样的"飞机屋"共有好多套,成为一排住宅区。它们是第二次世界大战后国际救济总署出资建成的,在国民党统治时期,是否有偷工减料之类的弊端,值得怀疑。

我们住进去以后,才更感到它小得出奇。一间稍大一点儿的,放下一张不大的双人床便几乎没有余地。一间较小的,安置一张单人双层床后,只能放一张小桌子。衣橱、书架、箱子、杂物等,只能见缝插针,到处都是挤得满满的。那个半间小客厅,一家人吃饭勉强对付,如有客人,就真的会显得"挤挤一堂"了。当时我们身边还有两个孩子,在外地的两个孩子回家也没地方住。我和淑钧两个教书人没有书房甚至没有书桌,实在难以想象。好在时间没有太长,住房又有新的变化。

且说我自到中山大学后,校内(干校不计)住房连"飞机屋"在内共有五处。每次住进、迁出都由校方决定,不是个人的选择。这第一次是初来乍到,校方分配的住地是广州市区文明路的中山大学旧校区"北斋"大院。共有二十家左右,一律两室一厅,用公共厕所,有共用自来水管,厨房自理,人多的在公共走廊设灶。不论年老年少、人多人少、级别高低,都是每家一套。因为厅房面积与另两室之和相等,如有需要亦可隔成三室一厅。我们初到时只有两人,便在室内自办伙食,开个后门还有一块园地。后来连生三个孩子,只好在大厅加一张床解决问题。卧室里还可以放衣柜、书架、书桌。上课要去石牌中山大学校本部,有校车来往,也很方便。在那里住了大约五年。

到中山大学后的第二个住地是全国高校院系调整后的中山大学新校址,即原岭南大学所在地的康乐村中的"模范村"西南区二号小洋楼的楼下,两室一厅和半小间。大概是因为人多房间少,所以原来住一家人的房间分楼上下各住一家,在室外另建楼梯上楼。仍是不分年龄、级别、人口,而是按户分配。好像事前连看也没看过,说搬就搬。住在那里时,我们已经是五口之家,三个孩子都还小。家务虽重,但没有请保姆。淑钧毫不介意,还能在照顾子女、处理家务的同时,抓紧自学俄文搞翻译出成果。真是难能可贵!不料一件大不幸的事情发生了,聪明伶俐的次子纪善因医误夭折,全家哀痛至深。校领导亲自登门,致以慰问,并嘱另迁新居,以免触景生悲,令我们非常感动。

我们转入第三个住地,就是这样来的。那是在东南区接近原大钟楼的地段,门牌号码记不清了,是一座比原住地宽大得多的楼上,共五间半,另有厨房和厕所。有了正规宽敞的书房,我也把母亲从老家接来同住。小家人口已从原来的五人增加到七人,即次子夭折后又相继出生了两个孩子,一男一女,孩子共为二男二女。有时家乡还有人来做客,显得更加热闹。可是好景不长,校方决定以这个住地的楼房为基础,扩建为学校"护养院",即全校卫生保健机构,包括小型医院。因而仅住了几年,就不得不顾全大局,再次搬家。看来完全没有别的因素,同将搬去的新住地情况相近,也可以表明这一点。

要迁去的第四个住地不远,仍回到西南区的"模范村",是比原来在该村住过的那间大得多的楼上,共有三室一厅,而且厅房较大,可用书架隔成两间,仍保留书房。其余有关情况,都已在本节开头说了。从"文革"前到从干校回校工作之初,我们的"家"都安在这里。不过情况有很多变化,如母亲已回老家,大儿子到北方上大学,大女儿到海南岛务农,我们夫妇下放干校,校方曾指派一家在楼上同住,我们也拜托后者帮忙照应留在家里的两个较小的孩子,等等。这次又要搬家,是因为学校决定将原地改建为教工食堂。果然如此,搬就是了。问题在于搬去的地方不是有相应的较大的空间,而是突然变小,小得简直有点儿离谱。我当然仍安之若素,好在时间不长,又从第五个住地转到第六个住地。

从"飞机屋"迁到原东南区 11 号的楼下,即我在中山大学的第六个住地。居住条件有所改善,除有三室一厅外,还有地下室的厨房和两小一大间。大间用作饭厅,小间就那么空着。那是 1973 年的事了,"文革"虽未结束,学校已恢复招生和教学,开始有外事活动。有的外宾还要求作"家访",学校不得不考虑有关条件。稍后楼上一家搬走,校方便将整栋给我们住。这些可能都与我所担任的职务、工作和落实有关政策有联系,我是从来没有表示任何意见的。有趣的是,在"文革"初期造反派抄家时被充公搬走的一套沙发又被送回来了,后来确实有不少个别或集体外宾来住宅做客,也许是想看看中国的实际情况。

◀1976 年于中山大学东南区 11 号全家福

　　在中山大学还有第七和第八两个住地,因为这里是专谈住地的,不妨提前集中谈谈。第七个住地是在东北区,离第六个住地不远,到原校办公室更近,在原党委会大楼的对面,是一座住宅大楼的楼下,也很宽敞。这次搬迁是因为旧屋严重漏雨,需要装修。至于第八个住地,则完全是一种新情况。校方在西区建了一大片新住宅区,其中有两座高达十五层的楼房,一律作价由教工购买。而原住地则皆只租不卖,于是大家都迁往新住宅区。这是 20 世纪末和 21 世纪初的事了,新居很方便,超市、餐馆、银行都在附近,内有电梯。我们只选了低层的,以防遇上停电。四室一大厅,还有两个厕所,在底层另有一间储藏室。此时,原来的"飞机屋"早已改建成多层高楼了。

五、在"教革组"

这个"教革组"是"教育革命组"的简称,也就是原来的教务处。我被任命为副组长,好像还有一位同志合作共事。那是 1971 年,"文革"仍在继续。这个组没有多少实事可干,有时学校外事组安排一些接待外宾的任务,无非是迎来送往,例行公事。但是对外来说,我总算是有一个"教革组"领导的身份。不少任务是由省外办直接安排下达的,记不清从什么时候起,我又多了一个中国人民外交学会广东省分会副会长的名义。大概外宾还是教育界特别是高等院校来的居多。

也许会有人觉得奇怪,既然这个组没有多少实事可干,设它干啥?这可很难回答,估计当时也不会有人提出这样的问题。整个国家正处于"文革"时期,上有中央"文化大革命领导小组",各级行政组织直到大学领导,都叫"革命委员会",设"教育革命组"非常顺当自然。至于该干和能干些什么,那可实在是个难题。因为大家都在闹革命,你有你的闹法,我有我的闹法。"造反有理""革命无罪",你管得了、管得着么?天不怕、地不怕,胆子特别大,你敢管连你都革掉!更何况,你若是受过批判被"解放"的对象,别不识"抬举"、忘乎所以乱"放炮",要提防到时候"老账""新账"一起算,"在劫在数"总难逃,看你吃不吃得消!我虽没有这类想法,但觉得有些事情干比闲着好。外事还是教育部门的事,而非"不务正业"。后来在校领导分工中,外事仍由我承担。

在"教革组"的时间不长,日常工作主要由组长和工宣队处理,我干得较多的是外事。这里不妨借此机会谈谈当时在这方面的一些有关情况。首先就所处地区来讲,广州是国家的"南大门"。境外空中交通较少发展,更远非发达,进出中国在南方几乎都在香港中转,广州是第一站。深圳成为特区后,也未能代替广州的地位。广州不仅是中国历史名城,而且是近现代对外开放最早的名城之一。广东又是在海外的华人、华侨最多的省份,他们回国探亲、寻"根",出入必经广州。在孙中山领导的旧民主主义革命和毛泽东领导的新民主主义革命中,广州都留下了鲜明的历史印记。

其次说说在广州的中山大学。它不仅在国内是名校,国际知名度也高。但有一点要特别注意,即其译名未用汉语拼音,而是大学章程所规定的"孙逸仙大学"。这不是唯一的例子。北京大学、清华大学和青岛啤酒等,都未用汉语拼音,而是一仍其旧。因久已用开了,一改可能被误解为另一单位或品牌。有一段实有其事的小故事,说的是中山大学一位校长到欧洲访问,在一次面对欧洲高教界同仁的欢迎会上演讲中作自我介绍时说:我来自中国的中山大学(用的是汉语拼音)。他发觉听众的反应不怎么正常,立即补充说是"孙逸仙大学",马上得到热烈鼓掌。原来这位校长是知道这种情况的!现在好像有一种"流行病",喜欢改名称,似乎越好听就越好。其实未必,还是名副其实,顺其自然为宜。"好酒不怕巷子深"是句古话,不知现在还起不起作用。你招牌虽好,但价既不廉,物又不美,顾客能满意么?记得有一所老校,有一定的知名度,后来有几所规模较小的新校并入,改称"联合大学",外界都以为是另一新校,反而把老校较高、较好的名声盖下去了。结果经过商讨,还是恢复了老校名才相安无事。

再说中山大学外事接待还有"回头客"的情况。这是怎么一回事呢?正因为广州是当时的"南大门",从这里进来的又从这里出去。其中有人对中山大学留下印象和产生兴趣,再回程又来访问,倒像是见了老朋友似的。原来他们一路到北方,较多的是从上海、北京过来,还是觉得广州的气氛比较好。我们听了,认为这该引起我们的注意和警惕,会不会是在"内外有别"原则的掌握上没有北方那么严或者还有别的什么原因?非也,外宾自己说了,是态度比较好、轻松,不像北京那么严肃、拘谨。原来如此,也应该如此。既然客人来了,如果不友好对待,是说不过去的。还有可能碰巧去的单位是那样,结果被说成是整个北方。同样的情况往往是有以偏概全的印象,所以我们还是慎重些好。对外宾个人的背景，一般都有简要介绍，我们也可以了解参考。例如所受的教育和所从事的专业、职位之类，以便区别对待，或可有较多共同语言。说到语言，又有一个翻译问题，弄得不好，非常糟糕。

做好翻译工作确实很不容易。过去早有"信达雅"或"信雅达"的要求，就是要讲究如实、对等和恰如其分，不打折扣、不走样离谱、不闹笑话，更不能歪曲、误事。翻译一般有口译和笔译之分，口译又有说一句或一段然后翻译和边讲边译的即席翻译和同声翻译之别。口译的难度更大，因为临时没有时间去查字典和其他工具书，也来不及多加思考、分辨、选择，全凭个人的水平和经验作出判断，不像笔译那样从容，可以慢慢来和不断修改、加工。这就不仅要求母语和外语双双俱强，而且要有知识储备和应急之智。毛泽东的"纸老虎"一说进入英语词典对我们很有启发。他学过英语，对译员不知所措时脱口而出的那个"paper tiger"使外宾一听就懂并广为流传。但有的笔译者虽有时间却限于知识面窄而闹大笑话的也不止一人。如曾在国外留学的某副教授，郑重其事地宣称中国古代有个大学者叫"门修斯"，却不知是"孟子"；还有一位国外回来的博士，说是新中国成立前有一个大恶人叫"常凯申"，却不知是"蒋介石"。原来他们都只知从外文译音，而不知中国历史！例子还有，不多举了。

六、子女概况

在这个历史阶段，四个子女都长大了。两个已大学毕业，两个也先后进了大学。他们的情况各不相同，但终于都从大学毕业，又都加入了中国共产党。后来各自成家立业、生儿育女，就不再多说。

▲1948 年年初与淑钧和长子纪真于广州

长子纪真,在"哈军工"(中国人民解放军哈尔滨军事工程学院的简称)第一系(航空工程系)毕业后,被分配到三线一所国防工厂工作。据说是因受"家庭影响"而迟迟没有入党,其实当时我在20世纪50年代后期已是正式党员,这个"影响"来自"文革"。后来他还是入了党,曾要他干工会工作,但他表示仍对技术感兴趣,组织没有勉强,而是看重他的选择。后来他应聘到江西南昌航空学院(今南昌航空大学)任教,不久又被广州永大集团聘为技术专家和科技部门经理。因他的专长是"无损检测",是热门专业,除享受国家特殊津贴外,退休后又被设在广东珠海的北京理工大学珠海学院聘请任教,并为全国各地有关工厂提供专业咨询意见或参与有关会议,自办网站也很活跃,专著已出十多本并多次获奖。2018 年 10 月获中国无损检测学会授予的"终身成就奖"。他虽已年近古稀,但身体尚好,只是吸烟的习惯改不了,我经常提醒并引以为憾。因为我是 60 岁以后戒烟的,老伴引用巴甫洛夫"条件反射"的学说让我思考并经常耐心劝诫,我终于做到了,而且确实是自我感觉良好。现在在全世界范围内,都已公认吸烟不好,为什么戒烟还那么难呢! 一说是试过不行,会出旁的(别的)"毛病",好不好向医生请教一下,是不是因为中毒已深? 因为次子也有类似情况,就更怪了。

长女(行二)纪梅(原名纪美),"文革"改名的事前已述及,她在中学读书时,已作为知青要上山下乡,被下放到海南岛的一间农场务农。后来被海南农场系统推荐作为工农兵保送到在广州的华南师范学院(今华南师范大学)学习,因为母亲教英语,她也选了英语专业。1976年秋,她在师院毕业,校方曾拟把她留校任教。可是当时大权在握的工宣队却认为不宜用知识分子家庭出身者为大学教师,而令其从哪儿来回哪儿去,回到原海南农场去工作,实际上是用非所学,全用不上。就这样过了三年,直到1979年,由于政策在"文革"结束后发生变化,她才被调回广州,在中山大学外语系担任公共英语教学工作。"文革"影响之大,从这里可见一斑。她曾任外语学院的副院长、硕士研究生导师、教育部高校外语教学指导委员会副主任等。退休以后受聘教育部高等教育和基础教育教师培训师,还经常到全国各地、各校进行教师培训,很少在家。她已经当了祖母,但身体并不太好,我有点儿为她担心。可贵的是她仍自强不息,最近还出版了一本五十万字的新书《人生处处是课堂》,看书名很有新意。《中山大学学报》和一些专业期刊,连载或刊登过她的专稿,内容也都很实在。教学不忘科研,她同大哥一样都在努力这样做,我为此感到高兴。

次子(行三)纪康在高中毕业时,国家尚未恢复大学入学考试,应届高中毕业生一律要求上山下乡。但广州市那个年度,即1972年改为到工厂劳动。他被分配到市橡胶一厂当工人。后来又逐步"以工代干",在厂的宣传科和厂办公室工作,入了党。到高校恢复入学考试的初期,他很想报考,但厂方仍不同意,也没有办法!后来厂方终于同意了,他考入中山大学哲学系,反而在其小六岁的妹妹之后,原来因其妹高中刚毕业不久即赶上了恢复高考。因此,纪康在班上算是年龄较大的,当过班长,还在全国大学生演讲比赛中得过冠军。毕业后留校担任校团委书记、校党委委员,提倡校园歌曲,辅导和培养大学生演讲和辩论,参加全国活动获奖,校党委书记和校长曾赴京看望。后来被组织安排派往美国洛杉矶主持广东省一公司的在美业务,从此改变了人生发展的道路,由从政转为从事经济工作。几年后他回国了,最终在一个大集团公司结束工作办了退休手续。但他也仍退而不休,自己另办公司,任董事长、总裁,并早已取得高级经济师的职称。我所知道的是广东省首创新城投资有限公司,因为隔行,不知其详。听说他还在计划从事养老事业,又有人找他去办大学,看来头绪蛮多,不知怎么一一落实了。他的一儿一女是在美国出生的,都已在美国大学毕业,并找到工作。两个孩子曾在广州上过小学,所以中文还有些基础。真没有想到我会有孙子和孙女是美国人。

次女(行四)纪慧在中山大学毕业时还实行毕业分配的办法,有些广州人不愿意去北京,怕不习惯北方的生活。我和老伴都坚持教育她一定要服从分配,认为去北京很好。当时我任副校长,《羊城晚报》在头版报道了我让女儿服从分配的情况。纪慧被分配在共青团中央国际联络部工作,我们都到北京看过她。她很安心工作,入了党,我们都很放心。据说在北京工作的中山大学毕业生的表现都很好,有的单位还希望多接收中山大学的毕业生。根据团中央的惯例,到了一定年龄的干部就要转岗,后来纪慧被转调至全国政协办公厅外事局,后升任副局长、局长。陪领导出访的机会很多,跑遍了五大洲。她与一位职业外交官结婚,她丈夫常常驻外,先后任驻罗马尼亚、斯洛文尼亚和波兰的大使。由于儿子上学、工作也走不开,纪慧没有去随任,只有在必要时才去当"大使夫人"。她还没有到退休年龄,却向领导提出要提前退休,领导非常奇怪,不予同意。后经解释领导受到感动才批准的,原来是因为母亲去世、老父亲年事已高,她想回广州陪陪老爸!我也没有想到,我的小女儿有如此孝心,在感动和感谢的同时,希望她照顾好自己的小家。我告诉她:我身边有你的哥哥、姐姐、嫂嫂,他们都对我很关心、爱护,我的自我感觉也还好。你有机会就去陪陪先生,完成"大使夫人"的任务吧。老母"在天之灵"也会夸奖你的,还记得你当妈妈时,老母专程赴京去看望你吗?

▲20世纪70年代末与淑钧和两个女儿

七、国庆25年

1974年，为了庆祝中华人民共和国成立25周年，学校成立了国庆办公室，我被任命为办公室主任。这个主任，其实是个"光杆司令"，没有其他工作人员。具体事务性工作很多，有一次，因为要急于赶往离得较远的电影广场，顺手借了一位青年干部的山地自行车代步，但这车与普通的自行车不同，骑上去未能适应，而致跌倒伤膝盖，还缝了几针。好在没有骨折，毕竟已是55岁的人了。

国庆25周年应当庆祝，但当时还在"文革"期内，怎样庆祝才好，我是心中无数的。要我当这个办公室主任，又别无助手，"独角戏"怎么"唱"，实在很感为难。既不知是不是故意"捉弄"我，让我出"洋相"，也不知是不是存心考验我，要看看我的工作能力到底如何？我也不便提出增加人手的要求，只好多向领导请示，然后传达、布置、执行。后来事实证明，如此可行、有效。

个人辛苦一点儿不要紧，工作能开展得顺当和逐件落实就好。因此我也领悟到，办公室是办事的，至于要办什么事，办公室可不能自作主张，而是"上面"交办的事，一定要照办并办妥、办好。

回想一下，这"国庆办"的任务很单纯，就是专办庆祝国庆的事。国庆一过，随即结束，完全是临时性的机构。当时对我的工作安排或许也正好是这样。人都"解除管教"或者叫已经"解放"了，不安排点儿工作说不过去，若照常安排则引人注目，因尚在"文革"期内，又有点儿不大放心。对于这种情况，我完全可以"理解"，没有什么好说的。但更重要和更主要的一点是，我总是很自然地爱把这些同我所学习研究和教学的专业紧密地联系在一起，深感是一次又一次很难得的实践机会。这可不是什么自我安慰或解嘲的"阿Q精神"，应用学科若仅是口头讲讲、笔头写写，跨不出教室门槛，见不到广阔天地，不接触具体的人和事，那只能成为空洞的教条，而没有任何生机活力。在教学中，我们常用的"案例教学法"，便是根据各种实践经验的总结，从而得到启发和教育。我们还强调要重视实习这个环节，也同样是这个道理。教师若只停留于"动口不动手"，那些"高谈阔论"还会有什么可信度和说服力呢？倘如此谬种流传，后果必将归于失败。但也并非无可救药，赶紧补上亲力亲为的实践这一课可也。

回过头来再说办公室这种工作，它是真正的事务部门。常识告诉我们：全国乃至全世界都有办公室。业务各有不同，但都有事要办。这个"办"字的含义很广，办理、处理、料理、创设、经营、交涉、交流、交换等，几乎无所不包。有人批评某些"衙门作风"是"门难进、脸难看、话难听、事难办"。关键要害在"事难办"，因为"进门"是为了"办事"，这叫"无事不登三宝殿"。"门难进"可以努力进了，"脸难看"可以不看，"话难听"可以不听，可"事难办"可能是办不成或办不好，就误事了。办事就有一个工作态度和工作效率问题，说来话长，不能展开讨论。仅推三阻四、故意拖延成为习惯，便是严重弊端或病态之一。过去曾有一说，在某些发达国家或地区三小时可以办成的事，在另外某些国家或地区分别要用三天、三周、三个月、三年才能办成，甚至还办不成。看来很有这种可能，不是也有过"一杯茶、一支烟、一张报纸看半天"和办公时间打麻将的现象么？消极面和阴暗面如确实存在，应该揭露和改革。要排除"老大难"，不要让问题成堆。有的是局部状况，也不可随意普遍化。像"村骗乡、乡骗县，一直骗到国务院，真实情况听不见；国务院，下文件，一级一级往下念，念完文件下酒店"这两句俏皮话，我就很怀疑其广泛性。还是那句老话，我们有则改之吧！

谈到行政管理、公共管理，任何管理或一般管理，办公室管理总是避不开的必有内容。任何一个单位或部门，办公室的工作如何，常起着开门见山的作用。工作人员若是爱打官腔、在有意无意之中摆官架子，显得官气十足，就会给人非常不好的第一印象。干部培训受到重视绝非偶然，看看中国共产党的历史，从根据地到解放区，再到新中国成立后，一直都把干部培训工作抓得很紧。没有得力的干部，不可能有较好的发展和较大的成就。过去如此，今后仍是这样，也可以换个说法，即理论上顺理成章，实践中屡试不爽。

不是要德才兼备吗？不是有干部"四化"方针应"又红又专"吗？真正和确实完全做到，并不容易。出点儿问题和闹些笑话有时是难免的，我们应及时汲取有益的经验、教训就好。某些近乎难以置信的笑话，也可能果有其事。据说有一位人事工作干部，不知外国语言中有许多语种，而把学西班牙语和葡萄牙语的毕业生分配到医院的牙科去，因为他认为那都是"牙科"的事，还必须"对口"。有的是语言误会，既有方言，也有外语，都很有可能。如客人要看当天的"报纸"，因为正好是在早晨，拿来的却是"包子"。客人说不对，要的是"新闻纸"（这是对报纸的另一种说法），接着送来的是"三明治"，即一种夹肉面包的译名。外语的互相误解则更有可能，如讲英语的顾客要买一支笔（pen），中方售货员以为是"盆"，取来以后顾客说不对（no），卖方听成"漏"，认为对方胡说，来了一句骂人的土话"护（音 hū，即打的意思）死你这洋狗"。顾客莫名其妙，反问了一句"Where is the young girl?"事情当然也就这么不了了之了。这类笑话很多，这里随便谈谈，大家乐一乐也好。

办公室工作也很有必要注意语言表达，一是要认真听取谈话对方说了些什么，不能听错。二是要自己想好再说，切忌答非所问和信口应付。"一句话叫人笑，一句话叫人跳"的效果会发生的，激怒对方断不可取。这也涉及正常的人际关系和社交礼貌问题，商界有"生意不成人情在"和"童叟无欺"之类的警语，也算得经验之谈。你同样有到别人办公室去联系工作的时候，那么试易地相处，也就不难掌握分寸。再说一遍，无论办公室是综合性的、长期的还是单一性的、临时的，对其应发挥的积极作用都不可忽视。

八、"文革"结束

根据有关正式报道，"文革"是从 1966 年 5 月开始，到 1976 年 10 月结束的，是整整十年，还要加五个月！

1970 年至 1971 年间，发生了林彪反革命集团阴谋夺取最高权力、策动反革命武装政变，被粉碎后仓皇出逃的事件。1972 年，在批判林彪的过程中，周恩来提出批判极"左"思潮的正确意见，但毛泽东认为当时的任务仍是反对"极右"。党的十大继续了党的九大的"左"倾错误，王洪文、张春桥、江青、姚文元反革命集团的势力得到加强。

1974 年年初，江青发动"批林批孔"运动，把矛头指向周恩来。毛泽东先是批准开展这个运动，后又指出江青有野心，让邓小平主持中央日常工作。邓小平着手对许多方面的工作进行整顿，使形势有了明显好转。但随后发动的"批邓、反击右倾翻案风"运动，使全国再度陷入混乱。

1976 年 9 月，毛泽东逝世后，江青反革命集团加紧夺取党和国家最高领导权的阴谋活动。10 月上旬，中共中央政治局在华国锋、叶剑英的主持下，毅然对王洪文、张春桥、江青、姚文元等人实施隔离审查，结束了"文革"

这场灾难。①

"文革"的经历大致如上,原来找不到答案的问题,至此迎刃而解。总体来看,许多不正常的怪现象,无不事出有因。通过这场历时较久的大动乱,也终于可以看出,伟大的中国共产党毕竟是久经考验,仍十分坚强并具有强大生命力的政治领导集体,否则难以及时拨乱反正,使新中国走上改革开放的康庄大道,重现历史的辉煌。

犹忆在审查"四人帮"的消息传出以后,全国称快,广州的鞭炮一下子都卖得精光。那些过去胡作非为、乱批斗、闹"派性"的,却惊得呆若木鸡。这就是说,此辈的"大后台"都垮了,再也"神气活现"不起来了。过去的那些"表演",也确实是够令人反感,甚至是很浅薄的表面文章。

如前面已提到的"早请示、晚汇报"之类完全是形式主义的动作外,记得还"规定"过在商店买东西,顾客必须先说一句毛主席语录,售货员回答一句,然后才能开始交易。到理发店理发,路上遇到熟人打招呼等,都必须如此。大家也有"对策",较多和普遍常用的就是"斗私批修""为人民服务"和"面向工农兵"等比较简单和字数少些的句子。老人和记性不好的人,则随身带一个语录的小本本,随时翻开照念。一时说不出的,也有被罚站的。时间虽短,实有其事。现在说来真令人难以置信。

"文革"结束与未结束,情况大不一样。就在"文革"结束前夕,即1976年秋,长女大学毕业未能留校任教。后来若"文革"仍未结束,就不可能调回来。我本人也是一样,虽已由干校调回学校,但工作常是改来变去,稳定不下来。一直到"文革"结束后一两年,我才被安排到学校新成立的学术委员会,算是比较正规的工作。

有些情况,看来也是毛泽东始料不及的。除对林、江等反革命集团的表现产生怀疑外,一度重用邓小平,证明他曾确认邓小平是人才(后来又遭"四人帮"的破坏)。至于一般人尤其是青少年,对毛泽东思想的认识相当肤浅。

---

① 参见《辞海》(第六版彩图本)(第4卷),上海辞书出版社,2009年,第2380页。

例如，南下闹革命的北京红卫兵来到中山大学，要把孙中山的铜像去掉，因为孙中山是资产阶级革命家。中山大学红卫兵立即把毛泽东关于纪念孙中山先生的文章用红纸大字抄录放在铜像前面，这才把铜像保住。其实毛泽东是很尊重孙中山的。孙中山坚持"联俄、联共、扶助农工"这三大政策，后来他的继承人背叛了他的遗志才走上反共道路。

由此可见，对于历史人物的正确评价至关重要。对毛泽东思想亦应重其大势和主流。因此，邓小平理论仍是毛泽东思想的继承和发展，中国特色社会主义道路的形成，便是这样一个完整的过程，也就是马克思主义在中国落地、生根、开花、结果的历史和现实。国际公认孙中山、毛泽东、邓小平为中国20世纪的三大伟人，亦非偶然。正将逐步实现的中国梦，当然由来有自。

九、校学术委

在1975至1977年间，何时参加《学报》编辑部工作、教育革命组工作等的具体时间已记不清。至1978年，估计应已在教育革命组工作，但已难以回忆恢复教务处建制和副教务长职务的时间。学校于1978年成立学术委员会（本专题"校学术委"的全称）的时间亦约在此前后。我担任了委员兼秘书长，对内对外的活动很多，也是我工作性质的又一次转移。

中国高等院校的学术委员会，是在校长主持下的集体参与学校管理的咨询机构，由学校中学术造诣较深的专家、学者，以及行政部门的领导组成，校长或副校长任主任委员。主要任务是：参与讨论研究学校的事业发展规划和学期工作计划，以及教学、科学研究、师资、研究生培养及图书馆建设等项工作的重大问题；负责审查、鉴定科学研究学术论文；参与提升教师职务的审议工作，负责学校的科学研究、学术活动，主持学校大型学术讨论会,组织国内和国际学术交流活动。如果学校成立教师职务评审委员会和校务委员会,它则成为学校领导科学研究、科技开发的组织,起学术咨询和参谋作用。它是按 1978 年颁布的《全国重点高等学校暂行工作条例》(试行草案)中第五十一条规定,取消校务委员会而成立的机构。西方国家学术委员会的职责是:主持学校学术事务,并为拥有更大权力的学校理事会提供理事名单。①

从大学设立学术委员会的角度来观察和思考,深感所有成员都有必要了解什么是高等教育和怎样才能把高等教育办好。可是大家都是忙人,各有各的专业,很难安排关于这些问题的全面讨论。这里也只能是谈谈个人的有关浅见,但愿多少能对实际工作有点儿帮助。首先,这是一个极其普遍的问题:对某项工作或某个岗位,是当谋生的"饭碗",还是看作大有可为的事业?毫无疑问,高等教育是关系国家发展前途的重要事业,只能办好,不可办糟。其次,接下来的是有了上述前提,对从业人员便应该有较高的要求,才能使事业兴旺发达,而不致在剧烈的国际竞争中相形见绌。最后,当然是人才辈出,一代强过一代,完满实现国家富强、民族振兴、人民幸福的中国梦。

以下试从个人在接受高等教育和从事高等教育过程中的所见、所闻和所感谈些体会。前面早已说了,我在读初中时就遇上了日本侵略者制造的九一八事变,强烈希望国家早日富强。受"读书救国"论的影响很深,穷得辍学仍想方设法续学,进大学时正是全面抗日战争时期。本科毕业后到国外读研,一心只是想为国家富强做贡献。可是在国民党统治下,政府腐败、社会混乱、人民痛苦,高等教育仅是勉强维持,教师职工生活都很困难。教学并不严格、认真,加上内容陈旧,严重脱离实际。有些新的知识如马列主义、新的情况如延安方面,都是从课外得知的。这是接受高等教育时的总的情况。

---

① 参见《教育管理辞典》(第二版),海南出版社,1997 年,第 282 页。

在从事高等教育期内,新中国成立前只有三年,新中国成立后直到"文革"前已达十七年之久。新中国成立前的情况已经说过,以"教授活命大拍卖"结局。新中国则早在热烈期待之中,从协助接管到边学边教政治理论课程,使整个教学生涯真正焕然一新。尤其是我在入党以后,一心想做好的是一个合格的共产党员,经历各种运动,受批、挨斗,并无怨言。我认为这些都是教育和考验,总会"水落石出"。对于安排在学术委员会工作,既深感荣幸,又怕力不从心,全神贯注和全力以赴则是肯定无疑的。

不用引经据典和旁征博引,学术水平和质量对一所大学来说不是无关宏旨,而是举足轻重的。学术委员会集中了全校造诣较深的专家、学者,便在这方面很有代表性。校内、校外的学术活动,主要是由这个委员会安排的。因此,秘书长必须认识、尊重、信任他(她)们,才能合作和配合好。有时事前要征求意见,或讨论计划初稿,也难免有些接触。日子稍久,老、中、青三代的熟人越来越多,又成为我工作的有利条件。

校外的学术活动又有好多种,国内的、国际的,一校的、多校的,座谈的、研讨的,来访的、出访的,综合的、专题的,等等。遇到全国性、国际性的重要集会在本校举行时,校党政领导必到会致辞已成惯例。这类活动的学术气氛较浓,有利于传递学术信息和提高学术水平。但费用较大,有一个资金问题,需要作好准备,尤其是国际会议,常受资金限制,难以得偿所愿。诚如界内人士的共识是,学术思想成果除已见于报刊论文和出版的专著者外,更新的思路和设想将继续和更多出现于学术座谈研讨之中。因此,无论国内、国际,缺席了重要学术会议的客观和无形损失往往难以估计。当然,无可讳言,这个问题也有其比较复杂的一面,如借机游山玩水、吃喝玩乐、浪费公款,这确实应该警惕和认真对待;也不宜因噎废食,相信"办法总比困难多",有针对性的办法总是有的。

不是说"外国也有'臭虫'"吗?想起几件外国治"臭虫"的办法,大概也都是曾经弊不绝风不清所致。一是宴客场面,我们过去常见的是客仅一人、陪客满桌。我在国外也曾碰上相似的情况,甚至有过之而无不及。后来才知道完全不是那么一回事,仅有主客各一人是公费,其余都是自费参加。谁对客人感兴趣,还想继续交谈,才这样"热闹"起来的。也许是"国情"有别,我们若实行自费参加,可能会很"冷清"。其实未必,一主一客不也蛮好?我们也曾有过"四菜一汤"的规定,大家都会照办。二是出国标准,曾经同外宾谈起,他很坦率,说他们国家定有标准实行包干,而在中国开支较少,还有剩余,所以大家都愿意到中国来,不知后来有没有改变。三是会议性质,若是学术会议,出席者必须是专家、学者,行政官员要想占有名额,没门儿!同时,对出席人数也有限制,亦即经费开支把关从严。联想到整个高等教育事业的发展,在经费开支方面,都存在开源节流的问题,关键所系是要"把钢用在刀刃上"。

十、美团来访

这里说的是美国有几所大学代表团来访,其中有哈佛大学、加州大学(洛杉矶校)和内布拉斯加州立大学等,那都是在中美关系正常化以后。记不清是哪一年,曾接待过一个美国科学家代表团,既有自然科学家,还有一位社会科学家,他是哈佛大学的教授。后来他还特地来中山大学住了几个月,专门研究广东,出版了《广东先走一步》这本专著,在东亚、东南亚等地都有译本流传。此人即《日本第一》一书的作者,美国国内有人对此有反感,认为应该是"美国第一"。他的解释是当时日本一度发展很快,要大家注意警醒。他的中文和日文都好,研究广东不是光凭资料,而是到各地调研,包括潮汕、海南等地。完稿以后,曾向我征求对书名的意见,我同他半开玩笑地说:何不来个"广东第一"?结果他还是采用了流行的说法叫"先走一步"。此人即后来又写《邓小平传》的傅高义(E.Vogel)教授。这个译名也很典雅大方。他的普通话说得很流利，而其夫人的广东话也应对自如。哈佛大学有一个以著名"中国通"费正清命名的研究机构，傅高义曾主持过该研究机构的工作。

说回这次的"美团来访"，正是在中美关系正常化前夕，代表团已来到香港，就等第二天正式宣布，立即进入广州，出现在中山大学。真有点儿像是编故事，但这完全是事实。关系正常化也是美方主动，全世界也看在眼里。就说这几所大学吧，后来还继续有来往并保持联系。除礼节上随后就要说到的回访之外，还有些合作互动的事。哈佛大学还有一个"燕京学社"，全名叫"哈佛燕京学社"。北京在院系调整前有过一所燕京大学，即现在北京大学的校址。这个学社的中文图书馆藏书非常丰富，有不少珍本。哈佛老校园里，还有一块很大的中国石碑，上面所刻的文字清晰可读。不久以前，哈佛还给中山大学赠送一大批图书，这可是最近的事了。哈佛毕竟是一所有将近四百年历史的老校，其实力不可低估。除我早年(20世纪40年代)曾在哈佛读研外，后来前往读研和进修的，仅中山大学政治与公共事务管理学院，就有好几个人。其他院系和全国别的院校虽不知其详，但也时有所闻。

加州大学(洛杉矶校)是加州大学系统中的一所名校，通常与加州大学(伯克利校)齐名。有人称为"分校"，实际上是各自独立的，与一般分校不同。该校对中山大学很感兴趣，这次来访的代表团团长是一位副校长。其得力助手是一位美籍华人女教授，也是该校一个研究中心的主任。此人有亲戚在北京，似为民主党派。其父在台湾办报，后为继承父业转往台湾，她不久亦在台湾去世。说来也很凑巧，在加州大学她的继任者中，有一位是中山大学本科毕业后到该校读研留校任教的人。后者也曾到新加坡工作一段时间，但最终又回到加州大学。这些都是对有关情况的联想。说回那次来访，给我留下的印象很深，后面还将另列专节。

内布拉斯加州立大学校长率团来访，此人对中国非常友好，后来也经常保持联系，可惜他也已经过世了。中山大学代表团回访时受到热情接待，我在哈佛任教期内，该校又曾商请哈佛同意我前往作短期讲学，容后再述其详。此外零星来访的还有不少，已记不清。想起在高校院系调整前，苏联来过一次教育代表团,印象不深。其他国家个别学者到访的多,而以高校单位组团的却不多见。这在同类情况的比较中,美团来访似有美国"特色",其科技学术发达,不知是否也与此有关,因尚未深入进行研究,不能妄下判断。

回顾我们这"文革"十年,完全是在"闭关锁国"条件下进行的。有一件趣事对我们应有启发,那是在一度"复课闹革命"时出现的。某单位为有科研新成果而敲锣打鼓向革命委员会报喜。走到半路,后面有人追上大叫:别闹了,什么"新成果",人家在20年代(指20世纪)就宣布过了。如果不是消息闭塞或根本没有注意,岂不可以在别人既有成就的基础上更有所提高了。

还不说人才培养的中断,以及种种有关的折腾。有人认为那是难得的"教育"和"锻炼",连乱批斗、打砸抢、大抄家都算么?外人不进来,我们不出去,原有的人才也难以保持见多识广,后起之"秀"又怎么"秀"得起来?在国际竞争中没有任何优势可言,不被淘汰出局才怪!我们记忆犹新的是,要不是邓小平提出"赶紧补课",恐怕现在连不少社会科学中的学科都不能存在和发展。那个"大文科"办不下去,已经成为历史的见证。

前面说过,这些美国大学代表团的来访,是中美关系正常化以后的事。众所周知,在实现中美关系正常化的全过程中,邓小平主导了中美建交的谈判。他沉着机智、不卑不亢、顾全大局、当机立断,新中国从此开始走向全世界。原来,自美国尼克松总统1972年主动访华以后的美国三届政府,对中美关系正常化一直没有采取具有实质性意义的步骤。直到1977年年底至1978年4月,国际形势迫使时任美国总统卡特下决心与中国建交。美方当时表示,中国在维持世界局势中发挥着中心作用,中美关系在美国的全球政策中具有核心重要性。结果是双方同意于1979年1月1日发表建交公报和有关声明,3月1日互派大使和建立大使馆。邓小平本人同意于1979年1月访问美国。后来美方为了减少泄密机会,又建议提前公布建交公报,得到中方同意。①

---

① 参见廉正保:《感受邓小平的外交风采》(上),《纵横》,2017年第5期。

后来邓小平访问了美国，总算有来有往了。中国必须走向世界，这是大势所趋，也不仅是政府之间的外交关系，科技、教育、社会、文化等各方面都很有必要开展交流。既可以学到人之长补己之短，又可以让别人更好地理解中国，乐于同中国合作。了解世界现状，将更有助于促进我们自主创新，使国家能得到更快和更好的发展。在高等教育领域，这方面也大有可为。

因此，接待美团来访不能停留在简单的礼节性事务上，而是针对考虑何以为继和如何继往开来的问题。对方也不是为来访而来访，总会有些设想和期待，稍后的事实将证明这一点。也就是说，我们有点儿思想准备比没有好。校方决定由我操办，我们事前开会讨论，包括出面接待人员、注意事项、省外办和有关方面有何交代等，以慎重行事。

▲1976 年 11 月接待美国斯坦福大学副校长

▶1988 年 2 月 17 日于家中接待美国国会议员助手访华团

◀1993 年 10 月于家中接待外宾

▶ 1993 年 10 月于家中接待外宾

十一、陪同访问

在来访的美国大学代表团中，有一个是哈佛大学教育研究院(或称研究生院)代表团。后者因来得匆忙不太了解中国情况，希望中山大学代为联系上海、山东、北京三地的有关高校，前往访问。重点是师范大学和孔子家乡，校方认为情不可却，派我负责联系和陪同访问。各校都复电表示欢迎，我们随即按计划行事，先到上海，然后到山东、北京。

需要说明一下的是，这里存在一些很明显的个人因素。前面谈到过的那位哈佛教授，在闲谈中提及我过去在哈佛读研时的同班研究生同学，当时正是哈佛教研院的院长。随后我们有过联系，这回他先率团来访，我们当然都很高兴。他也就是前已述及的、我在明尼苏达到他老家去过的那位同学。这次他想到山东访问，还有一个原因，就是当时的山东大学校长曾在该院学习过，是校友、院友。

当时国内各高等院校之间的来往很少，我借此机会多接触一些同行也好。我们到的第一站是上海，访问了三所院校，即复旦大学、华东师范大学和上海师院(今上海师范大学)。各校都很重视，美方也很满意。当时"文革"刚过不久，国外来访还不多，在复旦大学研究美国的机构是后来建起来的。在与外宾的闲谈中，有略懂汉语者提出一个与访问关系不大的小问题，这里也不妨谈谈。

别看是个小问题，回答起来却不是很容易，我们自己也只能说是已习以为常。是什么问题呢？是复旦大学为什么简称"复旦"而不称"复大"？话匣子一经打开又有好多类似的问题，如香港大学为什么称"港大"而不称"香大"？清华大学不称"清大"而称"清华"？有来自上海的"海派"而不是"上派"？香港与澳门全称"港澳"而非"香澳"？我们试展开来看，则还有很多例子。浙江大学简称"浙大"，四川大学简称"川大"，说"中大"在香港是中文大学，在广州是中山大学，"华师大"在上海是"华东师大"，在武汉是"华中师大"，在广州是"华南师大"，若南开大学简称"南大"，便容易同南京大学相混淆，更不用说"山大"有山东、山西之别了。至于现在有"北上广"之说，北指北京、上指上海又是一种新的说法，大家都跟着这么说就是了，没有听到过谁有疑问。

我们要去的第二站是山东济南，我也是第一次访问山东大学。这也是中国著名的老校之一。除在校内座谈参观外，还游览了美丽的市区。济南是一座历史名城，城里有泉水湖泊，绿树成荫，在国内是不多见的。记得我们在湖边或船上吃山东特产花生时，花生实在香脆可口，有一位外宾想买一些回去赠送给亲友品尝。后经同行者提醒作罢，原来美国海关有规定，食品是不能入境的。这段小插曲表明，山东的花生确实名不虚传。回想起过去读过的《老残游记》中的有关描写，仍可以从印象中得到不少新的体验。不久之后，该校校长访美，我们又在哈佛见面。

在山东没有访问其他高校，但特别安排了一趟曲阜之行。不言自明，那完全是为了拜访名满天下的孔老夫子的故乡。曲阜著名的"三孔"是孔府、孔庙和孔林，因"文革"时曾大搞"批林批孔"，一些遗留下来的破坏痕迹依然在目，如被推倒和砸坏的石碑又被竖起来和加以拼合，等等。特别是作为教育家们的代表团，对于孔子是无比尊敬的。完全可以理解，他们都因到过曲阜而引以为豪。在哈佛校刊和学院院刊上，好像都有过报道。他们远道而来，也可算得上是专程拜访。我身在中国，总以为来日方长，却在这次实践了曾经有过的愿望，也确实是高兴异常。现在孔子学院遍布全球，孔子已在"周游"世界，这是中国传统优秀文化"走出去"的重要标志之一。

离开曲阜，好像没有再回济南，而是在附近火车站登车直奔北京。北京的景点太多，因而只专访了一所高校，即很对口的北京师范大学。事有凑巧，该校的党委书记曾在中山大学当过副校长，所以很熟。校方颇为重视，出面接待的人员包括在全国知名度很高的一位老学者。我也是久闻其名,这次才有机会见面。他比我年长七岁,与我相同的是早年丧父,生活艰难;与我不同的是他能自学成才,高中肄业,即去中学任教。因为没有高中文凭,更不用说更高级的文凭,所以他看够了世间的白眼。后来认识了一位识才的学者,知道他有很好的学术根基,破格聘请他到一所大学去执教。新中国成立后经院系调整,转任教于北师大。1957年他被错划为右派,真是历经坎坷。但他一贯幽默潇洒,还常自嘲自贬,显出博大心怀。如他在66岁时所作《自撰墓志铭》是:"中学生,副教授。博不精,专不透。名虽扬,实不够。高不成,低不就。瘫趋左,派曾右。面微圆,皮欠厚。妻已亡,并无后。丧犹新,病照旧。六十六,非不寿。八宝山,渐相凑。计平生,谥曰陋。身与名,一齐臭。"①这似是游戏之作,却反映了他的个性朴实、宽容、纯真,可以称得上德高望重。他的书画也很有名,我的客厅里至今仍悬挂有他的书法作品。

关于这位老人,我一口气写了不少。但在给外宾作介绍时,我只说到他是自学成才的一个范例。对于这一点,他们的印象很深,也好像很感兴趣。这表现在会后的闲谈中,他们认为在美国不可能发生这样的事。不是不可能有自学成才,而是不可能有自学成才者被高校聘去任教。因为美国很看重文凭和学历,于是我便提出有文凭没水平和有学历没学力,或名不副实的情况和问题。他们也都同意和承认确有其事。可一谈到对策,又都摇头并觉得中国的方式方法值得考虑和研究了。

说实在的,文凭、学历可以看看,但必须看实践的表现。一种说法是:"年龄是个宝,文凭不可少,关系最重要,品德作参考。"另一种说法是:"年龄是个宝,文凭作参考,能力最重要,还要品德好。"这就关系立场、出发点和目标,也就是什么最重要了。两军对阵,弱者胜强,怎么解释?这与自学成才的关系非常密切,古今中外,例证极多,毛泽东打败蒋介石是最有说服力的一个。

---

① 《社会科学》,1992年9月10日,第4版。

十二、赴美回访

古语有云"来而不往，非礼也"。对于美国大学代表团的来访，我们组织了代表团去回访，立即得到教育部的批准。代表团由正、副校长任正、副团长，我被任命为代表团的秘书长。成员中有文、理科的教授和翻译一人，还有一位是教育部的代表。那时的航空事业还很不发达，没有直飞美国的航线。我们先到北京，乘北京飞往法国巴黎的航班。在巴黎住一夜，后乘飞往美国首都华盛顿的航班到达美国。美国加州大学洛杉矶校那位访问过中山大学的副校长专程赶到华盛顿机场去迎接我们，真是够客气的了。我们将前往该校作为访美的开始，随即转往洛杉矶。

洛杉矶是美国西海岸和加州的大城市，著名的电影城好莱坞就在那里，还有规模很大的娱乐场。唐人街据说有两个，日本人也多，一个卖中国糖炒栗子的是日本人。我在1946年春曾路过此地，没有多看，这次都给补上了。在加州大学谈了一些具体合作项目，后来都一一照办，容另列专题介绍。校方接待隆重，除有专人陪同参观外，在不少场合都为我们争取到贵宾待遇。代表团成员中有亲戚在附近的，也都赶来聚会，多年不见，非常高兴。

当时美国的中、英文报纸几乎都在头版头条用大字刊登了这样的消息：中山大学代表团是中美关系正常化以后，来自中国的第一个访问美国的学术代表团。在台湾的高官中有中山大学校友，见到这条消息后，据说是立即去见当时已掌大权的蒋经国，要求在台湾办一所中山大学。蒋二话没说，马上照办。因为台北已没有地方了，改在高雄的风景区兴建，时间就在1980年年底。事情的背景是这样的：台湾早已建有大陆的几所名校，如北京的清华大学，南京的中央大学（今南京大学）、上海的交通大学和苏州的东吴大学等。而中山大学既是"中山首创"，又是纪念孙中山的，怎么可能忘记呢？于是台湾也挂起"中山大学"的牌子，但还承认广州中山大学是原校，后来有过来往。但"台独分子"想不认账，妄图更改校名，则又是一种新情况。这段历史小插曲，已经是三十多年前的事了。

在访问加州大学洛杉矶校以后，我们接下去访问的是哈佛大学。那里的熟人比较多，我原来读研的学院已经并入新建的肯尼迪政治学院。原院址由经济学系占用，那是一座不小的大楼，可见这个系也有较大的扩展。前已提及的那位当院长的同班同学和到中国去过的教授们也都又见面了。在会谈中，对方校领导提出一项合作交流项目征求我们的意见，没有想到他们说的是两校医学院之间的事。这一下就把我们难住了，因为经过院系调整，我们原有的医学院已分出去。他们不知道，只记得中山大学有一个名声在外的医学院，哈佛医学院也很好。这是又一次对院系调整的检验，回国后校长要我专为办医学院的事去北京一趟。卫生部没有同意，说广东、广州的医学院已经不少。不过现在医学院已回归中山大学，并将在深圳另增中山大学包括医学院在内或为主的新校区，并且以办几个附属医院先行，情况已经发生院系调整时想不到的变化。顺便说一件不久以前的往事，也可以反映中山大学医学院在国内同行心目中的分量。在中山大学子女中，有人高中毕业后考入北京某大学医学院。入学报到时，办事人员看到材料，很自然地问她为什么不就近考"中山医"。可能家长和孩子都有"本地姜不辣"的思想影响，否则不会舍近求远。

回忆访问途中还有一件难忘的小趣事，即团长的吸烟习惯。我本来也抽得厉害，但早在出国前已彻底戒绝。代表团里也只有团长一人有瘾，又不便随身带好多包，所以有时难免中断。在这方面我是"过来人"，有点儿老经验，在身边常带点儿糖果以应付"局面"。所以每当团长问我"老夏，有糖么？"我就知道他的"处境"了，其实也正是为他准备的，看来烟不是好东西，还是戒掉好。

离开哈佛，下一站就是内布拉斯加州立大学。该校有两个校区，一个在州政府所在地的林肯市，另一个在该州较大城市奥马哈。这在美国是一种常见现象，即"州府"不少是在较小城市。该校对中山大学代表团颇为重视，连州政府都介入了，隆重地给全体成员授予该州"荣誉公民"的称号，每人一份荣誉证书，时间是 1979 年 4 月 27 日。

这所大学虽不像哈佛那么有名，但也是一所老校，1869 年就成立了，规模也不小。林肯市是主校区，奥马哈是东校区。后来该校请我去讲学，两个校区都到过。本科生和研究生都有，学科也比较齐全，除一般基础学科外，还有农学、医学、护理、家政、继续教育，等等。后来在中山大学的教师队伍中也有曾在该校取得博士学位回来的。

结束了上述三所大学的访问后，这次赴美访问的任务已经完成。但是还有一个地方要去，已记不清是通过什么渠道联系的，那就是应一所建校不久和比较小型的私立大学邀请我们前往访问。这所大学的校名为阿拉斯加太平洋大学，是由一所在 1957 年创办的原教会大学于 1979 年改称的。校址在阿拉斯加的安克雷奇市，学生总数在六百人左右，约有四成全日制学生接受财政资助，也有少数外国留学生。

提到阿拉斯加州，这是一般到美国去的人较少去的州。它是美国最大的州，人口不多，原居民为印第安人和因纽特人。该州是 1867 年美国购自俄国，在地图上与美国本土中间还隔着加拿大，到 1959 年才加入美国联邦。虽天然资源很多，但天寒地冻，美国择业者对该地区的兴趣不大。安克雷奇是该州的主要城市之一，我们也有点儿好奇，所以既受邀之则访之，就作为最后一站去了。记得曾有上海人开玩笑说，阿拉斯加原居民应是上海人，因为"阿拉斯加人"即"阿拉自家人"，"阿拉"是上海话里的"我"。

访问结合参观，我对森林覆盖率达 34% 印象深刻。那儿有美国最大的油田，也是世界特大油田之一，可不简单。校方邀请我们，无非是想同中国大学有些联系。好在交通还算方便，我们就从那里转经日本等地回到广州。总结以后，教育部的那位同志便回北京述职。

第 七 个 十 年

1979.7
1989.7

改 革 开 放 以 经 济 建 设 为 中 心

1919

1929

1939

1949

1959

1969

1979

1989

1999

2009

2019

1979.7

1989.7

教育部人文社会科学百所重点研究基地

中山大学行政管理研究中心

Center for Public Administration of Zhongshan University

七、改革开放以经济建设为中心

的第七个十年（1979.7——1989.7）

在全部七个十年中，这第七个十年可算是我一生中专业活动最忙的阶段的开始和集中。试回忆一下，前六个十年的情况，大体上是第一、二个十年是幼年，其中主要和自己当度过，也做了一些很初级的教学工作。第三个十年，以头到底，全部时间从事专业学习研究，并教专业教学开了个头，第四个十年以上世纪的50年代初院系调整，我原来的专业活动即告中止。当然，另有所长。从事广义的行政实践和政治上受到教育和锻炼，都对我很有帮助，这事实。第五和第六两个十年也基本上是这样。而且经历了"文革"的全过程，直到第七个十年后

20×15=300

▲ 写作手稿

231

百年寻梦从头说

在全部十个十年中，这第七个十年可算是我一生中专业活动最忙阶段的开始和集中。试回忆一下，前六个十年的情况，大体上是第一和第二个十年在小学、中学和自学中度过，也做过一些很初级的教学工作；第三个十年，从头至尾，全部时间从事专业学习研究，并给专业教学开了个头；第四个十年从 20 世纪 50 年代初，经过院系调整，我原来的专业活动即告中止，当然，另有所学、从事广义的行政实践和政治上受到教育和锻炼，都对我很有帮助，也是事实；第五和第六两个十年也基本上是这样，而且经历了"文革"的全过程，直到第六个十年后期才结束。经过拨乱反正，邓小平复出，实行改革开放政策，国家恢复正常发展，有了新的希望。

▲1985 年 4 月在中山大学接待意大利国防部部长

从我的专业角度来观察，自 1952 年院系调整至 1982 年 1 月在《人民日报》发表专文呼吁恢复专业学习研究，将近三十年时间，我对专业没有淡忘。关键所系，正是邓小平发出的"赶紧补课"的号召。因此，从第七个十年起，才能有开头所说的变化。除担任一届副校长职务外，忙的都是与专业

▲1988 年出席中山大学英东体育中心落成典礼

有关的活动，详情后面再说。要指出的是在第六个十年末，我的实足年龄已是满 60 岁过了几个月，若退休早就没"戏"了。我服从组织安排，不退就干，还要好好干，继续为早日实现中华民族伟大复兴的中国梦"充电""加油"。

一、合办研讨

诚如俗话所说,"打铁必须趁热"。同美国加州大学洛杉矶校互相访问之后,随即两校联合举办了一次"广东经济建设讨论会",经教育部批准和省方赞同,时间是 1979 年 9 月 25 日至 10 月 5 日,地点在广州。关于这次讨论会,《南方日报》1979 年 10 月 6 日有专题报道,香港《大公报》1979 年 10 月 10 日第 1 版和《澳门日报》等亦有报道。

这次讨论会很受有关方面的重视,不是偶然的。首先是中国实行改革开放和转向以经济建设为中心,已引起全世界的注意。广东在全国的经济发展中处于领先的地位,也是众所周知的。因此,外界很想了解广东经济建设的实况,完全可以理解。而通过中、美两所友好的大学合作举办这次研讨会,非常适当,特别是中山大学就在广州。参加人员并不限于两校,也有其他专家参与讨论。

也许人们已经注意到,这次讨论会的会期较长,共历时十一天之久,可见内容相当丰富,讨论也很专业。估计对方准备采取实际行动,急于了解一些什么,我方亦可借此机会增加一些有助于自身发展的见闻。因而在讨论中既有理论原则问题,又必然涉及不少实际具体情况。例如,从计划经济转向市场经济,并不是说转就转那么容易,而是要明确思想观念,更新体制条件才行。何况市场经济更有资本主义市场经济和社会主义市场经济之分,不可混为一谈,等等。

毫不足怪,在改革开放之初,有人误解发展市场经济就是走资本主义道路,什么经商或"下海",都是一路"货",后来才慢慢懂得是邓小平理论引导我们走上建设和发展中国特色社会主义的康庄大道的。当然,我们也毋庸讳言，在一定程度上还缺乏经验，不妨先"摸着石头过河"。这次讨论会不可能完全解决问题，但提出问题才有可能继续讨论、研究，然后得到妥善解决。也可以说这次会议为时过早或稍早，但开风气之先的作用似尚可肯定。

常识告诉我们，对一次会议的要求不应过高、过全，但指出美中不足之处，也是应该。例如这次讨论会总体上是成功的，可事后反思，它过于集中经济发展的内在问题。对于有关的重要事项，是注意得不够或有所忽略。关于经济立法问题，便是一个明显的例子。因为后来经济特区在初创时期，有许多国外准备投资者都持币观望、等待，下不了决心，怕蒙受损失。他们的最大顾虑就在于，未见到有关法律保障，如投资法、破产法等。前面说过我们缺乏经验，这正是表现之一。明白以后，随即采取积极措施补上应有法制，很快见效。倘若早知如此，岂不更好！

这就充分说明，许多事情是不能只顾单打一的，特别像有关立法问题，强调依法办事，必须有法可依。在法治社会，大家都应该有基本的法律常识。无论干哪一行，也都要留心有关的法律知识。各行各业，莫不如此。前面提到过的一件小事，连对让不让花生通过海关都有规定，其余可想而知。有的虽无明文规定，但已约定俗成，也应当自觉遵守。如某些旅游者在公共场所大声喧哗、不主动排队、随地吐痰或乱抛杂物等，甚至在有禁烟公告处吸烟，常令人侧目。这些已进入举止是否文明的范畴，更有待提高文明程度。精神文明则是德治的依据。依法治国和以德治国都是治国之道，国人必须遵守，外国人也要入国问禁，知法知礼才能和谐相处。

上面从经济建设谈到治国之道，并非东拉西扯，而是存在必然联系。不仅如此，各行各业的专业分工也不是绝对的。亦即不可能完全独沾一味，同其他专业学科毫不沾边，没有任何联系。这里还有一个邻近、边缘、交叉、相关、互相渗透等学科问题，不可忽视或无视。因为一般分类既有大小之别，也有主从关系，是剪不断和不能乱的。仍以经济为例，论范围，有国际或世界经济、国家和地方或区域经济；论品种，有工、农、商业、金融、投资……细分起来更加复杂；论规模，有大、中、小的不同，大到富可敌国，小到微不足道;论技术,有的现代化程度极高,有的还很原始,诸如此类,难以也不必细说。但都有一个共同点,即均非孤立存在和运作,总要受到大、中、小环境变化的影响。"牵一发而动全身"的事,若隐若现,时有时无,关系错综复杂,不试着捉摸也不行。这就很有必要把知识面不断拓宽了。

联系过去作为打好基础的中学阶段不分文理科不是没有道理。也就是说,不管你以后选择什么专业,都应具备一定的基础。换句话说,若是基础太窄,便可能缺乏回旋的余地,也不利于所选专业的拓展。事实表明,自然科学与人文社会科学之间并非毫不相干。起码的常识是:自然科学家要接受法治和德治,以及"人和"的理论原则,人文社会科学家又岂能置"天时、地利"于不顾? 由此可见,中学的基础之妙,在于使你在选择专业时能进可以攻和退可以守,即攻其所选和退守底线。至于有偏科成才的,那是可能出现的情况,不能一概而论。这里使我想起给我留下深刻印象的我国著名科学家钱学森先生,他对法学和行政管理学都很感兴趣,不仅发表专文,还与有关学者直接通信,讨论具体问题。

话又说回来,我们在选择和固定专业之后,不能不留心相关学科。即以讨论一个专题为例,已有不少必须联系的方方面面。说回广东经济建设,除经济立法外,还有如历史、地理、资源、交通、文化、教育等一系列与发展经济有关的问题需要结合了解。否则很有可能落得只是就事论事,"孤军"深入,停留于现象,找不出原因(包括远因和近因),开不出"对症"的"药方"。一门专业要比一个专题复杂得不知有多少倍,它的上下、左右、前后、内外、直接或间接、临时或长期、较疏或较密等关系也不一而足。应该有思想和知识准备,不宜都等到时再说。

二、校庆 55 年

1979 年 10 月，学校成立庆祝中山大学建校 55 周年筹备委员会，我被任命为筹委会办公室主任。记得前几年，曾做过国庆 25 周年办公室主任的工作。这类逢五逢十要庆祝的活动，已成为常规，时间不长却可借以增加一些有关知识或引起相应的回忆，也很有意思。这次校庆之时，我来中山大学已有三十多年，时间过得真快！关于我来中山大学前的学校历史，我没有亲身经历，但从所知资料来看，它对我有吸引力，前面似已说过。所有新中国成立前夕很糟和院系调整后的情况，都不再重复。这里要着重谈一谈的，仅是"文革"结束后所看到的转机和许多新的希望。随着改革开放，中山大学也紧紧跟上，发生种种没有想到的变化。

前面谈过的校际来往，便是一种前所未有的新气象。作为中国的一所老校、名校，已经得风气之先，走在国际交流的前列，还不断开展国际合作和参与国际活动，随后即将分别介绍。我们在庆祝建校 55 周年之际，显然与过去历次校庆大不一样。学校已开始有新的发展，仅海外校友的恢复联系便大为可观。很多人可能不知道，中山大学的校友不仅遍布中国大陆，台湾、香港、澳门都有，而且在全世界都有中山大学校友的踪迹。美国就不止一个中山大学校友会，至少有美东、美西的地区之分。记得有一次到北京去开会，得空到商业区热闹的街道上逛逛，忽然被迎面来的一个人拦住叫"夏老师"！原来是毕业后在兰州工作的校友到北京出差来了。因为我教的是大课，学生多，难认全。这种情况已经发生过不止一次，某日在校园内的路上，也遇到一位中年男性，特走近打招呼，还用他的相机拍照留念。原来他是从美国回来探亲的校友，专门安排回母校看看的，路上就碰到了。至于校庆日的一番盛况,那也是同校友的积极参与分不开的。此外,学校的教育基金,校友捐献是主要来源之一。

说到校友会,这可是国外许多著名大学尤其是私立院校的一项重点工作,为校长所特别重视。记得有一次校长有原来安排的活动,因临时有校友来访而取消了原来的安排。他的解释很自然也很简单:校友工作重要!为什么呢?那就说来话长了。校友是曾在学校学习过的毕业生或肄业生,他们在工作岗位上的表现如何,是学校教育、教学水平和质量的具体和直接反映。是否德才兼备,能否胜任工作、做到人适其位和位得其人等,关系学校的社会声誉。过去由政府分配工作和现在的自谋职业,都没有改变这种情况。我还记得在分配工作期间,北京某些单位曾有被分配去的中山大学毕业生,经过试用以后,表示希望再多分配一些中山大学毕业生给他们。这就是受到欢迎,当然很好,可见校内的日常工作都将在校友身上见到效验。

这与学风有密切联系,"校训"的作用不可低估。孙中山当年所定的校训是出自《中庸》的:"博学、审问、慎思、明辨、笃行。"我总是希望和经常提醒教师和同学们要牢记这十个字,实际上是加重和强调了其中的五个字,也就是学要博,要大学特学,以免不学无术;问要审,学问、学问,要问得仔细、精准;思要慎,要思得认真、有针对性和创造性;辨要明,是非正误要明,真善美和假恶丑要明;行要笃,要勤勤恳恳、踏踏实实见诸行动。这个校训没有抽象、玄虚、空洞的说教,而是实事求是、求真务实。在它的指引下,久而久之、潜移默化形成一种风格和素养,便必然在待人接物过程中自然流露。孙中山对于校训的选择,也确是用心良苦和功不可没。他在对学生的讲话中,还有"要立志做大事,不要做大官"的名言,至今仍在盛传。作为中国20世纪的第一位伟人,他是当之无愧的。

校友遍全国和遍全球有助于让中山大学为全国和全球所了解,但与此同时,也有助于让中山大学更多地了解全国和全球的有关情况。因为校友在同其他院校的校友共事中,会觉察别人与所受教育有联系的长处,可以反映给自己的母校作参考、借鉴以使其有所改进、改善。依同理,我们也可以更坚持和发挥已有的优势并努力创新,以期一代强过一代。因此,在我们校友会的工作中,不可忽略广泛且经常听取和征求校友关于这方面的意见。不仅如此,校友个人在自己的工作实践中,也会对所受教育有些体会。那么这也是高等教育改革中的一个资料来源,并且是相当重要的一类。

这个校庆办成立于 10 月,是因为校庆日是 11 月 12 日,即孙中山的诞辰日。又因为 55 年是逢五,一般都没有逢十那么隆重和热闹。具体情况不多说了,值得回忆的还是面临转机和出现新希望。除前已述及的一些具体活动外,有倾向性的发展趋势正日益明显地表现出来。其中首先是全国性的,中山大学因地处广州,也就少不了先行先试的机会,如开展国际学术交流、派教师出国进修,等等。又由于不少学科中断已久,邓小平号召"赶紧补课"以后,必须忙于各种培训,以补充师资和提高干部水平。还要筹备出专业期刊,成立各科学会之类,头绪之多用"不胜枚举"来形容也完全适当。

换个说法也行,即从校庆 55 年至 65 年这十年间,我从 60 出头到 70 出头,是我一辈子最忙的十年。国内国外脚不停,到处讲学口不停,撰文写书笔不停,考虑问题脑不停,身体一直还算好。淑钧于 1986 年退休,更无家庭的后顾之忧。参加会议、接受采访、应聘作序等社会活动也够多的,校内的教学工作照常进行。当然,"最忙"只是相对而言,在其他十年段不是不忙,而是忙的程度和密度不那么集中,特别是集中于专业性的工作。再下个十年的情况仍有继续,直到我满 80 岁以后,大家(包括家人)都不赞成我再出国,我才谢绝国际活动。到满 90 岁时,不赞成我再出省,如北京、上海等地。我很感谢大家的好意,还要补充一点的是,当我满 70 岁时,我骑单车的习惯已不被大家认可。都是出于好意,我也不便坚持。其实我的身体还可以,也许还有骑单车的因素。可是老了就是老了,不服不行。

三、任副校长

　　缺乏思想准备,事前没有任何"迹象"可循,自我感觉有点儿突然的是,我被任命为中山大学副校长。这虽说不上也算不得是什么"大官",但在学校环境中,表明已进入高层领导层的圈子了。回想在"文革"初期,我已是共产党员,自认清白无辜,得到的却是不堪回首的待遇。恢复工作以后,干这干那,似已"登堂入室",但还有点儿"座上客"的味道。担任副校长职务,据我所知,在当时批准同意的程序中把关既高又严。我没有"受宠若惊",也没有"一则以喜,一则以惧",因为在我的心目中,这只是换一个工种,并非受谁的"宠",也没有什么好"喜"的。倒是有点儿担心,不知什么时候又会有"风吹草动",就会"爬得越高,跌得越重"了。不过我也知道担心是没有用的,我坚信邪不敌正,不搞邪门歪道,端端正正、老老实实去干就是。

　　在具体分工上,由我主管教学、行政、外事,主要是国际学术交流和教师出国进修,还有校长办公室的工作,并分管新成立的英语培训中心的工作,以及联系法律系、社会学系等,头绪也不算少。那时我已年满60,最多也只能干一届,其中又应聘出国任教一年,所以任副校长总的时间不长。后来转入以教学为主的专业活动,便开始进入大忙和更忙时期。

　　有趣的是,这个"副校长"的英译是个多义词,如副总统、副主席、副会长等。我又同时担任过一些学会的副会长,英译也是一样。有一次在北京开国际学术会议,我是中方主办学会的副会长,会上介绍以后,我也代表学会讲话。休息时间,忽然许多外宾拥上前来,要同我拍照,其热烈程度让我感到有点儿奇怪。后来经过了解,才知道原来是一场热闹的误会。他们以为,会是在北京开的,国家副主席完全有可能到会讲话。而且我已经不是年轻人,看上去还有点儿"气派",于是会上介绍的是"副会长",他们却听作"副主席"。甚至有人怕弄错,曾向懂英语的中方人士核对:"他是不是副主席?"中方人士肯定地回答"是",因为后者理解的是"副会长"也。

这个"副校长"还碰到过另外一种小"麻烦",即有的国家或地区,有的大学校长是由该国或当地的最高领导人兼任的,也就是只挂名不干事的。真正管事的是"副校长",并且是仅此一人,不像我们的校长是专任的,而且有好几位副校长共同管事。某次我到上述类型的大学去访问,曾被当作同他们的副校长一样事实上掌握全权的校长。在交谈和讨论中,对于不少问题需要我当场表态时,肯定或否定的语气比较少,总常是说要回去研究研究。我已感觉到对方的神情似乎在怀疑我缺乏诚意,经过有针对性的解释,他们才明白事情的真相,并对副职较多的体制产生兴趣。那时还是改革开放初期,后来的发展有副职越来越多的趋势,很值得总结、研究。

从"副校长"联想到许多副职,仅在大学范围内,就还有除各级党组织副书记以外的行政组织和教学组织的副职,如副教务长、副总务长、副处长、副科长、副院长、系副主任、副教授,苏联有过副博士,美国还有副学士,等等。政府与社会团体的副职更多,不用一一列举。用满眼是副职来形容,也不为过。问题首先在于设副职有没有必要,如有必要又以设多少为宜?还是人有我有,越多越好?关于这类问题,情况相当复杂,我要再说一遍的是,很值得进行专题研究,而且应分门别类,不能一概而论。仍以大学为例,以前的大学未设副校长,或者有一个秘书长。院、系也都只有正职一人,且院系调整前的规模较大,就是这样。而规模缩小以后,反而增加许多副职,这应该是有理由的、有原因的。而我们要研究的,正是这些理由和原因。

这里还远说不上研究,只是随机略谈一些观感。其中在很大程度上可能是猜想,姑妄言之而已。

为了加强领导?加强领导很有必要,这本该是一条很好的理由。但问题在于后果如何?是不是需要上上下下立即普遍增设副职?有的还较多甚至更多、太多?据说曾经有过"五官科",不是医院里的那个"五官",而是办事

机构中的一个科级单位,有一个正科长,四个副科长而没有一个科员,成为
"五官科"。官多兵少的现象也并不罕见。

为了实行集体领导?不错,集体领导得有个领导班子,正职是班长,是
那么一回事。问题仍在于是否有必要采取这种方式,即使有必要,也要看看
具体情况如何。古人早有"十羊九牧"之说,说的是官多民少。倘若到处是一
个大领导班子,又凡事都要开会集体讨论,就不怕头重脚轻么?

为了培养干部接班人?好像听说过有此一说,这是有远见的。可是一下
子设那么多的副职,哪有那么多的班好接呀!听说曾有一个贫困小县,副县
长竟有十几个之多。除经费包干、负担很重不说,仅从培养接班人的角度来
看,大家都在培养,又都为数较多,那么"出路"何在?很难自圆其说。

为了提高工作效率?果能如此,当然很好。但不幸的是又一次事与愿
违,甚至适得其反!在农业社会流行过一句顺口溜:"人多好种田,人少好过
年。"在农业现代化以前,种田完全是体力劳动,所以人多好办。过年是要花
钱的,钱多人少自然平均数就高,所以人少便好。在现代一般日常工作中,
常因领导分工过细,碰到相关工作,往往要层层请示和讨论,然后迟迟下达
和执行,至少是在时间上快不起来。那么提高效率又从何说起?

对广设副职和副职过多的现象曾经有过控制,但问题不仅基本上继续
存在,还有新的"发展"。例如除副职外又出现大量的"助理",有所谓的"校
长助理""院长助理""主任助理",等等。难怪有些大部门或单位早有"局长
满走廊、处长满礼堂、科长满操场"的描绘了。其中当然包括副职,不然不会
有那么多,而且不少是"相当于某级"的。"助理"也有级别,助教、助理教授
就不用说了。

四、英培中心

中山大学与美国加州大学洛杉矶校(UCLA)合作,在中山大学创办了广州英语培训中心,为全国出国人员提高英语水平起到了非常重要的作用。这当然是经教育部批准的,校领导分工由我分管该中心工作。这是一件说办就办的事,中美双方提供师资,都是很有教学经验的教师。出国人员主要是出国进修的,也有外派的工作人员。培训主要是提高阅读和听说能力,都已有相当的基础,而非从头学起。

本来,办英培中心这事本身非常简单,但作为一个专题,是事出有因的,也说来话长了。主要是背景问题和一些特殊情况,不说清楚便不知道是怎么回事。

原来在新中国成立初期,因学苏联要学俄文,中学教英语的课程都停下来。我的大儿子就从中学开始学俄文直到大学,英语是后来自己补学的。有些去苏联学习的,也因关系变化而逐渐减少,到其他国家去的就更少了。但在"文革"结束后实行改革开放,国家发现在科学技术方面已同国际水平之间拉大了距离,有待赶快追赶,于是出国进修变成当时急务之一,被提上议事日程。而英语的应用又比较广泛,除英语国家外,不少国家和地区也可以通行。可是原已有一定基础者荒疏已久,有机会培训提高,真可谓恰逢其时。

学员中有出国工作的,年龄一般较大也很自然。记不清一共办了多少届培训班,总数相当可观。因为面向全国,也算增加了一大批短期校友。学员中到加州大学洛杉矶校去进修的也不少,后来再访美时曾见到。这对改变"闭关锁国"状态起了一定作用。随后在出国访问的团体中,也有不少来中山大学进行出国前培训的,除了解对方情况外,也常有外语项目。紧接着,我们还办了汉语培训中心,对象是来华学习访问的外国人。随着中国的不断和平崛起,这方面正不断升温。

联想到正在红红火火地发展中的孔子学院,也有不少类似的问题应予注意、重视和采取相应的有效措施。如第十一届全球孔子学院大会于2016年12月10日在云南昆明举行。这不能不算是一场国际盛会,出席大会的人数共达2200多人,是来自140个国家和地区的大学校长、孔子学院代表。原来创办12年后,全球已有511所孔子学院和1073个孔子课堂,各类学员达210万人,成为中外文明交流互动的"架桥人"和世界认识中国、中国与各国深化友谊与合作的重要窗口。[①]听说中山大学已在美国、墨西哥、南非、菲律宾等国家办了孔子学院。

可喜的是,孔子学院稳步发展,办学质量不断提升、服务能力得到拓展、运行机制日益健全,为可持续发展注入了新活力,但还要以"创新、合作、包容、共享"为努力方向。要深化教师、教材、教学方法改革创新,拓展办学功能,提高办学质量,实现内涵发展等,会上都已提到和予以强调了。

这里想特别着重谈一下的是师资的选拔和培训,因为在指导思想和办学方向明确以后,关键在于如何贯彻执行,才能完全实现。如果没有好的教师,则教材、教学方法的改革创新等便无从谈起,更不用说提高办学功能、办学质量和内涵发展之类了。我们知道,师资选拔和培训早已受到重视,但难度必将很大。孔子学院和孔子课堂创办之初没有经验,现在已有十二年以上的历史可以好好总结一下,这是有利条件。但问题又在于培训的师资,某些局限性是客观存在的。诸如德才兼备、双语俱佳、知己知彼,等等。至少要想讲好中国故事必先吃透中国故事,要深刻了解国情,包括历史、现状和世界上许多人已知道的中国梦。若对"创新、合作、包容、共享"精神的体会不深,也很难在教学活动中有所体现。

通过十二年来不断总结的经验,我们肯定已对上述问题达成一些重要

[①] 参见刘延东:《创新 合作 包容 共享 携手并肩开创孔子学院发展新局面》,《光明日报》,2016年12月11日。

共识，也相信会采取有直接针对性的措施积极行动。完全可以这样认为，这方面的要求也将带动和促进有关方面的改革。因为一方面，就广义上来说，国内各界也需要了解国际各行各业的发展状况；另一方面，国外有许多人尤其是要与中国打交道和来华留学者，都更要认清中国的现状和前景。例如，我国翻译界已在讨论如何改善和加强翻译工作的问题，学术界也早已开展关于道路自信、理论自信、制度自信、文化自信的讨论，以及国际上已有"中共学"的兴起和什么是"中国特色"等研究，在孔子学院的教学中都不能不有所反映。该怎么办也很清楚。①

在同类或相关、相近的问题上引起联想，是很自然的事。从英语培训联想到其他方面的培训以及同培训有关的事项，就是如此。我很注意关于孔子学院的报道，特别是外国政府和民间的举措和议论。例如英国作为一个老牌发达国家，以下这条短讯就能据其所传达的具体事实真相，表明有关情况和有助于回答某些问题。短讯题为"英国政府资助孔子学院推广汉语教学"②。资助既有明确要求，又重视培训师资。基本实况是在四年内学院增至二十九个，课堂达到一百二十七个，零散的汉语教学活动未包括在内。不少专业人才有待中方提供配合。对此，不能不引起我们的关注和深思！

另一篇资讯是《国家影响力、学术魅力的引致效应，中国哲学"走红"海外课堂》③。在美国哈佛大学，"古代中国伦理与政治理论"这门选修课是最受学生欢迎的课程之一。曾有人说："这门课程的走红，可以说是今天中国哲学在海外传播状况的一个缩影。"这表明中国哲学的价值内涵正在得到西方年轻一代人的欣赏。像我们所强调的"中和"之道，便很符合世界和谐发展的潮流。中国综合国力的增强，也少不了学术文化方面的因素。本来，国外早有"汉学"研究，近来更趋活跃和开展创新性研究是与中国的和平崛起及其影响力的提升分不开的。我们自己又该怎么看和怎么办？非哲学专

---

① 参见夏书章：《孔子学院》，《中国行政管理》，2017 年第 4 期。
② 载《中国社会科学报》，2016 年 9 月 27 日。
③ 载《中国社会科学报》，2016 年 10 月 28 日。

业人士也应学习研究和必要时自觉"补课"。俗话说得好:"不怕一万,只怕万一。"谁敢保证不会把孟子当"门修斯"和把蒋介石当"常凯申"的史学工作者派去孔子学院任教的可能性为零?

还有一篇更引起我注意的报道为《国际中共学正在兴起——中国学者应在研究中发挥主导作用》[①]。这是一门新兴的国际化综合交叉学科,因为从新中国成立到实行改革开放,建设中国特色社会主义,和平崛起,都是在中国共产党直接领导下出现的事。世人在对中国作今昔对比之余,很快就把注意力集中到研究中国共产党上,这是极其自然的事。但用西方一般的政党观来研究不行,各国有具体国情,马克思主义有本土化的问题,中国学者在研究中起主导作用是应有之义。对中国学术界研究成果和学者意见的国际关注度也在增长。《中国社会科学》《中国行政管理》等入选"中国最具国际影响力学术期刊",以及《习近平谈治国理政》广受欢迎等,都表明世界各国研究新中国的兴趣都在提升。

五、政治学会

1980 年 5 月 12 日,我在北京参加中国政治学会筹备会议期间,与其他到会老教师共十人一道,上书中央有关领导同志,建议在高等院校设置政治学系,并建议可先在六所综合性大学设立,其中包括中山大学。上书全文发表在《政治学研究通讯》1980 年 8 月 30 日试刊第一期。学会也于年底正式成立,我当选为副会长之一,后连任三届副会长,第四届任顾问。中国社会科学院成立了政治学研究所,张友渔所长聘我为该所兼职研究员,发聘

[①] 载《中国社会科学报》,2016 年 11 月 25 日。

书的日期是1981年8月31日。该所还出版《政治学研究》专业学术期刊。1983年2月26日晨7点20分，我为中央人民广播电台讲"政治学与政治学会"。办系较早的武汉大学，聘我为名誉系主任。还有不少聘为兼职、客座、名誉教授之类的，不一一列举了。后来教育部设社科百所重点研究基地，政治学重点研究基地设在北京大学，我被聘为顾委副主任。政治学会也有国际组织，但当时台湾的学会是其中的一员，我们反对搞"两个中国"，拒绝参加。有正式外交关系的国家之间的联系是有的，要根据具体情况区别对待和处理。

以上是作为一门重要学科的政治学在新中国从得到确认到发展的一些概况。自院系调整后，一般政法学院其实有法无政。直到邓小平在"赶紧补课"的号召中列有政治学等，这才有了转机。原来也是说停就停，没有说明究竟是为什么。难免有些猜想，也未必能完全回答问题。如说当时苏联没有，也不知后来有没有，我们均不知其详。又如说政治学是资产阶级的资本主义"货色"，但也应该有无产阶级的社会主义的政治学呀！毛泽东著作中就提到过政治学，而且他的《新民主主义论》《论联合政府》等名著论述的都是政治学的内容。邓小平的"补课论"，所补的正是社会主义不可缺少的各个方面。很多名称未改，性质已变。如中国银行的中国，当然不再是旧中国而是新中国；北京大学名称未改，当然也不再是国民党统治下的北大，而是共产党领导下的北大了。其余以此类推，不能重表轻里。像吃饭是共同语言，但剥削者吃的是剥削得来的，而劳动人民都是自食其力。总而言之，资本主义的政治学同社会主义的政治学不可混为一谈，我们要研究的正是后者。此外，当时的政治学界有"五老"之说，即从北到南，吉林大学的王惠岩、北京大学的赵宝煦、天津师范大学的徐大同、苏州大学的丘晓和中山大学的我。现在王、赵、丘都已经走了。

我的专业是行政学，即公共行政和后来所称的行政管理、公共管理。这里从政治学谈起，也有一个历史背景问题，以前的大学分系不分专业，行政学是政治学系的一门基础课程，也作为发展方向之一。经济学系等也是如此，都存在进一步划分专业的余地。院系调整时取消了政治学系，行政学等课程自然也随之而去。邓小平的号召中提到政治学，只要政治学系一复办，行政学等课程亦必将提上议事日程。情况是这样，行政学更受重视是后来的事。曾经有人作形象的比喻，为政治学开路、为行政学搭桥，其实是路少不了桥，桥也是路，路桥相连。西方虽较早有政治学与行政学之分，但中国汉语中的"政治"一词，已十分明确地表达政必见之于治，治即所行何政的问题，二者成为一体，密不可分。

简直不可思议的是，政治可以完全不管行政或行政可以完全摆脱政治。西方确曾标榜过"文官中立"，那只是说得好听，仅停留在一些表面现象上。一个经"民主选举"产生的最高行政领导总统或首相，还不是照样发号施令吗？议会、司法部门或许出台某些"制约"，背后仍少不了政党和有实际影响力的寡头们的干扰，广大人民群众始终都被蒙在鼓里。竞选、抗议、示威游行，等等，有后台的媒体往往避免报道事实真相，甚至予以歪曲误导和欺骗群众。还有什么因造谣、作弊、里通外国等的这个"门"、那个"门"也很热闹，都无非是政治与行政错综复杂关系的种种具体表现。中立论是靠不住也站不住的，资产阶级"民主"的把戏花招多得很。

根据汉字的解释，"政者正也"。正不正，看行政，要政通人和、国泰民安，没有良好的行政是根本办不到的。因此，我对"行政专业"的理解，可以用这么两句话来表达："行建设发展中国特色社会主义之政，须勤政、廉政；专为人民服务和当好社会公仆之业，要敬业、乐业。"我也经常和反复表达这类意思，如中国政治学会第六次代表大会暨和谐社会与社会主义政治建设学术研讨会在哈尔滨举行时，我在贺词中写道："构建和谐社会，要求政通人和，应加强中国特色社会主义政治学研究；语云政者正也，政风、政声当正，必须大讲特讲中国特色社会主义政治文明。"试问，贪污腐败还有什么政治文明？又如，上海政治学会成立二十五年时，我的贺词是十二字的藏头句：

上医医国次医人，

海内知己信有存。

政者正也和为贵，

治国安邦见精神。

学无止境永进取，

会友因由莫如文。

成功不必皆自我，

立德立言仗同仁。

二分常法保清醒，

十足心力倾才能。

五湖四海共冷热，

年丰人寿喜迎门。

实际上，这不是政治学一门学科的问题，而是整个哲学社会科学界的事。1988年7月，吉林省社科院成立三十周年暨《社会科学战线》创刊十周年时，我的贺词是这样写的：

三十年来变化多，

科几不科是社科。

幸有拨乱反正日，

春风十载一路歌。

接着另起一段是：

概况简语，同仁心照，不须注矣。犹忆极"左"时期，社会科学几不成其为科学，而自党的十一届三中全会至今十年间，各条战线频传捷报，改革开放形势喜人，实大可贺也。

其中当然包括政治学在内。

时间过得很快，2010年11月，中国政治学会即将成立三十周年。我写的贺词是：

政通人和是所期，

治国安邦见盛世。

学习定型永进取，

> 会友因文集众智。
>
> 生长发展人为本,
>
> 日新月异贵及时。
>
> 快马加鞭康庄道,
>
> 乐树和谐幸福基。

细心的读者不难察觉,这是八字藏头句,顺着下来就是"政治学会生日快乐",有点儿文字游戏的味道。其中"学习定型"是指学习型,"会友因文"是指学会活动,这些注释也很可能是多余的。

政治学正常发展,必须与时俱进。想起 2016 年 10 月,中国政治学会年会在杭州举行,我也曾书以贺之,并与会内外同志们共勉:

> 回首三十六年前,赶紧补课即争先。
>
> 社会主义政治学,中国特色旗帜鲜。
>
> 重在核心价值观,全面小康正攻坚。
>
> 不忘初心永持续,振兴美梦定能圆。

更近的是 2017 年 4 月,中国社会科学院建院四十周年时,我的贺词如下:

> 中国社科四十年,喜见日月换新天。
>
> 国际已兴中共学,勿忘继续奔前沿。

不忘初心,当仁不让。中国特色社会主义哲学社会科学的各个学科都应在世界学术舞台亮相。

通过上述这些贺词,反映我乐见改革开放以来学术繁荣的景象。这些景象也是实现中国梦的一个重要方面。

六、哈佛任教

1980年9月1日起共一学年，我应美国哈佛大学之聘，任该校教育研究院客座教授，偕夫人汪淑钧副教授同往，亦承担研究任务。我在第一学期担任两门课程的教学工作：一是比较高等教育的中国部分，二是"教育与伦理"专题讨论课程。前者按不同国家分工，后者则由三位资深教授共同主持。第二学期讲的是"教育与发展"一门专题课程，主要内容为"中国案例研究"。因为哈佛同意内布拉斯加州立大学借聘一个月，时间就减少了。这三门课的内容概况分别简介如下，较详细的文字已注明载于何处。

▲1980年3月于哈佛大学哈佛坐像前(右一)

关于比较高等教育的中国部分，除简单的前言外，主要内容有两大部分：一是中华人民共和国高等教育的现状和发展趋势，共分十六个专题：①中华人民共和国成立以来高等教育的基本情况；②20世纪80年代高等教育的发展目标；③发展高等教育的指导思想；④在国民经济中提高高等教育地位；⑤适应经济发展需要；⑥使大学生在德、智、体方面得到发展；⑦全面普及教育，提高全民科学文化水平；⑧发展成人教育；⑨重视少数民族教育；⑩发展师范教育，提高师资水平；⑪教育制度与劳动制度相适应；⑫改善知识分子待遇；⑬全国发展高等教育;⑭改进领导方法;⑮改善办学条件等;⑯关于国际学术交流和学习国外先进科学技术。二是中华人民共和国现行高等教育制度中的几个问题:①管理体制问题,②综合性问题,③质量问题,④比例问题,⑤教学时数问题,⑥高校管理问题。

关于"教育与伦理"作为专题讨论课,主要是由参加者按专题准备发言和进行讨论。教师的任务在于引导讨论,使之展开和深入,无固定大纲。讨论班限定人数,在较多申请者中挑选时注意学生结构,如性别、年龄、民族、社会实践经验、学科背景等,旨在从不同角度集思广益,但条件是研究生人数较多才有可行性。我事前已作了准备,即为美国哈佛大学教育研究院1980—1981学年度"教育与伦理"讨论课绪论部分准备的专题提纲——《对于教师的道德要求和道德教育问题》(载《管理·伦理·法理》,法律出版社,1984年)。

关于"教育与发展"专题课程,主要内容为"中国案例研究",共分八个部分:①引论——教育的重要性、广义的教育、中华人民共和国教育现状和发展趋势;②教育与经济发展——四个现代化、人民物质生活、教育与人口、教育与就业;③教育与民主——读写能力、关于民主的基本知识和训练、自由的概念;④教育与法制——宪法、守法、少年犯罪、教育与惩罚、教育与犯罪率;⑤教育与妇女解放——解放的真义、思想与行为、保护与歧视;⑥教育与民族平等——旧中国的种族歧视、中华人民共和国的少数民族、民族平等的理论和实践;⑦教育与道德或精神生活——社会道德或精神生活的重要性、道德教育、世界观、生活哲学、志气和生活方式等;⑧结束语——为了较好地发展和美好的未来,要有较好的教育。

▲1981年3月于美国哈佛大学与学生在一起

这次哈佛任教,较深的印象主要有两点:一是教学信息公开灵通,除限定名额的专题讨论外,旁听生明显不少。这也反映了学生们对中国特别是新中国的浓厚兴趣。记得在某次讲到中国四个现代化时,听众起初并不当回事。但听到我说中国的现代化不同于美国、日本、苏联的现代化时,气氛马上转变了。这是"中国特色"在起作用和有吸引力。二是开列课程早有具体安排,课程名称、谁来讲授、上课时间、教室均已预定,大纲和阅读资料、参考资料等也提前公布。这些正是教学走上轨道、有正常秩序的重要标志,是完全应该和可以做到、做好的事,很值得参考借鉴。还有,美国学生对中国发展现状与前景也很感兴趣。

▲1981年与老同学于美国哈佛大学

此外,在那个学年中,因交通便利,我还分别应聘应邀到内布拉斯加州立大学、耶鲁大学、加州大学洛杉矶校、弗吉尼亚大学、密苏里大学、杜克大学、康涅迪格学院、威廉姆斯学院等院校作短期学术交流或讲学。在哈佛校内,我也参加过不少相关活动。如我原来读研的立陶尔行政学研究院已并入后来成立的肯尼迪政治学院,作为老"院友"被当作主宾应邀参加该院的周五午餐例会。那是1981年5月8日的事。后来又以校友和客座教授的身份,出席哈佛大学传统毕业典礼,那是1981年夏季的事。我当年读研时因急于回国,没有等到参加毕业典礼,这回算补上了。又在应邀访问密苏里大学堪萨斯分校时,参观著名中国友人斯诺基金会展览馆,令我印象极为深刻。

由于两个学期之间有寒假，又得到基金会的一笔旅游资助，所以我有机会去外地看看老同学、老朋友。在美国已有原中央大学校友会，我们到纽约去参加了一次集会，见到了不少校友。他们编印了一

▲1981年于美国密苏里大学堪萨斯分校参观斯诺纪念馆

本校友名录，传到国内，后来有人还以为我们已留在美国。特别是有两个本科同班同学，他们在两所院校任教。一个娶了德国移民子女，一个同中国台湾来的女子结婚。还有一位前面提到过的美籍华人，曾在北大任教又回到美国在一个学院教书。后来我与他们都渐渐失去联系。

平时因为是夫妇同在，所以家庭之间的来往较多。有时对方主妇提出要试试中国味道，淑钧还能对付。但有一次被问起中国馒头的事，没有想到她居然去了一趟唐人街就认真地做了出来。我知道她从来没有做过，却能亮这一手可不简单！她此行的研究课题是英语教学，平时经常"泡"在图书馆里。回国后，淑钧出了一本关于英美谚语的研究专著。这对她的翻译工作起了明显的积极作用。再说我的这位老伴，真是一个了不起的多面手。美国理发较贵，她买了一把推剪帮我理发，而且理得比理发店还好。

将近回国之前，为了答谢新老朋友们的友好相处，我们在一家中餐馆举行了一次便宴。邀请的客人都来了，但有一种不约而同，又很有趣的现象，即有好几位到过中国的美国同事，特地穿着他们在中国购买的中山装到会。据说这是表示对主人的尊重。我们当然也感谢他们的好意，不过现在回想起来，这似乎还是一个值得思考和研讨的问题。像是对中山装和学生装有所修改的上装已不断出现，我也写过一篇短文《说中山装》，上文已有所提及。

▲1980 年 12 月与淑钧于美国弗吉尼亚州

▲1980 年与淑钧于美国

七、内大借聘

内大即内布拉斯加州立大学,中山大学同它已有来往。该校曾派团到访过中山大学,我们也进行了回访。在得到我在哈佛任教的消息后,内大校长曾希望续聘我到该校任教一年。因当时我已任中山大学副校长,不能在国外久留,所以未能同意。后来该校同哈佛商量,从哈佛借聘我一个月到该校两个校园讲讲。哈佛尊重并征求我的意见。确是盛情难却,但我仍请哈佛作出决定和答复对方,纳大才得如愿以偿。时间是第二学期之初,一个月后即返回哈佛。原打算继续在哈佛开两门课的,因时间减少而只开了一门。

内大的两个校园,分别在该州的林肯市和奥马哈市,相距不是太远。我们先到林肯校园,那里有设备齐全的宿舍,去教学区也很近。但校方仍指定一位老教授负责联系,用他的车顺带我往返,真是太周到了。其他教师和学生都很热情,听课比较认真,课堂提问也很积极。这也许是少见来自新中国的学者和从哈佛借聘来的缘故。因为师生们在谈话中常对新中国的情况问长问短,有的近乎一无所知,也有的对哈佛很感兴趣,在他们的心目中,哈佛毕竟是一所名校,所以要问。

校长对我们的接待显得相当隆重,专门举行了一次规模相当大的宴会。因为我们夫妇是一同去的,所以校长夫人也到现场,还有不少教授夫人。校长讲话之后,也要我讲几句。我在出国前有点儿思想准备,当时曾认为中山装是我们的"礼服",我带了一套就穿上了,也引起全场注目。夫人们谈得很好,有的还约我们到家里做客,看来住的条件较好,带我们到楼上楼下参观,这可能是美国人的一种习惯。住得差的大概就不会这样做。

◀1981 年 4 月在美
国内布拉斯加州立大学
校长正式宴会上讲话

▲1981 年于美国内布拉斯加州立大学

　　林肯这个城市不大,我们偶尔也出去逛逛。没有想到碰上一家中餐馆,中国人真是到处开饭店。我们因为已在广州多年,能听能说广州话,就进到店里,但却只能勉强与店主交谈。原来餐馆的店主是一位化学博士,因为素不相识,不便多问。想想他为什么不去干他的专业工作,而在这儿开小饭店呢?一定是另有原因的。会不会在"自由择业"的同时和背后,还有什么复杂的,甚至"微妙"的因素在起作用呢?

　　州里的《林肯星报》(*The Lincoln Star*)记者里夫斯(Bob Reeves)要采访

我,我当然不能拒绝,而且表示欣然接受。他所提的主要问题是,我对中美关系的看法。后来该报在 1981 年 4 月 20 日的报纸上,发表了题为"中国学者对中美关系的继续表示乐观"的文章,也可见"中国学者"来该州的不多,他们的消息倒是蛮灵通的。文章好像还附有我的照片,那可能是采访的惯例。

记得前面谈到纳大时已简单介绍过该校概况。这次再到"东校区"即奥马哈校区了解得更多一些。在此待的时间不长,同林肯校区一样是两周。但没有完全对口的专业,勉强可以有些联系的只有家政和该州继续教育中心。其他如农学院、医学院与护理研究院等,都未必对我所讲的专题感兴趣。因为我讲的都是关于行政管理、公共管理、教育管理等方面的内容。出乎我意料的是,听众却多到拥挤的程度,提问也很积极、活跃。这也许还是与少见和好奇有关,因为他们所提的问题仍是专业方面的较少,而关于中国的较多,特别是在某些失实传闻、以讹传讹得到澄清以后,他们恍然大悟,我真感到不虚此行。

奥马哈市比较繁荣,但与其他著名大城市比,显然还有较大差距。作为来自中国的学者夫妇出现在闹市街头,我们也常引人注目。校方知道我老伴有研究英语教学的任务,另行安排了人员陪同到当地中学参观、听课。有时还开座谈会交换意见,会上有人不知她来自何方,曾试问是不是从波士顿地区来的。原因是她讲的英语很有"新英格兰地区"的味道,而波士顿是该地区最大的城市。哈佛大学正是在波士顿附近的康桥,都属于传统的新英格兰地区。美国是个大国,虽然都说英语,但东、西、南、北、中各地区听来有些差异。我们在洛杉矶时,也有人说过这一点。不过都听得懂,不像中国方言那样难以交流,特别是像上海话、苏州话、潮州话、闽南话、海南话和粤语同普通话之间简直是有如"鸡同鸭讲"。若是分得更细,难度就更大了。至于美式英语与英式英语之间存在的差异,则是另外一个问题。在发音、用词、拼写、习惯用语等方面有很多不同,似乎在国际流行英语中,美式居多。原因不用说了,只说我们自己,还是应该推广普通话,外国人学汉语也是应学普通话。

根据老伴听课的回忆,美国英语的教学并不注意英语的由来和发展历史,而是以当前适用为主。美国过去在中国所办的教会学校教的都是美式英语,她曾在一所教会女中读书,对照起来,很有可能就是所谓美国新英格兰地区的英语。大学里的英语教师很多也是从美国留学回来的。情况如此,也就不足为怪了。再说语言这玩意儿,常常是"少小离家老大回,乡音无改鬓毛衰"。我总以为自己的普通话可以"达标",但别人常听出我的"乡音"来。更有趣的是,我是江苏人,老伴儿是湖北人,日子久了,互相影响,有人从口音中猜我是湖北人,她是江苏人。我就索性说我们是"江湖人"吧。

我们在内大完成了两地共一个月的任务后,回到哈佛继续教完预定的课程,参加了传统的毕业典礼并在主礼台上就座。然后如期回到广州,照常工作。按规定,我们要及时向学校和国家教育部作总结报告,当然照办。

我们报告的题目是"夏书章、汪淑钧关于在美国哈佛大学教育研究院从事教学研究工作的报告"(1981年8月1日)。内容除所从事的教学研究工作(包括纳大一段)外,尚有美方人员常提的问题和对美国高等教育观感等。后面这两部分,对我们有一定的参考价值。对我个人来说,因为在三十多年前曾在该校读研,看清其变与不变,值得思考。还有一篇《重访美国观感》是上次回访后写的,载于《希望》1980年第1~2期,在那里我已谈了一些有关情况。

八、台湾学生

回国以后,有一件事未能忘怀,那就是在哈佛任教和美国各大学演讲时,常遇到来自台湾的中国留学生。他们很主动和乐于交谈,对于祖国大陆的情况很感兴趣和表示关切。他们给我留下的印象是相当热情和坦率,有的认为能在美国大学见到来自中国的教授授课或演讲感到特别高兴,表现了"一家人""一家亲"同是中国人的感情。我们当众交谈,说的都是普通话,来往师生也都看在眼里,因为那是课间休息时间,也有在课后谈得较长时间的,反正不止一次。

有些旁观者事后对我说,他们想错了,原以为会互不理睬或者会"吵架",却没有想到会这么融洽,还反问我是为什么。我笑着回答说:"非常简单,我们都是中国人嘛!"遗憾的是当时新中国成立已三十年,台湾同大陆还没有统一。我所接触的一些台湾学生,都仍有这方面的历史知识。我也借机谈谈有关情况,他们似乎都能理解。不过我与他们没有保持联系,不知后来表现如何,也有可能留在美国不再回去。因为移居美国的台湾人增多,有的城市已出现"新唐人街",即在原有的唐人街邻近地区较多台湾人聚居之处。"唐人"者中国人也,可见台湾人即中国人,说的是中国话(普通话与闽南话都是中国话),用的是中国文字。什么"两个中国""一中一台",完全是胡说八道。

这就不可不彻底还原历史真相,不允许有半点儿含糊,甚至扭曲、伪造。从比新中国成立再早几年的 1945 年说起,国民政府在二战结束、日本无条件投降并归还中国领土台湾以后,曾经接管了几年。后来新中国成立,蒋介石窃据台湾顽抗,还梦想反攻大陆。本来解放大军在解放海南岛之后,可以一口气解放台湾,但因发生了抗美援朝,致未实现。其中显然有美国干扰、阻挠,后来又冒出"台独分子",妄图把台湾从中国分裂出去,日本也介入此事。接着发生的,便是"台独分子"美化日本殖民统治之类,篡改历史和进行奴化教育,等等。

说得更早一些,那是一百多年前的事了。台湾本是中国固有领土,怎么会被日本当殖民地呢?原来腐败的清王朝在甲午战争中打了败仗,接受了不平等条约,把台湾割让给日本作殖民地。直到二战日本投降,台湾才回到祖国怀抱。因此,"一个中国"即台湾是中国领土的立场我们是坚定不移的,没有排除以武力解决问题的可能性。但还是和平统一为好,共同为实现中华民族伟大复兴的中国梦做出积极贡献。

当然,那时还没有"中国梦"这种说法,意思也就是应以民族利益为重。同时,也可见正确的历史教育十分重要,在台湾尤其和格外重要。那些从台湾来的研究生,对此都点头称是。但并不是没有问题,既然谈开了,便很自然地问这问那,不再有什么顾忌。特别是"文革"结束不久,外面有些传闻,有机会弄清楚也好。其中有很可笑的,我听了哈哈大笑,使问者觉得奇怪。

例如,关于"又红又专"问题,问者以为红即红色,听说我们尚红,什么都是红的好,穿红衣、戴红帽、喝红茶、吃红糖……问我是不是,还问我为什么不打红色领带。我从来没有听到过这种说法,恐怕只是传者的简单化理解。于是我不得不认真解释,这"又红又专"原是德才兼备的要求,"红"指的是思想进步、品格高尚,"专"是业务精通、技术熟练,与穿衣、戴帽、喝茶、吃糖无关。问者还有点儿似懂非懂和将信将疑的样子,这也难怪,没有身临其境便不易分清"白"又有什么不好,为什么要反对呢!

又如,关于"红宝书"问题。问者曾经听说大陆人手一册,随身携带,还要及时背诵或阅读,问有无此事。我当然不能说没有,但并非人手一册,而且流行时间不长。不是那本书的问题,是有人在背后搞形式主义,另有图谋。被称为"红宝书"的那个小本本,内容包括毛主席语录、毛主席的五篇著作和毛主席诗词。除毛泽东的照片外,还有林彪的题词和他写的"再版前言"(写于1966年12月16日),人民出版社1969年2月出的第一版。后来打"语录仗",滥用语录的事都传出去了。对于我这样的回答,问者也没有再说什么。

再如,关于"红卫兵"问题。问者听说"红卫兵"很厉害,从北到南,敢作敢为,像是孙悟空大闹天宫,问究竟是怎么回事。我也不能否认,但根据个人的观察实话实说,表面上像是自发的,可来势很猛,又可能有人在操纵。"红卫兵"还有"红小兵",都是青少年学生,打着"革命无罪,造反有理"的旗号,乱打、乱斗,甚至还要"踢开党委闹革命",什么方针政策理论原则一概不管,"知识愈多愈反动""知识分子是臭老九,要打翻在地,踏上一只脚永世不得翻身"这类的口号,简直太离谱,也根本没有谱。这些都已经是过去的事,"文革"结束以后,亦已拨乱反正,回到改革开放建设发展的正轨。问者听了以后,表示已得到预期的回答。

这几个例子有一个共同的特点,即都带有一个"红"字。我也反问了一下,为何对此如此感兴趣。答得又快又妙:国际已通称"红色中国"正开始走红。"红色"原指革命,"走红"是走向兴旺发达。"革命不是请客吃饭",总应有破有立。只破不立,难成"气候"。立得不好,也不利于正常发展。中国在实行改革开放政策了,中美关系正常化了,新中国在联合国取得合法地位了,越来越多的国家只承认一个中国等,这几个台湾学生总是会知道的。我说我没有到过台湾,但有不少从大陆去的熟人主要是过去的同学,当官的和教书的都有,不少还有较高的知名度。我随便问问,这些台湾学生也有老家在大陆的,如江西、湖南等省的都有,但本身都在台湾出生。当时台湾当局还没有开放回大陆探亲,我记得希望这些年轻人有回老家看看的机会时路过广州再见见面。他们这才知道,我是不会留在美国的。

九、服从分配

1982年1月9日,广州《羊城晚报》发表了该报记者刘星的一篇报道,即《坚决制止不正之风 学校领导以身作则——中大分配毕业生做到"三个一样"》,其中提道:"副校长夏书章的女儿在外语系毕业,按这个专业的分配方案,大多数毕业生分配在广州和北京两地。夏书章及其家属教育自己的子女把国家需要放在第一位,鼓励女儿到北方去,把广州的名额留给其他有困难的同学。"在这段简短的新闻中,对有些历史背景需要加以说明。

首先,当时对应届毕业的大学生还继续实行由国家分配的制度,不是白行择业。这就有个必须服从分配的问题,否则可能乱套。需要人的地方没有人肯去,不需要人的地方大家往里挤,分配的计划便难以实现,会影响有关工作和出现有人无事干和有事无人干并存的怪现象。

其次,广州和北京本来都是好地方,北京是国家首都,一般想去的还大有人在,为什么当时有些人会把广州当首选呢?这一点外地人可能不大理解,而广州本地人则心知肚明:北方天寒地冻,生活不习惯,难以适应,已经有去了又想方设法转回来的。其实也未必那么严重,只是缺乏以工作为重的精神准备而已。

我们的小女儿纪慧从小一直到大学毕业,都没有出过远门,算得上是十足的广州人了。这次毕业分配,她有什么想法和抱什么希望我们并不知道,但是我们已经知道前面所说的情况。于是和夫人一起共同对她做了一些思想工作,就是记者所说的那些内容。即使不是副校长,我也会那么做的,更重要的是她很懂事,对分配去北京欣然接受,也就是二话不说,服从分配,情况就是这样。

她在四个子女中还有一个特点,即中小学都是走读,大学期间食宿都在家里,没有住集体宿舍。此后要独立生活,加上路远和生疏,妈妈不大放心,特命老三——比她大6岁的纪康陪同赴京。她也没有拒绝,总算路上有人照应。过去大女儿下放海南岛时,也是老三陪着去的。老大已在外地工作,顾不到这些了。

纪慧要去的单位是共青团中央国际联络部。她学的是英语,工作是很对口的。我有机会到北京开会时,曾去团中央看她。她的上级领导同我见面,夸她工作很好,并表示如再分配中山大学毕业生来他们欢迎。在纪慧生小孩后,老伴专程去北京看望。或前或后,还有一些活动,她总是服从分配和以做好工作为重。例如,单位曾安排她到加拿大的一所大学去进修一年,她按时往返,继续工作。本来她有机会到美国的一所大学去多读一年并会获相应学位的,但她没有向单位反映和要求。

共青团中央机关的干部有年龄规定,即到一定年龄要转换单位。后来纪慧被调往全国政协办公厅外事委员会办公室(外事局)工作,从处长、副主任(副局长)到主任(局长)。她的工作很忙,领导人出国访问前要先出去做准备工作,习惯称为"先遣工作",访问时担任领导人的总礼宾官;外国议会或相关机构领导人来华访问时,要做接待和陪同工作;为政协委员服务,等等。

工作对她的小家庭生活也有影响,因为那位外交官女婿经常驻外,只有回国开会、述职才回家聚聚。后来他当了大使,在有大使夫人必须出场的时候,纪慧便临时出去完成任务。例如国家领导人偕夫人到该国访问,她就去执行陪同夫人活动的任务。她常跑来跑去,似已习以为常。

还有一点,她在四个孩子中表现比较突出的是同父母经常保持联系。每次外出和回归,都给父母打电话。有时一进家门就打,让父母放心。老伴对此也很欣赏,常对我夸奖她。古语有云:"儿行千里母担忧。"其实儿女和父母都一样,何况相隔很远呢! 有些情况可能是提前讲了,还是以后再说吧。

在北京工作的中山大学校友很多,在政协就有好几个,还有在其他部门、单位和在北大、清华等校任教的,已成立校友会。她对校友会工作也很积极,如举办毕业典礼和其他集会等,她都大力协助安排。很多校友认识她,在任书记、校长、副校长因赴京出席有关活动,也知道我有这么一个女儿,回来见面时常提及。又因为她在广州长大,会说一口地道的广州话,所以在政协委员中有些广东和港澳委员也同她很熟。同广东省政协有工作联系,就更不用说。

有人同她开玩笑,说她的名字像"忌讳"。我说汉字的同音字很多,不也可以说是"机会""集会""际会"("风云际会")吗? 这没有什么意思,正像我们平常爱说或避说的那些,为什么都只独选其一呢? 如前面早说过的"四"与"八",还有很多很多。总不能把江苏当成"将输",把苏州说成"输州"吧,而且同音还有很多,如书、舒、抒、纾、枢、疏等。玩笑归玩笑,用不着计较。

除了广州话没有忘记外,她在生活习惯上还保留了一些乡土之情。例如从小爱吃的炒河粉和在广州常吃的鱼和虾。她回来一次,常要带些走。特别是炒河粉,返京的当天早上还赶到市场买些带着。因为乘飞机,时间不长,不会坏掉。还有像广州的菜心也很好吃,她每次回来都要过嘴瘾,我们看了都很高兴。

可是想想自己,离乡太远也太久了。1987 年 11 月,因应江苏省人事厅邀请为所办培训班讲课之便,访问了扬州市、高邮县(后改市),并在为县级机关干部讲行政管理专题后,到家乡送桥镇探亲访友。老母与兄弟都已先后去世,认识的亲人一个也没有。在这方面,纪慧也算是有心人了,她某次因公路过高邮,还专程到送桥看看。她是四个孩子中唯一到过老家所在地的。

十、行政研究

1982 年 1 月 29 日,《人民日报》发表了我的短文《把行政学研究提上日程是时候了》。当时的背景非常清楚,邓小平号召的"赶紧补课"中有政治学,1980 年年底中国政治学会已经正式成立,复办政治学系正在积极筹备,其中包括将要开设的课程和对有关师资作准备。这里首要涉及的是政治学和行政学这两门课程,政治学自不待言,行政学则较感陌生,因而很有必要大声呼唤以引起注意。特别是我刚从美国任教回来,在这方面也了解到一些新的发展情况,所以强调了行政研究。

不仅如此,同年 3 月 15 日,我又在《人民日报》发表《机构改革与行政法》,6 月 29 日仍在该报发表《从宪法修改草案看行政立法的任务》,紧接着7 月 7 日在《光明日报》发表《就宪法草案论副职》一文。还有在 1982 年第 4期中国政治学会《政治学研究通讯》上发表《论宪法修改草案废除了实际上存在的领导干部职务的终身制》(在一次宪法修改草案学习研讨会上的发言）。在上海社会科学院法学研究所《政治与法律丛刊》1982 年第 1 期上发表《机构改革与行政学、行政法学的研究》。同年 8 月 24 日在《人民日报》发表《论领导班子专业化》等，就不一一列举了，主要是针对当时正在进行的机构改革要有全面和根本长远的考虑。

要切实做到依法行政，就必须重视行政立法。将行政学与行政法同时定为必修课不是偶然的，我初到中山大学任教时所开的三门课中就有这两门。当时法律系没有开行政法这门课，让学生到政治学系来旁听。新中国成立初期实行院系调整，把这些课都停掉了。我曾在长期纳闷中发现苏联一度虽没有政治学和行政学这两门学科，却有行政法方面的有关资料。那是 1955 年间的事，我也发表过一些意见，当然毫无用处。道理其实很简单明白，行政机构的设置和关于拥有什么职能，以及如何运作等，若无具体规定，则随意性太大，可能因人而异，将对国家发展和人民群众不利。如副职过多甚至失控，更是显例。

说实在的，文章写得再多，也都只是"书生之见"，那些大权在握的人才是关键所在！不是有这么句话么，"笑骂由人笑骂，好官我自为之"。连笑骂都不在乎，还在乎什么意见和建议呢？问题还在于那个"好官"如果真的是好官倒也罢了，可那是自封的、"自为"的，可能适得其反，是老百姓心目中的坏官，甚至是罪大恶极的贪官污吏！倘若有法可依，此辈便不能为所欲为，而必须为所当为。可是跟着来的又出现了"为官不为"的怪现象，即该干的不干，就是消极怠工。怎么办？还得有法可依和依法办事。这是我们依法治国的首要组成部分，不可掉以轻心。

应该认为，我们的干部队伍是好的和比较好的，不然就不会有新中国的今天。但是如果能注意清除那些少数害群之马，我们的发展就会更好更快。我们在这里说的依法行政，也是大多数和绝大多数的人都能奉公守法，因而不对少数违法犯罪分子严加惩处，是不公道的和不得人心的。所以一定要做到有法可依、有法必依、执法必严、违法必究，才能风清气正、政通人和。

在国家层面，我们既讲依法治国，也讲以德治国。因此，在行政研究中，我们也在强调行政立法的同时,重视行政道德或行政伦理,即精神状态的问题。在这个时期,我除在哈佛开过"教育与伦理"这门专题讨论课外,还发表了几篇有关的文章,如1982年2月10日《羊城晚报》的《不可缺德》、3月10日的《孙中山的伦理思想》、5月12日的《教师与德育》、10月6日的《发展社会主义民主和建设两个文明》、1983年1月12日的《新宪法与社会主义精神文明建设》、11月16日的《立精神文明必须破精神污染》,等等。

前面在谈行政专业时已经谈到勤政廉政和敬业乐业的问题,这在很大程度上属于精神范畴。若将行政工作等同于一般职业,其具体表现即大不一样。"为人民服务"这句话大家都知道,也都熟练到能脱口而出。但有些人却被说成是"为人民币服务",这一字之增,完全改变了工作性质。说穿了就是旨在赚钱,还可以有两种解释:一是为了拿工资,只当一个"饭碗";二是可以利用职务捞到"油水",包括敲诈贿赂。这都没有丝毫为公的观念,只有一己之私。于是什么"衙门八字开,有理无钱莫进来""有钱好办事,没钱不办事"等都来了。这怎么行!所以必须大反贪污腐败,还要一反到底,不获全胜决不收兵。这是极得人心的大好事。与此同时,也应表扬先进和树立楷模,以保正气上升而使邪气下降。其中特别要集中和经常警惕并反对的是各种各样的官僚主义习气和作风,如"官不大,架子不小",其实"大官"也不该摆什么"架子"。

关于行政研究,内容实在丰富,这里不能一一详及,还有许多专文、专讲、专著。以上谈的,只是部分当时议论较多的话题而已。如正好碰上实行改革开放,又进行机构改革,一些有关的问题被提上议事日程,才有发表意见的机会。行政学的分支学科很多,大家也逐渐开始接触了。但是共性的问题,大家都仍较感兴趣。下面仅以行政绩效和行政成本为例,亦有借窥一斑之意。

关于行政绩效,通常人们都注重行政效率。其实行政绩效已包括行政效率,但若仅看效率而不论绩效,将有无成绩、无效果的危险。效率有个针对目标和所循道路的前提,倘若效率虽高而方向不对,岂非可能速而不达,甚至越快越离谱？效率也不可只看速度而忽视质量,粗制滥造便是由此而来。

关于行政成本,这是财务管理必须考虑的问题。预算有限,必须合理开支。若都大手大脚,必将难以为继。政府关门的事,在资本主义国家早已上演过。我们应该保持清醒,"把钢用在刀刃上",切忌浪费和公款私用、中饱私囊等贪污贿赂行为,力求做到弊绝风清、遵纪守法、为政清廉。

关于行政研究,天津市的情况值得回忆。当中国行政管理学会尚在筹备时,天津首先成立学会。全国城市管理研讨会在南京举行时,天津市非常重视,市领导和河西区领导等都去参加。天津市河西区还在全国直辖市中成立第一个区的城市管理研究会,聘我为顾问。我专程访津三次,在穗接待河西区领导两次,印象很深。

十一、办短训班

前已述及,政治学与行政学将恢复教学活动,要解决师资缺乏的问题。1982 年 4 月,刚成立不久的中国政治学会委托在上海的复旦大学举办全国政治学短训班。我应邀赴沪讲政治学、行政学专题,同时应邀在华东师范大学作专题演讲。参加这次短训班的几十名学员,后来都成为这两门学科的教学骨干。有人戏称这个班是"黄埔一期",接着也曾在北京、湖南等地办过性质相同的短训班。

当年 10 月 4 日,教育部委托华中师范学院(华中师范大学前身)举办中南地区高等院校干部培训班,邀请我讲授高等学校管理学。11 月,除在该院讲课外，我在卫生部委托中山医学院主办的全国医科院校长研讨班、广东省高教局委托华南师大主办的高校教学管理班、中南矿冶学院干训班等讲高等教育、教学管理等专题。随后还分别和继续在中南(华中师院)、西南(西南师院)、华北(北京师大)、华东(华东师大)等班和江西班(江西师大)、浙江班(杭州大学)等讲过相同内容。12月,在武汉大学经济系、经济管理系讲人事管理。1982年的情况大致是这样。

1983年1月17日下午、18日上午,我在昆明为云南省政治、宣传系统干部讲行政学、行政法和人事管理等专题。3月,又在武汉华中师院教育部中南高校干部培训中心讲"高等教育管理学概论"。3月26日上午,在广东省委党校人事局(处)长进修班讲四个现代化问题。4至5月,在华中师院、陕西师大、西南师院教育部中南、西北、西南高校干部培训中心,延安大学等院校讲"高等教育管理学"。11月中下旬,在杭州大学为浙江教育厅主办的全省高校干部培训班讲相同内容。

▲1983年5月于延安讲学期间

▲1983年4月为陕西师范大学高等学校干部进修班讲课

▶1983年11月在杭州大学讲课

1984年2月,我在教育部委托华东师范大学举办的华东地区高校干部进修班讲"高等教育管理学"。4月4日上午,在首都剧场为北京市干部讲"城市管理是一门科学"。4月6日上午,在全国政协礼堂,在由中央组织部和劳动人事部主办的报告会上讲"人事管理的若干问题"(7日《人民日报》、9日《光明日报》有报道)。4月9日下午,在北京钢铁学院(由北京师范大学教育部华北地区高校干部培训中心主办报告会)讲高等教育管理问题"高教管理十议"。5月23日上午,由广东省委组织部、省人事局主办在省人民政府礼堂讲"人事管理问题"。6月9日上午,在黑龙江省委俱乐部由省社科联、社科院和省人事监察局主办的学术报告会上讲"关于行政管理和人事制度的若干问题"。6月12日上午和下午,在北京万寿路中央组织部招待所,为市长研究班讲"市政管理"(城乡建设环境保护部、中共中央组织部、中国科学技术协会联合举办的市长研究班聘请我为该班讲课,5月12日发的聘书)。6月14日下午,为山西省委党校、省社科院、太原市委党校、山西大学法律系联合举办的报告会讲"行政管理"。6月15日上午,在太原梅山会议厅,为山西省干部讲"行政管理"(16日《山西日报》有报道)。6月16日上午,在太原市政府礼堂讲"市政管理"。6月19—24日,在四川重庆北碚西南师范学院教育部西南高校干部培训中心讲"高等教育管理"。8月20日,在国务院办公厅、劳动人事部召开的"行政管理研讨会"上发言:"关于开展行政研究的一些粗浅认识"[1]。1984年10月13日香港《文汇报》报道,应香港大学亚洲研究中心之邀,在该校作公开演讲"中国关于城市管理政策的基本概念"。12月,应安徽省委组织部、省人事厅、省直党委、合肥市委和电视干部学院之邀,在合肥讲"行政人事管理"(见1984年12月16日《安徽日报》),又在合肥市全国信息资源开发讲习班讲"管理信息与信息管理"[2]。当年还有几次在东北师大、武汉市、福建省人才研究会等处作讲座的时间已记不清。

---

[1] 载国务院办公厅调研室编:《中国行政管理学初探》,经济科学出版社,1984年。

[2] 载《管理·心理·伦理》,法律出版社,1987年。

▲1985 年 3 月在安徽作行政管理学讲座

▲1985 年 3 月在安徽作行政管理学讲座

1985 年 5 月,国家劳动人事部教育局委托湖南省社会科学院和湖南省劳动人事厅举办全国行政管理师资培训班,聘请我讲授"社会主义国家行政管理的地位和作用""行政管理科学化、法制化、现代化"等专题。6 月,在广东省人事局处长研修班上曾作"行政管理学与改革"的讲话。8 月 16 日《人民日报》报道我在联合国文官制度研讨会上作题为"中国人事制度改革的理论和实际"的发言。10 月,在大学师资管理国际研讨会上作"高等教育师资管理中的质量要求和数量控制"的报告。还有在广东省社会科学大学、在广西南宁举办行政管理讲习班、全国信息资源开发讲学交流会、宝安县经理培训班、湖北省行政会筹备会上的讲话等。

1986 年 3 月 15 日下午,我为汕头市委和市政府干部讲话。9 月 11 日,应深圳市委宣传部邀请为该市干部作报告。我也曾在十四所重点高等院校校办工作研讨会上讲话,为国家教委委托中国政法大学在京举办全国高等学校行政管理学教师培训班讲课,在广东省第一期市长研修班讲课,在福建省行政会成立大会暨首届学术讨论会上讲话,在浙江省行政管理学会筹备组举办第一期研讨会上讲话,在广东地区公共关系俱乐部高级研讨班上讲话,在经营管理应用心理学讲习班讲课,在广东省高教局委托中山大学举办的高等学校教学改革研讨班讲"高等教育管理",等等。

1987 年,我在吉林大学、广州市城市基础设施建设与管理研讨会,中共广东省委宣传部与省高教局联合主办广州高校四项基本原则教育专题讲座,广州市咨询工作研讨会,佛山市、广州军区礼堂,江苏省人事局培训班,扬州市、高邮县、广西桂林首届全国政府法制工作理论研讨会,南京全国首届城市管理学术研讨会等都有讲话。1988 年,我曾在兴城"全国建设银行人事干部培训班"讲专题。1989 年 7 月,在佛山市、广东省经济管理干部学院等地或单位,分别作有关专题讲座。这些都是这个最忙的十年中的部分体现。

十二、笔耕不辍

俗话有云："君子动口，小人动手。"那说的是动手打人，我的动手则是指动笔写专文、专著。上一节讲的是动口，这一节就讲动手。"笔耕不辍"是这个最忙的十年中的又一具体表现，简单统计了一下，专文在一百七十篇左右，编著共有八本，为其他十年所不及。但是光看数字不行，有一个"是些什么内容"的重要问题。前面的写作方法是列举在何时何地讲了些什么，显然还不齐全，仍多有遗漏。如果这里照办，会占更多篇幅，似无必要。

想起了在这方面有两本关于我的书可供参考：一是系里编的《学者风范学子楷模——祝贺夏书章教授 80 华诞暨从教 55 周年》，由中山大学出版社1998 年 12 月出版；二是院里编的《夏书章与中国公共管理》，由中国社会科学出版社 2008 年 2 月出版。前书有"辞、简杂拾""主要经历略述""主要论著目录"，后书有"学术年谱"，以下仅列书名、文章题目，一切从简，以见思路。

1979 年 7 月—1989 年 7 月：《伦理学与四个现代化》《重访美国观感》《对于教师的道德要求和道德教育问题》《关于现行高等教育管理体制的几个问题》《把行政学研究提上日程是时候了》《不可缺德》《孙中山的伦理思想》《机构改革与行政法》《既然如此该怎么办？》《教师与德育、从宪法修改草案看行政法的任务》《宪法改革草案论副职》《论市政与市政学研究》《论宪法修改草案废除了实际上存在的领导干部终身制》《机构改革与行政学行政法的研究》《论领导班子专业化》《智力机构要加强也必须改革》《发展社会主义民主建设两个文明》《干部梯队建设和在职培训》《论干部轮训》《新宪法与社会主义精神文明建设》《公共图书馆的两个文明》《国外"行政学"简介》《赞一个促进改革的建议》《人事干部的知识化专业化问题》《现代管理中的咨询服务》《开创新局面管理是关键》《要抓紧培养专业管理人才》《关于人才必须合理流动的谈话》《关于建立我国高等教育管理学的设想》《领导干部要敢字当头——读〈邓小平文选〉》《与培华通讯社记者谈教育》《立精神文明必须破精神污染》《人事工作大有学问》《必要的尝试可喜的开端——读〈行政法概要〉》《短论集〈管理·伦理·法理〉》《城市科学研究中的十大关系》《"知识分子成堆"与干部知识化》《人事管理是一门重要专业》《行政改革与社会主义现代化》《关于人事管理的若干问题》《论领导班子专业化》《人才与人才信息》《行政法在加强法制中的地位和作用——读〈邓选〉》《城市科学的学科建设和人才培养》《论责任制与责任心》《人事行政中的德才评价》《关于科研体制改革问题》《只有科学能治愚昧》《行政管理要适应经济改革要求》《人才 人格 人心》《高等教育管理学讲话》《人事管理》《行政管理学》《提倡对学术讨论会实行"综合利用"》《开展中国行政管理学研究很有必要》《什么是行政管理学？》《高等教育实行"三个全面"不能徒托空言》《略论人事工作中的人和事》《政治家与行政改革》《高教改革中的教学改革问题》《干部培训工作的紧迫性和战略意义》《简政放权的必要条件》《人事管理工作的广度深度和难度》《市政管理改革中的观念更新》《识才 用才 惜才》《人才研究中的一个重要问题》《中国行政法学的教学和研究在前进》《行政管理改革与行政管理学研究》《人事管理改革与人事管理学研究》《怎样学习行政管理学？》《关于"文官"规模和组织结构等问题》《人才管理需要管理人才》《我国的人事管理机构必须改革》《要重视社会主义行政管理的研究》《改革必须研究》《研究需要组织》《行政管理改革中的观念更新》《行政管理学与改革、革命化应当怎样理解？》《干部为什么要年轻化呢？》《知识化真的那么"神"吗？》《专业化在于学用一致》《开放城市的投资环境和城市管理》《高等教育师资管理中的质量要求和数量控制》《社会管理行政管理与人事管理》《行政管理必须改革就必须研究》《中国人事管理的理论与实际》《行政管理的关键在人事管理》《思想教育与教育思想》《公共关系学漫谈》《干部梯队建设中的三个主要环节》《祝〈人事〉创刊一周年》

《论城市管理与城市科学》《并非"锦上添花"》《人才流动理论与人才合理流动》《淡化当"官"心理》《市政管理八议》《行政学新论》《政治体制改革是为了发扬社会主义制度优越性》《政治改革的关键在于尊重科学和发扬民主》《不要忘记科学技术界》《建设社会主义精神文明和发扬社会主义民主》《城市发展必须重视管理》《管理是城市工作的中心环节》《谈谈高等院校办公室建设问题》《干部工作要发扬民主》《建议改"成人教育"为"继续教育"》《行政管理改革也要一靠政策二靠科学》《管理·心理·医理》《从"三国"故事谈现代管理》《当代中国政治与政治学》《特区与沿海开放城市的高等教育发展战略中的国际学术交流问题》《要重视和发展我国的继续教育》《为普及行政管理学知识而共同努力》《城市基础设施的建设与管理必须并重》《职业道德与现代管理》《中国国际地位的历史性变化》《秘书专业要发展和加强》《必须重视发展高等教育和加强国际学术交流》《果真锐意改革就要有敢为天下先的精神》《必须以社会主义教育思想培养社会主义建设人才》《谈干部人事制度改革》《研究民政管理促进民政改革》《关于市长》《市政府如何管理好城市的问题》《创建有中国特色的社会主义行政管理学》《要研究从维护安定团结到长治久安之道》《大学校长应当努力争取成为教育改革家和必须注意端正办学思想》《改革管理是提高教育质量和办学效益的中心环节》《改革就是要兴利除弊》《有了定心之音同心之源信心之本还要问心无愧》《举办国家行政学院的时机已经成熟》《把行政管理学的研究引向深入是时候了》《依法治城强化和优化城市管理》《比较 借鉴 改革 创新》《现代行政管理必须有法可依和依法办事》《对于在我国城市政府中实行目标管理的认识和期望》《城市与城市科学研究的重要性》《在社会主义商品经济新秩序中的教育发展问题》《论深化改革必须清除官僚主义病根》,等等。

　　还有不少相近的内容已从略,因限于篇幅,仍有约二十篇未列入,主要是关于竞争、学风、廉政等问题的论述。

十三、圆桌会议

那是 1984 年 8 月的事。美国政治学会第 80 届年会在其首都华盛顿举行。在这届年会中,有一个"中国统一问题圆桌会议",我应邀去参加了,作了题为"不远万里所为何来?"的发言。9 月 1 日,《人民日报》在第 6 版上专题报道了《中国统一圆桌会议在华盛顿举行》:"一年一度的美国政治学会专题讨论中国统一问题尚属第一次……夏书章教授专程前来参加会议。国内学者参加讨论中国统一问题,这还是首次……讨论会上发言的有夏书章等人"。台湾当局临时取消了原答应有人到会的计划。会议主持人是美国马里兰大学政治学系的薛君度教授,他对此表示遗憾并表示:"中国统一问题,不能因为一方不愿参加讨论就不存在。"他说:"大势所趋,台湾和大陆分久必合,只是时间、方式而已。"(英文版《中国日报》1984 年 9 月 1 日亦有报道)美国中文版的《华侨日报》报道更详,并附有大幅照片。到会更多的是美方人员。

中国政治学会虽然成立较晚,但在成立以后,已在国际上有一定的知名度。这次美国政治学会的年会,找到了中国的对口单位,肯定是有邀请函的。北京方面决定派我前往,我当然就依时赶到。本来我并不知道台湾没有人来,开会时才听说,台湾不仅派了代表,而且就住在开会的那家宾馆里。但为什么不露面呢?原来是台方预定,大陆来人即避。主持人表示遗憾是理所当然的,台湾的做法不明摆着是对统一抱极其消极的态度吗?

学者认定,中国统一是大势所趋。这是明智的表现,谁也改变不了这一发展趋势。在前几年我与留美台湾学生接触时,即已谈到这一点,他们亦能理解。但是在时间上,似乎已拖得够久的了。造成这种局面的因素相当复杂,台湾内部与外部的都有,主要是外部即国际的干扰。在表面上,"一个中国"的原则是被同意和肯定了的,可在实际上,却明里暗里的"小动作"不断。这也是举世周知和有目共睹的事实。我们坚持原则,旗帜鲜明,也从来没有含糊过。

就说到1984年8月开会的时间,新中国成立已将近三十五年,中美关系已经正常化了,新中国在联合国已拥有合法地位了,为什么学术团体还要开"圆桌会议"讨论"中国统一问题"呢?台湾当局又为什么不让其代表与大陆学者见面呢?这就不难从一个侧面看出,学术研究同具体实践之间存在或大或小的差距,甚至有背道而驰的现象;而有所谓"御用学者"则都只是徒有学者之名而是十足奴仆之实。常言道:"有理走遍天下,无理寸步难行。"台湾理不足气不壮,不是不愿而是不敢同大陆代表同场讨论。这已不属政治学的学术范畴,而是现实政治的一套了。

不过话又说回来了。美国的政治学者对美国的现实政治所可能发生的影响也存在问题。一般对"书生之见",合当权者胃口的则用,否则置之不理。这是美国实用主义的典型表态,或者借以装点门面,其实另行其是,也就是口是而心非、言行不一,也是资产阶级的惯技或常玩的把戏。前面已经讲过,表里不一直到适得其反,人们早已见惯不惊。因此,"中国统一"早已不是理论问题,什么"两个中国""一中一台"都完全是站不住的、无法自圆其说的邪门歪道。

时间过得真快,从对1984年8月开会的回忆至今(2017年6月)又将近三十五年,统一问题仍未得到解决。这就是与时间有联系的统一方式问题,说的是有"武统"与"文统"之别。"武统"是直接用军事力量解决台湾问题,我们仍保留这种主动权,如有必要即可实施。所谓"文统"即进行和平统一,两岸都在和平发展,共同繁荣,最后达到统一。考虑到广大人民群众的切身利益,倘能实行"文统"则对国家和人民更为有利。

香港、澳门回归,实行"一国两制",已有明显的绩效,并且早比过去发展得更好。这就不用说了,而当年"亚洲四小龙"之一的台湾早已今非昔比,还在继续衰退。因为有人想搞"台独",这是绝对不可能有出路的。大陆不能容忍,台湾人民也深受其害。"台独分子"还想拉拢或拜倒在美、日反华势力的门下,简直赤裸裸地走上"汉奸"的道路而毫不知耻!至于篡改历史、进行奴化教育,更是荒谬透顶和无耻之尤。

真完全没有想到的是,很像会有那么一回事的"以武抗统"的一些"表演"。不说"以鸡蛋碰石头",至少也该是"小巫见大巫"吧!比起当年"反攻大陆"的呼叫,虽已退了一步,但这种论调仍在很大程度上是自吹自擂。难道真的是既不知己,更不知彼么?前面刚刚说过,大陆不用"武统",不是因为缺乏实力,而是出于顾全大局、利国利民的考虑。若真正动起武来,让我们先看看历史。在国内,彻底打败了有优势装备包括海、空军的国民党,使后者败逃台湾;在国际方面,装备欠佳的中国人民志愿军在抗美援朝中获得胜利,随后的抗美援越及同印度、苏联之间的武装冲突也都以胜利结束,何况中国人民解放军早已与时俱进,拥有现代化的海、陆、空军等。现在大国之间对于动武都慎之又慎,说什么"以武抗统",实在太自欺欺人,并且是只能自欺,而欺不了别人。

关于台湾的现状,媒体报道很多。我们只是随手举例,即可说明问题。一是《陆釜底抽薪 构建"一中"包围网》,这是台湾《旺报》2017年5月31日的文章。标题鲜明,内容具体,不必转录了。二是《南向碰到西进 台湾沦为双输》,这是台湾某报网络报2017年5月30日的文章。需要解释一下,"南向"是指台湾政界人士的"新南向政策","西进"是指大陆重金礼聘台湾高科技管理人才西进。后者远优于前者。"双输"即"人财两空"的困局。例子不用多举,不承认"九二共识"一个中国原则简直是在做白日大梦!13亿多人民的民意岂可侮:台湾是中国的领土,必须由中国人民当家做主!

十四、港澳研究

在这个十年内,我还干了不少别的工作。如学校曾成立学术委员会,由我任副主任兼秘书长,中国社会科学院政治学研究所聘我为兼职研究员,《城市建设》杂志社聘我为该刊名誉撰述,《城乡建设》聘我为名誉撰述,广东《科技管理研究》聘我为顾问、广东人才学研究会聘我为顾问等,中国政法大学聘我为兼职教授。此外,我还担任中山大学政治学系筹备小组组长、

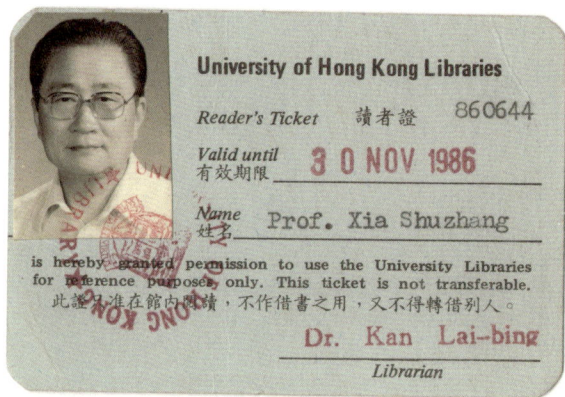

▲香港大学图书馆读者证

中国城市科学研究会顾问、中国高等教育学会理事、香港大学城市规划与研究中心客座研究员、中国国际交流协会理事、中国高等教育管理研究会第一届理事会顾问、广州地区部属和省属高等院校协作委员会副主任、广东《高教研究》顾问、武汉人事管理学会名誉顾问、中山大学港澳研究所所长、中山大学校务委员会副主任、中国法学会行政法学研究会顾问、中国人民外交学会广东省分会副会长、《人事》杂志顾问、武汉大学政治学系名誉主任、江汉大学名誉教授、中国行政管理学会筹备组副组长(国务院办公厅通知)、北京教授讲学团教授、汕头大学名誉教授、全国哲学社会科学"七五"规划会议政治学规划小组成员和代表(受到中央领导同志接见)、广东行政管理干部学院兼职教授、广东工人运动学会顾问。同时我应邀访问香

港大学、南京大学，并做兼职教授，被评为 1987 年度优秀共产党员，被选为行政管理教学研究会第一届理事长、中国行政管理学会副会长、全国高教自学考试指导委员会政治管理类专业委员会主任委员，等等。

在这么多的工作中，我把其中"港澳研究"列为专题，并不是因为担任了港澳研究所的所长，而是认为确实很有必要加强这方面的研究工作。第一是从地理环境上来看，我国改革开放之初，不仅是广东先走一步，而且在第一批经济特区中的四个有三个在广东，其中深圳和珠海分别邻近香港和澳门。广州成为国家的"南大门"也正是因为有这个地理条件。第二是从与地理环境有关的经济关系来看，这是一个很重要的经济地区。与长江三角洲齐名的是珠江三角洲，过去常称"省港澳"，即广州是广东省会。后来的大珠三角范围更广，又有"北上广"与"北上广深"的习惯说法。第三是香港、澳门回归以后，实行"一国两制"。这可是件新鲜事，我们非常重视这方面的经验和我们需要及时做好的有关工作。例如，过去香港在英国的殖民统治下，政府的中、基层管理人员华人居多，回归后也存在一个加强教育的问题。但在澳门政府中则华人很少，必须作好准备。新华社同中山大学联系，希望我们能举办行政管理学科的研究生班。我们马上就办，连续在澳门和珠海办了几期硕士研究生班，学生在后来都当了政府干部。我也曾参加教学工作，校友仍保持经常联系。港澳的通用语言是粤语，当地的很多居民老家都在广东内地。逢年过节来往的人特多，也正是这个缘故。

▲与澳门学生在一起

▲1994 年 3 月出席中山大学 94 级行政管理学硕士学位研究生澳门班毕业典礼(前排左九)

两地分别来看,也各有其特点和共同之处。

先说香港。香港是"亚洲四小龙"之一,可见经济比较发达。早期本是广东东莞县(现已改为东莞市)特产"莞香"出口的小港,故名香港。后来的发展不多说了。说说其最邻近的城市深圳,那是设经济特区后发展起来的。深圳原来也是曾经的东莞县区的一个小村镇,其发展之快说世所罕见毫不夸张。前面刚提到过的与"北上广"并提,就证明了这一点。人口与城市发展规模已超过香港,发展余地也大得多。香港在发展中高等教育的比重较高,深圳正紧紧追上,连中山大学也已开始在深圳建新校区。由于几乎全国各地都有人到深圳创业,所以普通话比较流行,普及的程度超过香港和广州。很多国际、国内活动在深圳进行也是常见现象。

再说澳门,比香港要小得多。曾是世界著名"赌城"之一,名称不"雅"却是事实。它原是广东香山县(今中山市)边境地区,珠海市也是。这同香港、深圳本同属东莞的情况完全一样。大不相同的是地方小、人口少,经济也远没有香港那样发达。居民也流行说广州话,距珠海较近。值得注意的是,澳门虽小,高等院校却不止一所。有趣的回忆是珠海建市之初,市领导要办一所大学,并已建了一大批房舍,但没有得到批准。后来那些房舍就给中山大学作为珠海校区,又相继有不少北方院校在珠海办了分校,相当热闹。珠海也比深圳小,经济上没有那么繁荣,但在珠海创业的人也不少,人口也大大超过澳门。

显而易见的是,东莞和香山这两个地方原来地面既广又很有实力,在后来的"广东四小虎"中二者仍名列其中。据较有经验和在地方语言中比较敏感的本地老人说,港澳所说的粤语还分别有东莞和香山的特点,我们外省人可听不出来,也无法分清。闲谈中不少人说老家在这两个地方倒是真的,两地的后辈在港澳的也有,看来大概差不多。有实力就是有本钱,可以出去做生意。想起上海话同宁波话相近,早有"无宁不成市"之说,宁波人赶到上海去大做生意也很自然。

说回港澳研究,在广东早就该提上日程。后来不断发展,已由研究所成为研究院。现在的全称是中山大学粤港澳发展研究院,主要是研究区域合作的。在 2017 年的两会期间,国务院总理李克强在政府工作报告中首次提出制定粤港澳大湾区城市群发展规划。这说明此项规划已提升到国家战略层面,而且这个"大湾区"(也有只叫"湾区"的)也已具备世界级湾区的基础。

关于这方面的议论和资料很多,很难一一引述。也许转录一些有关大小标题,即可略知一二。例如:《粤港澳区域合作迎来新机遇 湾区经济成为发展新引擎》《粤港澳合作进入制度性整合新阶段》《粤港澳区域合作之路》《促进粤港澳合作互补》《粤港澳合作扮演重要角色》《从五个方面深化粤港澳合作》,等等。①现实情况是,世界上最发达的区域往往集中在湾区周边,

---

① 参见《中国社会科学报》,2017 年 5 月 31 日,第 1 版。

湾区经济已经成为世界众多一流城市发展的共同趋势。我们的大湾区已具备与它们并驾齐驱的条件。

十五、学系成立

我在校内的工作,除前面已经说到的以外,还有一些变化的情况。在副校长任满以后,我曾转入管理学院任教,并以"城市管理"为方向,招收了三届硕士研究生。其中有的学生毕业不久,即当上地级市副市长和省副厅级干部。在院方正积极讨论争取设博士点的时候,新的情况发生了,中山大学政治学与行政学系成立,我也从管理学院转入这个新系。

那是1988年的事,我年近古稀,仍让任教已算破例。但这个系也确实来之不易,若非亲身经历,是很难知道的。前面已说过院系调整从有到无,后来在1960年复办哲学系内设政治学专业又从无到有。可是"短命"只有一年,又无疾而终。再后来还成立过政治学系筹备小组,不久又被撤销。就在这一起一落、忽起忽落的过程中,总算最后有了着落。有人暗中说我有权不用,意思是在我当副校长时本可拍板,不致拖延这么久。他们并不了解我从来是凡涉及与本人有关的公事必须公断这一点。

回忆自筹备政治学会到发表行政学专文,以及办师资培训班等,我在校外和外校真可以算是忙得团团转了。但直到1988年,校内才开始正式有立足之地,说是有用武之地也未尝不可。过去在哲学系政治学专业工作过的和到复旦大学接受过培训的人,都仍在哲学系。这次一起转入新系,也有水到渠成之妙。这是自成一系,不再属于哲学系。其发展在全国和全校都比较快,在学科名称上也有些变化,主要是行政学或称公共行政学、行政管理学、公共管理学、政府管理学等。这原是一门引进学科,有同源异译的情况。

如对英语"public administration"的翻译有略去或保留"公共"的,称行政或由于学科初建时是从研究政府行政入手的,而实际上公共是政府与非政府管理的共称,应以称"公共管理"为宜。至于随后有"公共治理"(public governance)之说,则为较新的表述。自习近平同志谈治国理政以后,用"治理"说事的人也日益增多。

政治学与行政学系这个名称,后来在高校系统很多已改称学院,如政治与公共管理学院、政治与公共事务管理学院、国际政治与公共事务管理学院、政府管理学院,以及公共管理学院等。招收研究生的,也有较多的硕士点和较少的博士点,以及博士后研究项目。在教育部百所人文社科重点研究基地中,有政治学、国际政治学和行政管理学(后改称"公共管理学")三个全国重点研究基地,分别设在北京大学、复旦大学和中山大学。北大基地聘我为顾问委员会副主任,中山大学基地则聘我为名誉主任。与此同时,中山大学原来的系也已发展成为政治学与公共事务管理学院,简称"政务学院",任我为名誉院长。学院也有博士后科研流动站并接受教师进修的任务,可安排校外单位出访前组织学习班,作好有关准备。这些来校短期学习者,也都成了经常保持联系的院友、校友。中山大学校友分布较广,校友会的组织随之增多。在院友较多的地方已出现院友会的活动。

▲2017年9月于中山大学政务学院2017级新生开学典礼上讲话

说到公共管理这门学科,关于它的产生和发展的历史值得回顾。它同另外一门学科即工商管理相继出现,先出现的是后者。因为在资本主义发展初期,工商界的竞争激烈,管理得好不好关系重大。美国开始有人研究,并取得显著成效,形成早期的工商管理学科。美国在经济发展方面遥遥领先,引起西方各发达国家的注意。一个小插曲是英国有人好奇,美国资本、设备、技术并无特别优势,为何能在经济发展中居于上风?于是组团到美国去实地考察,结果发现是管理得法为各国所不及。这是具体情况的一个方面,而另一方面是美国工商界已觉察除自身管理外,不可避免地是必须过政府这一关。若政府工作效率很低,不能及时办好有关手续,工商管理必受影响。于是有人发出呼吁,引起政治学界的高度注意,提出政治与行政"两分"之说,有建设公共管理这门新学科的必要以更好地配合经济发展。原文本是公共管理(public administration),因为是从研究政府工作入手,致中、日文均略去"公共"而简译为"行政学"。前已述及的不再过多重复,还是译作"公共管理"为宜。

说到这里,不能不谈到与这两门学科有关的两个专业学位:工商管理硕士(MBA,Master of Business Administration 的缩写)和公共管理硕士(MPA,Master of Public Administration 的缩写),被国际公认为比较有效的学位。在改革开放初期,因为以经济建设为中心,国内厂长、经理等需要了解国际情况,便先引进了 MBA,大概在十年左右以后,因为中国加入了世界贸易组织(WTO),政府工作显得重要,引进 MPA 被提上议事日程。我们慎重行事,由六所重点大学在四地举行了四次论证会,最后决定由十二所大学先作试点。但大家的积极性很高,经批准在有研究生院的二十四所大学招生。后来很快发展到一百所以上。它同普通学位的不同之处在于,对教师和学生都有实际工作经验的要求。据传,美国公务员中有 5%~10% 的MPA 持有者,还有人说高达 15%,不知是否属实。我们还是要好好总结,包括效果和教学,不能照搬别人现成的一套。我们有自己的国情和需要。

关于行政学科,除高教系统外,中国政府还有一个完整的体系。国家行政学院以下,各省、自治区和直辖市有行政学院,较多与同级党校合作,并出版院刊。有的地级市和一般市、县也有,还有办行政管理学校的。这些都表明,对行政干部的培训非常重视。从我经常收到的几个大省院刊来看,它们都很不简单。顺手随便拿来的如黑龙江省行政学院主办的《行政论坛》双月刊,已出到第二十四卷,是全国中文核心期刊、中文社科引文索引(CSS-CI)来源期刊、中国人文社科核心期刊、武汉大学中国科学评价研究中心(RCCSE)中国核心学术期刊和全国高校百强社科期刊。又如《湖北省行政学院学报》,也是核心、优秀期刊之类,2017 年第 2 期的几个栏目就显得丰富多彩。再如《广东省行政学院学报》,同样是核心、优秀期刊,2017 年第 2 期就有不少颇有新意的文章。因此,在中国谈到政治学与行政学这两门学科时,不可忽视这支队伍。

2018 年 3 月,中共中央印发了《深化党和国家机构改革方案》,提出将中央党校和国家行政学院的职责整合,组建新的中共中央党校(国家行政学院),旨在全面加强党对干部培训工作的集中统一领导,统筹谋划干部培训工作,统筹部署重大理论研究,统筹指导全国各级党校(行政学院)工作。

第 八 个 十 年

1989.8
1999.8

明确中国特色社会主义道路

1919

1929

1939

1949

1959

1969

1979

1989

1999

2009

2019

1989.8
1999.8

前面已经说过，第七个十年是我大忙和最忙的开始，那么这第八个十年继续忙下去，也自不待言。真是越老越忙，越忙越老，同上个十年一样，也仍忙到外国去了。不仅率团又去美国，而且单枪匹马直闯新加坡和西班牙。后来校院领导和家人都表示，不赞成我在 80 岁以后继续远行出国。不过我的自我感觉还好，所以照忙不误。对于减轻工作量的照顾，我已不止一次地希望领导照常安排。

国内的活动不少，我都有请必到，校院领导都很支持。至于在本校举行的各种有关会议，就不用说了。广州是个很有吸引力的城市，不说"东西南北中，发财到广东"了，深圳特区怎么个"特"法，外地人也都想顺便看看。不应该"公费旅游"是另一回事，想看看经济特区和回归后的港澳是可以理解的心情，据说很多人是自费前往。再说，中山大学是孙中山首创和纪念孙中山的，外地外校的人也乐于到中山大学参观访问。开会是最好的机会，许多闻名的学者都是在会上见面的，尤其是学术研讨会，更容易增进彼此的了解。记得像政治学与行政学这样的学科，过去曾经常常举行系主任联席会议，交流信息和经验。这是一个很不错的主意，不知为什么后来逐渐淡化，未能继续坚持。

一、访新加坡

访新加坡不是我的自发行动，而是为执行广东省社会科学重点项目"新加坡行(市)政管理"研究计划，这很有可能与邓小平对新加坡的观感有关。我赴新加坡实地考察访问，为期两周，住新加坡国立大学校园内的宾馆。那是 1989 年 8 月间的事，交通很方便，广州有飞机直飞新加坡。省里很重视这个项目，拨给了研究经费。中山大学领导也很重视，在外汇储备不是很宽裕的情况下，分配了适当的额度。此行时间虽然不长，但收获很大。后来我出版了与项目名称同名的专著，由中山大学出版社于 1992 年 8 月出版，被列入"东南亚研究丛书"，内容就不多讲了。

先说澄清一种政治谣言的事，这是事前所想不到的。在某日早晨，我在宾馆大厅里遇到一位来自美国芝加哥西北大学的企业管理学教授。在寒暄过程中，他原以为我是来自日本的学者，我摇头否定。他紧接着又猜我是从台湾、香港来的中国人或从美国来的华裔教授。当我连连摇头并说明是刚从广州来的以后，他似乎有点儿吃惊并再问还回不回去。我笑着回答说只停留两周。他这才像是恍然大悟，不断敲头自责"发傻"。原来那是在 1989 年政治风波后不久，外面有人造谣说"中国很乱""不让知识分子出国，出国的都不回去"，等等。上海某大学邀请他去讲学，他自己因听信谣言而取消了上海之行，最后当然也自然是相对大笑了。

再说事前没有想到的，诚如俗话所说"人生何处不相逢"，就是此行见到多年不见的老熟人。将近半个世纪以前，我由印度孟买候船前往美国波士顿时，"风雨同舟"的原新加坡驻泰国大使何日华兄先寄来大量资料，到新加坡后又邀请我到他家做客。当年已是抗日战争后期，好像他是由南京迁往四川成都的金陵大学毕业,同我一样是赴美读研的,但我不知道他原是新加坡人。另一位是 20 世纪 40 年代在哈佛的同学,曾在台湾主持东海大学,又在新加坡南洋大学主持校政多年并担任新加坡国立大学东亚哲学研究所所长(已退休)的吴德耀兄,不仅邮寄资料,还提供联系访问等许多方便,特为我安排了一间设备齐全的专用研究室。

不少新朋友也很热情,如在不久前组团访华的新加坡特许秘书处行政管理人员学会会长李福鸿先生和学会执行秘书陈淑华女士,具体和周到地落实了这次访问。又如曾作为中山大学哲学系客座教授的新加坡国立大学政治学系的洪镰德博士,虽仅在广州见过一面,但在这次访问中也予以大力协助,关心备至,实在难得。更多的朋友是到新加坡后才认识的,特别是在新加坡国立大学的校园里,接触的学者们态度都很友好、亲切。国会议员、政治学系主任刘德顺博士在晤谈之余,还慨赠图书资料。其中原有一本 *Singapore 1988*,仅隔一两日,又将刚出版的 *Singapore 1989* 送来,可见其热心的程度。当时任新加坡政策研究所代理所长的柯受田博士一再约谈,并以自己的著作相赠。政治学系的徐本钦博士也是如此,而且尽心尽力,给我留下了深刻印象。此外,如大学图书馆、其他各系同人和行政官员等,都欣然拨冗交谈,使我获益不浅。我的此行主旨原是考察和访问(搜集书面资料尚在其次,因为那时资料可以邮寄了),正如有的新加坡朋友所说,是看和谈("look and talk")。一点儿不错,正是如此。

新加坡是个小国,用李光耀在宣布新加坡独立时说的几句话来形容就是:"世界犹如大海,在大海中大鱼可以生存,小虾也可以生存。新加坡以一条小虾生存于国际大海中。"①新加坡立国虽较晚,但发展得较快,管理得也较好。这是世界公认的,它也早已入"亚洲四小龙"之列。不过也确如俗话所说,"大有大的难处,小有小的难处",小国的存在和发展并不那么容易。

---

① 郑启荣等编著:《世界政坛新闻人物》,载姬鹏飞主编:"青年人看世界丛书"(15),人民邮电出版社,1989 年,第 115 页。

百年寻梦从头说

一个比较明显和突出的例子,是中新外交关系。自新加坡独立以后,与新中国之间往来密切,领导人也互访,但迟迟不建立正式外交关系。新加坡政府曾多次表示,该国将是"东盟"(东南亚国家联盟的简称)各国中最后同中国建交的国家。这是为什么呢?怎样分析才能理解呢?可供参考的意见之一是新加坡国立大学的一位学者说,在新加坡的人口中,华人虽占76%,属绝大多数,但从东南亚的角度看来,华人只占2%。新加坡的华人是被夹在马来人和印度尼西亚人(16000万人口)的世界中。基于这个地理因素,这位学者认为,新加坡的华人政治领袖,特别是在采取对中国的政策时,不得不考虑周围的政治环境,所以才多次强调最后建交。①看地图便可一目了然,可谓"两大之间难为小",成为前述"小有小的难处"之一。对于确有困难这一点,新加坡的朝野人士均不讳言。话虽如此,但又未必尽然。

另一篇可供参考的较新文章,所讲的内容都有事实根据。因为原文较长,这里只能介绍其内容要点。文章的题目是"新加坡何去何从?——兼论'装甲运兵车'事件"②,作者是台湾稻江管理学院前学术副校长孙若怡。新加坡独立后一以贯之的是:"游走于两岸……不脱离唯美国马首是瞻的做法。"后辈对中政策沿袭父辈"更不知今夕何夕,无法高瞻远瞩,通权达变"。六大要点为:一是"友台与掂量中国"。对大英联邦"情有独钟","美国成为新加坡经济发展与安全依靠的主要国家""一直与台湾保持着密切的往来""中国台湾成为新加坡在海外最大的军事训练基地"。二是"由冷淡到急冻的新中关系""呼吁要制约中国……要注意中国的崛起,免得日后成为中国的附庸""出现裂痕"。三是"上海的快速发展","使新加坡拱手让出了第一大港口的地位"。四是"瓜达尔港的开建","必然会对新加坡经济带来不小的影响",后来的变化"凸显了新加坡对中国的不信任"。五是"提'南海仲裁案'的倡议","本身并非南海争端国的新加坡,却立即表达了

---

① 参见徐本钦:《新加坡政治领导层与继承问题》,载《华人地区发展经验与中国前途》,第157页(据作者所赠复印件无版权页)。

② 载《海峡评论》,2017年1月1日,第313期。

认可态度","一再在连菲律宾都已放弃的'南海仲裁案'上起哄闹事"。六是"装甲运兵车事件","不但与美、日心口一致……挑唆干扰中国发展"。这就可以很清楚地看出,同西方某些国家一样,政府与人民对中国的态度是大异其趣的。

二、继续讲写

同上个十年一样,我还是继续到许多地方去讲,也写了不少。没有必要详细列举,还是用老办法以一些题目来反映我的注意力和兴趣所在,1989年8月以前的和为人作序等也从略。具体如下:

《不宜孤立地就高教论高教》《人事工作必须坚持群众路线》《现代城市管理中的原则要求》《从"符号理论"看高校领导》《人事工作者必须以学好哲学为基本功》《关于我国行政学研究的历史概述、现状简析、前景初望兼谈几个问题》《中国城市管理》(与严家明合作)、《深化高教改革中的"老生常谈"》《必须高度重视信息在人事管理中的极端重要性》《人事工作必须坚持唯物辩证法和发挥主观能动性》《中国行政效率:是旧话更是新题》《香港行政管理》《行政管理学》《市政学》《中国行政效率问题刍议》《〈三国演义〉中重人务实的启示》《口岸和口岸城市管理的我见》《"精兵简政"就是要实事求是地提高效率》《深化高教改革必须加强高教研究》《关于建立有中国特色的养老保险制度问题》《关于加快广东经济发展而深化高教改革的一些设想》《人生价值问题值得继续广泛深入开展研究讨论》《行政管理体制改革必须转变职能才能加快建立市场经济体制》《要从根本上解决公交问题》《试论事业单位管理体制改革有关的若干问题》《政府职能转变的必要性和根本途径》《深化改革以提高行政管理水平应与发扬优良传统并行不悖和相得益彰》《走出机构改革的循环圈》《从中国居转轨大国之首和科技成果进当铺说起》《"中国特色"与科学社会主义》《政治学和行政学研究》《开展有中国特色社会主义行政监督学的研究不容再缓》《并非"发思古之幽情"而是实行"古为今用"》《论中国行政体制改革》《市政学引论》《论"无士不兴"并与知识界同仁同勉》《具备行政管理基本知识是做好秘书工作的必要条件》《高等教育管理体制改革中的"个性"考虑》《重视效率是建设有中国特色社会主义的本质特征和原则要求》《应当特别重视行政与人事的有机联系》《对历史的、当代的澳门及其前景的研究都应该提上日程》《环境文化是精神文明建设的组成部分》《中国政治学、行政学、市政学世纪末展望》《高教管理改革应有中国特色并与国际接轨》《"三国"智谋与现代管理》《发达地区继长增高之道》《关于广州城市管理如何迈向 21 世纪之我见》《北京上海强化人才(力)资源开发的思路和举措给我们的启迪》《从急需人才看秘书专业的加强和发展,高教改革中的联合办学问题》《我与市政学,我所知道的"行政管理学"专业》《推行国家公务员制度中的"户口"等问题》《提高行政效率与行政管理现代化》《战后日本行政改革对经济发展的影响》《广东百科全书政法分编》《就联合办学论办学规模》《从研究生的研究志趣、研究能力和研究成果看素质》《理论与实践相结合是强大生命力的显示》《香港与内地关系前景中的互识和共识,现代行政管理与依法行政》《应当把行政法教育作为干部教育培训的重要内容》《行政文化中的正负两面》《思想政治素质与其他素质的关系》《〈孙子兵法〉与现代管理》《行政效率研究》《行政学和行政管理学科名称杂议》《如何看待急需文字秘书专业人才》《"文官"也应读"兵书"》《珠江三角洲在香港回归后的思考》《满怀豪情信心迎庆香港回归》《国际关系中霸权主义的过去现在和未来》《由衷期望切实发挥重庆直辖市真正优势》《政治体制改革要继续前进》《重点高校必须重视三支队伍建设》《小政府大社会之路——天津河西区政探微》《进一步推进政治体制改革》《继续推进政治体制改革 大力加强民主法制建设》《机构必须精简才能有高效率竞争力和生机活力》《周恩来是有中国特色的行政全才雄才和奇才》《行政管理学》(第二版主编，增王乐夫、陈瑞莲为副主编)、《设置公共行政硕士专业学位的建议》《关于世纪之交行政科学的发展问题》《要加强"政府与公共管理"研究》《热烈欢迎和庆祝"地方行政管理研究中心"成立和〈地方行政管理〉试刊》《行政研究应当重视的一些问题》《生机无限活力无穷》《依法治国是"政治与法律研究"的重要结合点》《中国行政史研究的一个新的范式》《知识管理宜尽早破题》《机构必须精简才能有高效率》《社会科学 50 年——从五四运动 80 年和新中国成立 50 年看我国社会科学的发展》，等等。

◀1996 年 11 月在讲课

在这个十年中的活动，有些是从未想到过的。例如查私干部学习班，我就应邀去讲了必须掌握行政法的有关知识。有关方面给了我不少荣誉，使我备受鼓舞，特别是 1990 年度，我被评为中山大学优秀共产党员和广东省高校优秀共产党员，使我更为感动。俗话有"喜出望外"之说，这可是"喜出未望"。我原来也只想做个合格的共产党员，深感今后当更努力，不负党的信任和期望。

前面说过，序言没有列入，因为不少是"例行公事"，但也不尽然。例如英文版《英国行政管理》一书，原是在北京开联合国主办的国际会议上一位英国学者所赠，后来淑钧译成中文由商务印书馆出版，我所作的中文本序言题为"有感于英国理工科大学本科和研究生开设行政管理课程",因为那本书正是课程所用的教科书。为什么"有感于"呢？想一想学理工科的也少不了要同政府部门打交道就明白了,可不是么？

还有没有列入的如担任《中国大百科全书·政治学卷》编委时所撰写的条目:《富尔顿报告》《美国文官制度》《杜威廉报告》《彭德尔法》《西方文官制度》《1978 年文官改革法》《英国文官制度》等。这些都是研究西方"文官制度"的参考资料。想起某次联合国在北京举办的专题演讲,请了一位美国学者来讲"文官制度"。据说他很谦虚,开头的第一句话就是:"要我到中国来讲这个题目,我感到很紧张。"有些年轻的中国听众听了不解,后来才知道中国的科举制度与此有关。向中国贩卖鸦片的英国东印度公司为了改变其腐败的人事制度,才从中国学去用考试的方法选用人才。

三、访西班牙

过去学习世界地理,知道有西班牙这个国家。当然很陌生,我又不懂西班牙语,没有想过要去访问。虽然在 1947 年或 1948 年,我在上海《市政评论》上发表过《战后西班牙之市政建设》一文(毁于"文革",已记不清),那是凭有关资料写的,并非亲眼所见,也只知道该国发生过内战而已。

这次机会来了,要我作为中国行政管理学会的代表出席在西班牙马德里举行的"国际行政科学协会成立 60 周年大会",时间是 1990 年 11 月。这是一定要去的,因为大会已拒绝台湾的有关学会作为国家代表与会。不像当时有的国际组织仍有台湾代表存在,对于后者我们便拒绝参加,不允许搞"两个中国"或"一中一台"。一般惯例是国际会议英语可行,只派一人可能与节约外汇有关。那时国际交通还不够发达,我要先到北京,再飞经德国一个城市转往西班牙的马德里。好在我虽已年逾古稀，但还经得起一些折腾，准时赶到，会议已安排好代表住地。

原来的英语可行是指国际会议内部，而在马德里这个城市中则未必如此。会议未提供专车，赴会场由代表乘出租车前往，我当然也只能照办。可是问题来了，出租车司机的英语听说都很差。会场是在一个叫什么"宫"的地方，他却把我送到另外一个"宫"去，于是走了弯路，他有点儿不好意思，也没有多收车费，可见不是故意的。我的提前行动宁早不迟的习惯这回也显然见效，没有迟到。

会上碰到不少国家出席会议的代表，因为都是相同学科的学者，所以谈起来都正如俗话所说，真是"三句不离本行"。他们还似乎对新中国的情况特别有兴趣，其实那时的新中国已成立逾四十年，实行改革开放也有十年左右，可能是参加国际活动较少的缘故。其中美国学会来的代表有好几个，谈到不少我们共同认识的美国朋友，包括哈佛大学等校的学者。我们交换了名片，合影留念，后来还有机会又在华盛顿见面。同其他国家的代表也有接触，有知道我来自中国而主动交谈的，都用的是英语。

两位苏联的代表曾同我交谈，我学过的那点儿俄语已忘光了，他们的英语还行。他们中的一人神情沮丧地说："我们没有到过中国，但曾经听说，你们中国人说过：'苏联的今天是我们的明天。'但是很遗憾，现在我们要说：'中国的今天是我们的明天'了。"背景是苏联已经解体，而中国能顶住风浪。国际上想让社会主义国家"和平演变"的阴谋存在已久，而且不断有具体活动，前面已提到过的 1989 年政治风波便是其中之一。以邓小平为主要代表的中国共产党人顶住了那股歪风邪气，紧接着的或几乎是同时发生的苏东剧变却是另一番光景。1989 年与 1990 年相距很近，那位代表的讲话给我的印象很深。在现场我也不知讲些什么好，好像是说要好好总结经验，我一直是这么想的。

有一句老话："冰冻三尺非一日之寒。"变，一般也不是说变就变，常有一个变的过程。明显的突变，往往是不明显的渐变积累的结果，亦如积小变为大变,从量变到质变,从部分变到整体变,等等。这就是为什么人们要提醒大家"防微杜渐""谨小慎微""大处着眼小处着手"之类。这也包括区别该变与不该变的具体事项,变好还是变坏的性质。这又关系对"真善美"和"假恶丑"的评价标准问题,若是非颠倒,则后果必然大异其趣。"和平演变"便是一个很现实的例证,一方的"成功"即对方的"失败",反过来也是一样。中苏对比鲜明,世人有目共睹。

"功夫在于平常"这话也很有道理。著名的戏剧演员不是有"台上一分钟、台下十年功"的说法吗?正面的功夫如此,坏的习惯也不是一天养成的。苏联走向解体不是一朝一夕的事,回忆一下过去的历史,即有不少"迹象"可寻。例如,苏共党员生活特殊化便是一个很严重的问题,因为随之而来的必然是严重脱离人民群众,这可是社会主义民主的要害。后来程度不仅没有减轻,而且变本加厉和愈演愈烈。仅说这一条,已经是很够"分量"的了。"苏联的今天是我们的明天"是早期的说法,当年苏联修正主义者(简称"苏修")曾公开大批特批中国共产党,要与之划清界限。在军事上也曾直接干过一仗,前已述及,苏联早已不再是什么"老大哥"了。那位代表对我所讲的那番话中关于对中国的认识,有一定的代表性。相信在中国发生的事情,他们是知道的,不然他不会那样讲。被看成是"他们的明天",应是有所据而发,此人应比我年轻得多,倘能看到中国今天的和平崛起,可能更加高兴。遗憾的是我们之间没有留下姓名和地址,已失去联系。

话又说回我们自己,能有今天的格局也很不容易。"文革"能够及时结束并拨乱反正,是一大转机。邓小平复出主政很重要,毛泽东曾认定他是人才,周恩来也对他进行了保护,否则他不可能复出,这是众所周知的事。他实行改革开放,使经济得到较快发展。他重视社会主义市场经济,有人误解只有资本主义才有市场经济,希望中国"和平演变"的人也以为"中国会走资本主义道路"。其实他们都错了,邓小平一贯坚持的正是建设和发展中国特色社会主义。1989年政治风波,邓小平当机立断,以"铁腕"予以回击,使闹事者未能得逞,闹事者还不甘心失败,继续造谣。这就是前述在新加坡听到的那些,而这次在西班牙从苏联人那里听到的则是正面的,中国没有像苏东那样解体,并且在粉碎对手阴谋后继续前进了。

不仅如此,邓小平在务虚会上提出由于过去对一些学科重视不够,号召"赶紧补课",对于中国特色社会主义的社会科学的建设和发展也起了很大的积极促进作用。前面早已说了,这里仍有必要再次提及。还有中美关系正常化和香港回归等谈判,邓小平无不坚持原则,取得了胜利。因此,邓小平是 20 世纪中国三大伟人之一成为定论。

四、东部地区

在世界东部地区,有一个"东部地区公共行政组织"(EROPA)。它的第 14 届大会在北京举行,我应邀出席,并在会上讲了话。没有想到,大会还授予我"卓越贡献奖牌"(见于 1991 年 10 月 14 日的大会新闻简报第一号,1991 年 10 月 15 日的《人民日报》与《光明日报》均有报道)。这很有可能与当时我已先后是中国政治学会和中国行政管理学会的副会长、中国行政管理学教学研究会理事长、中国法学会行政法学研究会顾问,以及在一些性质相近的学术团体承担职务有关。此举显然是会前预定的,应与后来现场发生的"副会长"与"副主席"的误会没有联系。

▲1991 年 10 月在东部地区公共行政组织第 14 届大会上讲话

对此会我方也很重视,当时国家行政学院的筹备组为庆祝这次大会在北京召开,特定于 1991 年 10 月 16 日晚 7 时,在北京钓鱼台国宾馆芳菲苑举行招待会。我也应邀出席了,与同桌的外宾交谈较多。有些在会上听不到的议论,席间随便发表,显得比较亲切、自然。其中有的人是第一次到北京,没有想到天安门广场有那么大,认为很有气派。有的坦言外面听到不少谣言,如"中国经济很困难"之类,这次一看完全不是那么回事,颇有"百闻不如一见"之感。他们觉得中国交通方便,还想在会后到上海等地走走、看看,知道我来自广州,也问起关于深圳特区的事。可见中国的发展情况久已受到国际关注,那还是 20 世纪 90 年代之初。苏东的历史悲剧是骨牌效应的解体,而中国仍然照常在中国特色社会主义道路上阔步前进,人们能不拭目观看和看个究竟么?

一般来说,国际会议的选址是经过双方同意的。因为互有条件,一厢情愿不行。如果会议开成了,又开得好,不仅有助于提高会址及其所属国家的知名度,而且会有国际知识送上门的便利条件,包括各种客观评价和印象,我们可以参考借鉴和有所巩固、坚持,或改进、提高。也包括精神方面和物质方面的内容,如风俗习惯、社会秩序、文明礼貌、言行举止,等等。我们可以有更多机会作出比较,择善而从。有些事情真是不比不知道,一比即使不会马上吓一跳也能立即见分晓。最好是力求保持端正高雅、落落大方,不要在不经意或无意之中让某些小动作或坏习惯使人厌恶、反感。例如,很多人都知道的随地吐痰、大声喧哗、不愿排队,或虽排队而紧贴人后不保持一定距离、在禁烟场所吸烟、不顾"吃相"如大声喝汤、乱抛杂物、不按"女士优先"行事,以及诸如此类,致不少外国商家,一方面热烈欢迎富有的华人慷慨消费、大把花钱,另一方面又对上述那些小动作或坏习惯很不以为然,留下个"暴发户"的印象。据说旅游部门已注意到这一点,开始搞点儿行前培训,但愿能收到较好的效果,减少继续"丢人"的现象。

"中国人很爱面子",这不是恭维而是讽刺。因为"面子"总是同"里子"(行动表现)联系在一起的,若仅有名无实、表里不一,虚有其表,人家不给说穿,是给你留"面子"。你若仍安之若素,还"自我欣赏"或"自我陶醉",不是痛改前非,而是文过饰非,便更没有自强不息的希望。问题就在要保持清醒,努力做到、做好表里一致,弃旧图新,赶而超之,形成新的优势。这正是我们的当务之急,绝不可掉以轻心。

一件令人难以忘怀的小事是,有一位访问德国的中国学者,坐在一辆德国人开的汽车里,把手中一张废纸抛出窗外。德国人二话没说,调头回去找到那张纸并带回处理。原来这是德国的规定和习惯,不随手乱扔废物。中国学者很不好意思,知道自己错了,连声道歉。这表明了长期形成的某种习惯不容易改,必须认真对待才行。

中国不是"文明古国"吗?当然是!但不要忘记有过落后挨打、受尽列强入侵、军阀混战、四分五裂、长期由反动派统治、连反动派也装模作样要搞什么"新生活运动"的历史。必须要清除这段历史的恶劣影响,让新中国更加坚定地走上现代化的道路和建设发展社会主义的政治文明、精神文明、物质文明、社会文明,并使传统的优秀文化得到发扬光大,实现国家富强、民族振兴、人民幸福的中国梦!

从不久前的西班牙国际会议到这次东部地区的国际会议,主题都与行政学或公共管理有关。这里我们可以清楚地看到,行政管理或公共管理在国际上已受到普遍重视,并且非止一日。当时国际行政学会成立已达六十年之久,几乎是在新学科问世以后几年就成立的。原因很简单,也很清楚,全世界无论什么国家和地区都不能没有行政管理或公共管理,而且与所有建设和发展、存亡、成败、盛衰、荣枯、强弱、进退、祸福等,无不有直接或间接联系。既然普遍重视,又为什么存在各种差异呢?这也很简单和清楚,这本是应用学科,应学以致用。但不少"理论一大套,行动不对号",理论与实践脱钩,甚至背道而驰和明知故犯,那就只是装门面的"重视"了。

说到这里,不能不联想到《习近平谈治国理政》这本书在全世界热销的盛况。大家看到中国和平崛起,总想知道是何原因,不约而同地认识到应是治理有方,所以对这本书特别感兴趣。这是很自然的,也是必然的。过去对中国说三道四的大有人在,什么"威胁论""必败论""破产论""崩溃论"都有,但都最终落空并没人信了,绝大多数人都把注意力转到中国"究竟是如何治国理政"这一点上。前面提到过的"中共学"已在国外兴起,也与此有关。我们试认真想一想,中国共产党从一开始就重视治理,从根据地到解放区,再到新中国成立,每个环节都离不开和少不了治理这个重要因素。说治理比说管理更恰当,可以理解为积极主动有针对性地解决问题以利前进。

五、皖团访美

先说明一下,本节在时间上应先于上节,因"东部地区"与"访西班牙"内容和性质相近,故作此调整。

"皖团"说的是安徽省代表团,"皖"是安徽的简称。学汉语的人会发现,中文常有求简的趋势,此为一例。如广东为粤、福建为闽、山东为鲁、湖南为湘、湖北为鄂,等等。城市也有如上海为沪、广州为穗、重庆为渝、成都为蓉之类。但又不一定都有或另行处理,如"北上广"就打破常规,没有说"京沪粤"(或穗)的。

且说"皖团访美",不知怎么会找我去当顾问。学校同意了,我就同皖方人员作简单准备后出发。那时已有直达航班到美国加州洛杉矶,往返都是这样走的。说来也真凑巧,我们的老三纪康,本来在中山大学毕业后留校任校团委书记,后来在"下海潮"中到广州一家大公司任职,公司派他到美国去组建和主持分部,地点也正好在洛杉矶。这次自然顺便看看,还给"皖团"节约些开支,因为可在公司宿舍借住,可比住正规旅店少付外汇,这是他们没有想到的,我也一路上尽可能为他们节省。

访问是有重点的,因为时间和经费有限,不能只是随便走走、看看。事前预定不看游乐场所、不去游山玩水，相对集中于访问座谈。第二站就是首都华盛顿，由于已有联系，对方安排了美国行政学会等五个全国性学术团体联合出面接待和举行座谈。其中出面人员就包括我刚在西班牙国际会议上认识的那几位。论"规格"，这个"皖团"只是相当于一个州的行政管理学会代表团，对方如此隆重，为"皖团"始料所不及。这次在华盛顿，也没有住外面的旅馆，而是住在我国驻美国大使馆的招待所，真是既安全又省钱。不过这招待所并非谁都可以随便住的，必须准备好有效证件。好像有总领事馆的大城市一般都有招待所，而且设备不差，特别是饭菜可口，好过唐人街的普通餐馆。在国庆、节日宴请外宾时，这些厨师都能大显身手。还记得有一次偶遇一位厨师并与他闲谈，知道他来自扬州，我也算是扬州人，不禁想起扬州菜和扬州厨师还真的那么有名。

"皖团"继续访问的下一个重点是马萨诸塞州（我们又常简称为"麻省"）的波士顿市（州政府所在地）和哈佛大学所在地的康桥。因为波士顿与康桥相距很近，有地铁直通，我们住在康桥也很方便。这次住的方式又有所不同，是住在我的一位老同学家，而且是他主动邀我们去住的，因为他家的房间有空。只有一位女译员被安排到邻近的一家出租屋去住，收费也不高。我的这位老同学觉得一位译员不够，建议临时增加一位，座谈效果可能更好。团长认为建议很好，刚巧有一位正在哈佛读研的中国留学生愿意干，只给了少数补贴，后来的座谈确实灵活有效多了。这位老同学帮了不少忙，因为他同州、市政府的人都很熟，哈佛校内更不用说了。因此，所有安排都很顺利和妥当，否则至少在时间上就难以那么紧凑。

因为是行政管理学会的代表团，所以访问、座谈都力求尽可能对口。在这里先后安排了州政府和市政府的座谈，一般都是先介绍情况，然后提出问题和在回答问题的过程中展开讨论。对方有时也提关于中国的问题，表示对中国也感兴趣。他们知道我在哈佛读过书也教过书，有时指着我对代表团的人说："这些他都知道的啦。"我说："不知道最新情况"，又补充一句："四十多年前我在哈佛读研究生曾到州政府实习过。"对方似乎在亲切感中略显自豪,其中高级文官就有哈佛校友。这不奇怪,正如广东省广州市政府官员中有中山大学校友一样。后来在康桥市也有过访问座谈,情况大体相似,不多说了。

说到康桥,几乎可以说已同哈佛浑然一体。因为除有著名的麻省理工学院(MIT)在中央广场一带以外,哈佛的老校园和不少学院都分布在康桥各处。地铁就有哈佛广场这个大站。还有商学院(工商管理学院)在查尔士河的对岸,医学院在波士顿市区。"皖团"当然没有必要全面接触,最对口的莫如已很有名的"肯尼迪政治学院"(国内有译为"政府学院"者欠妥,因英语原文不仅只有政府一个意思,作为学科即政治学),这是没有本科的研究生院,将原有的"立陶尔行政学研究生院"按照"立陶尔计划"并入该院,又另建大楼。

这个故事很多人知道,肯尼迪是哈佛校友,后来当了总统,遇刺身亡。他的老家在波士顿,是一方富豪,为了纪念他而捐资在哈佛建立这个学院。苏联也曾派人到此培训,中国改革开放以后也在这里办过培训班。这都不足为奇,美国白宫青年干部也曾到北京组班学习研究,其他国家也有过类似安排。中山大学至今仍有外国留学生班,随后或者还有机会谈到。

哈佛肯尼迪政治学院除安排"皖团"参观访问外,还举行了高规格的座谈,有好几位知名度较高的专家学者参加,以表明院方的重视。此外,让代表团旁听了一堂案例讨论课。更没有想到的是,该院副院长哈斯克尔(S.D. Haskell)还特设午宴招待。那是1991年10月3日的事。事后代表团内部闲谈,说哈佛的"门槛"很高,若不是因有夏老可能会不得其门而入。我说不对,那是人家的工作做得好。原来当时访美的团体不少,他们曾在途中碰到过,听说"皖团"将访哈佛,有过这种议论,因而别的团体未作此想。然乎不然,值得思考。会不会有"用自己之心度他人之腹"的因素?我的哲学是别人要来参观访问与否,朝好的方面想是必有可以信任和尊重之处,朝坏的方面想是必有很糟糕和很不像话之处,为什么不能保持清醒和好自为之呢?对长处应谦虚谨慎,对不足应发奋图强。骄傲自满拒人于千里之外不可取,低声下气不挺直腰杆做人是庸人自扰。这些都是我心里的话，一直没有说。现在想起来，就记在这里。

六、南大校庆

1992 年 5 月，南京大学（简称"南大"）校庆 90 周年举行学术活动，我应邀前往并作了学术报告。我本已被聘为兼职教授，校际联系不断。这次校庆热闹，见到不少老同学和老朋友。我曾在南京市立一中读过两年高中，所以几乎每次到南京，都会到一中去看看。关于历史情况，前面早已说过，但仍难免引起回忆。

▲1992 年 5 月于南京作学术报告

有些事情若非亲身经历，是想不到的。一位老同学见面就问：专程从美国回来贺校庆么？乍听有点儿奇怪，后来才知道是校方所编发的校友录写明我已在美国，根据则是在美国的校友录。那原是20世纪80年代初确有其事，但我早已回国了，这完全是信息不灵的问题。若非这次见面，便很有可能那样以为下去。不仅如此，校友录还有一种常见的"可信度"，即我们夫妇二人都列名于同一地址，我们原是同班同学，也是许多人都知道的。那么既然是夫妇同在，一定是已经定居了。

这次参加校庆，又遇上早年院系调整遗留下的一个老问题，即校史相同，有关校友难以分辨，兴不知何去何从之叹。具体来说，像北大、南大、中大、武大等这类老校，例如工学院分出去独立了，其院史一般不会从独立之日算起，而是自原有该院之日开始。这就与老校校史交叉重叠，让校友、院友为难。虽然两边都对，但毕业文凭是某大学校长签署。再说南大还有新的情况，即在其本身的历史发展中，曾一度叫东南大学。后来在其院系调整前的原址，又出现了一所经教育部批准的新东南大学，其内容已远不止一个工学院，校史也不可能从挂牌之日算起。不过老校友将越来越少，随着时间的推移，就会不成问题了。

另外一种情况是台湾也有一所"中央"大学，这是南大在新中国成立前的原名。国民党败逃台湾，还打着"中华民国"的招牌。为了装点"门面"，办了几所有代表性的，如台湾"清华大学"、台湾"交通大学"、东吴大学，包括这所"中央大学"等，后来又办了中山大学。带地名的大学当然不好照搬，很有趣味的是其中有的大学还试与大陆原校联系，中山大学即已不止一次。那时台湾"中央"大学校友会的会长，是我南大前身时的同班同学。我们在南京见面了，他们联系的却是新的东南大学。我两边都是校友和兼职教授，随着人事的变化，这类来往也与时俱淡。

在较大城市中，与我老家最近的是南京，我较早进入的较大城市，也是南京。我自1935年春离开家乡后，经历了整个抗日战争时期，到了1947年春才回家乡一次。那是在徐州江苏学院时，没有走经淮阴、淮安、宝应、高邮那条路,而是走经南京、镇江、扬州回家的,因为这样走交通比较方便。1956年,我已到广州多年,因到南大参加科学讨论会,顺便回乡一行,并接老母去广州同住。前面已经说过,她于"文革"前已从广州回家乡了。到1987年,我因应江苏省人事厅之聘,到南京、扬州、高邮讲人事管理,回程又回老家看看,但已举目无亲。因此,这次南京之行也就没有再回家乡。

其实,作为南大校友,我并没有在南京的南大前身学习过,而是抗日战争时期在它迁往重庆以后被录取和毕业的,这已早在前面说过了。我对南京的印象特别深刻,还有更早期的原因。回想当年,在我读完初二失学在家一筹莫展将近年半之际,南京传来消息,说是有工可做,只是因为筹措旅费,稍晚又失去机会。那种去留两难的滋味,真是不堪回首。后来若非机缘巧合,征文获奖,简直无法预料会有什么下文。这些回忆难免有点儿重复,主要是说南京是我一生面临第一次大转折的地方。如果找到工作,要走的显然是另一条道路。表哥作为一名排字工,这面"镜子"已经摆在那里。要是未能考取高中,考取高中又无力交纳学宿杂费和开支生活费用,又将如何应对?这里确实存在机遇、善缘等积极的社会因素。倘若未能半工半读,就算能回家乡,哥哥和两个弟弟的情况已可预见,是坐吃山空。初小临时代课,根本不能算数,所以能留在南京继续读书,是一次重要转折。

可是这次在南京的时间并不长,只读完高二就开始全面抗日战争。于是我又一次面临选择,南京已遭敌机轰炸,不久可能沦陷,去哪儿呢?当时有一股去武汉的潮流,去的人又有很多人奔向延安,又很有可能参加新四军和八路军。另一种考虑是留在尚未沦陷的后方找点儿事情做做,并已有传闻说江苏省教育厅拟开办临时中学收容失学学生。后者只是有此一说,尚无具体行动。非常凑巧的是,我有位高小同学,他已从高中师范毕业,正在当时的高邮县城中小学(原第一小学或称实验小学)做教导主任,因为缺代课教师,要我去干。就这样,我在日本侵略者进行大屠杀前不久离开了南京。前面都已说过,后来进入临时高中,等等。这是在南京的又一次重要转折。

从谈南大谈到南京,这很自然。南京也确是一个美丽的城市,不仅是古都,而且已相当现代化,交通便利,水、陆、空都行,濒临长江是一个很好的条件,可以直达重庆、武汉、上海,铁路不用说了,当时也已有京杭国道(公路)。航空也四通八达,广州与南京之间有直达飞机,而20世纪50年代还没有,要经上海乘火车转。城市大、道路宽,城南城北之间能通火车。还有著名的莫愁湖、热闹的夫子庙,到南京不能不去逛逛。最出名的土特产是板鸭和盐水鸭,据说鸭源就来自我的家乡高邮湖边,鸭子都是吃小鱼小虾长大的。到南京开会的人,都常要买几只带回去供家人自食和送人。有人说板鸭较咸,盐水鸭更受欢迎。离南京不远,还有温泉,这是旅游者不会忘记的一个项目。

孙中山在北京逝世后,遗体运到南京安葬。这就有了一座宏伟的"中山陵",是访问南京者必到之地。有特制的明信片,可以从照片中看到全貌。

七、政党学说

我的专业是行政管理学、公共管理学,在新中国成立前和院系调整前以及改革开放后,我都主要从事这方面的教学研究。但在新中国成立初期,我已边学边教地开始兼任社会发展史、新民主主义论、中国革命史、中共党史等课程的教学工作。在院系调整后,因我已讲授"马克思列宁主义基础"(简称"马列主义基础")这门公共课而继续留在中山大学。那是一门以"联共(布)党史"为教材的课程。我还在当时学校为全校教工举办的夜大里讲过"共产党宣言"的专题课程。这些我当然都是边学边教,也发表过几篇关于要加强党的领导的文章和讲话。这些也都大大有助于提高自己的认识。

印象较深的是为第一期党政机关处级青年干部培训班开设的"中共党史和马克思主义政党的建设理论"课,讲"马克思主义政党学说"这个专题。那是 1992 年 5 月 25 日的事,这里不复述所讲的内容,而是要认真看看和想想,到哪个时间为止和从哪个时间以后,中国共产党的领导实践所说明和证明了的问题和情况。有些是前面已经谈到的,重提也出于有此必要。且看距离 1989 年政治风波还不到三年,苏共已使苏联解体,中共却能应付自如和开始走向和平崛起。谁是真正的马克思列宁主义的政党,不是已经对比分明了吗!

马克思主义是放之四海皆准的革命学说,但由于各国有不同的国情,有个理论和如何联系实际、指导实践的问题。列宁主义便是苏联的马克思主义,后来苏联变"修"了,终于落得个"和平演变"的下场。毛泽东思想是中国的马克思主义,指导中国革命取得胜利。邓小平理论也是一样,也可以说是对毛泽东思想的继承和发展。随后继之而来的如"三个代表"重要思想和科学发展观,都是如此,也都是沿着中国特色社会主义道路继续前进。《习近平谈治国理政》一书在全球畅销,包含"两个一百年"奋斗目标和中国梦的论述的习近平新时代中国特色社会主义思想,都是马克思主义政党学说在中国的具体运用和新发展。2018 年 5 月 4 日,在纪念马克思诞辰 200 周年大会上,习近平总书记发表了重要讲话。他指出:"马克思主义始终是我们党和国家的指导思想,是我们认识世界、把握规律、追求真理、改造世界的强大思想武器。""新时代,中国共产党人仍然要学习马克思,学习和实践马克思主义,不断从中汲取科学智慧和理论力量……更有定力、更有自信、更有智慧地坚持和发展新时代中国特色社会主义",让马克思、恩格斯设想的人类社会美好前景不断在中国大地上生动展现出来。

第一期的培训班办得很有必要和及时,最好能继续办下去,并且培训范围不仅是党政机关,可以扩大到其他领域。培训成员也不仅是处级青年干部,更可以扩大到其他不同层次。总而言之,必须使对中国共产党的正确认识深入人心。老话题是为什么没有共产党就没有新中国?为什么只有社会主义才能救中国？新话题是为什么只有中国特色社会主义才能建设和发展中国？为什么只有中国共产党的正确领导才能实现"两个一百年"奋斗目标和"富强、民主、文明、和谐，自由、平等、公正、法治，爱国、敬业、诚信、友善"的社会主义核心价值观？

事实上，党的领导是全面的，不仅是党政机关，整个城乡社会，包括党政工青妇，工农商学兵，都在党的领导之下。老、中、青年龄段的内涵也有变化，在旧社会生活过的老人，同新中国成立后出生的老人是不一样的。如在1949年10月1日以后出生的，至1992年5月底已进入中年。即使是早生几年的人，对旧社会也所知甚少。所以进行历史补课很有必要，尤其是中共党史。现在国外已出现"中共学"这门新学科，充分表明中国共产党的存在和发展已经受到全世界的注意。应当肯定，我们加强对中共党史的学习研究，完全有助于提高为早日实现中国梦做贡献的自觉性和美梦必圆的坚定信心。

中国历史悠久，有很多老话儿，例如"人心不古，世风日下"。这是过去常听到的感叹。我对这话有些看法，觉得这在一定情况下、一定范围内和一定程度上可以理解，但并非普遍适用。因为"古"不是十全十美，其中既有值得继承和发扬光大的优良传统，也有需要改革创新以求进步和应予以拒弃的糟粕，特别是"日日新，又日新"的古训不可淡忘。否则一味存古、保古、复古，创新将无从谈起。这里谈的马克思主义政党学说，是典型的划时代的新学问。中国共产党人以这一崭新理论武装自己，才使旧中国在不是很长的历史时期内彻底改变为新中国，而有蒸蒸日上的今天。如果人心都很古，那简直是不可思议。所以我们必须在新的历史条件下继续学习研究，以期不断迈上新的台阶和进入前所未有的新境界。

还有一句话，叫"人心思变"。这也是不安于现状而求新的一种心理现象。可是变也有变好、变坏，形式变或实质变等可能，不可简单随意，说变就变，变错了后患无穷。这仍是一个有待加深学习和研究的重要问题。首先是执政党的领导者能顾全大局、高瞻远瞩，让广大人民群众都心知肚明我们在奔向何方。方式方法是通过方针政策、文件讲话、调查研究、信息沟通等做到上情下达和下情上传。倘有梗阻或误导,后果亦将离谱、走样。试看那些"和平演变"的实例,他们都变到哪儿去了?其中又明显地表明,修正主义的领导者是明目张胆的罪魁祸首和蒙蔽、欺骗广大人民群众的最大黑手。变坏的事情也还有变好的可能,但仍得从改变思想认识做起。

这里对于从严治党的要求,我们就完全可以理解。中国共产党从那么微不足道的由少数人组成的一个小党,成为世界第一大政党,时间还不到百年。每个党员的所作所为,都是党的生命力的具体表现。要做合格的党员、争取成为优秀党员,应该是每个党员的目标。共产党员的先锋模范作用起好了,可以带动全面工作的优化。只要我们的工作做好,别人也不能不看实况而说三道四。以下是信手拈来的几个例子:

一是联合国高官菲利普·查沃斯认为,"构建人类命运共同体"凸显中国贡献。[1]

二是富士康总裁郭台铭建议,美招商引资应学习"中国效率"。[2]

三是美国哈佛大学贝尔弗科学和国际事务中心主任格雷厄姆·艾利森著文题为"美国第二?是的,而且中国的领先优势在加强"。其中提到,"每个人都知道中国正在崛起,但很少人认识到其崛起的规模和影响",还以 2015 年中国清华大学已超过美国 MIT 成为世界第一为例。[3]

八、自学考试

在广东办自学考试,真可谓曾极一时之盛,后来情况如何,不得而知。

---

① 参见《参考消息》,2017 年 2 月 20 日,第 11 版。
② 参见《参考消息》,2017 年 3 月 3 日,第 15 版。
③ 参见《参考消息》,2017 年 5 月 24 日,第 14 版。

百年寻梦从头说

人们都说,这是一条自学成才之路,我因体会较深,经手此事特别积极。有人从历史来看,认为颇有"科举"遗风。当时全是私塾,没有什么学校毕业文凭,考就是了。"十年窗下无人问,一举成名天下知。"至于只考"八股文"之类,则是考试内容的变化。引进学校制度以后,此门久已关闭,此路早已不通。试办自学考试,也可能是值得一试的成才之路的补充。

我个人的体会也与此有关,若没有"相当程度"这一条,我就进不了高中。但没有初中肄业的证书,"相当程度"也不会凭空认可。若没有在临时高中毕业,便不能报考大学,我已记不得当时大学有没有"相当程度"的规定了。读研更不用说,还要有成绩单和推荐信。有的甚至还要有财政担保,同时又有奖学金制度,等等。凡此皆可以说无可厚非,但自学之路愈来愈窄也是事实。像启功、华罗庚那样,以中学生出身做到大学名教授,完全是因为有识才之人和敢于破格,那是难得的历史机遇。那么试试自考,看看能不能有助于广开才路?这是国家教委的决定,除部分省有自学考试委员会外,各主要学科也有,我经手的就是政治管理方面的。

许多细节已记不清,以下只是大体上按时间顺序谈些具体事项。虽是上个十年末即已开始,但主要工作是在这个十年内做的,所以在本十年内立题。

经国家教委批准,全国高等教育自学考试指导委员会政治管理类专业委员会于 1988 年 5 月 27 日在中山大学成立,我被任命为主任委员,秘书处设在中山大学(1988 年 5 月 28 日《羊城晚报》作了报道),工作就跟着开始了。1990 年,高等教育出版社就出版了我主编的《市政学自学考试大纲》,那是供全国自考委自考专业使用的。1990 年 7 月 7 日,全国自考委发出聘书,聘我参加自学考试"行政管理学"课程统一命题工作。1991 年,高等教育出版社出版了我主编的《市政学》,作为专业教材。1991 年 5 月 30 日,全国高教自考委发出聘书,聘我参加自考"市政学"课程统一命题工作。

1993 年 4 月 20 日至 27 日,我在海南省海口市主持了全国高教自考指导委员会政治管理类专业委的工作会议,巡视了三亚、通什两市的考场,并与当地的有关领导、工作人员座谈。大家都认为自学考试是件大好事,不少在职人员过去休息时间较少看书,现在好像有了奔头,抓紧时间学习了。这里要补说的一点是,我曾写过一篇题为"从我国宪法鼓励自学成才说开去"的文章,载于《中国高等教育》1993年第11期。因为宪法是国家的根本大法,说明鼓励自学成才是件大事,确实不可视若等闲。接着我又写过一篇题为"赞广东自学考试热"的文章,载于《广东自学考试》1994年第4期。赞所当赞,热所当热,想不到我也被"赞"了一通,广东省自考委和省高教局在1994年4月12日给我发荣誉证书:"鼓励多年从事广东省自学考试工作,认真负责,付出了辛勤劳动,成绩显著,为广东省自学考试事业做出了积极贡献。"其实我这个人早已养成习惯,凡已接受任务,都力求尽其在我,酸甜苦辣,问心无愧,赞与不赞,非所计也。但从做工作的角度来考虑,他们这样做也很合乎常规。

在1994年12月13日的《南方日报》上,出现了《港澳台胞青睐自考》这条新闻。大家都注意到了,自学考试的正面影响,已经及于港澳台地区。"青睐"可不简单,颇有重视、羡慕之意,倘有可能条件,即当仿而效之。因为大家都想把成才、取才、用才等问题解决好,更何况地区之间和国际的竞争说到底是人才竞争。在进入知识经济时代以后,人才竞争更趋激烈。所谓"猎头"公司,所"猎"的正是优秀、杰出人才。

前面刚提到发给我荣誉证书的事,接着1996年7月,我获得全国高教自考指委会"为自学考试事业的发展做出了重大贡献"的荣誉证书。同年10月,国家教委将我评为高教自考先进个人并颁发荣誉证书,还为我从事高教自考工作十年颁发荣誉证书。这些也可以看作对高教自学考试开办十周年八句话作贺:

> 高教领域开新篇,自学考试十周年。
>
> 四化兴华需才亟,不拘一格育新贤。
>
> 硕果累累堪欣慰,学子莘莘齐向前。
>
> 精益求精不稍懈,共勉一字在于严。

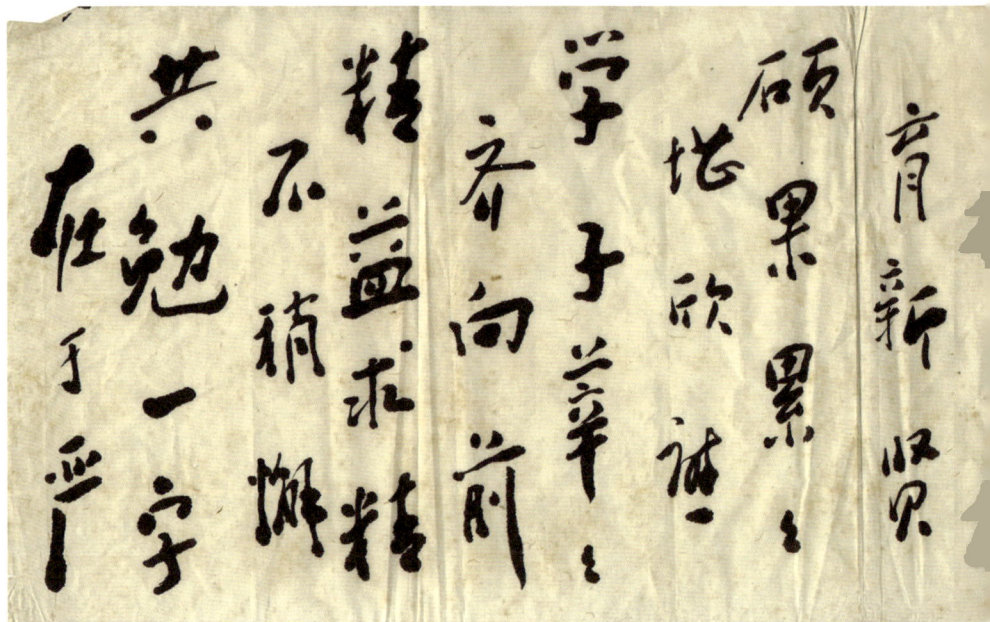

▲贺高教自学考试开办十周年题词手稿

这八句似乎太简单了点儿，前述赞文又太长，可能在三千字左右，不宜照录。那就只谈几个要点吧：

一是广东自考起步稍晚，但却是后起之"热"。领导重视，各界支持，考试机构与主考学校共同努力，已成为广东高教的重要组成部分。十年辛苦不寻常，成绩应值得称赞。这是有强大生命力的新生事物，非已十全十美，仍须认真研讨存在的问题，以求改进。作为全国自考唯一设在广东的专业委负责人，我是广东自考工作的历史见证人，对于有关活动，我热烈支持。

二是广东自考的一个显著特点，就是参加者中港澳台同胞较多。省考委受全国考委的委托，在香港设自考点接受港澳同胞、海外侨胞参加高教自考。①自考受到重视与实用性有关，如法律成为热门专业，中医专业也有很大吸引力。因信誉较好，澳门已承认自考文凭。《人民日报》1993 年 7 月 28 日第 3 版载有《高等教育自学考试制度结果硕果》的报道。

---

① 参见《光明日报》，1994 年 2 月 3 日，第 2 版。

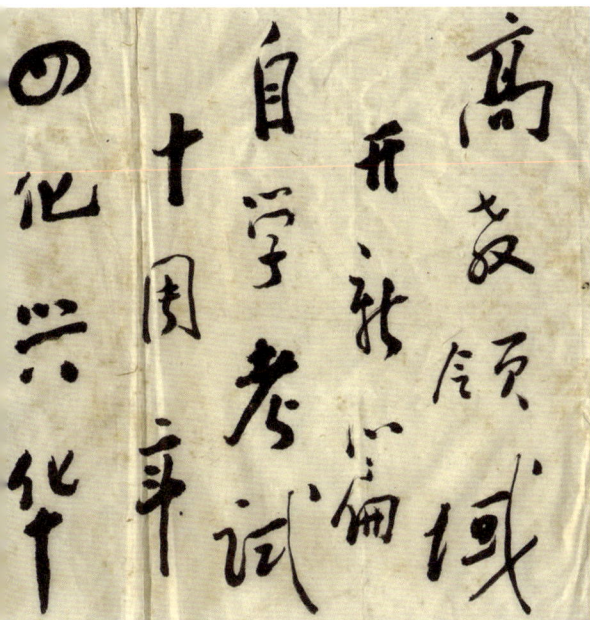

三是受到好评、欢迎、赞誉、承认,归根结底应是由于质量有保证。那就是前述八句中的最后一句"共勉一字在于严",也就是这个"严"字。只有这样,才能热下去,热得正常、健康、有积极意义。我们应反复提醒和经常保持清醒。除善于总结外,还有许多问题,有待理论结合实际地深入研究。研究的课题很多,不一一列举了。如有兴趣,请参阅原文可也(顺告已纳入《学林寄语》,中山大学出版社,2007年)。

▲1997年11月9日于福州出席全国考委政治学类专业委员会工作会议(前排右五)

九、中国特色

关于建设和发展中国特色社会主义,现在已深入人心,国际上也开始注意和日益认识到这一点。其实,"中国特色"由来已久,中国共产党自建党之日起,即已考虑在中国这样的具体环境和历史条件下,怎样运用和发展马克思主义的问题。别人的经验只能参考借鉴,不可机械照搬。党的历史早已充分证明了,在其他学科的运用和发展上,也应该如此,尤其是应用学科,更必须突出"中国特色"。前面很有可能已分散地有所接触,本节仅据这个十年的情况,相对集中地作为一个专题来强调,以引起重视。

《有中国特色社会主义行政管理学必须建立和发展》是为南京大学张永桃教授主编的《行政管理学》一书(南京大学出版社,1989 年)所写的读后感[见《南京大学学报》(哲学·人文·科学·社会科学版)1990 年 5—6 合期]。在我自己的编著中,也已经试着这么做,如山西人民出版社 1985 年和中山大学出版社 1991 年出版的《行政管理学》等,余从略。

《以经济建设为中心必须注意建设有中国特色的社会主义企业精神文明》,是为在中山大学兼过课的林鸿荣教授主编的《企业职业道德建设简论》一书所作的序言。作者同时担任该书顾问,书是由广东高等教育出版社 1992 年出版的。此书对我所强调的中国特色社会主义企业精神文明已有所体现。

在 1992 年 3 月 31 日广东"深化改革与社会科学"专题理论研讨会上,我所作的发言也把深化改革的道路指向中国特色社会主义。这与发表在中共广东省委党校《岭南学刊》1993 年第 1 期的《政府职能转变的必要性和根本途径——学习〈加快改革开放和现代化建设步伐 夺取有中国特色社会主义事业的更大胜利〉》一文有直接联系。

几乎与此同时,《深化改革以提高行政管理水平与发扬优良传统并行不悖和相得益彰》一文,载于《广东行政学院学报》1993 年第 1 期。深化改革与发扬优良传统并行是"中国特色"的重要内涵,也是世界各国所罕见或没有的。如果忽视这一点,甚至在有意无意中形成偏废,那就会带来重大损失。我在另一篇《并非"发思古之幽情"而是实行"古为今用"》中,也对此有所阐述,这是为卢广森、王进国主编《中国古代行政管理概论》一书所作的序。该书由河南人民出版社 1993 年出版。该序载于《中国行政管理》1993 年第 3 期。

在《中国行政管理》1993 年第 10 期上,曾载有我写的《"中国特色"与科学社会主义、政治学和行政学研究》一文,明明白白讲的就是"中国特色"。紧接着的是《开展有中国特色社会主义的行政监督学的研究不容再缓——读〈行政监督概论〉》,载于《中国行政管理》1993 年第 11 期。该书由张尚鹭主编,由中国人事出版社 1993 年出版。我在遇有机会时,都要提醒注意"中国特色"。

《高等教育管理体制改革中的"个性"考虑》载于中山大学高教研究文集《改革 开放 振兴》(庆祝中山大学成立 70 周年)。该书由吴福光主编,由中山大学出版社 1994 年出版。这里的所谓"个性",不言而喻,正是指"特色"。因为现代中国大学管理体制是引进的,要改革就不能不考虑"个性"。

在《学习〈邓小平文选〉论文选集》(下册)——中山大学学报丛书 013 号中,载有《重视效率是建设有中国特色社会主义的本质特征和原则要求》一文,另摘要载于《求贤》1994 年第 11 期(天津)。需要说明一下的是,这里原意是特征和原则之一而非仅此而已,没有以偏概全,不能误解。

在《中国政治学、行政学、市政学世纪末展望》(见上海《政治与法律》,1994 年第 10 期)一文中,立足点是"中国"。因此,应邀在广东全省高校党办、校办主任培训班上讲过"高教管理改革应有中国特色并与国际接轨",载于广东《高教探索》1994 年第 3 期。这同发扬优良传统一样,"接轨"也不是乱接的,要看接什么轨和怎么接等。

出席庆祝中山大学建校 70 周年系列学术活动之一的 "邓小平建设有中国特色社会主义理论与实践"研讨会,我在开幕式上作论文摘要发言。那是 1994 年 6 月 10 日下午的事。在全国行政学教学研究会代表大会暨学术研讨会上的讲话中,我再次谈到"关于在行政学教学研究中应当处理好'有中国特色'和'与国际接轨'的问题",那是 1995 年 3 月在广西桂林开的会。1995 年 11 月 22 日,应广州南沙开发区主办第 6 期开放建设研讨班之邀,讲"关于提高行政管理水平问题",无不涉及"中国特色"。

学校举办"中外优秀文化讲座",我先后应邀讲过"'三国'智谋与现代管理"和"《孙子兵法》与现代管理",因为已有两本同名的书出版。另外有一专文《"文官"也应读"兵书"》,载于河南《行政人事管理》1997 年第 1 期。后来应香港科技大学副校长(学术)孔宪铎教授之邀,于 1997 年 12 月 4 日至 6 日到该校做演讲嘉宾,讲题也是"《孙子兵法》与现代管理"(两校于 8 月签署学术交流协议,11 月 7 日发出邀请函)。

《孙子兵法》是中国最著名的古典名著之一,也是世界闻名的。不仅军界必读,而且管理学界也很重视,已有"孙子兵法管理学派"。美国如此,日本犹然。日本曾有工商管理界要学习中国三本书的要求,一是《孙子兵法》,二是《三国演义》,三是《西游记》。据说是一为理论,二为应用,三为思想活泼,似乎不无道理。这些也可归入"中国特色"范畴。

在《社会科学 50 年——从五四运动 80 年和新中国成立 50 年看我国社会科学的发展》(见《学术研究》,1999 年第 5 期)一文中,实际上是将本节开头所讲的情况展开来并具体化。中国共产党正是按照"中国特色"从胜利走向胜利和越来越大的胜利的。不仅中国人已经普遍和深刻理解,国外也出现了"中共学"这门新学科来研究中国共产党的历史及其取得成功的真正原因。我们更应该在这方面下足功夫认真学习和研究。

十、秘书工作

　　同前面的某些专题一样,工作虽较早开始,但在本时间段开始集中或增多,所以把该专题列在这里。"秘书工作"也是如此,那就让我们从头说起。为办公室主任和秘书工作者培训班讲过些什么已经记不清了,也都是随机而作和偶一为之。下面这简单的四句贺词,却是我主要思想的具体反映:

　　　　秘书专业岂可无? 共同致力鼓与呼。

　　　　建设四化重信息,落实三务见功夫。①

　　这是因受聘为汕头大学名誉教授,为贺该校中文系秘书班结业写的。有关的问题不去说了,进入 1989 年以后,我就写过一篇《秘书工作必须适应现代化事业的需要》,那是为罗立新主编的《秘书工作新论》一书(三环出版社,1989 年)所作的序。1989 年 3 月 31 日在广东省经济管理干部学院的政务信息培训班上,我还讲过"关于政务信息的几个问题",这些都可以说是诸如此类,不一而足。

　　为什么"秘书工作"会成为愈来愈"热"的议题呢? 当然事出有因,因为它是行政管理中必不可少的重要工作。倘若成为薄弱环节,则将对全局发展不利。它是领导的助手甚至起副手的作用。在较大的单位,常见有"秘书班子",设正、副秘书长。其中可能有的是"闲职",但我们所讨论和研究的是怎样才能做到合格和称职,发挥好应有的作用。

　　《当代秘书的观念与实务手册》是林鸿荣等人所著,由学林出版社 1990年出版,其中的"序一"是我写的。从观念入手谈到实务应予肯定,因为若是

---

　　① "三务"者,政务、事务(或业务)、服务是也。此贺词书于 1986 年 5 月。

观念有偏差，便不可能把实务干好。另一篇《管理、信息、文书工作与"机关写作学"》，是为张清明等人编著《机关写作学教程》一书(武汉大学出版社，1990年，亦有1989年版)所作的序。因为"机关写作"不只是一项简单的文字工作，必须切实了解管理实况和掌握有关信息，否则难以起到预期的作用。

在广州政务信息研讨会上，我作了《略论政务信息工作中的简单反馈、实时信息和前馈控制》的报告，那是1990年8月的事。为李冠创主编的《高等学校办公室管理探索》一书(广东高等教育出版社，1991年)所作的序是《最有生命力的工作应当效率最高》。其中谈到生命力和效率，离开了相关信息，便无从谈起。因此，《研究本职工作之风可长》也就不难理解了，这是为中国行政管理学会教学研究会编(张文主编)的《行政学教学与院校建设》一书(辽宁人民出版社，1991年)所作的序。有些谈效率的专文也就不用多说了。

《秘书工作探"秘"》是为《高等教育研究专辑》所作的序。那是中山大学《高教研究》秘书培训班论文选编，时间是1993年6月。这个探"秘"显然不是真有什么秘密，而是要明确秘书工作的性质和任务，以及要做好这个工作所必须注意和用心之处。另一本《高校秘书工作概论》一书的序，也是我写的。那是一本多校合作的著作，由张培元任主编，东南九省、市属重点师大党办、校办部分人员合作编写的，由湖南师范大学出版社1994年出版。

在《广东秘书工作》1994年第1期上，刊登了我写的《具备行政管理基本知识是做好秘书工作的必要条件》，这不用解释。在同刊1995年第1期上，我又发表了《从急需人才看秘书专业的加强和发展》，还由中国秘书期刊学术成果评审委评定，授予一等奖。区社能主编的《高等学校办公室工作研究》一书(广东高等教育出版社，1995年)也是我作的序，题目是"赞对高校办公室工作的持续研究"，重在持续，"一阵风"式的研究往往是表面的、肤浅的、难以深入的。

《思想政治素质与其他素质的关系》，载于山西《人事》1996年第11期，这对秘书工作也同样适用。在1997年第1—2合期的湖北《企业秘书》上，我发表《如何看待急需文字秘书专业人才？》一文。这就有个人才来源和如何培养的问题。一般来说，也就是通常的对策，无非对"急需"来个"急救"，办短训班去解决问题。可是这绝非治本之计，还得从长计议为宜。因为这不是光靠摇摇"笔杆子"即能胜任的。前面已经讲了很多，很多也有共识，问题还在于要有实际措施和行动。

这里特别是对于应用学科有没有存在下情不能上达、上下沟通不够顺畅，或上下认识很不一致等情况或问题，值得深入了解和讨论、研究。可是实际情况又远非如此，早在约 1985 年年底，在全国高等学校中即已有一百二十所开设了秘书学课程或专业，各种秘书学的教材也已出版了十几种。这是《人民日报》1985 年 11 月 17 日第 3 版的报道，还有前面已提到的不少论文和有关著作，以及专业性的刊物等。那又该怎样看待 1997 年的"急需"呢？看来问题不在于数量，而在于能合格和胜任的质量。对在 1989 年 6 月我对此所进行的一些思索，似乎还不妨旧话重提，以供参考。

一是率由旧章不行。秘书本属古老工种，时代背景不同，特别是面对中国特色社会主义现代化事业，必须力求吃透时代精神，适应时代要求。否则格格不入，难以称职胜任。

二是观念亟待更新。这是紧接上述要求而来，求新首先是须更新观念，不然即使在工作上颇有潜力，也不可能主动发挥和全力以赴，更不用说有所创造了。

三是要将秘书工作看作现代管理中的重要一环。不是可有可无，而是不可或缺，并且在起重要作用。如协调、咨询、公关、调研等，都是秘书工作中事关全局的重要事项。

四是整体工作的现代化问题。必须十分明确，全部工作是为建设现代化服务的，那就要在有关知识、方法、技术等方面都合乎现代化的要求。电脑还要由人来编制软件、程序。

五是求新还要求实。即使是老话题，内容也要更新。新也不能停留于口头论述，而要见诸实际行动。不是说来好听，要看到事实真相。

六是鼓励新的尝试。"自古成功在尝试",此言不虚。试验允许失败,但可积累经验,而非因噎废食。尤其是对改进本职工作的研究更要鼓励,以免安于现状,"一本通书读到老"。

十一、联合办学

改革开放以后,各方面都在积极进行改革。高等教育改革当然是其中的一个重要方面。在高等教育改革中,头绪也很多,这里只相对集中地谈一谈联合办学问题。在上海《高教研究》1995 年第 3 期上,我发表了《高等教育改革中的联合办学问题》一文。因为当时一股联合办学的热潮正在开始兴起,也引起大家的热议。从总体上来说,办学是好事,甚至是大好事,总希望能办成、办好。但是或由于缺乏经验,或由于有不同的观念,讨论、研究一番也有好处。

事隔将近一年,我又在上海《高教研究》1996 年第 1 期上发表了《就联合办学论办学规模》一文。这是一个比较具体的问题,规模又与更具体的所需"队伍"有关。在 1997 年第 4 期的广东《高教探索》上刊载的《重点高校必须高度重视三支队伍建设》一文,说的虽是"重点高校",但实际上在联合办学时也必须有所考虑,否则难以启动、运作。

办学实在不是一件轻而易举的事,它所涉及的面很广,需要许多具体的条件。高等教育顾名思义,要求也应该是比较高的。首先例如占地面积不可太小,很有必要留有发展余地。当然,以后再说的情况在世界各国早已存在,不过至少仍应开个好头。那种只有几间房或一座小楼就挂起某某高校招牌的,常被讥为"学店"。但也很有可能名副其实,确是如此。

这就直接关系真正的办学宗旨、理念问题。古今中外的高校一般都有各自的"校训",这里不用一一列举。接着就是院校的性质和办学的内容,是综合性的还是专科性的及其具体项目名称。共同的设备如图书馆、博物馆、运动场等,专业的设备如实验室、标本室、资料室等,都是不可或缺的。这些也都是要花钱的,属于办学成本。有过"在黑板上开拖拉机"的说法,可不是说笑话而是实有其事。这怎么行呢?

看来,办学是不是以营利为目的,是一个根本性的问题。这不是看怎么说,而是看怎么做,要使各种教学和研究设施力求完善和先进,很不简单。如图书馆中的新书与报刊是否齐全,便是一个可供观察的角度。物质方面的情况不用多说,不止举一反三,而是举少反多。办学也应当节约,不可铺张浪费。但是否以营利为目的,大不一样。是则一切皆"省",该花的也不花或少花;不是则该花的不"省",而把那些可以节约的用于该花的。

说来说去,还有一个至关重要的问题没有谈到,就是办学的师资。没有较好的师资队伍,教学效果便难以保证。这又与毕业生的水平有直接联系。现在很多用人单位常作出评价,某校某专业的毕业生的基础知识、动手能力、工作态度、公共或人际关系等如何,某校的毕业生又如何之类。真是不比不知道,一比吓一跳。因此,有些用人单位不认为他们有什么歧视,甚至反问道:"你们用人是用较好的呢,还是用较差的?"

话又说回来了,关键仍在办学宗旨。若为营利,可能或必将形成恶性循环。不管学生来源,一律低分录取。不顾教学质量,也不看毕业生受不受用人单位的欢迎,等等。久而久之,愈演愈烈,名声肯定好不起来。但真正为培育人才举办的高校,情况就适得其反,即将形成良性循环。培养出较好的人才,得到社会公认。校友在有所作为和成就之余,也对母校感恩,慷慨捐献。建大楼以资纪念者有之,向母校捐巨额资金者有之。口碑一好,世人称道,例子国内外都有,大可作些个案研究,如俗话所说的"解剖麻雀"。事实上早已有人在做了,也不难查阅相关资料。其中特别是国际知名的私立高校,历史悠久,成就辉煌,令人看了不能不服。

百年寻梦从头说

别的且不说,如优化办学条件等,都是要花钱甚至花大钱的。他们能注意要把钱花在刀刃上。就看对学生也设奖学金和学生家庭收入在贫困线(有具体数额规定)以下的可以免费,即可反映办学者主导思想的一斑。试想如果一个合格的甚至是优秀的学生因经济困难而停学、失学,岂不值得同情和令人感到可惜! 在这方面,我的感受很深。我读的中学都是著名公校,初中即因家贫辍学,高中虽以同等学力考取,若非免交学费和有工读机会也读不到高二。后来因在战争时期,公办的临时高中如不免费,也不能完成高中学业。后来上大学的情况前面都已说了,不再多说。

据我所知,中国私立高校办得较好的也有先例。其中在新中国成立后和高校院系调整时有改为公立的,因其基础较好,仍沿用原名,并且继续发展,至今仍在名校之列。改革开放以后,很多地方办了不少私立高校。其中包括一些名公实私的,大家也都知道。借用一位副省长在考察某私立学校后赞扬该校的一句话是"名私不为私,名私不谋私"。当然很好,他还接着说:"现在办了很多私立大学,我不相信都能办好,但我相信你们能办好。"①那是1994年1月18日的事,至今该校创办已历二十六年,确实有越办越好的势头,正是因为办学理念在于不为私、不谋私。校名仍称学院,没有赶潮流改称大学。他们能扶贫助学,坚持教育的公益性,慈善义教,免费为民族地区培养人才;坚持育人为本,德育为先;艰苦创业,改善办学条件,等等。那位副省长所言不虚。读者如有兴趣,阅读该专题报道可也。办得好的私校相信还有,遗憾的是我还没有积累这方面的资料。

工农商学兵,各有专和精,凡是办一件事情,是行家里手,还是外行生手,效果是大不一样的。虽然"把戏,把戏,都是假的",但也有"把戏人人会变,各有巧妙不同"之说。可见要想把事情办成、办好,就要具备有关的条件。办学也是如此,不是说只要有钱就行,还要看来得正当和去得合理。明确培养人才是主要任务,那就得安排好师资队伍和包括后勤支持等在内的

<hr />

① 《广东老教授》(广东老教授协会会刊),2017年第1期。

辅助队伍。诸如此类,不一而足。特别是领导者,并非一般专家学者所能胜任。高等教育与中、初等教育有所不同,不仅应不耻下问,了解下情,而且须向有经验者请教、学习,各种顾问必不可少。

十二、国际交流

在厦门大学出版社 1989 年出版的、由王增炳和孟明义主编的《沿海开放城市高等教育概况与发展研究》一书中,载有我写的《经济特区与沿海开放城市的国际学术交流问题》一文。其实应进行国际学术交流的不仅是经济特区与沿海开放城市的高校,而是应包括所有高校。交流的方式多种多样,不拘一格。可以是口头的研讨,也可以是书面的各抒己见。这就有一个当事者外语口头和书面表达能力和水平的问题。

我国高校普遍有外语要求不是偶然的,世界各国也莫不如此。对于语种的选择,往往因时而异。例如新中国成立初期,曾一度以俄语代替英语。但不久又恢复英语教学,主要是因为英语普及率较高,有的非英语发达国家接受外国留学生,可以用英语沟通。在许多国际场合,都可以用英语交流。在学术书刊方面,也以英语原著和英译本较多。现在的"汉语热"刚刚开始,要达到能进行学术交流的程度,一时还难以如愿。因此,我们要了解世界,要让世界了解中国,都有必要加强外语(不仅是英语)学习。当然,关于外语人才的培养是一项重要任务,因为国际交流都有语言问题。《习近平谈治国理政》能在一百二十多个国家畅销,可见翻译力量之强大。但是专业工作者在有关外语方面的运用和领悟,又是旁人所不能代替的。

也许有人认为,多培养些翻译工作者就行了,何必大家都学外语呢?应当看到,培养大量优质的翻译工作者诚然很有必要,但任何翻译工作者不可能都是万能的。学术界的专业那么多,一般译者岂能样样精通?只有专家自己才能心领神会,心中有数或心照不宣。这就是懂些英语的毛泽东创造"paper tiger"(纸老虎)一词故事的由来。毫无疑问,那次的译者应是最棒的,可没有别的办法译得那么传神!

这里想起另一个与外语有关的小故事,说的是一位中国学者同一位法国学者对话。中方不懂法语,法方不懂汉语,但双方知道彼此都懂英语。可是法方却用法语开头,中方也不示弱,用汉语对答。结果是法方马上改用英语,中方也用英语,双方大笑了之。这位中国学者应付得妙、很得体。而这位法国学者是明知故犯,就不知道是什么心理了。因为既不是隆重的政治场合,又没有译员在场,此举可归于自讨没趣。

刚刚说到在"隆重的政治场合"为了保持国家的尊严,常用"国语"致辞,由译员译出外宾能懂的语言。这似乎已成为国际惯例,即使致辞者能用外语也不用。至于闲聊,则又当别论。上述那位法国学者来这么一手,也真令人莫名其妙。或者出于无意,反正都不正常,不值得去猜了。

在国际学术交流中,文字翻译必不可少。它不受时间、地点限制,可以随时随地得到阅读的机会。我们也试着做了,如在 1992 年出版的《推进行政改革 提高行政效率》(英文版)第二册,就把我写的关于中国行政效率的论文选了进去。此书是由一个中国人和两个外国人合编的,他们是张志坚、古兹曼(R.P.De Guzman)和里福马(M.A.Reforma)。1993 年,美国格林伍德出版社出版了《中国公共政策》(英文版),把我关于行政管理学在中国的历史、现状和展望的论述选入该书。该书由内格尔(S.S.Nagel)和米尔斯(M.K.Mills)二人合编。还有一些,不用多举了。

对于已来到中国办研讨班的,当然希望由中国学者多讲若干专题。汉语对方不懂,翻译时间加倍,且难以保证完全准确,于是不得不由能直接用外语的学者讲课。例如在 1997 年 3 月,由中山大学管理学院承办的"中山大学管理学院—美国太平洋路德兰大学(PLU)商学院合办的'中国的投资环境'研讨班",要求中方参加者用英语讲两个专题:一是中国的行政管理,二是中国的教育制度。虽然那时我已离开管理学院，但仍不能不承担下来。好在我早在20世纪80年代初已在美国哈佛大学教育研究院讲过这方面的内容，所以有点儿基础。不过不能照旧，要注意新的发展。估计这次研讨班一定办得不错，不然不会在随后一年即1998年的10月和11月，又分别合作举办同一主题的研讨班。我也接着为美方人员讲那两个专题，基本情况与上年同。

前已述及，非英语的发达国家大学用英语给留学生讲课的事，我们也遇上了、赶上了。我国的外国留学生日渐增多，开始时曾要求先学汉语一年。可是这一年无论如何再怎么"速成"，也不可能达到听、说、读、写的大学生和研究生的水平。欲速则不达，还是走上那些非英语发达国家大学的老路："话不够，英语凑"，不得已而使用双方都懂的英语了。

我的外国博士研究生就有这样的例子，这些研究生是经我国教育部批准分配来的。按规定先学汉语一年，成绩蛮好。可是一转入学校正式开始读博，仍无法立即适应。不说生活用语，要能阅读中文资料、用中文写毕业和学位论文，以及用汉语进行论文答辩，真是谈何容易！万不得已的办法是只好用英语表达，经领导同意，论文用英语撰写再译成中文归档。

▲1992年1月与毛里求斯博士生合影

后来在为外国来华留学生举办的公共管理专业硕士班上,索性都用英语授课,大概很受欢迎,不然不会继续办下去。这些都是历史形成的,会转变,但急不来。现在学汉语的人日益增多是事实,但一般都从生活常识和认得方块字开始,要达到学术研究的水平,还有较长的过程。再如我们办孔子学院,在教汉语的同时,任教者就最好具备懂得当地语言的条件,那才有助于双向沟通和有利于提高教学效果。我们要"走出去"讲好中国故事,也非有较好的外语表达能力不可。

在中国和平崛起的大好形势下,全世界都对中国产生新的浓厚兴趣。什么是中国特色社会主义?什么是中国梦?什么是中国方案?……世人都在积极期待说明和解释。最明显不过的一个例证,莫如《习近平谈治国理政》一书已在一百二十多个国家热销。中文本人家看不懂,那就要译成多种外文本。这些译者从哪儿来?要不是我们拥有掌握这么多语种的人才,这件事是无论如何也办不到,也办不好的。我都很惊奇,有这么强的一支翻译队伍,真非一日之功。"世上无难事,只怕有心人。"有心人之功也。

十三、离乡已久

我是江苏扬州高邮送桥人,前面在讲"出生地点"时说得很简单。因为离乡较早和已久,难免不时有思乡之情,特别是遇到关于家乡的消息时,便更引起回忆与关注。1993年,一条重大新闻是:全国十大考古新发现之一(排名第二)为高邮市一沟乡龙虬庄的新石器时代遗址。这就使我又一次加深对家乡的怀念,并联想到一些前前后后与此有关的事情。

说老实话,我对家乡的了解很不全面和深入。我在高邮县城只经过两个学年的高小学习和一个学期的临时教课,一共五个学期。在扬州城也只待了两个学年。南京两年半,徐州一学年。送桥是出生地,连高小、初中寒暑假和失学回家,一共才待了十二年多。后来回乡的次数较少,停留的时间也不长。好在高邮有一位学者同我保持联系,他不仅以"江苏县邑风物丛书"之一的《高邮》(江苏人民出版社,1987年)寄赠,而且连续寄来几辑高邮市政协教卫文史委员会编印的《高邮文史资料》。对我来说,真是如获至宝,经常翻阅,一种"补课"之感也油然而生。

《高邮》的著者是朱延庆同志,他的"使读者对高邮——文化古城、运河要邑、以食品为特色的轻工业城市"和"历史悠久、物产丰饶、山河壮丽的祖国的一部分"有所了解的愿望达到了。诚如著名作家、戏剧家汪曾祺在为该书所作序中所说:"延庆治学谨严,文笔清丽,此书必有可观。"作为读者之一,我有同感。

因为离乡太久,对于家乡的旧貌新颜很多是不知其事或不知其详的。例如离我老家只有几里地的神居山(简称"神山")又称"土山""天山",我在10岁左右就去过几次。对于俗称"土山",只知山石表面有土覆盖,而不知从远望去,山呈"土"字形。这真是典型的只知其一,不知其二。还有它本是一座火山,环山一带曾是东晋著名淝水大战的一部分,所以还留有"操兵坝"等地名。"神山爽气"还是高邮八景之一,不少文人雅士登山饮酒赋诗。

值得注意的是,1958年神居山改名为"天山",山麓下即当时的天山乡。该乡有个南茶村,办了个红星塑精制品厂,"生产各种人造革的箱子、提包和衣服,款式新颖、美观适用,畅销全国各大城市,生产的旅游鞋还向欧洲的一些国家出口。在乡办、村办工业遍布的苏北平原上,这个厂可算得上是一座引人注目的小山了"。果真如此,高邮应不仅是"以食品为特色的轻工业城市"了,也许那不包括乡镇企业?

《高邮》一书共有四十四个专题,从"上下两千年 风物贯古今"到"著名作家汪曾祺笔下的高邮",真可以说已面面俱到,不必一一介绍了。仅其中提到的人名就可以反映高邮的历史地位,如吴王夫差、秦始皇、秦王子婴、蒲松龄、张士诚、王念孙、王引之、秦观、孙觉、王磐、王安石、苏轼、王巩、范仲淹、岳飞、张俊、韩世忠、杨万里、萨都剌、孔尚任、魏源、何绍基等，这些人都在此地留下踪迹、笔迹和佳话。大禹治水，也在高邮留下足迹。1979 年，天山发掘了 1 号汉墓。对"鹿女丹泉"富有传奇、神奇色彩，乾隆几次南巡经高邮等，书中都有记载。

我是高邮人，应知高邮事。书我认真读了，资料也都看得津津有味。我边读、边想，也边问：像"醉乡啊！秦邮"，说是高邮出产名酒，宋代就有黄酒七种、白酒八种，苏轼造的真一酒配方已失传，还有其他各种酒，包括被《桃花扇》作者孔尚任盛赞"名第一"的五加皮酒，市场上很难见到。较近生产的"文游特液"为地方名酒，在南方也没有听说过。"醉乡啊！秦邮，秦邮啊醉乡！真是名不虚传！"看来还是要在"传"字上下些功夫。一个顺手拿来的例子是扬州的大肉包，现在广州都吃得着，是原装速冻的。

说到吃，载于"资料"第 22 辑的朱延庆所作《高邮湖鲜与高邮文化》一文写得很好。我的老家就在湖西，觉得他都谈到点子上了。可不是么！"高邮湖优越的自然环境孕育了高邮湖独特的湖鲜。"他所说的几个要点也都很对路：一是种类丰多，一般分鱼鲜、禽鲜、蔬鲜等，鱼有六七十种。在全国一百个城市中的名菜，一般每城一道，高邮却有两道。二是文化内涵丰富，高邮湖是湖鲜的基因库，古为海湾，后为三十六湖汇成一湖，又称"珠湖"（按：南方还有珠江、珠海）。"中华文化的始祖帝尧出生在高邮湖边，高邮湖是尧文化的重要发祥地。"名人的论述太多了。三是几千年形成的独特的湖鲜烹饪技艺是高邮文化的重要亮点。"有好的食材，才能制造出美食。"有十大名菜、七大名宴。"高邮的阳春面用高邮湖虾籽为佐料，天下一绝。"四是综合开发利用。严防湖水污染，严禁滥捕、滥采湖鲜。"政府要加大投入，加强科学研究，综合开发、创新利用湖鲜，不断增加湖鲜文化的内涵。"看来，对于高邮湖鲜确实大有文章可做。

写到这里，又想起为《高邮》作序的那位著名作家汪曾祺。据传他也是位美食家，可以肯定与他是高邮人有关。虽然我们都是高邮五小校友，但因不同年级，并不相识。后来在"文革"初期，对被审查者设"专案组"，实行内查外调,以积聚资料。他们的工作算得过细周到,北京有人找上门来向我们夫妇了解汪曾祺了。我们莫名其妙,实在无可奉告。来人什么也没说,只好作些猜想。很有可能因为我是高邮人,夫人又姓汪,同乡同姓,如是而已,岂有他哉?事后想想,像这样的浪费时间、人力和经费也实在太可惜。

直到看到"资料"第22辑的《父亲汪曾祺:站在政治漩涡的边缘》(据汪朗等人所著的《老头儿汪曾祺:我们眼中的父亲》,中国青年出版社,2012年),才知道汪曾祺在"文革"前、中、后的一些情况。这使我有一种感觉,即对罪行不明确,有疑点甚至似是而非之处,认真调查研究还是负责的精神。否则听到风就是雨,可能使人蒙冤受屈,那才糟糕。

从谈家乡的事到谈家乡的人,很自然。我的出生地送桥镇变化很大,但联系已少。同辈人没有了,晚辈也渐趋疏远、陌生。根据1993年8月出版由我题写书名的《送桥镇志》所述情况,实现现代化小康已是必然的发展趋势。

十四、人事管理

我的专业是行政管理、公共管理,有关分支学科很多,如城市管理、教育管理等,其中人事管理具有普遍重要性。这里列为专题,并非讲它的内容,而是通过我平时常讲和常写的题目,来反映这一点。由于在上个十年前即已开始,不妨从头说起。在这个十年中也谈得较多,所以集中于此。

说得更早一点,当初我主攻行政学的决定,即因痛感吏治腐败,深信"国家之败由官邪也"。任教以后,谈得较多的是关于"公教人员""工作情绪""人的因素""裁员""官僚制度",等等。在专业教学暂停期间,仍多注重"科学态度与负责精神""正确对待革命群众""学习与团结""人民内部矛盾""功利主义的阶级性""阶级与道德""伦理思想"等,也多与人事有关。

在上个十年中，随着专业教学研究的恢复，关于重视人事管理的呼吁就更多了。"不可缺德""孙中山的伦理思想""教师与德育""领导班子专业化""智力机构要加强也必须改革""两个文明""干部培训、轮训""人事干部""咨询服务""专业管理人才""人才合理流动""领导干部要敢字当头""破精神污染""人事工作大有学问""干部梯队建设""人才、人格和人心""人事管理是一门重要专业""关于人事管理的若干问题""人才与人才信息""人才培养""责任制和责任心""人才评价""只有科学能治愚昧""人事工作中的人和事""政治家与行政改革""干部培训工作的紧迫性和战略意义""人事管理工作的广度、深度和难度""观念更新""识才、用才、惜才""人才研究中的一个重要问题""人事管理改革与人事管理学研究""关于'文官'规模和组织结构等问题""人才管理需要管理人才""人事管理机构必须改革""对于干部'四化'问题的再认识""师资管理""社会管理、行政管理与人事管理""人事管理的理论和实际""行政管理的关键在人事管理""思想教育与教育思想""淡化当'官'心理""心理因素""关于市长、市政府如何管理好城市的问题""心理科学""大学校长……""问心无愧""兴利除弊""学以致用""廉政""行政的实质在于行"等，相类似的没有列入。有的专题讲过不止一次，还有对干部培训班所讲的内容，即使不是人事管理和有关问题，讲话本身也进入人事工作范畴。

在本十年中，这方面仍继续加强和有深入、提高的趋势。例如，"人事工作必须坚持群众路线""县级领导与管理必须受到重视和得到加强""从'符号理论'看高校领导""人事工作者必须以学好哲学为基本功——兼论人事工作应注重协调""珠江三角洲企业管理人力及培训也应先走一步""必须高度重视信息在人事管理中的极端重要性""行政管理的要害在决策""人事工作必须坚持唯物辩证法和发挥主观能动性""《三国演义》中重人务实的启示""行政效率""退休政策""谋而后动""从'闻鼙鼓而思良将'说起""喜读《邓小平行政管理思想研究》""人生价值问题""从行政学研究角度赞《观念一变天地宽》""古为今用""自学考试""应当特别重视行政与人事的有机联系""环境文化与精神文明""北京、上海强化人才(力)资源开发的思路和举措给我们的启迪""面向和走向世界必须了解世界""推行国家公务员制度中的'户口'等问题""科学民主决策""研究生素质""理论与实践相结合""统一战线""互识、共识""应当把行政法教育作为干部教育的重要内容""行政文化""思想政治素质""《国家公务员培训系列用书》总序""'文官'也应读'兵书'""重视队伍建设""信心、意志、智慧和行动""因材施教""周恩来是有中国特色的行政全才、雄才和奇才""知识管理"等,所有同名、类似的不再提了,以后还要继续出现,也只说到这里为止。

为什么要强调和突出人事管理的重要性呢?我可不赞同"人治",而是崇尚"德治"和"法治"。但是事实是"德治"和"法治"也是人定的,并且有待合格的人去执行才能实现。道德败坏的人和不知法、不守法、不执法的人均将成事不足败事有余。古今中外,关于重视人才的故事太多了,这是因为长期以来的历史经验早已和久已充分证明,在各行各业、各个领域、各条战线的成败利钝、盛衰强弱,无不与人才状况有直接和密切联系。所谓事在人为,包括方法、制度、策略、计谋之类,莫不出于人的智慧和能力。关键在于怎样去"为",倘若"不为",则是白搭。"为官不为"只能误事、败事,岂止"成事不足"而已!习惯上有一种"谋事在人,成事在天"的说法,其实人定胜天并非豪言壮语,而是强者应有的志气。"天时不如地利,地利不如人和"亦非虚语,自然资源不足的国家和地区能够保持兴旺发达便是明证。自古就有"得人才者得天下,失人才者失天下"的传统经验,当然绝非无稽之谈。要求"人适其位"和"位得其人",说白了,便是某人能干什么和某事要怎样的人去干而已。大家公认国际竞争是人才竞争,于公于私莫不如此。有些成语却未必完全是那么回事。例如,"人穷志短(或智短)",只要看贫苦出身者一跃而为世界巨富就清楚了,还有不少人穷志(智)不短的,古今中外都有。

人有各种各样的人,这在人才问题上也有反映。例如放弃原有的高薪,回归祖国做出贡献的,过去有、现在也有。有的甚至受到对方一再阻拦而仍想方设法回来的,在科学技术上所做的贡献是有划时代意义的。这种热爱祖国的豪情壮志，真正是杰出人才的共同特征。应该看到，中国人有中国心，有民族自尊心和自信心。现在正在民族复兴的康庄大道上阔步前进，万众一心，不忘初心，同心同德，这就是我们力量永葆坚强的源泉。

十五、三届科大

"三届科大"指的是"第三届国际行政科学大会"，前述在西班牙马德里举行的是"国际行政科学协会成立60周年大会"，那是1990年11月的事。这次在北京开会的时间是1996年10月，相距近六年，好像也有参加过西班牙会议的人来。这些也说明这门学科在国际上很受重视。

中国官方也很重视这次会议，中华人民共和国人事部和中央机构编制委员会办公室，特定了1996年10月8日在人民大会堂为庆祝第三届国际行政科学大会开幕举行晚宴，我也应邀出席，气氛十分热烈。同席的不少外宾是第一次来到北京，有的提前到达，已经逛过天安门、王府井、故宫等处，似很高兴。

我全程参加大会，没有什么特殊情况。但国际会议选择到中国来开会似在增多，这很有可能与中国实行改革开放和正在发展有关。关于行政科学，作为一个大国，不仅已出版《中国行政管理》这本专业月刊，而且每篇专文都有英文摘要并早已远销国外。中国行政管理学会在20世纪80年代已经成立，并且各省、市、自治区都有，后来还有很多学院和学报。这些都算得国际罕见的专业现象，还没有说哪一个专业如此：在全国高校系统有这个专业的院系在一百个以上，学士、硕士、博士学位齐全，还有研究基地(全国只有一个)和博士后研究站或称中心。

大会办了图书展览，颇有新意。对于参展的著编，还颁发荣誉证书。我送展的共有十六本,当然都是在 1996 年 10 月以前出版的。它们是:《香港行政管理》《市政管理八议》《高等教育管理学讲话》《市政学引论》《管理·伦理·法理》《"三国"智谋与现代管理》《从"三国"故事谈现代管理》《行政学新论》《管理·心理·医理》《新加坡行(市)政管理》《人事管理》《行政管理学》(山西人民出版社)、《行政管理学》(中山大学出版社)、《行政效率研究》《市政学》《中国城市管理》。其中有个人专著,也有合作的。出版社则有人民出版社、中央党校出版社、光明日报出版社、法律出版社、山西人民出版社、中山大学出版社、湖南科技出版社等,篇幅也有多有少,事隔多年,现在已不容易找齐了。

回忆这十六本书出书的背景,可以说是我在这十六年中主要活动的记录。上面没有严格按时间顺序排列,那无关紧要,因为都是这十六年内的事。其中情况有繁有简,简的可以只用一句话说明,如因自学考试有需要;有的则是由较多因素促成的,主要是教学研究、集体研讨和社会实践,个人思考,以下试将记忆力所能及的几本作为例子。

关于《香港行政管理》,因为香港是广州的近邻,回归以前已有不止一次访问的机会。耳濡目染,实际接触,觉得它能成为"亚洲四小龙"之一不是偶然的。工作效率、社会秩序基本正常,而且华人是主体。更重要的是已定于 1997 年 7 月 1 日回归并成为一个特别行政区,当时的《中华人民共和国香港特别行政区基本法》已经通过和公布,将实行"一国两制",因而我动了对香港行政管理进行了解和开展研究的念头,并得到有关方面的支持和协助,于 1990 年 6 月完稿、1991 年 2 月出书。全书结束语中的最后一项是:"为了办好第一个特别行政区不少问题尚待继续深入研究。"真的很遗憾,由于头绪太多,在这方面我未能跟上去。

关于《市政管理八议》,只是一本不到八万字的小册子。它原是一篇题为"市政管理八议"的讲话,那是在 1984 年 6 月间,我应邀在中央组织部、国家城乡建设环境保护部和中国科学技术协会联合举办的第二期城市市长研究班上所讲的。同年 9 月,研究班办公室将录音摘要付印,山西人民出版社闻讯经办公室同意由他们出版。因为我忙,直到 1985 年 5 月才完成约稿,1986 年 7 月出版,属于"行政管理知识与研究丛书"之一。

关于《高等教育管理学讲话》,此书说来话长。1980 年我在哈佛大学任教,讲过高等教育。回国不久,教育部委托全国六个大区的有关师范院校举办高校干部进修班,高教管理列为必修课程。自 1982 年年底起我先在华中班讲三次、西南班讲两次外,或长或短地在广州、长沙、西安、延安、杭州、上海、北京、南昌、石家庄、厦门、长春等地还讲过同一主题。具体题目和内容不同,但因时间和篇幅关系,未能全部整理。有关同志力主出书,到 1985 年 2 月定稿,同年 8 月出版。

关于《市政学引论》,从书名到内容力求与一般教科书有所不同,重点在于一个"引"字,希望能引起研究的兴趣。篇幅也掌握在三十万字以下(实为二十九万字),1993 年 6 月交稿,1994 年 6 月出书。自序为"我与市政学",认定是"中国特色社会主义现代化事业中当务之急的课程之一"。

关于《管理·伦理·法理》与《管理·心理·医理》,这是两本文集,分别以略论书名为代序或开篇。入选文字都与主题有关,曾获知名学者认同、引用和来函表达。两书出版时间相近,分别是 1984 年 9 月和 1987 年 6 月。原意是反映德治和法治的要求,以及精神状态和略如治病救人。本想续出"管理·乐理·弈理""管理·文理·兵理"之类,但因事忙未果,亦大憾事。

关于《"三国"智谋与现代管理》与《从"三国"故事谈现代管理》,本是后者出版在前,前者是后者的增订本,内容拓展几近一倍。这与出版社的积极性直接有关,出版社在封面上加了"战场·商场 儒将·儒商"和"从充满智慧的'三国'故事中获得有益的启迪 领悟现代管理的真谛"这几行字。

关于《行政学新论》,这本是我在任中国政法大学兼职教授时的讲稿,讲座时校方曾进行录像录音,校出版社愿将讲稿出版。定名为"新论",意在与前编教科书有所不同。其中有专章谈"社会主义行政管理十要"。

关于《人事管理》,原是"政治学知识丛书"之一。其余有的是研究项目,有的是集体合作等,就不多谈了。

十六、主任联会

1998 年，一年一度的全国政治学行政学第十四届系主任联席会议，与全国高校政治学类专业教学指导委员会会议同时举行。这次会议由山西大学主办，我照例作为特邀代表与会。这种系主任联席会议，原倡议始于广州，然后每年由一所高校主办。十四年来从未间断，并得到过去国家教委和后来的教育部的支持，被认为是专业、学术联系的一种好形式。

这一届会议的主要议题是：①学习、贯彻、落实武汉第一次全国高校教学工作会议精神，研究如何加大教育改革力度，提高本科生教学质量；②研究政治学类专业人才培养模式改革；③交流面向 21 世纪政治学类专业教学内容和课程体系改革经验。有多少高校和多少人参加已记不清，但印象较深和较有收获是一贯的。

▲1998 年 7 月参加全国高校政治学类专业教学指导委员会暨全国政治学行政学第十四届系主任联席会议(前排左八)

由于年龄越来越大，虽尚未告退，但各有关方面出于善意，已开始表示希望我不再远行，连外地有些什么活动也不让我知道了。我当然很感谢，同时也有点儿纳闷，不知某些行之有效的做法是否还在继续进行。这个系主任联席会议便是一例，因为后来没有再听说有第十五届之类的事。还有过去已是特邀，今不在其位，不便多问了。

只要大家都很重视这种联席会议并认真准备，其对提高认识、交流经验、改进工作的作用是不可低估的。如果同行之间各自为政、互不通气，自己的短处缺点和别人的长处优点都不知道，结果差距只有愈拉愈大。这主要是有关信息问题，前面在谈"文革"时期已举过类似的例子。不管有多少人才或有多大本领，以及具备多好的条件，只要实行"闭关锁国"甚至密不通风，在总体上必然会逐渐相形见绌，终于难免落后。

不过这类会议若是变成"例行公事"，徒具形式，走走过场，那就完全没有意思，也大可不必了。不仅如此，还会劳民伤财，浪费宝贵时间，影响别的工作任务。某些有始无终，从无到有又从有到无的现象，便是这样来的。往往是开头很热闹，后来淡而无味了，像是无疾而终，其实是没有把"疾"当一回事而已。因此，当不当一回事至关重要。

系主任联席会议要是开得很好，将有助于提高领导水平。其发生的积极作用在于实具有自我培训和互相培训的性质。这里使我想起一件很能说明问题的往事，那就是美国哈佛大学的教育研究院和企业管理学院合作，利用暑假时间办大学校长研习班，一年一期，要交几千美元的学费，历时七八个星期。名额还有限制，每期不超过一百人。参加过这个班的大学校长，在 20 世纪 80 年代初已有一千多名。为什么大学校长暑假不休息，还要花钱进研习班呢？而且大学校长文化水平无疑是较高的，研习班又研习些什么呢？原来在他们那里的大学校长，要把学校搞上去是有竞争的，且竞争相当厉害。有的新知识不懂，只好老老实实找机会去学习。平时没有空，暑假正好有时间。在研习班讲课的，常有年轻的副教授，甚至助理教授，不一定都是大权威、老教授，这可叫作"能者为师"。而且校长们是自己决定去的，不是谁叫他去的。领导人为了做好工作而实行自我培训,主动更新知识,看来此风可长,大可长也。

这里又使我想起前面谈到过的人事管理,也是事关人和人的素质问题。人才并非凭空而来,总要经过各种教育、教训、锻炼、考验,才能符合实际需要。假如这类工作跟不上,事业的发展就会受到影响。这是显而易见的,有责任心和稍有远见卓识的领导者,都不可能无视这一点。也许有人会有一种错觉,以为现在有电脑,机器人也不断出现,人的作用似乎已被淡化,甚至有朝一日会被代替。对此,据说国外有乐观和悲观两大派。我的想法是,各种程序还是人编的,若电脑发生问题,还有待人来弥补和纠正,人的作用仍不可忽视。优秀的技术集团仍然是由优秀的人组成的。在知识更新加快的情况下,不继续学习研究不行。"活到老,学到老,还有三分学不到"确非虚语。

为什么发达国家的大公司在培训人员方面搞"智力投资"不惜工本呢?"强将手下无弱兵"是因为"强将"注意练兵、选兵的结果。这也就是为什么特别重视对领导者培训成为一种世界趋势的原因。长期以来,我们的党中央和国家的领导同志,常邀请专家、学者为他们讲一些关于现代科学技术的情况和问题。这种精神为我们树立了很好的榜样,很值得我们好好学习。这些常给小孩子说的话,对我们也同样适用。现在从中央党校和国家行政学院到各级党校和行政学院,都是各级干部的培训基地,也都是为了党和国家更好地建设和发展设置的。

关于培训和具有培训性质的措施很多,有的既很有趣,又很有效。这里不妨举几个例子,以见一斑。在日本富士山下,有一所似称"悦部"的行政干部学校,每期训练十三天,非常紧张,外号为"地狱十三天"。受训者为大公司高级职员,内容无高深理论,仅是如何打电话、开会、打招呼、保持耐心等。要求严格得像对小孩子,确实很有讲究。还有一个经理训练学校,也是十来天,不讲理论,进门每人挂上十几个"耻辱条",通过一个撕一个,毫不客气,如待小学生。又如美国一公司老板常说:"本公司的最大财富是广大职工的聪明才智"，于是设置培训中心和培训小组。我们也有过市长研究班。

当然，人事管理不仅是抓培训，还有很多其他重要环节。如选拔方法就很多，要根据不同情况而定，也都值得逐一加以研究。这里就不多说了。总之，"选贤任能""知人善任"都只有四个字，但真正切实做到，可不那么简单容易。古语云："贤才，国之宝也。"这就需要识之、用之、惜之。宝而不识，有等于无；识而不用，等于不识。何况人才是"活宝"，不仅要用，还要用得其当和用得其时，误了最佳年龄，后悔莫及。考核也很重要，若不公平、不准确，奖惩不当，也会挫伤当事者的积极性和助长歪风邪气。还有许多方面的工作都要做好，并非只抓培训就"功德圆满""万事大吉"。

第 九 个 十 年

1999.9
2009.9

中华全面崛起引致举世关注

1919

1929

1939

1949

1959

1969

1979

1989

1999

2009

2019

1999.9
2009.9

　　这个十年是我从 80 岁奔 90 岁的十年，虽然未再出国，但国内远行包括到港澳地区还没有停止。忙的也仍然不外乎讲、写两事，受聘的兼职不少，多数是挂名的，也有须去短期实干的。各有关方面所给予的荣誉过去已有，而在这个十年中似乎更多。如中国老教授协会的老教授"科教兴国"奖（共有张光斗、季羡林等十人）、广东省哲学社会科学"特别学术成就奖"、美国公共管理学会（ASAP）2006 年"公共管理国际奖"、中国政治学会的"中国政治学发展特殊贡献奖"、人事部和教育部合评为"全国模范教师"、广东省的"南粤教书育人优秀教师"等，还有分别对出版物颁发的奖项，就不一一列举了。

　　对于年长的师友要进行祝贺，对于已故的要进行悼念，这是人之常情。新陈代谢，本是自然规律。对"老当益壮"要作具体析，身体"益壮"恐怕难度极大，精神"益壮"确是很有可能，即在志气、信念等方面，做到"老而弥坚"。我看老人最应该提高警惕，切勿"倚老卖老"，那是没有"买家"的，往往只落得个自讨没趣，还是谦虚些好。"活到老，学到老，还有三分学不到"，更何况知识更新的速度已越来越快，这在前面已经谈到。

▲2011年7月18日参加广东省优秀社会科学家暨优秀哲学社会科学成果颁奖大会（前排右四）

这个十年的内容丰富，议题很多，也只能选一些比较突出和有一定代表性的集中讨论、思考。

一、知识管理

1999年9月30日，我在《广州日报》上发表了《知识管理宜尽早破题》一文，因感到知识管理的发展来势很猛，牢牢掌握宜早不宜迟。在2002年《中国行政管理》月刊第9期上，我又发表了《公共管理与知识管理》一文，把公共管理与知识管理直接联系在一起。另在该刊同年第8期的《智力投资》短文，已先与此有关。到了2003年，武汉出版社、科学出版社出版了我的《知识管理导论》这本三十三万字的专著。这是国家社会科学基金项目，是教育部人文社会科学重点研究基地中山大学行政管理研究中心（后已改称中国公共管理研究中心)的一项科研成果。

▲2000年11月15日中山大学行政管理研究中心成立合影留念(前排左三)

从《知识管理导论》的"自序"中,我们看到为什么中国的公共管理研究应当高度重视"知识管理"的兴起。原来当时在全世界,人们对"知识经济"一词不仅不陌生,而且已成为热门话题被积极讨论和付诸实践了。知识经济要求有知识管理这种新型管理,也很自然。事实证明,发展知识经济必须实施知识管理。广义的管理包括公共管理,不研究就无法配合和适应。

不过当时知识管理兴起的时间不算长,其理论和方法还远没有达到成熟、完善的程度,所以《知识管理导论》也只是初探性质,是作为引玉之砖抛出去的。全书共分引论、总论、分论和专论四大部分,共十二章。这里有必要说明一下的是,对于其他著编,我没有作过比较具体和详细的介绍,但对此书并非情有独钟,而是考虑到学科发展的社会历史背景和交叉学科之间的作用和影响。我们不能忘记,当年行政学亦即公共管理学的问世,也是经济发展大局"逼"出来的。

首先是要认清时代环境，包括国际环境和国内环境。知识经济已成为社会历史发展的必然，已具有全球化的发展趋势。这里要分清资本主义和社会主义的本质区别，关于全球化的趋势和现实及其利与弊，尤其是怎样使经济全球化造福于全人类，都很值得讨论、研究，而不是简单地跟风和凑热闹。

其次是要弄清知识管理是怎么一回事，为什么说它有助于促进人类实现第二次现代化？知识管理既然是以人为本的管理，那就更应该注重人力资源的开发与管理，还有国际人才争夺的问题。对作为知识管理中心岗位的知识主管，应明确其任务和任职条件等。还有知识管理与信息管理有何联系和区别，以及对按生产要素分配和保障知识产权应如何处理。

再次是知识管理与知识创新工程和价值转化工程的关系、知识经济与我们科教兴国和智力投资的关系、知识管理与咨询业的发展关系等，都有待摆正和处理好。其中还有许多细节必须注意，如科技人才的来源事关教育事业，咨询服务的实质是智力服务，又有一个知识共享的问题，跨国经营则需要跨国咨询等，要研究的问题不一而足。

最后，也最有必要提及的是企业实施知识管理必须有公共管理的配合与支持。首先要认清公共管理与非公共管理之间的联系，知识管理对公共管理存在依赖或需求，必须相辅相成。中国的实际情况应受到更大的关注，如中国经济的快速增长势头、改革开放带来的发展速度、经济特区等在以经济建设为中心中的积极作用、建设和发展中国特色社会主义现代化等，还有经济发展和管理改革中的后发优势，实行跨越式发展的可能性，对知识经济和知识管理不能视而不见等。

问题正在这里！在哲学社会科学中，一门学科是不应该孤立地搞"单科独进"的。它有许多相关、邻近、交叉的学科，是不可视而不见的。如果成为"孤家寡人"，必将影响学科的发展和应用，尤其是应用学科，那就更加如此。公共管理是一门重要学科，它所涉及的面很广。若是仅满足于一些基本原理，而对有关客观情况缺乏了解，更不用说毫无所知，只是生搬硬套，结果轻则收效甚微，重则格格不入。亦即用不好，甚至用不上。

▲2003 年 5—7 月广东省高级公务员公共行政知识专题研究班(第二期)合影留念(居中坐者)

　　试以我任主编的"公共管理硕士系列教材"编委会为例,不仅编委共十七人,系列教材也有二十四本。只要看看书名,就可以知道以上所讲的情况是出于实际需要。这二十四本是:《公共管理学》《公共政策分析引论》《定量分析方法》《公共经济学概论》《政治学》《行政法学》《知识管理导论》《电子政务导论》《信息技术及应用》《公共伦理学》《公共组织理论》《现代城市管理》《土地管理学》《政府战略管理》《公共项目管理与评估》《社会保障学》《公共危机管理》《环境政策与管理》《公共部门人力资源管理》《公共部门绩效管理》《领导科学》《国家公务员制度》《公共管理案例库》《中国公共管理研究精粹》。这不一定是二十四门课,但作为必要的知识来要求,是完全可以理解的。

　　不用逐一去作出解释,大体看来,有的明显是属于技术性的,如电子政务一类;有的则是基础知识,如讲"德治""法治"就必须有"公共伦理学"和

"行政法学"的知识;其他也无不各有所据,像"案例库"和"研究精粹",对汲取经验教训将有很大帮助,而且"案例教学"已成为应用学科普遍采用的有效方法之一,这里也很重视。

再举一个例子,如绩效问题。2000年11月24日,我曾在《珠海特区报》上,以"为珠海市实行绩效评估叫好"为题表达我的欣慰之感。我们不管干什么都希望能有较好的成绩和效果,不想做无效劳动。但常会出现事与愿违的局面,又是为什么呢?这就需要好好研究,以免后悔莫及。对公共部门的绩效管理更应加强和优化,因为事关全民利益和国家社会的发展和进步。为官不为,一切无从谈起;为又要看怎么去为,由点到线、由线到面、由面到体(由平面到立体),再由体到层(层次,如中央、省、市、县、乡镇、村等),会有不平衡的情况,甚至存在空白点和薄弱环节。人们常讲的要顾全大局,就是要全面协调。从总体和长远来看,这是既不易又必须做的事。我们不否认"大有大的难处,小有小的难处",但不能认同以此作为"本位主义"的借口。

二、行政理论

关于行政理论和行政研究的问题,过去已常有讨论。既有专文,也有专著,但把注意力集中到邓小平行政理论方面来,是很重要的一件事。我在《人民日报》2000年1月18日发表的《评〈邓小平行政理论与政府管理〉》一文中,肯定了加强学习研究邓小平行政理论的必要性和重要性,特别是自改革开放以来,政府管理的指导思想是邓小平理论,是对马克思列宁主义、毛泽东思想的传承和新的发展。在发表于《中国行政管理》2002年第3期的《一部开创性的行政史——〈新中国行政管理简史〉评介》一文中,也少不了这方面的内容。《全面建设小康社会,实现中华民族伟大复兴》一文,则是载于 2002 年 4 月《岭南文史》的,时间也很相近。

《全面建设小康社会　开创中国特色社会主义事业新局面迫切需要行政管理现代化》是我主编的《行政管理学》(第 3 版,中山大学出版社,2003年)的序。还有在《中国行政管理》2003 年第 5 期上发表的《依法行政问题研究的新探索》,在该刊同年第 6 期上发表的《中外行政制度研究贵在创新》,在《学术研究》2003 年第 11 期上发表的《提高公共管理水平是当务之急——公共管理硕士(MPA)系列教材总序》,在《公共管理学报》2004 年第 1 期上发表的《公共管理的旧貌新颜和发展趋势——公共管理面面观》,在《中国行政管理》2005 年第 5 期上发表的《必须着力切实提高行政管理水平》,在《河南社会科学》2005 年第 3 期上发表的《对现代公共管理人员素质的基本要求》,在《中国政府管理创新》第一册上发表的《政府管理创新需要创新能力?》(见《中国行政管理》,增刊 2005 年 10 月)。在《公共管理学报》2006 年第1 期上发表的《从第十一个五年规划建设看公共管理》,这就涉及温家宝归纳的"十一五"时期的主要任务和需要处理好的几个重大关系,从公共管理角度加以论述,坚持统领发展全局和要全面贯彻落实的是科学发展观。

到 2008 年,我主编的中大版《行政管理学》已发行第 4 版了。南京大学曾举行公共管理高层论坛。澳门行政管理学会已成立十五年,书以贺之:"澳门新事不寻常,公共精神大发扬,行政管理入佳境,学会同仁乐未央。"我被电子科大、美国行政管理学会、明尼苏达大学、中国行政管理学会、莫斯科大学公共管理学院、《中国行政管理》杂志社联合主办的公共管理国际会议(ICPA)聘为名誉主席,2008 年已是第 4 届,由明尼苏达大学汉弗莱公共事务研究所承办,我没有去。但在广州举行的国际行政国家研讨会和东亚公共管理论坛我都参加了。中山大学出版社成立二十五周年,也书以贺之:"中山大学出版社,成立二十五周年,健步进入新世纪,续创佳绩映南天。"

我写了一篇《孙中山与公共管理》,约七千字,被收入第 2 届国际学术研讨会论文集,由格致出版社、上海人民出版社于 2009 年 1 月出版。还有《21 世纪的公共管理:机遇与挑战》这个专题,记不清具体情况了。时间过

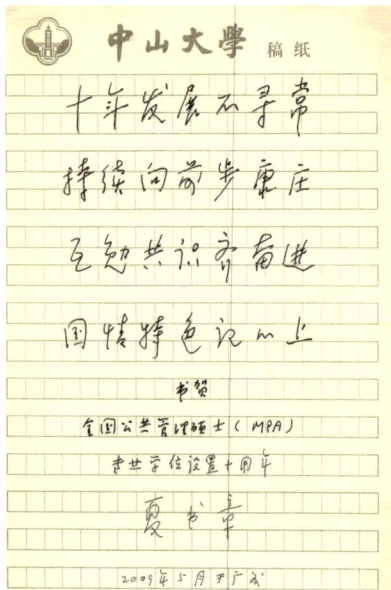

▲ 2009 年 5 月题词——书贺全国公共管理硕士(MPA)专业学位设置十周年

得很快,全国公共管理硕士(MPA)专业学位设置已十周年,不能不贺:"十年发展不寻常,持续向前步康庄,互勉共识齐奋进,国情特色记心上。"还有一篇为王枫云著的《和谐共进中的政府协调》一书所作的序。其余有关内容如"行政成本"等,将另列专题,这里暂不详及。

说起行政理论,内容实在丰富。用现在流行的说法,就是关于治国理政的问题。这里不是作为一门学科来全面讨论,而是根据自身的经历,从点点滴滴中谈一些具体情况。比方说,为什么要把国情特色记心上作为重要的提醒,就是一个根本性的问题。先说在"理论丛林"中,若昧于国情特色,便极有可能迷路、盲从、无所适从或误入歧途,那必然是可悲的下场和结局;再说在革命实践中,中国共产党若非及时建军和实行井冈山会师,便很有可能被国民党反动派赶尽杀绝,因为后者早就疯狂呼叫"宁可错杀一千,不可放走一个"。后来在"苏区"反围剿,要不是让毛泽东靠边站,就不会被逼进行长征,要不是遵义会议恢复毛泽东领导地位,长征也不能最后胜利。这里的关键所系,即在于是否吃透国情特色。中国共产党的历史完完全全地证明了这一点。

关于中共党史,人们都不会忘记"星星之火可以燎原"这句名言。"星星之火"真的"可以燎原"吗?在开始的时候,人们也未必都很相信。但随着时间的推移,事实逐步证明,"燎原"之势日益扩大,从局部到全局,终于建设起新中国。在不到三十年的过程中,从个别的根据地到较大的解放区,以及从少到多的军队,无不需要得力和有效的管理,否则发展、胜利均将无从说起。正如在国民党统治区的民主人士到延安参观时所说的那样,对比鲜明、差距很大。事实是国民党反动派的文官腐败被人民唾骂，武装也虚有其表，不堪一击。而解放区的共产党干部则都在为人民服务，受到广大人民群众的热烈欢迎，每有战事不仅战斗力强，群众也积极支援前线。其中根本区别即在于主导思想。一般人也许注意不到，延安革命院校早就有行政方面的教学研究。

上述民主人士讲的是由衷之言。稍有中国历史常识者也都知道，岳飞的名言是："文官不爱钱，武将不惜死，则天下太平。"如果孙中山的国共合作不为其后继者背叛，新中国很有可能提前出现于世界历史舞台。当然，历史还是历史，但新中国终将出现则是历史的必然。我们抚今思昔是这样，预测未来也是这样。这也正是我们具有道路自信、理论自信、制度自信、文化自信的由来和根据。

从行政理论说到党史，这很自然。近来强调要学习研究党史的人多了，无可避免地要接触有关《习近平谈治国理政》的工作和问题。大的如目标、任务，具体的如行政、军事、财务、社会、外交等，又不能不分别与各专业学科有关。国际兴起的"中共学"，也肯定离不开这些方方面面的内容。美媒已出现《习近平时代》短片，可见其敏感。

三、老教授会

这里说的是中国老教授协会，记不清是什么时候在北京成立的了。我是创始人之一，任过副会长，后又任顾问。我也在广州同几位老教授一起筹备成立了广东老教授协会，并被推选为首届会长。2000年9月7日，中国老教授协会给包括我在内的十个人发了"科教兴国贡献奖"的奖状，使我想起来关于"老"的一些事情，所以特列为专题，其实完全是属于借题发挥的性质。因为我参加过许多社会学术团体,也得过不少这样那样的奖,以此作为话题,也事出有因。

且说这老教授协会,国外也有。但有所不同的是不称"老"教授,而作"资深"教授。这可能是一种习惯,要避开这个"老"字。不像我们中国有敬老尊贤的优良传统,同时是自然现象,年龄大了就是老了。自称"资深"反而似乎有点儿别的什么味道,对此我也说不清楚,倒是引出不少关于汉语中"老"的议论。外国学汉语的朋友,也常对此提问。

我对汉语没有研究,虽用多了、久了,但许多仍知其然而不知其所以然,必要时还得查查字典、词典。但它们也不能解决某些人常问的问题,这个"老"字便是一个现成的例证。工具书上说明,它一共有十六种用法和解释。我们当然也照说照用,至于为什么会是这样,那就显然是另外有"学问"了。

不无趣味的是,小孩子也曾问过,为什么动物中虎和鼠通常要说老虎和老鼠呢?连刚出生的也称小老虎和小老鼠,而对于牛和马,老牛就是老牛,老马就是老马,别的依此类推。这种情况在人当中也有,年轻的妻子也叫老婆,旧社会的妾叫小老婆;年轻的店主叫老板,店主的孩子则叫小老板;年轻的教师也称老师,与此相类似的是"先生",从字面上来看,称对方是先生者,事实上却是为了尊重对方,不分先后一律称为先生。一些学汉语的外国朋友对此不解:明明是后生,为什么要称先生呢?对我们来说,早已习惯成自然,谁也不会去推敲。年轻的老师还是称老师,好像从来也没有人计较过。

在汉语中,"老"字被使用的频率确实很高。有的是因为历时稍长、较长而称"老"还容易理解。有的就是陈旧的意思,但也不一定都是好意。用丰富多彩来形容未尝不可,但贵能得当,以免误解或出现令人啼笑皆非的场景。这就说来话长了,还得从头说起。老的原意是指年岁大些,有老、中、青、少、童年之分。称老也有尊重的意味,如称张老、王老之类;若倒转来称老张、老王,则是比较熟的人,与年龄无关。老乡是指同乡,有时说小老乡才是年轻的同乡人。还有一种将"老了"作为去世,即死了的婉辞,例如"他昨天老了",即讳言已死。前面说到把年轻的妻子叫老婆,同样,叫老公也是指年轻的丈夫。还有最小的儿子叫老儿子,最小的女儿叫老女儿,却都是儿女中最年轻的。在子女的排行中也冠以老字如老大、老二、老三等。"你算老几?"问的不是这个排行,而是对被问者社会地位的怀疑和轻视。

对于老的评价,根据不同的具体情况,有各种各样的说法。有说老人是宝的,也有说老人是草的。用于形容世情事态等的如:老大难、大老粗、老百姓、老干部、老好人、老狐狸、老江湖、老滑头、老诚、老实、老手、老外、老一套、老油子、老奸巨猾、老牛破车、老马识途、老气横秋、老兄、老当益壮、老而弥坚、老医少卜、老吏断狱、老生常谈、老调、老底、老弟、老家、老表、老谋深算、饱以老拳、老实巴交、老成持重、老爷们儿、老爷、老爷子、老鸨、老鹰、老油条、走老路、老小姐、老同学、老朋友、老同事、老战友、老同志、老古董、老本、老账、老酒陈醋、老鼠过街、老伴、老眼昏花、船老大、老搭档、老鼻子了(多或极之意)、老妈子、老的老小的小、人老珠黄不值钱、白头偕老、老练、老到、老蚌生珠、老蚕作茧、老大悲伤、老骥伏枥、老街旧邻、老马嘶风、老而不死是为贼、老吾老以及人之老、老不晓事、老死不相往来、未老先衰、人老心不

▲2017年12月19日出席广东省老教授协会顾问座谈会并发言,提出"老当益创"

老、老朽、老拙、老大哥、老八路、老革命、臭老九、老黄牛、老框框、老区、老三届、老土、老爷车、老中青三结合……肯定难以说得全。其中正负两面的含义都有,也未必全切合实际,还有待进行分析。

例如,是宝是草,不能一概而论。也许太简单了点儿,不是非宝即草。老大难不是短期形成的,其由来有自,不能听之任之。有的一看就懂,不用

解释。老百姓是基本人民群众,是服务对象,必须加强联系。老外并无恶意。老马识途是过去的事,现在变化很大,恐已未必。老气横秋是倚老卖老,须知并无买家。老医少卜有些道理,但如医道不精,老了还是庸医,不顾实情也可能乱决可否。老吏断狱不光是见闻经历,还有知情程度和执法能力的问题。老生常谈要看谈些什么,若是重要问题未能解决,常谈很有必要。动辄饱以老拳应该慎重,以理服人为好。老一套是安于守旧,缺乏创新精神,很难有进步。走老路也是一样,有个适应新环境提高竞争力的问题。关于老同学、老朋友等关系,应正常对待和处理,不可搞"小圈子",那是不利于大团结的。老鼠过街后面还有一句,叫人人喊打,应该不仅是喊,而且就是要打。

关于人老珠黄的比喻,珠黄也许是不值钱了,人老却未必都不值钱,还有更值钱的可能。老而不死是为贼也是一句骂人的话,要分析,不能乱用。老糊涂了、老不晓事有可能。老死不相往来也有不同情况,有的是早无来往,有的则是年老体弱以后才少来往和不来往的。未老先衰也有先天不足和后天失调之别,注意保养为好。人老心不老要看是什么心,才能区别是好是坏。60 岁以上为老,现在看来似早了一点儿,平均寿命已大大延长了。臭老九的说法已过时,干部"四化"中不是有知识化么?老、中、青三结合重在结合得好,大家都能互相学习、帮助、配合,形成得力、有效的集体,发挥三结合的应有优势,既能传承好的经验,又能不断创新,提高工作水平。

四、漫谈开始

自 2001 年第 1 期开始,中国行政管理学会主办的《中国行政管理》月

▲2002 年 6 月 16 日于中国
人民大学出席会议

刊设置了"夏老漫谈"这个专栏。每期一篇,本来未限篇幅。但我自定为千字左右,一般在千字以内。在满一百篇的时候,杂志社编了一本同名专集,加了一个小副标题为"夏书章行政学随笔",由中国人民大学出版社出版。这也与 2008 年 3 月举行的"夏书章教授与中国公共管理学政治学学术研讨会"和我将满 90 岁的活动有关。为了感谢大家,我曾写了以下这么几句:

五四同年①八九进十抒怀

错爱愧不敢当,盛情牢记心上;

往事长话短说,前景无比辉煌。

生不逢时老逢时,耄耋欣幸历盛世;

星火燎原恍如昨,探索向前亲其事。

改革开放气象新,学科补课②不容迟;

国际接轨须审慎,中国特色见真知。

一穷二白未能忘,和谐小康正可期;

科学发展永恒事,百年更高举红旗。

关于"漫谈"或"随笔",虽然谈得"漫"些,笔下"随"些,但也不是漫无边际和随便乱写,而是离不开与行政管理、公共管理包括社会管理、城市管理等有关的问题。因为每篇文字不长,所以标题也短,都定为四个字,也算是

---

① "五四同年"但约早三个半月,即 1 月 20 日。

② 邓小平因感过去不够重视,嘱对有关政法学科赶紧"补课"。

特点之一。那本专集的名称未改,但内容没有按原发表时的年月顺序安排,表明编者是经过认真思考和下了一番功夫的。

专集将一百篇的九十八篇分为六卷,又以两篇分别作为代序和结语。这六卷的标题是:卷一为"共商国是",卷二为"社政评点",卷三为"治世镜鉴",卷四为"苦口良言",卷五为"学界万象",卷六为"学问聊斋"。不仅如此,还在每卷四个字的标题下,分别附有解说性的小标题或副标题。它们是:①心系民间疾苦,常思兴国大计;②纵论当今时事,尽抒灼见清识;③治世图良谋,为政有镜鉴;④图尽以言阐幽意,赠卿一语共勉励;⑤严议治学造文明园地,努力攻关迎科学春天;⑥世事洞明皆学问,人情练达即文章。虽然有些过誉之处,愧不敢当,但深思熟虑,盛情可感。

再说以"小平永在"作为代序,可谓深获我心。原文不足九百字,那是2003年,举国、全球都掀起了纪念邓小平百年华诞的热潮,国人以有此伟人而深感自豪。最常见的现象,莫如涉及现实生活的具体情况时,人们极易联想到敬爱的邓小平。这表明小平永在,他还活在人民心中。接着以"把湖南大学政治与公共管理学院办好"的贺词,表明切身感受:"把酒祝东风,湖光山色浓。南巡路宽广,大智夺天工。学海新波扬,政正自然通。治国凭德法,与时俱进中。公平兼效率,共享大繁荣。管理是服务,理论忆邓翁。学校重基础,院系当其冲。办学诚不易,好事必成功。"不仅从"南巡"到"邓翁"与怀念邓小平有关,其实全篇都是。

以"老兵新愿"为结语,也显然是经过认真考虑的。它原是漫谈专栏的开篇,移到结尾也很恰当。其中表达的,是作为行政管理学科领域的一名仍未退役的老兵与专业活动有关的一些具体心愿。关于行政专业,有一个所行何政和所专何业的问题。我曾不揣简陋,对此试作如下的表述:

行建设中国特色社会主义之政,须勤政、廉政;

专为人民服务当人民公仆之业,应敬业、乐业。

无论是实行"古为今用"或"洋为中用",都应该以此为据,否则将尽失理论与实际一致的现实意义。希望在刊物的宝贵园地上,落实、共勉。"漫谈"还要继续谈下去,并非到此为止。

在编者的"编后记"中,编者作了一些介绍和评价。专栏的栏头漫画(后来还有一大幅漫画)和排版格式,是编者安排的。至于"文字中流淌的热情和智慧不仅启迪着我们的读者,也滋润着我们的刊物不断成长,激励着行政管理同仁们不断思考和进取",只能看作对我的鼓励。关于前面已提到的那次学术研讨会,也确是一次盛会。两幅漫画都是著名漫画家王成喜先生的作品。"有许多代表谈到'夏老漫谈'栏目带给他们的启迪和激励,希望能结集出版。"我怎能不同意呢!出版工作又得到各有关方面的支持和协助,我应该深致谢意!还有"他以其高寿和睿智,持续不断地为中国行政管理事业辛勤耕耘,添砖加瓦",那是我应该做的。俗话说:"活到老,学到老,还有三分学不到。"我要接着说:"活到老,做到老,就怕没有做得好。"记得在我年满九旬时,我又写过以下几句:

> 常言中年万事休,七十老翁复何求?
> 我今已满九十整,只知充电与加油。
> 不是打油是加油,不让白头逊黑头。
> 与时俱进永恒事,一息尚存誓不休。

另外,编者在扉页还有一些介绍,如:"展示了……学者情怀。他从……一系列社会热点问题都给予了极大的关注……独具慧眼、分析鞭辟入里……提供了途径和思路……朴实、通俗又不失幽默、睿智的话语……宣示了现代的行政理念。"这些我也只能看作对我的鼓励。

值得一提的还有一点。在付梓之前,编者要我题写几句印在书里。我只简单地写了八个大字:"公共服务贵在有心。"因为我对俗话所说的"世上无难事,只怕有心人"和"世上无难事,只怕心不专"一直深信不疑。凡事若无心或非真心去做,是不能做到做好的,公共服务更加如此。也许有人会说,不是也有"有心栽花花不放"的事吗?我认为那可不是真正的有心人和专心人。否则遇到花不放就要去认真研究为什么不放和怎样才能放,而非浅尝辄止。找到真正原因,继续再试。古今中外的发明家莫不如此。在公共服务中，有很多本来可以做到、做好的，碰上为官不为或官气十足，以及消极怠工，甚至是明目张胆地"为人民币服务"者，就都又另当别论了。

五、华中科大

▲20世纪90年代初，受周济校长之聘，任华中科技大学公共管理学院名誉院长（讲课中）

华中科大即华中科技大学，前身是华中工学院、华中理工学院，是在院系调整时由武汉大学工学院为主独立发展的高校。情况与中山大学工学院分立为华南工学院、华南理工学院、华南理工大学相同（北京大学、南京大学等也有类似的情况）。华中科大新办了公共管理学院，聘我为名誉院长和兼职教授，我的名誉职和兼职名义不少，为什么对华中科大列一专题呢？这是因为：①我去干了一段时间，②同整个武汉地区分别有些联系，③老友、熟人比较多，④老伴是湖北人，在武汉的汉口和武昌读过中、小学。

华中科大原是想请我去当院长的，中山大学不同意，就让挂个名。但适当安排一点儿时间去走走还是可以的，这又是与别的名誉职位大同小异之处。早在华中科大之前，我已被武汉大学聘为新成立的政治学系名誉主任，也在招收研究生的师资名单中挂个兼职教授之名，同中国政法大学一样，只讲了一次课。武汉还有湖北大学、华中师范大学等也都聘我为兼职教授，新办的江汉大学聘我为名誉教授。因此我一到武汉，日程总是排得满满的，比在校内要紧张得多。不仅如此，我还同当地的出版社、报刊建立联系。后来有的书在武汉出版和有的刊物上出现我或关于我的文字，以及报纸上的有关报道，就是这样来的。从 2001 年 5 月底开始的那几年，我去武汉的频率也最高。老伴也有兴趣回武汉看看，还同她一起去已改了名称的中学母校去访问一番。那原是一所教会女校，已改成公立系列的一般中学了。

说到老友和熟人，我从小到县城五小、一小，一个熟人也没有。到扬州进初中，好像只有一个是小学同学但在初中不同班。在南京一中，仅有一个在高班的小同乡。到临时高中，过去的同学也只有两个。本科大学同院系的熟人全无，不用说在国外读研的时候了。在开始工作的徐州，也只有一个熟人。来到广州，更是没有一个熟人，稍后才发现一位在国外见过的同事，院系调整又离开了。武汉可大不一样，首先主要是武汉大学，我的老友和熟人较多，例如张培刚、韩德培、谭崇台等，均曾在哈佛大学读研时就认识了；李崇淮等人在耶鲁大学等读研时见过，因而一到武汉，大家便常聚会。

张培刚教授是著名的经济学家。他原在武大任教，后在院系调整时被特聘参与曾经的华中工学院的筹备工作。这次我一到华中科大，马上就联系上了。本来不知道，他的夫人是谭崇台教授的妹妹，还得算是武大的缘分。在他的主持和带领下，华中科大的经济学科研究成为强项，也很自然。

韩德培教授是著名的国际私法专家，为国家做出过重要贡献。他比我大 8 岁，早好几届同在原中央大学本科毕业。在校时他曾任校长秘书，我们并不相识。后来他考上公费留英，因战争转往加拿大，又转入哈佛大学法学院进修，我们是在哈佛大学认识的。抗战胜利后，他也较早回国，一直在武大任教。我南下广州经过武汉时就与他见过一面并继续保持联系。他曾任武大秘书长，但被误判为右派，平反后又立即申请加入共产党并得到批准。他的身体很好，当他 99 岁时，大家正准备为他庆贺百年华诞，只是一场偶感风寒的小病,致未实现,真是一大遗憾。

谭崇台教授和李崇淮教授都是经济学家,也都是在美国认识的。他们都是老武大人了,所以每次到武汉总能见面。由于有业务上的来往,他们有时也会到中山大学来交流。关于李崇淮教授,还有一些小故事可以回忆。他的姐姐是我初中时的音乐老师,他的夫人和我的老伴是在重庆一所中学的同事。他对武汉市的发展提出的建设性意见,是受到重视的。他可能是全国政协委员,据说某次开大会,他在台下递条子到台上,希望某领导人不要吸烟。这大概是实有其事。

▲1987年6月初与淑钧于武汉黄鹤楼

我对湖北和武汉的情况并不很了解,特别是方言,很多不懂也不会说。例如,"天上九头鸟,地下湖北佬;九个湖北佬,顶不上一个江西佬(或老表)"。这是褒还是贬呢?其中关键在于九头鸟到底是什么鸟。查阅《辞海》说是"妖鸟",比作九头鸟是一语双关说人狡猾。不少人说那是"神鸟",九个头表示聪明,那么江西人比湖北人更聪明还是更狡猾就难以判断了。我认为还是慎重些好,骂与夸大是不一样的。另外一件小事说来有趣,因为老伴是湖北人,我就说我也算是半个湖北人了。这本来没有什么,问题在于我接着说了一句我是湖北的女婿。这当然是事实,可湖北人说我说得不对,应该是"姑

▲1987年6月与淑钧于武汉

爷"。我这才知道湖北方言同普通话存在不少差异。

事实上,我与武汉早有联系,以前没有谈到的这里不妨补充一些。如湖北省高等教育行政管理学研究会成立和会刊创刊,我曾致贺词,那是 1986 年的事。1996 年,湖北大学政治学与行政学院成立,我也曾致贺,说的都是专业要义。还有一次,贺《人事》创刊五周年,贺词发自武汉,头一句就是"贺意由衷自武汉",可见那时(1990 年 6 月 13 日)我正在武汉。

此外,1987 年有给湖北大学行政管理系师生赠言, 还有贺韩德培学长九十华诞等。

> 德高望重,重法治,行政依法;
>
> 培英育贤,贤人进,成事在人。

贺张培刚兄九十大寿:

> 张弛文武道,九天揽月志。
>
> 培育建设才,十足新气派。
>
> 刚柔喜相济,大学贵明德。
>
> 兄弟乐和谐,寿比山与海。

贺华中科技大学公共管理学院大楼落成之喜:

> 为构建社会主义和谐社会培养高素质公共服务人才!

贺华中科技大学公共管理学院成立十周年:

> 十年奋进不寻常,摇篮思库大文章。
>
> 公共服务人为本,科学发展步康庄。

这是 2010 年 12 月的事,稍提前一点记在这里。本节以华中科大为题,从科大开始,到科大结束。现在已更加明确要实现中华民族伟大复兴的中国梦。

六、贵在创新

这是一个最具有生命力和必须"打通关"的课题,这里集中议论,但此前已经在谈,此后还要继续讲下去。"日日新,又日新"是我们老祖宗留下的重要遗训,连外国被公认的管理学家都把它作为案头的座右铭。我们所从事的改革、发展、与时俱进、不拘一格、研究探索、开拓、发展、为天下先、敢闯、敢创,以及智力优势、竞争优势等,无一不与推陈出新有直接联系。传承优良传统的古为今用,学习外国先进经验的洋为中用,也都是在新的历史条件下的新措施,有助于使我们的工作提高到新水平和出现新局面。与此同时,新理论、新方法、新战略等均不可少。光是跟新、仿新还不够,贵在创新!下面只是按时间顺序,随便举一些例子,略表心意。

1987 年 11 月,贺《学术研究》创刊三十周年:辛勤经营三十年,学林一柱擎南天。虽云改革开放早,还须理论着先鞭。

1988 年,贺广东省高校行政管理研究会成立:为深化高校改革创新局面。

1988 年,贺中山大学政治学与行政学系成立:……见新专业见新系……与日俱增新业绩……立志改革齐努力……

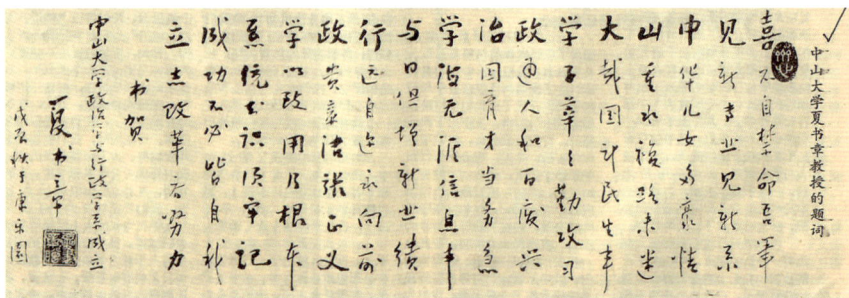

▲1988 年 12 月书贺中山大学政治学与行政学系成立

1989 年，贺河南省管理科学研究所《行政人事管理》杂志公开发行：……行见全面深改后……

1989 年，贺《钟祥县目标管理专辑》出版：……目光远大奔前程……理当秉胜更进取……

1989 年，贺抚顺社联杂志易名《社科百家》：……新时新事重新媒……

1989 年，贺广东高校《人事管理研究》创刊：……东方古国新风采，高等教育当改革……

1989 年，为朱庆芳主编《中国公务员辞典》一书题词：……人事制度改革中的重大决策……根据国情进行创造……

1989 年，《康乐之窗》"窗前寄语"：……人强马壮奔前程……

1990 年，贺《人事》创刊五周年：……创业不易展更难……

1990 年，贺广东行政学院成立五周年 ：……干部培训新篇……为改革做贡献……

1990 年，贺《编制管理新论》出版暨《编制管理研究》创刊：必将机构改革之，须知编制系契机，研后方能明所以，究其根源对症医……

1991 年，赠广州白云区委暨区人民政府：……推陈出新改革忙……验在开拓在有方……

1993 年，纪念我国环保工作二十年和环保作为基本国策颁布十周年：……定教山河变新颜……

1995 年，贺贵州省干部智力开发中心《智力信息》出版：聪明才智力无穷，古今中外此所同。智力资源大开发，兴省强国见奇功。

1995 年，贺《广州人事管理与人才资源开发》创刊：人才资源宝中宝，开发管理好上好，建成国际大都市，智力优势不可少。

1997 年，贺江苏《人事管理》创刊十周年：……改革开放换新天……振兴华夏勇争先……

以上主要是对别人的希望或期待，都与创新有直接和密切的联系。本人的观点和意见则集中在已发表的文字里。下面也酌举些例子，来反映这方面的情况。

1983 年 9 月 21 日《羊城晚报》载有《领导干部要敢字当头——读〈邓小平文选〉》一文,就是要敢作敢为,敢闯敢创;同年 11 月 16 日又载有《立精神文明必须破精神污染》一文,也就是破要有针对性地立。1984 年 7 月 25 日同报载有《不能让老问题"永葆青春"》一文,就是要用新办法解决老问题。

1985 年第 1 期的广东《高教探索》载有《高等教育实行"三个面向"不能徒托空言》一文,说的是高等教育不可率由旧章。同年 3 月第 14 辑的上海《高教研究》载有《高教改革中的教学改革问题》一文,改革就是要创新。同年第 5 期的《广州研究》载有《市政管理改革中的观念更新》,观念不更新,改革必困难。同年第 3 期的《中国行政管理》载有《我国的人事管理机构必须改革》,改革就要创新。

1986 年有不少谈改革的文字,不再列举。1987 年谈国际学术交流也与改革创新有关。在当年祝《天津行政管理通讯》创刊的《果真锐意改革就要有敢为天下先的精神》一文中,我讲的就是要有创新精神。1988 年山西《人事》第 1 期所载《改革就是要兴利除弊》一文,不言而喻,有所兴除都要创新。直接提出创新的也有,如 1988 年 6 月 24 日《广州日报》所载的《比较:借鉴·改革·创新》一文便是。

1989 年,有专文谈竞争,即载于天津《理论与现代化》第 2 期的《略论竞争、竞争机制与社会主义现代化管理》一文。试问:不创新用什么来竞争,光靠"吃老本"是不成的。1990 年、1991 年也大致同前,在 1991 年第 12 期的《中国机构与编制》上载有《中国行政效率:是旧话更是新题》一文,新题何所指,不言自明。1992 年,有讲到"谋"而后动的,改变观念的;1993 年,有讲中国特色的;1994 年、1995 年、1996 年,直到进入本时间段,有关改革创新的论述很多。新局面、新探索,贵在创新、旧貌新颜、创新型国家与管理等内容后来更多,就不再继续列举。

关于创新的重要性,在开头已经讲过了。创新就是要创,如果没有主动、自觉创新的观念或意识,"新"是不会送上门来的。即使已经有摆在面前的事实和较强的呼吁,若当事者熟视无睹和毫不介意,也不可能付诸行动。中国最后一个封建王朝的后期便是这样。西方的科技先进、船坚炮利已经打进来了,一而再再而三地割地赔款,照签不平等条约,对于科技救国的呼声,也充耳不闻。改良派的意见都不听,革命者只有起来革命才能创新。旧民主主义革命不能彻底,因为要保住既得利益。只有共产党坚持批评与自我批评的武器,有如自我革命,也就是自觉创新,才能不断从胜利走向胜利,从小胜利到大胜利。

七、民族复兴

2002 年 4 月,我在《岭南文史》上发表了《全面建设小康社会 实现中华民族伟大复兴》一文。这可是个全面高度概括的主题,所有前前后后的讨论、研究,无不围绕和针对这个全民族都在为之奋斗的总目标。当然,这不是可以一步到位的事,要打好基础,分初级、中级、高级阶段,不断前进、攀登,而全面建设小康社会,则是无法回避和不能跨越的必由之路,亦即若无全面小康社会,中华民族的伟大复兴将无从显示。

为什么一定要强调全面呢?因为我们将要实现的,是在中国共产党正确领导下的中华民族伟大复兴。这根本不同于过去历史上的封建王朝,有那么一段盛世,然后又转入衰败,为另外一个王朝取而代之。我们现在所面对的民族复兴,必将在全面小康的基础和前提下,真正百分之百,一个不差地共同富裕,永远向前。也就是说,这完全是整体和持续的必然要求。中国特色社会主义的无比优势,也正在于此。

应该注意和必须指出的是,我们所建设的是现代化小康社会,因而在大力扶贫和扶贫攻坚之际,有经济、科技、教育、文化等方面的扶贫。农民也可以用自己的双手脱贫,可见脱贫的方式方法是多种多样的。与此同时,还要坚决防止出现返贫。那说明脱贫不彻底,非加工、"补课"不可。换句话说,扶贫是真真正正、实实在在的光荣任务,来不得半点儿做"样子"、装"门面"之类的那一套。自欺欺人者其实欺不了人,有无、真假、虚实、优劣之分离不开事实真相。

对于在扶贫工作中营私舞弊,甚至胆敢贪污扶贫资金者绝对不能容许,而必须依法严惩。普遍反贪污浪费也很有必要,把资金用在国家建设、改善民生、民族复兴的伟大事业上,受到全体人民的热烈欢迎。什么反贪污要适可而止一类的谬论,不是胡言乱语,便是别有用心。在反浪费方面,不仅是资金、物资方面,而且时间也不能浪费,要认真提高工作效率。不能让"文山会海"浪费时间和精力,因为误时必然误事。

大家应该都已注意到,对于中国的和平崛起,已引起全世界的密切关注。联合国已经认定,在世界范围内,中国减少贫困人口数最多。根据我得到的较新资料,已经有人建议:"美国招商引资应学习'中国效率'。"那是美国《华尔街日报》网站 2017 年 3 月 1 日的报道,说的是在中美两国建厂人士的建议,"见证了广州的效率、魅力、魄力"。广州如此,向全国推广,势在必行。

中国正在走向民族复兴的路上,是客观存在的事实。美国学者格雷厄姆·艾利森也明确指出:"美国人必须认识到中国正全面崛起。"原文的题目是:"美国第二?是的,而且中国的领先优势正在加强",载于 2017 年 5 月 22 日美国《波士顿环球报》网站。全文最后说到中华民族的伟大复兴是"无可否认的现实"。

值得注意的是,另一位美国学者认为"'中国崩溃论'鼓噪者一叶障目"。事实是,有一段时间,"美国学者、专栏作家、媒体、'当代亚洲问题专家'、西方'进步'和保守政客从黑暗沼泽里异口同声地鼓噪:中国必然会崩溃,包括其生态环境也会崩溃"。作者接着指出:此辈"一叶障目,一贯歪曲事实,编造新奇的谣言,描绘实则反映他们自身社会的形象"。然后"随着每一个谣言的真相大白,这些'青蛙'不断变换自己的论调。每当有关中国注定崩溃的预测没有兑现,他们就将自己从水晶球里窥探到的时间延长一年,个别人会延长十年"。还是没有崩溃怎么办?他们就质疑中国官方统计数据的可靠性。作者也说中国不是没有问题,但能用自己的条件去解决和改善,态度比较公正,还认为应承认中国取得令人刮目相看的成就是为了学习、借鉴。该文全文载于 2017 年 7 月 3 日俄罗斯自由媒体网站。

有关资料实在太多,只能随手再多举几个,时间也不分先后。有的仅引标题,或略述要点,难及其详。

《"构建人类命运共同体"凸显中国贡献》是一篇专访联合国高官的文章,载于《参考消息》2017 年 2 月 20 日第 11 版。其要点有三:一是中国理念获普遍认同,二是将在各国广泛传播,三是"中国人眼光更长远"。最后一句话是:"中国人着眼于人类长远利益的远见卓识。"同年 2 月 24 日,《光明日报》第 10 版有"菲律宾总统关注中共治国理政经验"的报道。

2017 年 6 月 30 日,中国共产党宣布,截至 2016 年年底,党员总数达到 8944.7 万名,这引起外媒热议。《印度时报》网站同日作了报道,谈到党的生机活力和有关情况。古巴《格拉玛报》网站则于 6 月 29 日报道,题为"中国共产党改变中国历史的党",历数九十六年来中国共产党的丰功伟绩,并预计"最终会将中国建设成全球第一大经济体"。

2017 年 6 月 19 日,卡塔尔半岛电视台网站发表美国专家文章,大意为中国梦向世界提供新模式。7 月 1 日,英国《泰晤士报》发表对《注定开战》的书评,大意为必须接受中国的强大。7 月 3 日,路透社北京电,题为"发展中国家踏上中国取经路"。香港《南华早报》7 月 12 日文章,题为"更加开放的资本市场有助于中国升格为全球金融中心"。

《掌握汉语意味着光明的前途》是《参考消息》2017 年 7 月 4 日发表的记者对一家孔子学院所作的专题报道。其主要内容为:一是"他们心中产生对中国一辈子的爱",主题即出于家长们的确信;二是本地缺乏高水平汉语教师;三是孔院须融入合作大学战略规划。俄罗斯已有十八所孔子学院,也很能说明问题。此外,在教育、科技等方面的资料还很多,有关军事方面全世界也正在热议。大家都能理解,这些无不密切关系一个国家的发展前途。与此同时,全世界已清楚地看到,我们的国防是真正集中落实于"防"。

八、行政成本

这是一个仍然很有现实意义和长远意义的重要问题,在这个十年中谈得较多和比较集中,所以在这里设了一个专题。

在 2003 年第 12 期《中国行政管理》的"夏老漫谈"栏中,有《行政成本》这篇短文。随后在该刊 2007 年第 6 期,有《行政成本是发展成本的重要组成部分》一文;在同年第 4 期的《汕头大学学报》(人文社会科学版)上,有《加强行政成本研究贵能及时到位》一文;在同年第 19 期的《财政监督》上,有《加强行政成本研究意义重大深远》一文;在 2008 年 6 月出版的南京大学《公共管理高层论坛》第 7 辑,有《必须高度重视行政成本研究》一文。其他与行政成本有关的内容,如预算等暂且不谈。到了 2009 年 5 月,一本由我主编的《行政成本概论》终于由中山大学出版社出版。

且说这本《行政成本概论》,标明为"'十一五'国家重点图书",可能已受到重视。全书约三百八十千字,由赵过渡、夏纪康任副主编,作者共有五人。在十三个章节中我写的是一至五章和前言与后记。这是一个老、中、青三结合的小集体,力求把这个问题讨论得全面一些、深些、透些。具体内容就不在这里详细介绍了,而且这不是单纯的理论问题,最重要的是希望能引起大家高度注意和在日常实践中有所体现。当然,行动贵能自觉,但也存在有关知识问题。不妨作些调查和冷静观察,在不少情况下,当事人自己不想和不愿意浪费,但不知道自己是在浪费;或者也知道应该节约,却在实践中缺乏警惕。可见在提高觉悟和付诸行动之间还很有必要补充,最好是补足对方式方法和具体细节等方面的认识。

正如《行政成本概论》前言所说,当时党的十七大胜利闭幕不久,胡锦涛在报告中就非常明确地提到"降低行政成本"和有关问题;又在党建部分,把反腐倡廉放在更加突出的位置,亦将更有助于降低行政成本。加强行政成本研究势在必行,有人发表过行政成本不宜过低的意见,虽不无道理,但我们的研究并非要求越低越好,而是降到合理的程度,不可偏高、过高,至有负面影响。高与不高自有客观标准,原因也很复杂,降低不是简单地"一刀切",而是应有针对性地区别对待。

关于行政成本问题,除前已述及的情况以外,《行政成本概论》还将我的有关议论选辑作为附录。这里略述其要,也有稍予补充之意。

一是原载《社科百家》1984年第3期的《廉政建设面面观》一文,原文共有五大部分:廉政有理、廉政当建、廉政不易、廉政可兴、廉政在望。总体而言是不正之风和腐败现象可忧可恶,人们议廉政、盼廉政,希望是非分明、邪正能辨、兴利除弊。事关民心向背,自古已然。至于"无官不贪"那是概括得太过分了些。但廉政不可能自发地出现,必须自觉地建设。这与人的素质关系极大,还要有相应的机制和纠偏的措施。不过廉政建设的难度不小,必须弄清难在何处,以求根治。从写入《中华人民共和国宪法》序言的"四项基本原则"来看,都是在根本上反对腐败现象和不正之风的。廉政极得人心,廉政必兴。只要认真坚持下去,风必清,气必正,我们很有信心。

二是原载上海《政治与法律》1989年第5期的《从政治与法律角度看权和钱》一文,原文共分八个要点:其一,从当前的一些热门话题说起,大意是权和钱的问题由来已久,有必要加以探讨,以明其究竟。其二,权和钱是现代管理中不可或缺的要素,大意是没有相当的权和钱,无论中外古今,事情就管不成、管不了、管不着,至少是管不好。其三,凡事成败,关键在于权和钱如何运用,大意是用得好成,用不好败,还要看使用者的目标和工作性质。其四,在权和钱方面所产生的弊端及其危害,大意是易生弊端致成事不足败事有余,且易成恶性循环。其五,关于权和钱的弊端产生的原因或根源,大意是须正本清源,透过现象看本质,有历史的和现实的,社会的和个人的,国内和国外等原因和影响。其六,防治权和钱方面各种弊端的根本办法,大意是必须有科学态度、民主原则、法治精神,主要是合理体制、民主监督和法律控制。其七,运用好权和钱的现实意义和历史意义,大意是实现四化振兴中华,实现安定团结,人民对前途有信心、热情和积极性。其八,事关全局要害不可视若等闲,大意是若恶劣到不可收拾的程度,则将尽弃前功,难以继续前进,必须深恶痛绝,除恶务尽,要有"是可忍,孰不可忍"的态度和决心。

三是其他短论,仅到《中国行政管理》2008年第6期为止,共十八篇。每篇仅约千字,仅列标题和解释:①"官邪败国","国家之败,由官邪也"。古有明训,至今未失警示意义。②"正本清源",不言可知。③"'三个代表'重要思想",江泽民的"七一讲话"深入人心。④"行政成本",前已述及,基于"政府工作报告"。⑤"必反可防",反腐还要防腐。⑥"反腐治庸",反腐还要治庸,如平庸、无能、不负责任、无所作为、消极怠工,等等。⑦"苏州近事",苏州曾有"百官共廉"的局面,事隔年余却发生副市长涉嫌腐败。⑧"堵住赌注","六千亿元人民币"是中国每年外流赌资的数据。⑨"再谈副职",副职过多,不少成为腐败的"主力军"。⑩"投资浪费",某些投资不受和不顾市场规律的制约,失误率较高,是乱开销。⑪"公车改革",耗资浪费惊人。⑫"坏事变好",要清查和将可能流失之数用于想办未办的要务。⑬"廉价政府",必须认真降低行政成本。⑭"中式装修",装修浪费,睁着眼睛损耗。⑮"中式奢侈","出差四天花八千元""仅公款吃喝一年就吞掉一个三峡工程"。⑯"暴殄天物",这很无道和可悲,很不文明。⑰"县长助理",一个人口三十八万欠发达的、某省最后一个基本脱贫的原贫困县,除一名县长、六名副县长外,还有十五个县长助理!⑱"政绩工程",见题可知。随后长篇短篇的有关文字还有的是,也都不用提了。

九、依法治国

关于依法治国、依法行政之类的议论，一直很多。在这里作为专题，也同前面的情况一样，即相对集中，并不受时间限制。但由于时间较长，分散的议题难以尽举。有一本 1984 年 9 月由法律出版社出版的《管理·伦理·法理》(短论集)的代序所说"三理相通，其理一也"，强调法治的重要性。其中，"关于宪法、行政法和行政法学"部分共有九篇，时间跨度为 1957 年至 1983 年 11 月。

我讲得较多的是宪法和行政法，这是政治学、行政学研究者不可没有和不可轻忽的内容，否则将不可思议和难以想象。因此，在新中国成立初期，我就非常重视曾经作为临时宪法的共同纲领，写过一篇《共同纲领和宪法在社会主义事业中的作用》[见《中山大学学报》(社会科学版)，1957 年第 2 期]。几乎是与此同时，有一篇《加强行政法科学研究》(见《政法研究》，1957 年第 2 期)。接下来的是《重温毛主席关于宪法的教导，学习五届人大通过的新宪法》(见《中山大学学报》(社会科学版)，1978 年第 3 期)。随后是《机构改革与行政学、行政法学的研究》(见上海社科院法学研究所《政治与法律丛刊》，1982 年第 1 期)，《机构改革与行政法》(见《人民日报》，1982 年 3 月 15 日)，当时正在进行机构改革。接下来，《从宪法修改草案看行政立法的任务》(见《人民日报》，1982 年 6 月 29 日)，还有《就宪法草案论副职》(见《光明日报》，1982 年 7 月 7 日)和《新宪法与社会主义精神文明建设》(见《羊城晚报》，1983 年 1 月 12 日)。在读到有关著作后，也有如：《喜读〈行政法概要〉》(见《政治与法律》，1984 年第 1 期)，《行政法在加强法制中的地位和作用——读〈邓小平文选〉》(见《政治与法律》，1984 年第 3 期)，后来又被选入

《中国法学文集》第一辑（法律出版社,1984年）。还有为应松年、朱维究编著的《行政法学总论》所作的序《中国行政法学的教学和研究在前进》,原著由工人出版社于1985年出版。

此外,未见于标题而内容论及的相信比较普遍。专题论述的也不少,如《依法治城,强化和优化城市管理》（见《广州日报》,1988年3月4日）、《现代行政管理必须有法可依和依法办事》（见《法学杂志》,1988年第6期）、《应当把行政法教育作为干部教育培训的重要内容》（见《中国机构》,1996年第11期）、《依法行政必须有丰富的行政法律知识》（见《中国行政管理》,1998年第4期）、1999年3月贺《政治与法律》创刊满百期的《依法治国是"政治与法律"研究的重要结合点》《依法行政同样需要思想政治工作》（见中国行政管理学会编《政府建设与思想政治工作》,知识出版社,2001年）、《依法行政问题新探索》（见《中国行政管理》,2003年第6期）、《逻辑决定法治行政的未来》（见《光明日报》,2005年12月8日）,等等。这些是截至2014年12月的情况。

说到依法治国、依法行政、依法办事,当然要有法可依。这就有一个必须立法的问题。现代文明主权国家首先要有作为"母法"的宪法。宪法将立国的基本原则以明文规定,并据以分别定出各方面的法律。也就是说,所有法律都是由宪法派生出来的,不可也不许违背宪法。宪法若有修改,有关法律亦必须随之修改。前面首先和侧重讲究宪法的原因,正在于此。

有法可依了,还要有法必依。宪法和法律都不是用来装门面、做样子的,若是虽有法律,只是放在一旁不当回事,则有等于无,大悖立法初衷。因此,对法律的宣传很重要,也很有必要,让全民知法守法。对明知故犯的知法犯法者,是更没有任何回旋余地的。法盲也要看情节轻重妥善处理,在法律面前人人平等的原则必须坚持,任何借口、狡辩都不能动摇法律的尊严。

随之而来的是依法与否有一个执法必严的问题,因为在严与不严之间存在很大的差距。严是认真动真格的,必须依法办事;不严则表现为不负责任,睁一只眼闭一只眼,甚至熟视无睹。在执法过程中,不排除发现法律条文中有脱离实际的欠妥之处,那就应及时反映,以加强科学立法。这是对有法可依的重要补充或改变,后来也这样表述了。

在科学立法、全民守法和严格执法的条件下,违法必究是必然的要求。不管怎么说,违法与否,事实俱在,究与不究的后果大不一样。究,守法的人更多和更守法;不究,违法的人会增加和更不在乎。这对社会生活有积极或消极的影响,对治国理政也有正面或反面的作用。可见违法必究,还要究得及时和有直接得力有效的针对性。总之,"不依规矩不成方圆"这句老话,还是有现实意义的。

说到这里,想想法律是律,规律也是律,都有"规矩"的意思。刚才所说的"不成方圆"是形象的说法,实际上我们经常碰到这一类的问题。明乎此,也可以对理解依法治国有些帮助。我国立法,当然以基本国情为基础,要建设中国特色社会主义,使国家富强、民族振兴、人民幸福,实现全面小康和更美好的中国梦。但与此同时,我们也早已注意到国际通行的惯例,如新中国成立没有采用传统的办法称"中华人民共和国元年",而是国际通用的公历 1949 年。马路上靠右边走的国家和地区也较多,这些属于内外兼顾的考虑,表明我们对全球合作共处的条件心中有数。

科学立法很重要,但也很不容易。有些事情究竟该不该立法和怎样立法,往往难以决定和迟迟不能落实。主要原因在于情况比较复杂,相关因素较多,不能顾此失彼,甚至会有牵一发而动全身的情况出现。一般来说,在得失之间可以权衡轻重和当机立断。对此人们常议论的例子之一如烟草问题,据说是关系国家税收和经济发展。另一个例子是对"懒政"现象、"为官不为"或胡作非为,以及有"门难进、脸难看、话难听、事难办"之说,若非无法可依,便是执法不严或违法未究,否则怎能听之任之呢?为人民服务的最低限度就是门不难进,脸不难看,话不难听,事不难办吧!这方面至少必须有些规矩,有即执行,没有即补。商店尚且"人无笑脸休开店"之说,何况是民主政府?

十、百年回顾

在 2004 年《中山大学学报》(社会科学版)第 6 期上,有我写的《中山大学法政学科百年回顾——纪念校庆 80 周年暨法政学科 100 周年》一文。这里不讲文章内容,而是着重百年回顾。孙中山在建黄埔军校的同时还建了广东大学(今中山大学)。后者的前身中有广东法政学堂,法政学科就是从那里开始的,也就是比中山大学建校早二十年,并且不仅在广东,在全国亦居前列。

▲2005 年 11 月 13 日中山大学法政学科百年庆典合影留念(左六)

所谓法政学科,基本上或主要是指法学和政治学两大学科。自废科举引进西方教育体制以后,除学前教育外,学校大体上分为初、中、高三个等级。初为小学,又有初小四年高小二年共六年;中为中学,又有初中高中各三年共六年,高为大学或学院,本科四年。另有时间较短的专科学校。法政学科一般都在高校设置,从中山大学建校也可以看出这一点。

在这一百年的发展过程中,从辛亥革命前的清王朝末期,到辛亥革命后的民国时期,法政学科都继续存在。但因缺乏独立自主的思考,常以所学外国的处理方法为依据。曾有所谓"英美派""德日派"之分,主事者惯以自己留学的国家为准。不少大学实行"大法科",设法学院,将政治学、经济学、社会学和法律学都作为"系"纳入该院。有的国家本科无法律学系,把法学院作为研究生院,招收其他专业的本科生入学,与医学院相似。我们的情况在新中国成立前一直没有什么改变,政治学系本科毕业的也称"法学士"。而与法学沾边的课程包括国际公法在内只有三门,另两门为民法概要和行政法。后者还是政治学系所分三个组中行政学组的课程,至于民法概要是不是已记不清了。反正相连已成惯例,新中国成立后改称"政法",还主要是指政治学与法律学这两个学科。与此相同用两个字来表述的简称,还有如"财经""文教""科技",等等。

新中国成立初期百废待举,高等教育除个别暂时调整外,都维持当时的现状。但时间不久即进行前已述及的高校院系调整,详情这里不再重复。仅就这两门学科而言,还有不少具体情况。其中有分有合,变动不少。除在已有高校之间进行调整外,还增设不少后来成为大学的政法学院。据说这与学习苏联有关,前面也说过了。后来未过多久,不少原已分出去的政法学科纷纷复办,原来没有这两门学科的高校也相继增办,特别是在改革开放以后,几乎所有新旧院校都把注意力集中到从政治学领域发展起来的行政管理、公共管理学科。重视学科是大好事,办好学好和收到实效事关治国理政,必须从长计议。

我们是在进行百年回顾,回忆总少不了对比。既然学科已存在百年之久,也不能忘记这两门是应用学科。存在已久是一回事,应用得如何是另一回事,也是其生命力和价值的具体表现。清末的时间很短,从 1904 年到辛亥革命,什么维新变法早已被抛进历史的"垃圾堆"。孙中山深感他的"三民主义""五权宪法"一时难以实现,非常敏感地觉察到马克思列宁主义和中国共产党这股新生力量,立即明智地决定实行国共合作,这在前面早已谈到。后来蒋介石彻底背叛了孙中山,但仍打着孙中山的旗号,用五院制来体现"五权宪法",其中立法、司法、监察、考试都与法治有关,但实际上都形同虚设,他要同大独裁者如德国的希特勒和意大利的墨索里尼为伍。在他的反共武装部队里,所特聘的是当时的德国顾问。高校照旧有法律学系,政府也有各种法律,有所谓"六法全书"。可实际情况是他们的所作所为是无法无天,人民的权利毫无保障。"法院大门八字开,有理无钱莫进来。"他们连资产阶级三权分立的假民主都忌惮,甚至不让政法学科的学者、学生出国访问、深造,更不用说无比仇视主张社会主义救中国的中国共产党了。

◀2016 年 10 月 28 日于中山大学出席公共管理学科发展联席会议(前排居中者)

对政法学科研究者来讲,学科是有阶级性的。这一点必须十分明确,不能混为一谈。同样被称为宪法,是资本主义国家还是社会主义国家,是根本不同的性质。在新中国成立之初,先是有"共同纲领"起临时宪法的作用,紧接着便忙于制定宪法,后来又修改宪法。这些也都是刚刚谈过的事。有了宪法,各种法律随之陆续出台。到 2004 年,新中国成立已五十五年,法律已相当齐备。至今更应有尽有,包括民族自治区、经济特区、行政特区和国防方面的法律等都引起国际和各有关方面的兴趣和注意。想起当年经济特区初办,不少境外和外国想投资者曾持币观望。原来应有的有关法律尚不健全,不大放心,因而不敢放手。于是抓紧立法,投资者打消了顾虑,才热闹起来。

同样的情况如古语所说的"入国问禁",其中既有明文规定的,也有早已形成的习惯。能否一律是"不知者不为罪"则很难说。在全世界范围内,各国各地的法治环境和守法风气有所不同。初次出境和旅游的中国人,最好事前对当地的法律和文化有所了解,又随时注意和审慎,以免轻则受到讥笑或重则被罚,有损国人形象。由于不懂当地语言文字,似情有可原。但不少旅游景点、公共场所、路边商店等已有中文标语或公告,若仍不当回事,就更说不过去了。小事不检点,给人坏印象,又何苦何必呢?常见的如不爱排队、争先恐后、挤成一团、随地吐痰、乱抛杂物、大声喧哗等,最易使人反感。商人有钱赚,当面不会说什么,背后则嗤之以鼻:瞧,这些暴发户,没文化! 一点儿不假,真是"丢人丢到外国去了"!

办法有的是,主要在教育。秩序、纪律、法治、公私关系等,从小开始,包括学校、家庭、社会到有关团体。德智体美不可偏废,学校只重分数不行。两个文明也不可只重物质而轻精神。家庭教育也很重要,家长的示范作用对孩子有很大影响。据说旅游团队已开始在出发前有所提醒,看来很有必要。有两件小事我永志不忘:一是读初中时,教室之间的走廊高悬四个大字:"缓步低声",即不要妨碍别人上课和学习。二是读大学本科时,有一门系主任的课程举行期终考试,他在黑板上用英语写了一句"诚实是最好的政策",随后走出教室没再监考。这种高度信任的结果是秩序井然。

▲1992 年 10 月于中山大学运动会上留影

◀1993 年冬与淑钧一起唱歌

▶家庭卡拉 OK

▲1998 年 5 月在一次活动中表演京剧

十一、素质要求

　　关于素质要求,这是又一个时不论古今、地不分中外、不约而同的永恒重要话题。一般来说,凡事从无到有以后,立即又形成或表面或实质之分。表里如一、名实相符者有之,虚有其表、名过其实者亦有之。在发展过程中,人们不难觉察或发现, 数量的增减和质量的高低往往不能等同而出现差异,并且较多的是质量问题,即数量有明显增加,而质量基本照旧。这在评论和比较中,马上形成鲜明对比。若价格相同,则作何选择不言自明。于是不得已而降价抛售,"便宜没好货"这句话便由此而来。

　　商场如此,职场亦如此,质量或素质因素实际上是普遍存在的。试看,无论是什么工作,常进行培训的目的何在?重视现代化和人才、改革、创新、研究都为了什么?所谓的优越性、优势、高水平、要学习、参考、借鉴、交流之类,又是哪些内容?在竞争中取得胜利,归根到底是什么原因?综上所述,我们可以完全肯定地认为,关键或根本在于质量或素质,尤其是人的素质,包括思想和精神素质。其他方面,也许会有这样或那样的强项,但如人的素质较好或特好,必将能补许多不足。这绝对不是凭空设想,而是有铁的事实做根据的。

　　前面已经多次谈到中国近代史,特别是中共党史。相信不用再多说,政党及其领导骨干和普通党员的素质如何, 广大人民群众是真正的知情者。这叫民心所向,因而后果可知。当年的"小米加步枪",根本没法同反动派的"美式装备"比。"三个月内消灭中共",甚至一度侵占过延安,怎么样?还想"分江而治"。紧接着是"百万雄师过大江",新中国很快成立了,比预计的要早。抗美援朝又是以人民志愿军的素质特高取胜的,还有后来发生的一些事情,全世界都有目共睹。谁要想仗势欺人,欺压我们,得好好考虑考虑。

重视质量或素质,我在平素的讲话和所写的文字中都经常强调。在这个时间段里,我更相对集中并连续讲和写了一些。例如,在致 2005 年全国 MPA 教育研讨会与同志们的一封信《研究教学方式、提高教育质量》[见《全国公共管理硕士》(MPA)专业学位指导委员会《工作简报》第 43 期,2005 年 7 月 24 日]。提高教育质量是一项普遍要求,直接关系受教育者的素质。又如《必须着力切实提高行政管理水平》(见《中国行政管理》,2005 年第 5 期),水平几乎是质量的同义语。行政管理所关至大,就不用多说了。因此,讨论公共管理人员素质很有必要。

在 2005 年第 3 期的《河南社会科学》上,我发表了《对现代公共管理人员素质的基本要求》一文。也是在 2005 年,中国(广东)政府管理创新国际研讨会在广州举行,由我作了 "综合点评"(见《中国行政管理》,2005 年第 3 期),创新这个主题响遍全球,开头已经讲过,因为创新正是提高质量的一个主要渠道。为此,《中国行政管理》曾发增刊,在《中国政府管理创新》第一册(2005 年 10 月)有我的《政府管理创新需要创新能力》一文。没有创新能力或创新能力不强或太差,创新的效果可想而知。可见,问题又进了一步,还得重视创新能力的培养和提高,首先是要有创新意识,对创新有高度自觉。

在当时,我就温家宝归纳"十一五"时期的主要任务和需要处理好几个重大关系,写了一篇《从第十一个五年规划建设看公共管理》(见《公共管理学报》,2006 年第 1 期),从公共管理角度加以论述,坚持统领发展全局和要全面落实的是科学发展观。我的理解为,科学发展正是全面和持续提高质量的发展。于是紧接着我又发表了《建设创新型国家需要创新型公共管理》一文(见《中国行政管理》,2006 年第 6 期)。本来,创新型国家需要全面创新,不仅是公共管理,但公共管理最为关键,若不能起带头、引领作用,将直接或间接妨碍其他方面的创新发展。我们又一次不能忘记,公共管理成为一门新兴学科的历史。至于国家和政府的性质,那是另外一个问题。我在《高效政府》这篇短文(见《中国行政管理》,1996 年第 8 期)中对此已有说明,这里不多说了。

还是回到素质要求这个议题上来，关于人的素质，可以说是随人、随事、随时、随地可以见到的。例如，在北京举办奥运会这一时期内，北京就狠抓了一阵市民素质问题。我也为此写了一篇短文:《市民素质》(见《中国行政管理》,2007 年第 12 期),其实已经涉及"全民素质"了。全文不足千字,这里不妨略述其要。

一是面临国际盛会,国民素质将受到考验。精神文明程度如何,将向全世界展示,因为到会的不仅是与盛会有关的人员,更多的还是从各国来的观众和旅游者,以及寻觅商机的人士等,而且不只是到北京一地。

二是国内人口也经常流动,非北京人口在北京的表现,不能算在北京人的账上,因而外地人的素质也应同时注意提高。上面说到旅游者时也已经接触这一点,并且具有更广泛的意义,尤其是各大城市和旅游点。

三是并非应付一时,而是人的素质问题所关至大。它对国家和地区各项事业的发展,具有全面、长远、根本和举足轻重的重要意义。前面已谈了不少,实践已充分证明,这是牢不可破的原则。

四是素质是个综合概念,其内容非常丰富。大体而言,离不开实力(有软有硬)和文明(分政治、物质、精神方面)的范畴。光凭硬实力和物质文明已无济于事,必须兼而有之,才能顺利、健康、正常发展。

五是提高之道，在于党政各级领导和全民重视在科学发展观的统领下,认真落实"科教兴国"的战略方针。据综合素质要求,对"科教"作广义理解,指科学文化、思想政治、待人接物、文明礼貌、遵纪守法、良好习惯等教育。在全面教育上狠下功夫,警惕应试教育之弊。

现在应勇改积习,遵循社会主义核心价值观,争取早日实现中华民族伟大复兴的中国梦。

十二、学术论文

怎样写好学术论文？这是高等教育和整个学术界的一个根本性和有原则性的问题。回忆在大学本科毕业前，有交毕业论文的规定。指导老师说过，论文中要有作者自己的观点，最好是能有所创新。记得我当时的选题是"德国从民主到独裁的剖视"。选题通过了，论文也通过了。想必大概都合乎要求，因为确实有的同学曾被退回修改。这也许与我在读高中时就开始和在读大学期内继续投稿有关，但说不出有什么道道来。只认为学术论文必须更严肃认真，一般文字比较随意而已。

到了读研究生阶段，平时的课程作业已有类似"小论文"的形式和内容。毕业论文又称学位论文，有关规定首先是最好既可以毕业又能授予学位；其次是可以毕业，不能取得学位；更差的则是毕业与学位都落空。对于后面这两种情况，一般还可以再给一次机会，在限定的时间内进行补救。若仍失败，即到此为止。原来不知道本科也是这样，当时没有听说。这次我的论文题目是"中国战时地方政府"。那时中国的全面抗战，已经取得最后的全面胜利。我的论文也顺利通过，既允许毕业，又取得学位。有一点较深的体会是：应用学科必须理论密切结合实际，并一定要汇集大量有关和可信的参考资料。

我在高校任教以后，面临同样的问题：怎样对待各类论文？总的来讲，我主张严而不苛、宽而不滥，要有合理的标准、适当的原则。对于正在实行的集体讨论，我认为无懈可击。本科生人数较多，分组处理很有必要，也可以防止个别导师的成见或偏见。硕士生尤其是公共管理专业硕士生（MPA）的人数也不少，现行的办法仍行之有效。至于博士研究生，据我所知，与国外某些名校相比较,我们所定的程序和环节,应该算是有过之而无不及了,这里准备谈得稍详细些,希望能略有助于增加外界的了解。

先说入学是经过考试的,由于名额有限,所以竞争是相当厉害的。每个博士生导师所指导的学生名额有规定,倾向是宜少不宜多。要取得毕业和授予学位的资格,除论文通过答辩外,还要求至少在读博期内另有一篇学术论文在被认可的学术刊物上发表。没有不行,一定要补。论文答辩则从开题报告开始,然后经过非正式的预答辩,再进入正式答辩。开题和预答辩若不能一次通过,还需要继续讨论。在正式答辩之前,还要将论文做成五份分送校内外专家审阅,都不记名,即无导师和作者姓名。其中如有一位专家否定,正式答辩仍不能举行。答辩委员会由校外两人校内三人共五人组成,导师非委员会成员,只能列席旁听,无投票权。五人中要有三分之二赞成才能通过,也就是需要四人赞成。通过后还要经院、校、部学术委员会通过才能定下来。

▲2006 年 12 月与学生在一起

我因年迈受到"照顾",每届至多只带三名博士生,停招之前仅分配一名。过去生源有两种:一是全日制,即全脱产的;二是在职兼读,不脱产的。虽然时间长短有所不同,但在职的难度毕竟较大,后已少招到不再招。在职的时间没有保证,就曾有一位学生未能毕业。关于已成为校友的那些,表现都堪告慰。当高校院长、副院长、系主任、教授的,已有专著出版与在专业期刊发表论文的都有。有的还到英、美大学做访问学者和博士后研究。

以上所谈的,是关于高校毕业论文、学位论文的一些主要情况。因为有一系列的制度,层层把关,又有不少行家里手参与其事,所以总体来看,其可信度应该可以认为是较高的。不是没有出现过问题,而是发现以后能及时得到应对和处理。说到社会上和一般学术界如何看待学术论文,情况可能要复杂得多,难度也可能要大得多。2005年有过这么一回事:上海有关单位来函约稿,所定的题目是"行政管理学科如何写好学术论文",我把所思所想来个实话实说,后来发表在同年出版的上海高教音像出版社的《学海领航》这本书上。事前并无思想准备,事后才有一些联想。但也没有把握,只是试凭某些迹象有所猜测而已。

一是参与《学海领航》,实在很不敢当。但是既然木已成舟,但愿没有误导。旁观者也有可能看出,这些文章的作者不会自封为领航人,而是编者组稿的结果。另一方面或与此同时的是,大概在"学海"之中,存在航向不明的情况。专业期刊特别是综合性期刊的编者感到为难,怎么办?开会讨论谈何容易?征求意见不难做到,但又将何去何从?不管那么多了,书大概就是这样编出来的。至于学术界有何反应和反映,不得而知。

二是所有文章作者都是来自不同学科的教学研究者。各个学科尤其是较大学科的内部,常或明或暗地存在不同的侧重点,甚至有公开宣称某某"学派",各有各的"航向",谁也"领"不了谁。其中又有强势与弱势之分,编者很难全面了解和掌握,事实上也难以做到面面俱到。这里还涉及"百花齐放、百家争鸣"的"双百"方针问题,褒贬有不同的思路、角度、原则和标准。

三是揭穿弄虚作假,这在学术论文方面一度引起广泛注意。代写、抄袭、偷换之类不一而足，甚至已经发展到采用电子系统来对付的程度。这完全是当事人不顾个人诚信的失德行为，将不止表现于学术论文方面。网上已有代写论文的交易，看来应予以查处。"订货"者也不可轻易放过。现在加强社会主义核心价值观教育很有必要。

四是应堵住粗制滥造的"学术论文"的"去路"或"出路"。例如，前面提到过对发表论文的要求，认真的刊物是不会随便乱来，更不可能降格接受的。可是竟然会发生出卖版面的事，即某些刊物不顾论文质量，只要愿支付较高的版面费即可成交。刊物也确是正规的、合法的，但这种做法影响恶劣。据说外国也有，中国岂能不管青红皂白照搬照套？我们应该发扬正气，刹住歪风！

十三、和谐社会

上文刚提到现在的社会主义核心价值观教育，其中就有"和谐"这个要点。根据我的记忆，争取、期待和谐社会的到来早已开始。远的且不去说，单是 2007 年前后，以建设和谐社会为主题的活动就很多，我也留下不少相关文字。例子实难尽举，多举一些是可以做到的，但也只举带有"和谐"二字的，仅有其意者从略。

2002 年 10 月，贺张培刚兄九十大寿：张弛文武道，九天揽月志。培育建设才，十足新气派。刚柔喜相济，大学贵明德。兄弟乐和谐，寿比山与海。

在贺中国政治学会第六次代表大会暨和谐社会与社会主义政治建设学术研讨会在哈尔滨举行中是这样两句："构建和谐社会，要求政通人和，应加强中国特色社会主义政治学学习研究。语云政者正也，政风政声当正，必须大讲特讲中国特色社会主义精神文明。"

百年寻梦从头说

2007 年 4 月，贺华中科技大学公共管理学院大楼落成之喜："为构建社会主义和谐社会培养高素质公共服务人才！"

贺《政治与法律》杂志出版 150 期："中国重要专业刊，二十五年不简单。改革开放多风雨，必经善治这一关。三个代表须自觉，体制保证非等闲。构建和谐新社会，落实科学发展观。"

2007 年 10 月，贺电子科技大学主办公共管理国际研讨会："百花齐放百家鸣，理通情达心气平。共建和谐新世界，互勉互励见精神。"

2007 年 10 月举办的以"构建和谐社会与行政管理体制改革"为主题的中国行政管理学会，我因未能到会，书以致意，并祝会议成功："举世盼和谐，和谐不自来。共建齐努力，公管必关怀。诸般涉体制，年会早安排。未能聆高见，厚望寄吾侪。"

2007 年 10 月，贺《政治与法律》杂志双月刊改月刊，原有四个部分，"和谐"似见于其一，因前后相连，仍存其真："一、政治与法律，隔月改每月。此乃大好事，表明改革热。二、社会主义好，特色是个宝。政法当其冲，研发不可少。三、科学发展观，落实重全盘，必以人为本，政法开其端。四、全球盼和谐，试问从何来？民主加法治，共建新世界。"

在 2007 年第 2 期的《政治与法律》上，有我的《构建社会主义和谐社会应加强中国特色社会主义政治学研究》一文。《社会主义论丛》2007 年第 6 期全文转载，中国人民大学书报资料中心复印报刊资料 D1。

2008 年 3 月，对于"社会性别与公共管理"研究我想说的几句话中，最后有这么几句："公共管理性别研，事关两个半边天。以人为本当全面，协调和谐齐向前。"关于这项研究，后来还另有较长的专文，其中当然少不了与这方面有关的内容。

仍在 2007 年，我曾在《中国行政管理》第 3 期上有一篇题为"和谐社会"的短文，但仅提出几个要点，还大有展开的余地。

第一，这是一个已越来越引起世人高度关注的、当前中国全民最热门的话题，并且应该相信一定要继续和持久热下去。可不是么？正是这样！世人关注的程度已空前提高,已开始注意到有关的具体细节。对于中国的诸多历史性变化,提出许多渴望得到解答的问题,并对言之成理的答案产生浓厚的兴趣。国人身处和谐社会,尝到前所未有的甜头,对前景看好,坚信中国梦必将实现。

第二,非常自然的是实行历史对比,稍有历史常识者如此,专家学者更不用说。从社会发展简史来看,人类五种社会发展基本形态是客观存在的事实。原始共产主义社会、奴隶社会、封建社会、资本主义社会(及其最高阶段的帝国主义)和科学共产主义社会(社会主义是其初级阶段)。原始共产主义社会的具体真相我们还难以确知,但据估计很有可能存在某些自发的或自然的和谐。而自奴隶社会以后,古今中外的社会大体上和主要是不和谐或不够和谐的。历代王朝都在喊万岁、万万岁,那都是主观愿望。即使历史上出现过什么盛世有些和谐气氛,也都是相对的、局部的、暂时的,甚至是形式的、表面的,程度也各不相同,还有粉饰太平的虚假现象。历史上的战争太多了,即以一再发生的世界大战而论,全世界不得安宁,还有什么和谐可言!至今仍小战不断,恐怖事件迭出,世人渴望和平、和谐,完全可以理解。

第三,涉及理论问题,上述社会形态是由经济基础和上层建筑所构成的整体。这是马克思主义的历史唯物主义理论。中国共产党是以马克思主义为指导思想的政党,根据自己的国情,创造性地运用和发展了马克思主义。毛泽东思想、邓小平理论、"三个代表"重要思想、科学发展观,以及习近平新时代中国特色社会主义思想,都是中国化了的马克思主义。世人对中国的发展感兴趣,当然也不能绕过这一点。

第四,构建和谐社会,确实难能可贵。但只要达到共识,认真研究其可行性和可操作性,通过切实有效的努力,便将大有希望逐步实现这一崇高理想。具体来说,要看我们是否能坚持以人为本的原则,还要深信事在人为,能调动一切积极因素,做到全神贯注和全力以赴,即可共享其成。其中包括并首先应予重视的是为之服务的公共管理。我们知道,现代和谐社会是体现民主法治,公平正义,诚信友善,充满创造活力,人与人、人与自然和谐相处的稳定有序的社会。公共服务的素质、水平、效率等,对它的发展和运作不能没有直接、明显和重大影响。

最后,建设和谐社会的前、中、后期,都要重视教育,尤其是公共服务人员的素质教育。从选拔、培训、任用,到考核、评估等一系列人力资源开发与管理类的工作,都要做好。官场旧习、恶习不改,将成为严重不和谐的因素。广大公共服务人员的敬业、乐业精神为和谐社会所不可少。中国治国理政的特色之一,亦当在于此。

十四、薄弱环节

在《中国行政管理》2007 年第 8 期,刊登了我写的《填补空白或加强薄弱环节的积极尝试——〈政府部门人力资源开发案例研究〉序》。这里打算谈的不是这篇序,而是这个题目中的"空白"和"薄弱环节",原因是在各种管理中常会出现这两种现象。在私营企业或专项小型管理中,也许还可以听之任之,不急于填补和加强;但在涉及面极广和时间特长的公共管理中,则不可不闻不问、置之不理。换句话说,公共管理最好是没有空白点或薄弱环节,一旦觉察存在,应赶紧采取有效措施,速谋补救。否则影响面广,时间一长更难收拾。现在习近平经常强调"四个全面",很有科学预见,但也只有在中国特色社会主义条件下能够做到,像"全面小康",对资本主义制度来说那是空想。

中国历史悠久,经验总结性质的成语、谚语、格言之类很多。世界各国也有,其中不少是关于对上述要求的说法,对我们很有启发。例子很多,仅举一例:世上到底有没有"完人",说法不一。既有"法古今完人"的名句,又有"金无亦足，人无完人"的常言。话虽如此，但追求完美仍受到鼓励。

"漏缸一条缝，沉船一个洞"，说的是小疏忽会造成大损失。"小洞不补，大洞吃苦。"发现问题不及时及早解决，只能是愈久愈严重。"聪明一世，懵懂一时"，其实不是糊涂而是考虑不周，一时失察。"聪明反被聪明误"也是如此，自恃聪明未必是真聪明，可见并非误于聪明，而是适得其反，不能从表现形式上看问题。

"任凭风浪起，稳坐钓鱼台"，是心中有数的表现，大惊小怪，慌慌张张，一时手足无所措，反而会误事。这与"麻木不仁"不同，而是自觉镇定、从容应对，保持清醒。"福至心灵"是旧社会的一种说法，说的是走"运"的人会聪明起来，这是恭维有钱人特别是暴发户的，实际上是"心灵福至"。至于走的是什么"运"，则又当别论。

"一人不敌二人计，三人想出大主意。""三个臭皮匠，顶个诸葛亮。"说的都是要重视集体智慧，但具体分析起来，这些说法是有条件的。人多势众是一回事，能否"想出大主意"和"顶个诸葛亮"是另一回事。因为人有各种各样的人，"皮匠"也有巧拙之分，不能一概而论。结论中的必然性与或然性并存，但对发现全面中的空白点和薄弱环节肯定是大有帮助和不可或缺。诸葛亮若非用人不当，就不致使"空城计"了。

"蜀中无大将，廖化作先锋。"只好如此，有什么办法？这就同"蜂多出王，人多出将"这句话对不上了。群众当中出英雄没有错，问题是什么环境和什么水平。光靠人多，不进行得力得法的培养、教育，仍可能在总体上落后。这是明摆着的历史和现实。中国共产党的历史是最好的和最有说服力的例证，拥有正确的指导思想、杰出的领导人才、优秀的基层骨干、合格的广大成员，才有中国的今天和可以预见的明天。回想当年一个很大的空白点是没有人民武装，后来补上了，这可是个事关全局和根本重要性的问题。

"想向别人传道，先要自己懂经。"这是教育者必先受教育的比喻，进行思想政治教育、马克思主义和中共党史教育，更必须是这样。"强将手下无弱兵"是另一有关比喻，说的是高手教出来的不会是无能之辈。毛泽东思想树立了好榜样,才有随之而来的邓小平理论、"三个代表"重要思想、科学发展观和习近平新时代中国特色社会主义思想。实现中华民族伟大复兴的中国梦已经深入人心。

这里不妨转引一段略有特殊性的资料,作为对邓小平理论正确评价的旁证之一。原文是:"据美国《侨报》报导,蒋纬国对邓小平提出的'有中国特色的社会主义'""举双手赞成","因为这与孙中山先生的民生主义非常吻合"。"蒋纬国同时说,邓小平值得尊敬,他本人对邓的作为十分景仰。"原文注明转引自《党史信息报》1994年4月1日。也许不用解释蒋纬国是谁。但想想这已是二十多年前的事,年轻的读者可能不知其人,还是说明一下:此人是败逃中国台湾的蒋介石的儿子之一,其兄是被称"小蒋"的蒋经国。再说这个蒋纬国果有此见解,也只是不在其位,难谋其政,徒托空言而已。

说回空白和薄弱环节,一般似难以避免。因为通常总是忙于应急并将注意力集中于重点突出事项,有些关系全局和全过程的方面渐渐被忽视或淡忘了,这完全是有可能的。办法是坚持统筹兼顾,保证全面协调,既有工作热情,又能冷静思考。"遇事详情,方算明人。"就是无论干什么,都要把有关情况弄得一清二楚。就事论事的"头痛医头,脚痛医脚"的办法,往往可能顾此失彼,或难以真正妥善解决问题。"眼不见为净""眼不见、心不烦""视而不见、听而不闻""只拣好听的听,好看的看",甚至"闭目塞听",都是自欺欺人,实际上是欺骗自己。

"能人之外有能人",一点儿不错,我们必须向有成就的人学习。不过有一种常见的现象,是所谓"取经热"。别人有好的经验,大家都登门访问,一时热闹得很。事后依然故我者大有人在,为什么?"难者不会,会者不难""家家有本难念的经""他有他的条件,我有我的难处"……理由一大堆,得到的不是参考借鉴和有所启迪,而是自我辩解和安慰。说穿了,人家克服困难,学会了不会的事,把难念的经变成易念的经,创造了原来没有的条件……如此而已,岂有他哉!

那么对古人的勿求全责备和有求全之毁又该怎么看呢?那是指对人对

事总要求十全十美,求备于一人很难办到,因达不到而产生不满。这应该说是两码事,一是自觉重视全面、整体,最佳状态是无空白和薄弱环节,有则及时力求补充之、加强之;二是作为非当事人的旁观者,动辄求备于一人而置实际情况于不顾。后者若是直接领导人,就更应先了解具体情况和可能与自身有关的因素才合情合理。

十五、公管硕士

关于引进和设置公共管理硕士专业学位的建议开始于 1998 年,引进以后到 2009 年已满十年。我所致的贺词是:"十年发展不寻常,持续向前步康庄。互勉共识齐奋进,国情特色记心上。"(公共管理硕士通称"MPA",即英语 Master of Public Administration,中译亦曾译作公共行政。)

▲2004 年与首届 MPA 班毕业生

回想在引进之前，我们很慎重行事。我的建议载于北京《学位与研究生教育》1998 年第 4 期，随后有《要加强"政府与公共管理"研究》一文，是《政府与公共管理》论文集序，这是 1998 年 8 月的事。接着由六所高校发起的"公共管理专业硕士学位论证会"先后在北京、上海、厦门和广州举行，我都参加了。最后认为可行，经上级批准，先从办几个试点开始。可是大家的积极性很高，闻风而动，都在大力争取。终于确定将有研究生院的二十四所高校作为试点，一年后为四十七所，目前已超过一百所。发展速度之快，可以想见（这在前面的专题已经有详述，大致相同）。

除过去在山西人民出版社、中山大学出版社出版的由我主编的《行政管理学》之外，2000 年 1 月由长春出版社出版了我的专著《现代公共管理概论》一书，还有不少可供参考的编著。直接面对 MPA 这个项目的，则是主编《公共管理硕士（MPA）专业学位联考考试大纲及考试指南（英语、数学与逻辑、管理学、行政学）》（国务院学位委员会办公室、教育部研究生办公室、人事部公务员管理司组织编写），由中国人民大学出版社于 2000 年出版。同年，我担任了公共管理硕士专业学位教育指导委员会唯一顾问。

2002 年 1 月，武汉出版社、科学出版社开始出版由我主编的《公共管理硕士（MPA）系列教材》首批教材。同年第 1 期《中国行政管理》，刊载了我的《从加入 WTO 看引进 MPA》。WTO 是世贸组织的英语缩写。这里要先讲一下另一专业学位 MBA，它是工商管理硕士学位的英语简称，比引进 MPA 早约十年，原因是在以经济建设为中心的历史背景下，厂长、经理们亟待培训，以利于进行国际贸易。加入世贸组织的谈判历经十五年之久才谈成，这就涉及怎样同政府官员打交道的问题。引进 MPA 有助于此，也就是时机已经成熟。

2003 年，由武汉出版社、科学出版社出版的《知识管理导论》，同年由中山大学出版社出版的《行政管理学》（第三版）序——《全面建设小康社会，开创中国特色社会主义事业新局面迫切需要行政管理现代化》，同年发表于《学术研究》第 11 期的《提高公共管理水平是当务之急——公共管理硕士(MPA)专业学位系列教材总序》等,都与 MPA 有关。

在《公共管理学报》2004 年第 1 期上,我发表了《公共管理的旧貌新颜和发展趋势——公共管理面面观》,谈的就是这门学科。到 2005 年,我致全国MPA 教育研讨会与同志们一封信(载全国公共管理硕士专业学位教育指导委员会《工作简报》第 43 期,2005 年 7 月 24 日),主题是"研究教学方式,提高教育质量"。还有一些与质量、素质有关的前已述及。

零零碎碎的事很多已记不清,在这个时间段稍前的 1998 年和稍后的 2008 年有两次活动,我出了两本书,分别为三十万字和五十万字。其中有不少总结性的内容,因为是同志们祝贺我 80 岁和 90 岁生日的,也有过誉之处,使我既很感谢又愧不敢当。从我的经历来看,真正从事专业工作是我自 60 岁开始的。因此,这两本书具有阶段性回顾性质。以下仍仅略述其要,以窥一斑。

第一本是该书编委会编、中山大学出版社出版的《学者风范 学子楷模——祝贺夏书章教授 80 华诞暨从教 55 周年》。其中有与书名同题的代序、夏书章概况和关于从教 55 周年的简要说明、追求与贡献、主要论著综述简评、我所了解的夏老、夏老与市政学、妻子儿女的故事与祝贺,以及部分访评资料实录三十五篇,从 1973 年起至 1998 年的辞、简杂拾,还有主要经历述略和主要论著目录(到 1998 年)等。

部分访评资料的内容较多,涉及面也较广。如制止不正之风、领导以身作则;人才必须合理流动;开创新局面管理是关键;重视社会主义行政管理研究,关于《管理·伦理·法理》;《人事管理》简介;校党委书记与校长函;美元捐赠;发展公共关系;介绍新书;行政管理学在我国的建立和发展;新书架;《行政学新论》;干部人事制度改革;探索古为今用;管理创造财富;为创建新学科奔走呼号;虚己自学皓首不止步;老当益壮思改革,满腔热血报中华;良师诤友;析广州学潮;不是多管闲事;任何改革都是整体意义上的改革;获奖;"我爱你,中国";关心编辑工作和人事工作;办院方略;学生最关心的事、研究生培养;被称为"泰斗"很不敢当,等等。

　　第二本书是《夏书章与中国公共管理》，是在我将满 90 岁时，由学院编写、中国社会科学出版社出版，称我为学科奠基人。第一编为学术思想评述，第二编为学术思想专题研究，第三编为学术思想传承与拓展，第四编为学术年谱。第一、二编共有十四篇，第三编有十篇，都是别人的文章，作者是当时院里较年轻的教师。至于学术年谱，则与前述经历述略等相似。

　　因此，重点还在第一、二两编。"锦书启国人，文章耀中华""中国 MPA 的旗帜"，意在祝贺，未免过誉。"学术思想评述""中国公共管理学科的创立和发展""中国特色行政管理学思想及其发展"都是二至四人的合作，有相当的广度和深度，如发展轨迹包括成长与探索、纳闷与思考、创新与收获，还有学科的重建、学科探索和发展，理念和方法、弘扬中国共产党人的优良品格、未来展望等。在另一篇专文中提到"始终坚持'中国特色'、'本土化'的理念"，研究方法，拓宽研究领域等。专题研究有关于伦理思想的，增添基本元素、预算、效率、人事行政、市政学、教育管理、廉洁行政、政治学思想等方面的，都是我曾经发表过的意见，有专文、专著论述过的内容。

第 十 个 十 年

2009.10
2019.1

民 族 振 兴 的 中 国 梦 必 将 实 现

1919

1929

1939

1949

1959

1969

1979

1989

1999

2009

2019

2009.10
2019.1

十、民族振兴的中国梦必将实现

第十个十年（2009.10—2019.1）

这里说的是十足的百年，即1919.1.20
到2019.1.19。中国有"说九不说十"的老
习惯（指说经文道理，妈照中的时间是准的。），我无满九便说。此时我刚满九十岁半，胜
负活到差二岁这百岁很难说，接着写就完了，
以免能切合题意。

名义上我还在职，没有息，也实际上也是
到照顾和逐渐在减轻负担。现在还有几个博士
研究生没有毕业，转生不再分配给我。因为
也都充实本校区，也很少安排我的教至任务，为
此我曾多次向院领导表示请"辞"，当时只是
保个偏一而之，实表于人之安。
我原是个南工作的人，所以没有闲着，接

20×15=300

899

▲写作手稿

百年寻梦从头说

这里说的是十足的百年，即 1919 年 1 月 20 日至 2019 年 1 月 19 日。中国有"祝九不祝十"的老习惯，就是满九便祝（据说不无"道理"，娘胎里的时间也算进去了）。在写这一专题时我刚满 99.3 岁，能否活到甚至活过百岁很难说，接着写就是了，但愿能切合题意。

名义上我还在职，没有退休，但实际上已受到照顾和逐渐在减轻负担。现在还有几个博士研究生没有毕业，新生不再分配给我。因为学生都在东校区，也很少安排我的教学任务。为此我曾多次向院领导表示请"战"，有时只落得偶一为之，实在于心不安。

我原是个闲不住的人，所以没有闲着。校内外的专访和口述历史之类不少，一般都是预发提纲的，也得好好准备。有的远道而来，好在都有约在前，以免临时忙乱。例如时间安排有人接待、茶水供应、着装等，事情也就顺利得多。

家庭生活最大的变化，是老伴于 2015 年 1 月走了。虽然已 94 岁不算短命，毕竟长期共处事出突然，一时很难适应。好在儿女孝顺，长子夫妇与我同住，其弟夫妇也轮着来。最小的女儿申请提前退休，不止一次地从北京、波兰回来照顾我的生活。即使如此，我仍不能不在 2016 年 3 月出版的《论实干兴邦》一书的首页写道："永远深切思念大学同班四年，结婚七十二载的老伴汪淑钧。"我们的结合，是那么自然，我们的相处，是那么相得益彰，面对遗像、遗物，只有更加深切的思念。

▲2015 年春节期间在书房赶写《论实干兴邦》

一、漫谈持续

前面已经谈到《中国行政管理》月刊从 2001 年起开了一个"夏老漫谈"专栏,每期都有,从未间断。到了 2009 年第 4 期已达百期,编辑部出了一本专集,那时正好碰上我满 90 岁了。时间过得真快,转眼到 2017 年第 8 期时,就是 200 期了。刚巧在我快到 100 岁之际,编辑部又出了增订本。且说这样每月一篇,久已成为我的一门"常课"。我怕可能有时会忘了或因事忙跟不上,因而总是预留余地,多寄一两篇由编辑掌握。我们合作得很好,过去长期通过邮政寄出,后来改为利用微信,将手写稿拍照发过去,免得跑邮局,省时、省事。

这第二个百期也没有什么特别,还是一如既往的随笔。不过确如俗话所说:"三句不离本行",从题目上就可以看得出来。当然也有事关日常生活的,从广义上来说,都还有些联系。其实有些甚至不少内容作为漫谈话题是很不够的,值得进行专题讨论研究,不妨随便举些例子来说明问题。包括我自己在内,大有深思和进一步展开的余地。

"齐抓共管"说来简单,做好不易。不是什么事都齐抓共管,有个客观需要与适宜与否的问题。漫谈很短,难多展开,尤其是在具体实例方面,怎样才能有更大的说服力和更强的可行性,存在共同的期待。另外缺乏的是亲身经历的体验,光看表面现象不行,不计实践效果更不行,要在比较中鉴别。

"副秘书长",这是又一个过去已谈过多次的关于应精简机构的老问题。情况不仅没有多大改变,而且还有愈演愈烈的大趋势。也许有人认为根本不成问题,只是"书呆子"们大惊小怪。可不是么?如今高等院校,就不仅有副校长多名,而且有更多的校长助理。大学学院也不仅有院长、副院长,同样有院长助理，系也有副主任和主任助理等。有人说助理有满天飞的势头，到处是"盛况"空前，真把人看"呆"了。

"公职吃香"原非坏事，在职者好好干活，称职就好。可是对于某些人来说，其"香"在于利己，而不是全心全意为人民服务。工资福利坐享其成，还要利用机会捞些"油水"。这些都是不能容许的，必须一反到底。有人担心影响发展，才真是奇谈怪论！请问，到底是公仆还是当官做老爷？

"时间宝贵"直接关系工作效率问题，真是"不比不知道，一比吓一跳"。在国家、地区、人和事以及公私之间作些比较，马上可见分晓。为什么开会迟到、预约过时？难道不能改得好些么？自己误时，常引起别人误时，应该想想，这是多么不合情理！前人早就肯定时间宝贵，奇怪的是还有许多人不当回事。

"不拘小节"要看是怎样的小节，是自己不拘，还是对别人宽容、礼让。我们有时说的谨小慎微，也要看事情的性质和影响。"小节"是不是公认的，若是小和微到不足道的程度，也许都有可能另当别论。不过从总体和长远来看，在人际关系方面，还是以多考虑一些别人的感受和想法为宜。

"动态管理"就是要反对一成不变，有的在一开头就管得不对，也有的是后来发生了变化。无论怎样，都应该在动态中观察、考验。常举的例子是授奖，若有作弊等假象，即当撤销。若有后来发生较差的变化，也不能保持原有的声誉。而发现新的标兵，就必须及时加以肯定，使新旧交替，利于正常发展。

"旧话重提"要看是什么旧话，有些是很中肯但没有兑现的旧话还很有必要重提。例如，不要在公共场所吸烟，不要随地吐痰，人多办事要排队之类。如果不给人以重提旧话的机会，便意味着在这些方面已有明显的社会进步。可见，并非人们爱说旧话，有的是不得已而为之，尤其是对群众性的陋习，不说不行。

"星座歧视"是我在 2012 年 6 月写的一篇短文，真没有想到，在五年后的 2017 年 7 月 22 日美国《纽约时报》竟有"中国年轻人掀起占星学新潮"的文章！不仅是年轻人，连大企业经理也很当一回事，并且有名有姓，还接受采访，真太不可思议。根据"星座招聘"，要求某些星座优先。不多说了，问题是明摆着的。

"学会工作"原主要是讲中国行政管理学会的工作。现在想想,几乎每门学科都有学会组织。但实际情况大不一样,似可下一番调查研究的功夫,对最近提出的建设中国特色社会主义的哲学和社会科学,有所促进。至于可先由各学会牵头、组织讨论和研究,现在世界也都在关注,相信在这方面我们是大有可为的。

"见怪不怪"的短文已经谈了几种可能的情况,有的可以不怪,有的却要大怪特怪才不致受到损害。但有一种可能没有述及,即似怪而其实有助于创新,那可要另眼看待了。例如,批评别人守旧,什么事却都要按老规矩办,不妨分析分析,或有可供改革参考之处,而撇开其听上去有些怪腔怪调。

"前事不忘"大家都知道后面常跟着说的是"后事之师",不忘的当然都是些经验教训,必须汲取。但这里有一点应该十分清楚,即千万不能记错。既非失实的传闻,又非实有其事,都不在"不忘"之列。否则"师"即大误,包括敌友、是非颠倒、不分对错、混淆等现象都可能出现,那就不是始料所及的事了。

"顾此失彼"似乎是偶然的事,其实是必然的,是自己经过认真考虑作出的决定,应该由当事人负全责。所有顾小失大、顾近失远、顾私忘公,无一不是本人的选择。没有什么值得同情和谅解的,但有一条重要的教训,那就是最好不要贪小便宜吃大亏,损公必惩。

"执迷不悟"该说的已说了不少,可说的可能还有很多。与个人或一家的前途命运有关倒也罢了,若是涉及地区或国家的发展,问题可太严重了。不是凭空议论,放眼世界,实例真有的是。当权派自以为是地执迷不悟,将误大事还在洋洋得意,正因为对不堪设想的后果他们却想得很"美"。

"议巧克力"说的不是吃的那种甜品,而是巧妙地克服敌人和困难的力量,属于智取、奇袭之类。古今中外,例证极多。但这决非单纯的技巧,如《孙子兵法》大家都运用,武器装备大家都力求精良,结果却往往令人大跌眼镜。要知其所以然么?看看战争或困难的性质,便大致可以判断"巧"是形势使然。

二、中大校友

　　自有大学制度以来,就开始有校友会。毕业和肄业生与母校保持联系,已经在全世界流行。后来在该校工作过的教职员,也算是校友。我在中山大学任教到 2017 年 9 月满七十年,校友会给我安上一个名誉职,校友工作也就知道和接触得多些。中山大学建校自"中山首创"快一百年,说校友遍天下并不夸张。国内的校友会更多,北京、上海等大都市都有,西藏也有。有在北大、清华等校任教的,也有在中央党政机关任职的。在任书记、校长到北京出席校友集会,好像已不止一次。

　　2003 年 5 月,中山大学海外联谊会出版会刊,我的赠词是:

　　　　中华儿女遍全球,山河壮丽忆旧游。

　　　　大哉振兴华夏业,学子莘莘志未酬。

　　　　海角天涯存知己,外引内创写春秋。

　　　　联珠合璧襄盛举,谊重情深在心头。

　　我也参加过一些校友会的活动,说过和写过些什么没有记录。较近留下的印象是澳门中山大学校友会成立二十五周年,那是 2009 年 10 月的事,我曾写了这么几句以表祝贺:

　　　　欣闻澳门回归后,群情振奋见精英。

　　　　各界校友多奉献,共勉日新又日新。

　　原来澳门已有不少中山大学老校友,后在回归以前,新华分社建议中山大学连办多期行政管理硕士研究生班,为回归后中上层干部作好准备。这又增加了不少新校友,校友会的活动随之更加活跃。

　　2012 年 6 月,澳门中山大学校友会办过一次大学生论坛。此举很有意义,港澳已经回归,台湾尚待统一。大学生集合在一起,讨论有关问题,至少可以增进相互之间的了解。这个校友会没有局限于自身的一般日常工作,主办这样的论坛,确能反映校友们眼界很广和具有较高的思想水平。

与之有关的另一件事是澳门公共管理学会成立十五年和二十年。那是2008年10月底和2013年7月16日先后两次,我同样表示祝贺:一是"澳门新事不寻常,公共精神大发扬。行政管理入佳境,学会同仁乐未央。"二是"学会成立二十年,公共服务重调研。澳门同仁有大志,改革创新永向前。"前已述及我们为澳门办硕士研究生班的事,这个学会就是以这些校友为基本成员建设起来的。

以上讲的是个别校友会的事例,对于怎样才能成为校友的过程也与校友的具体表现密切相关。那就让我们从头说起,从入学开始。先说这所大学,因为我非本校出身,也许比较客观。同时学校地位是客观事实,社会自有公论,不能自封。好,且看国内高教界的有关信息:"211""985"如何?名列其中,并属前茅,问题是排在第几,尚无定论。一般常见的是前十之内,或在六、七、八之间。近已有列为第五的说法,英国《泰晤士报》也曾如此安排。至于按专项评判,已有针对校友工作表现,将其列为第二的。对于这些情况,个人认为不必过于认真,作为参考可也。但这与招生工作有直接联系,又是必然无疑的,它关系生源素质。还有一点是中山大学为国立大学而非地方院校,招生面向全国,存在较大的择优余地。

不过问题并不简单。新生入学是双向选择,学校要择优录取,学生也选校而报。其间既有学生本人的考虑,也有家长师友的"参谋"意见,有的情况甚至还相当复杂,包括学校和专业的选择,以及学校所在地的有关情况,等等。这与我当年完全自作主张大不一样。我对我的四个子女进什么高校和选什么专业都没有表示意见,好像都各得其所和相安无事。

还是说回现在吧。高教在不断地进行改革,希望能越改越好。继初等、中等教育普及率大大提高以后,高等教育的加快发展是必然的趋势,高校数量也随之大有增加。曾有几"本"之分,又取消了。要办出中国特色社会主义高等教育是大家的共同愿望,试点要好好总结。高教不是孤立的,它同社会就业之间存在明显的联系。所谓"就业歧视"是怎么一回事呢?说法很多。有的说是用人单位择优而用,名牌院校优先。既然工资标准一样,为何不可像高校招收新生那样择优录取呢? 有的说大学本科毕业生工资水平较高,某些工作中学生已可胜任,何必多花成本! 同样的情况也出现于本科生和研究生之间。还有"性别歧视""语言歧视""身材歧视"之类,不一而足。最荒唐的莫如前已述及的"星座歧视"。

高教发展受到的影响是高中普及了,进高校的要求大大增加。本科毕业生人数多到使就业紧张,不少人以读研来暂时"缓冲"。硕士继之以博士,还有为期可长可短的博士后研究。至于专科学校改称学院,很快又改称大学,正是近期出现的热闹景象。而且这些都是经教育部正式批准的,既称大学,就大办其学。不管原来是什么单科名义,都有向综合性大学看齐的倾向。只有医科大学像是"保守"一点儿,没有或较少"铺开"。明摆着的事实是广开生源,保证"只赚不赔",同开店的思路何其相似! 商店为了竞争,还讲货真价实,"学店"则不管出的是"次品"还是"废品"了。或谓未免言过其实,但愿确非如此。如果形成恶性循环,恐将积重难返,还是较有预见为宜。"积压商品"已经难销,况伪劣乎?

我们培养人才,一定要重视素质。校友的表现就是学校教育效果的反映。名校的由来,也基于这种效果的积累,而非一日之功。历史传统形成以后,又继以不断的新发展,自然会有更好的名声。若再加上别的有利条件,便会更有吸引力。可见区别对待与歧视有所不同,分明存在差异,难以一视同仁。设身处地、换位思维,是可以理解的。试仍以中山大学为例,除前已述及的情况之外,新中国成立后相当长的一段时期成为中国"南大门";改革开放以来,在经济上先走一步,又是粤港澳大湾区的重要组成部分。不仅如此,现在人们一提起中国最繁华的地区,就脱口而出说"北上广",有时说"北上广深"。那么广州在人们心目中处于什么地位,也不言自明了。

三、公共服务

自成都电子科技大学主办的公共管理国际会议让我任名誉主席以后，几乎每届我都写贺词，内容当然离不开公共服务。例如 2010 年写的是：

公共服务贵有心，乐群敬业必求精。

协调发展可持续，方法绩效日日新。

有时在给其他单位致贺时，也以公共服务为主题。如同年 7 月贺中国行政管理杂志创刊二十五周年时，我写的是：

创刊二十五周年，喜见日月换新天。

公共服务关整体，管理职能当改变。

科学发展人为本，全面协调永无间。

核心双冠①堪告慰，与时俱进敢为先。

第六届国际会议时，我的贺词是：

公共服务遍全球，提高绩效创新优。

会议交流集众智，理论实践双丰收。

参考借鉴长补短，水平质量趋上游。

年复一年与时进，发展持续永不休。

又如山东行政管理学会主办的《东方行政》创刊时，我的贺词是：

欣闻学会办专刊，行政改革不等闲。

科学发展永持续，公共服务创新篇。

为中山大学政务学院创办十周年写的贺词是：

---

① "核心双冠"指核心期刊中两类均排名第一。

> 十年运作不简单，前景喜人乐登攀。
>
> 学研治理为服务，落实科学发展观。

为七届公管国际会议写的贺词是：

> 七届公管国际会，如期举行堪告慰。
>
> 服务新模世所珍，十大议题见精粹。
>
> 理论指引当研讨，实践成本不宜贵。
>
> 科学发展人为本，全球和谐进无退。

2011 年秋天，为祝贺公共管理硕士教育教学参考书系问世所作的藏头句为：

> 祝贺由衷有针对，公共精神极可贵。
>
> 管理本质是服务，硕士自古高品位。
>
> 教育最重德才兼，教学内容多分类。
>
> 参考资料宜广新，书系问世好配备。

2012 年 5 月，在谈到"合作治理"时，我认为：

> 公共服务与时进，科学发展步康庄。
>
> 合作治理待普及，做好这篇大文章。

为 2012 年第八届公共管理国际会议写的贺词是：

> 公共服务世所同，各具特色贵沟通。
>
> 成功先进经验好，合作互惠喜从容。

2013 年，为《中国政府与治理，全球华人视觉》所作序的标题是：

> 善政良治是我们的共同追求。

为 2013 年第九届公共管理国际会议写的贺词是：

> 公管国际盛会开，普天同庆集英才，
>
> 敦睦邦交齐发展，好事好办乐和谐。

2013 年 10 月贺中国行政管理学会换届：

> 全民同铸中国梦，公共服务当其冲，
>
> 党政军社齐奋勉，与时俱进见奇功。

2014 年 1 月书贺《行政科学论坛》创刊：

> 中国梦非凭空而至，齐心力必实现无疑。
>
> 强化优化公共治理，行政作用贵得其宜。
>
> 科学民主依法办事，转变职能放权到位。
>
> 和谐合作和衷共济，实干兴邦实事求是。

为 2014 年第十届公共管理国际会议写的贺词是：

> 公共管理国际会，十年一贯精筹备。
>
> 信息畅通多助益，群策群力和为贵。
>
> 新发展有新挑战，怎么看又怎么办？
>
> 既来之就迎上去，实事求是好好干。

贺广州大学公共管理学院成立十周年的贺词：

> 广大公院十周年，同仁共庆育新贤。
>
> 喜逢治理现代化，依法实干永向前。

2015 年，书贺《中国行政管理》杂志创刊三十年：

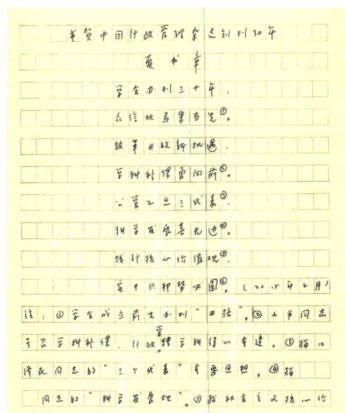

> 学会办刊三十年，
>
> 众信此马果当先。①
>
> 改革开放新机遇，
>
> 学科补课勇向前。②
>
> 公管不忘三代表，
>
> 科学发展喜无边。
>
> 践行核心价值观，③
>
> 实干兴邦梦必圆。④

▲2015 年 2 月书贺《中国
行政管理》杂志创刊三十周年

---

① 《中国行政管理》杂志创刊三十年，中国行政管理学会成立前先创此刊"开路"。

② 邓小平号召学科"补课"，行政管理学科得以重建。

③ 指社会主义核心价值观。

④ 指实现中华民族伟大复兴的中国梦。

百年寻梦从头说

2015 年秋,对以可持续发展与管理创新为主题的第十一届公共管理国际会议的贺词是：

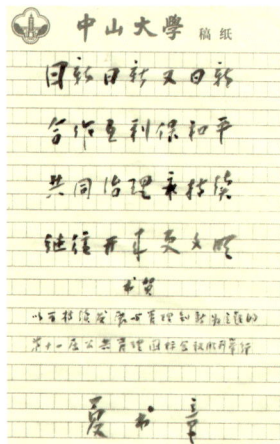

日新日新又日新,

合作互利保和平。

公共治理永持续,

继往开来更文明。

▲ 书贺第十一届公
共管理国际会议

2016 年,书贺电子科技大学六十大庆：

电子科大花甲庚,公共管理一明灯,

国际盛会逾十届,海内天涯共斯文。

2016 年 3 月,为云南财经大学主办区域公共管理国际会议写的贺词：

区域面基层,

服务直对人,

创新永持续,

幸福更文明。

同年 10 月,书贺武汉大学学科盛会：

中华崛起岂偶然,

治国理政本多元,

记取特色兼自信,

创新引领集群贤；

武大公管三十年,

　　　　不改初心永向前，

　　　　努力共圆中国梦，

　　　　喜迎日月换新天。

　　这里顺便说说，所有简短的贺词、寄语，都反映了我对中国特色社会主义建设和发展所带来的国家兴旺发达、繁荣富强和文明美好有高度向往和深度追求。其他讲的和写的内容，也大体上和主要是这样。

　　2017年4月，书贺社科院建院四十周年："中国社科四十年，喜见日月换新天，国际已兴中共学，毋忘继续奔前沿。"还有一些相近相似的都略去了，我主要是想突出管理就是服务，公共管理就是公共服务。俗话有所谓"三句不离本行"，想想确实如此。作为中国特色社会主义的社会科学，我认为其最重要的"主心骨"应是全心全意为人民服务，为人民的事业服务。这一点不仅要落实，体现于理论和实践之中，而且要经常和随时提醒。理由也很简单和清楚，即我国历史悠久，封建统治的时期特长，"当官做老爷"的遗毒很深。对此，必须保持高度警惕。

　　最能说明问题的，是中国共产党的历史。中国共产党是为人民服务的政党，自创立至今，之所以能不断取得胜利的根本原因就在这里。无论是建党建军，都与广大人民群众血肉相连。星星之火果能燎原，早已为历史证实和世人有目共睹。正是在中国共产党的正确领导下，中国人民才能继站立起来以后，经历不长的历史时期而富起来和强起来。中国人民为什么这么热烈拥护并越来越拥护中国共产党？广大亲身受益并预见子孙幸福的人民心中有数。这很自然，也是必然的。倒是世界各国的旁观者反而迷惑不解，简直要改变"当局者迷旁观者清"这句成语为"当局者清旁观者迷"了。

　　在举世求"解"的情况下，很快出现了《习近平谈治国理政》一书在全球畅销热议的现象。因为大家都知道，一个国家的兴衰无不与其治理状况有关。不仅如此，治理还有一个为谁服务的问题。这是一个根本性质上的区别，执政者或当权派实际上（不是口头上）为谁谋利益，广大人民群众心知肚明，必将在支持、拥护程度上有所不同。我一直以来强调公共服务，正是希望我们公共管理的研究者、实践者勿忘为人民服务的初心,继续前进。对于任何官风、官气、官派、官威和各种各样的官僚主义,都应该深恶痛绝,坚决反对。最后,我想说的有这么几句:"政府应取服务型,不可无实徒有名。如何服务当考究,为谁服务是核心。"

四、我的老伴

没有想到,老伴竟先我而去。前面已经说了一些简单的有关情况,实在还有太多要说的,说不完!有记载的只有三本书,也太少了!至于报刊、辞典之类,都是些片段、侧面和零星资料,平时不够留意,记忆中还大量存在。这里先按时间顺序,将在这三本书中与老伴直接相关的内容作扼要介绍。因为原文较长,难以尽录。

▲1947年于徐州

▲1961年8月于广州

◀ 1974 年春节于广州

▶1974 年 11 月于家中

◀1980 年 7 月于广州

◀1991 年 11 月于广州

▶1993 年冬于中山大学

◀1995 年 12 月结婚 48 周年纪念日

◀1998 年夏天于马岗顶家里

▶2002 年 2 月于中山大学北门

◀2009 年 11 月于中山大学礼堂前

▶2009 年 11 月于中山大学

　　一是《从同学、同事到终身伴侣——我和老伴的故事》。这是她写的专题,载于前已述及的《学者风范　学子楷模——祝贺夏书章教授 80 华诞暨从教 55 周年》一书。有些具体情况,前面也已谈过。她对我的为人非常了解,我们的结合非常自然,真正做到同甘共苦、同舟共济。她最能顾全大局,一贯以我为主,力求配合。个人即使暂时找不到工作,仍能乐观应对,积极主动创新前进。如自学俄语,很快便能译书。别人难以置信,我实极其赞赏。更难能可贵的是四个孩子由她一手带大,基本上没有请保姆。在工作上,她精益求精,备受欢迎并得到肯定。例如她在教生物系药用植物专业的公共英语时,看了不少专业方面的书,自己也学到不少医药知识。她于 1986 年退休,但真是退而不休,为商务印书馆翻译了几本古典英语著作,确曾发挥余热和老有所为。身体本来很好,只因跌了一跤,骨折动手术致功能衰退而于年满 94 岁走了。我总觉得她是罕见的、难得的大才女。她写了"贺老夏九十大寿"这样的藏头句:

书海讲坛岁月长,
章蕴文化志有方,
生气蓬勃精神好,
日无暇咎不寻常。
快意加油与时进,
乐在有为寿而康。

◀2008 年 1 月 19 日于
90 岁寿宴上

二是夏纪梅编《贤母 良师 益友——祝贺汪淑钧教授 80 大寿暨从事外语教学翻译 50 年》(广东人民出版社,2000 年),内容比较全面。我写的"代序"是《我的老伴汪淑钧》,光看小标题,即可见其梗概:双料"老伴","缘分"不浅,我们是"江湖人","坡上客"原来是她,文科女生篮球"游击队长",音乐方面的多面手,同是"断肠人",儿女的好母亲,用行动证明办法总比困难多,是一位好老师,翻译工作认真负责,"忠孝不能两全","贫贱夫妻自得其乐",她甘当"保皇派","退而不休","三房隐士",她如学医定是位好医生,称生日为"母难日"的体会,修旧利废堪称能手,方言谈趣,"诤妻"难得,天生的乐天派,巧妇能为无米之炊,"陪"我受"罪",她的"顶上功夫",没有被馒头"将"住"军",随时随地有事可做,安于淡泊宁静,换了骨头又站起来,忆赵杨二老贤伉俪,共三十个小题,还可以写得更多些。

除了这篇代序外,其余的书也可能从标题看到是什么内容。如《尽其在我,笑面人生——汪淑钧生平简介》,小标题是按时间先后说明的,也很清楚:1920年秋—1928年夏(在家乡)、1928年秋—1938年夏(在武汉)、1938年秋—1939年夏(在广西和云南)、1939年秋—1946年夏(在重庆)、1946年夏—1947年夏(在上海和徐州)、1947年秋—1952年夏(在广州中山大学旧校区)、1952年夏—1958年夏(在中山大学新址康乐园历史系俄文译员)、1958年秋—1960年年初(在中山大学人民公社幼儿园)、1960年年初—1968年夏(在中山大学外语系)、1968年秋—1970年夏(在中山大学"五七干校")、1970年秋—1980年夏(在中山大学外语系)、1980年秋—1981年夏(在美国各地参观访问)、1981年夏—1986年夏(在中山大学外语系)、1986年夏以后退休生活仍老有所为。

子女的祝贺中四个题目是:"慈爱、奉献与追求""慈母 良师 益友""乐在有为不求闻"和"女儿的心里话"。好友的祝贺有:"我所认识的汪淑钧教授""贺汪淑钧老师80华诞""夏书章教授的好老伴""从二三事看汪淑钧老师""晚霞灿烂——记中山大学'夕阳红合唱团'第一任指挥汪淑钧老师""淑钧今昔""祝淑钧松树长青""回忆汪淑钧教授英语教学引发的思考""师长品格 光彩照人""往事琐忆""一位可钦可敬的英语老师""良师"等。还有主要著译目录、教学任课情况、《中国翻译家词典》汪淑钧条目(影印件)、创作及配二部的歌曲(手抄本)、创作绘制给子女的生日贺卡及祝词、"育儿手记"(追记)等附录。

三是我们合著的《"金石"家话》,2004年9月由中山大学出版社出版。一开始就是"题解",即为金婚和钻石婚而发,当时结婚已超过六十年。那是全部家庭的历史和比较完整的记录,与前述二书虽难免重叠,但系统性较强,仍可以从要目中看出。如"有'缘'千里来相会""同声相应、同气相求""贫贱夫妻乐相知""两情若是久长时,又岂在朝朝暮暮""生儿育女""患难见真情""'干校'日月""'文革'余波""重见天日""共同访美""回归'二人世界'""家庭生活记趣"(共十七条)、"我们的人生态度"(共七条)。趣事还有很多,这最后七条是全书重点:尽其在我,笑面人生;乐在有为不求闻;"物物不物于物";人贵自爱自重自强;顺乎自然,乐天知命;不迷信,不盲从,不丧志;"但得夕阳无限好,何须惆怅近黄昏"。这些也是我们的共识,正如此书"后记"所说,我们在动笔之前,是经过仔细回忆和再三斟酌确定记些什么的。

▲2003 年 12 月纪念钻石婚

▲2003 年 12 月纪念钻石婚
▶2013 年 12 月纪念白金婚

她走了!《广州日报》曾在 2015 年 2 月 3 日 A17 版发表了专题报道:著名教育家、翻译家汪淑钧去世,并用大字标明"食疗+书疗 宁静致长寿",可以认为是对上述种种作了重要补充。记者指出她译著二十余部,两部列入"汉译世界学术名著丛书"。《中国翻译家辞典》和《中国专家大辞典》都收有她的条目。她先后获得广东省高教局颁发的"教师荣誉证"和省人民政府颁发的"教师荣誉证",以及"中大卓越服务奖"。还有"三房隐士:90 岁还在出书""个性教师:从来不照本宣科""作曲弹琴指挥样样行""养生有道:曾在本报发文"、用笔名发表《从"食疗"想到"书疗"》。原来她的医药知识丰富,还懂得一些指压有关穴位止痛的疗法。这些都是事实,她母亲 50 岁出头去世,她享年 94 岁已属长寿。

▲2014 年除夕于家中

五、奖是勉励

关于奖是怎么回事,估计大家都知道。在一般情况下,无非是对一种行为表现的肯定、认可和勉励,因而从广义上来看,通过各种形式的考试,也在性质上属于这个范畴。例如取得入学、就业,或参加某项活动的资格等,虽无奖励之名,却同样有肯定、认可之实。奖的对立面是罚,不仅否定、不认可,而且有相应的举措,这也是众所周知的事。至于政治上的革命与反动之间,情况适得其反,那就不用说了。表面上,似乎是"彼亦一是非,此亦一是非",其实大谬不然。根据马克思主义理论,人类社会的发展必然是走上科学社会主义、共产主义的道路。以马克思主义为指导思想的中国共产党,坚持全心全意为人民服务。那么为反共、反人民的反动派立"功",岂不是严重罪行?可见,对奖与罚的背景要作具体分析,特别是明显的政治因素和是否有利于科学发展,以及对广大人民群众有利与否。

例如,在不同的社会环境中,关于不涉及政治因素的是维护还是破坏,或对违反公共交通秩序、公共安全的奖惩,体育、艺术、科学等方面的竞赛成绩,无不有公认的标准,不应以当事人的政治态度为转移。单纯技术性的评比,也是如此。不过与此同时,存在个人如何选择社会环境的问题。这又不能完全没有联系,像某些专家学者,在新中国成立前夕,由于对共产党缺乏了解,甚至听国民党的宣传产生误解,而去了中国台湾,那是个人的选择。另外,跑到外国去当二等、三等公民的和宁愿受歧视的也有。说来情况复杂,反正都是客观存在的事实,可以进行分析。因为凡事莫不事出有因,无论个体或群体的一言一行,都离不开其立场、观点和方法。其中还有自觉与不自觉之分,不可忽视教育的启发、引导作用,仍有转化的可能。人们常说的有幸有不幸，实际上就是主客观因素相互起作用的过程和结果。

这里的主题是"奖是勉励"，以上所讲的没有离题，而是题中的应有之义。因为奖有授、受两个方面，双方均非无缘无故之举。为何而授和因何而授，都出于一种值得勉励的言行。如此而已，岂有他哉！下面即据切身经历，略谈一些情况和体会。

回首平生，从小至今，无论从广义还是狭义来说，我算是一路受奖过来的。考试无论大小、内外、笔试还是面试，从来没有发生过不及格这回事，而且往往名列前茅，优先录取或入选。但是我的外在条件不好，家道中落，致读到初中二年级即辍学在家。我心有不甘，总想能继续升学。找工作因筹路费迟到误了事，流落外地，一筹莫展，因为此事对以后的发展有决定性的影响，所以有很深的印象。读初中时也曾得过一次奖，那是在全省活动中的"观察比赛"里得第三名，在性质上有如"锦上添花"与"雪中送炭"的不同。

这里明摆着的事实是，不管授、受与否，都是双向选择的结果。有奖征文如不应征，文章再好也无从评奖；就学、就业之类，也莫不如此。但效果和作用又往往因人和因事而异，刚讲过的"添花""送炭"便是发生在我身上的例子，随着处境不同也会发生变化。在我正式开始工作以后，在这方面的感受和所作出的反应便有明显的不同。在新中国成立前后，更截然两样。

先说新中国成立前夕，恶性通货膨胀简直疯狂到令人难以置信的程度，不是早晚时价大异，而是在转眼、转手之间随时上涨。国民政府的"法币"越来越不值钱。纸币一到手马上就去买生活必需品，若暂时不用，便立即换成银圆或港币、美钞。银圆又分"大头"和"小头"，分别是袁世凯和孙中山的头像，兑换受中间商的剥削，难怪称之为"剃刀门楣"了。当时的诗人袁水拍在其所著的《马凡陀山歌》集中就有《咏国民党纸币》这样的打油诗一首："跑上茅屋去拉屎，忽然忘记带草纸，袋里掏出百万钞，擦擦屁股蛮合适。"已有资料表明，在1937年能买六头牛的钱，1947年只能买一盒火柴，贬值实况可知。总之，在大家都忙于对付生活之际，什么奖不奖的，就都顾不上和谈不到了，只有社会相对安定以后，才有可能考虑。

　　紧接着出现的"奇迹"是,广州解放的一夜之间,随着解放军进城,带来稳定的人民币,市民们大大松了口气,又怎能不热烈欢迎呢?共产党接管以后,马上组织中山大学师生上街搞取缔"剃刀门楣"之类的活动。相继而来的是一系列的运动,如司法改革、镇压反革命、土地改革、"三反""五反"、思想改造、抗美援朝、高校院系调整、反右斗争、干部下放劳动、社会主义教育运动、"文革",等等。正式用上"奖"这个词的机会,好像不多。土改和社教工作,似曾在有关会议上有过口头表扬。下放劳动则有省、地、县三级评奖,我都有份。不过从勉励性质的角度来考虑,对具体工作的分配,也体现这方面的因素。如让我担任协助接管工委会委员,各种工作组的正、副组长,大队长等,使我得到更多的锻炼和考验。在这个历史时期内,对我的最大鼓励应是申请加入中国共产党被批准,并转正为正式党员。从此,我为成为一名合格的党员而更加努力,多次获得"优秀共产党员"的荣誉。

　　在粉碎"四人帮"以后,开始实行改革开放,国家才又正常发展。改革开放后的中国发展得很快,全世界都看到了中国的和平崛起。各个领域、战线、部门等方方面面,无不力争创新创优,因而各种奖项也随之而来。由于没有退休,我所得到的奖励(包括名誉职)已多到记不清了。从国际到国内,全国、省、市、校内各级都有,例如联合国教科文组织文官制度研讨会中方顾问,东部地区公共管理组织(EROPA)、美国公共管理学会、中国老教授协会、中国政治学会的学术贡献奖,复旦管理学终身成就奖,中国行政管理学会名誉会长,公共管理国际会议名誉主席,本校和外校的院、系、研究中心等的名誉职务等。中山大学政务学院已用我的名义成立奖学金,开展奖助活动。

▲2016年复旦管理学终身成就奖纪念盘

▲2016年复旦管理学终身成就奖奖牌

▲2016年复旦管理学终身成就奖证书

六、勿忘历史

2017年9月18日这一天我在写这一节。我还非常清楚地记得,当年我刚开始读初中时就发生了九一八事变,日本大举侵略我国东北。也正是从那时起,给我留下最深刻的印象便是:国家必须富强才能不受欺侮。而实行不抵抗政策的反动政府,是非常不得人心和无比可耻的。事隔五年,我在读高中时出现了转向全民抗战的西安事变。但国民党是为形势所"逼",除部分爱国将士积极抗日外,反动派实际上是消极抗日而仍积极反共。及至全面抗战以日本无条件投降告终,他们又掀起大规模的旨在消灭抗战有功的共产党的内战。结果是共产党领导的新中国登上了世界舞台,也才有中国全面和平崛起的崭新局面。这是我们所不能淡忘的中国能有今天的历史。

以上说的只是从九一八事变那年起到今天的历史,还有更前和更长远的历史,如五四运动、辛亥革命、鸦片战争和一系列的侵略战争中丧权辱国的历史,以及历代封建王朝的盛衰兴替几千年,正如常言所说"自从盘古开天地,三皇五帝到如今"的过程,我们都应该有所了解。否则缺乏丰富的历史经验教训,我们便难以深刻理解今日之可贵并加以珍视和更加努力,争取建设光辉灿烂的明天。

外媒已经注意到和正在热议《中共用惊人成就改变中国历史》①。其中一则来自印度,是关于中共党员总数到2016年年底达8944.7万名,除比上年净增68.8万名外,还有质量不断提高,如在工作一线、35岁以下和具有大专及以上学历,以及女党员和少数民族党员所占比例等。外媒也已注意

---

① 载《参考消息》,2017年7月2日,第8版。

到,自 2013 年实施发展党员总量调控、增速持续放缓,党的生机活力正不断增强。外媒热议的另一则来自古巴:《中国共产党,改变中国历史的党》。高度和集中概括的原话是:"马克思和恩格斯在 1848 年发表《共产党宣言》时可能没有想到,72 年之后《共产党宣言》会进入中国,将这个国家变成一个世界强国。"可不是么,《共产党宣言》进入中国仅一年后,就诞生了中国共产党。九十多年来,推翻了"三座大山",建设了新中国,助七亿多人脱贫,坚持走中国特色社会主义道路,正带领人民建设最好国家,这就是中国的历史。特别是从党的十八大以来,在以习近平同志为核心的党中央领导下,党的目标和主要任务未变,继续在繁荣的路上前进,并加紧反腐斗争。大家都曾高度期待党的十九大这一头等大事的到来。这又将是历史的重要发展和延伸。

中国近年来的经济实现腾飞,致综合实力大增,中国共产党的治国理政经验已为世界瞩目是普遍存在的事实。菲律宾总统罗德里戈·杜特尔特是菲民主人民力量党主席,即曾表达了对此的高度关注。[1]因为特别感兴趣,已准备派有关干部来华交流学习,而且共同签署了交流合作备忘录。菲方专家还指出,习近平总书记治国理政高超的政治智慧、坚忍不拔的历史担当精神,把握时代大趋势,围绕改革发展稳定、内政外交国防、治党治国治军等重大问题发表一系列重要讲话,进一步丰富和发展了中国共产党的理论宝库,为中国进一步发展壮大和实现中国梦指明了方向,很值得菲律宾学习。稍后不到半年,菲参议长、民主人民力量党总裁阿基诺·皮门特尔三世曾在 2017 年 6 月中旬在中国福建与中共高级官员讨论"党建"合作等诸多议题。[2]因上年末已达成协议,派党员到福建省委党校接受"政策培训"。皮门特尔称赞蓬勃发展的厦门市对菲城市堪称"都市发展的典范"。菲总统杜特尔特自称是社会主义者,表达了对中国的钦佩之情,推迟处理争端,希望从中国得到基础设施贷款和投资。

① 参见《光明日报》,2017 年 2 月 24 日,第 10 版。
② 参见《菲律宾每日询问者报》网站,2017 年 7 月 19 日报道。

　　基于上述情况,可见中国历史不仅值得中国人好好学习研究,而且愈来愈引起国外有识之士的兴趣和重视。再举一个较近的具体例子,就是瑞士国际管理发展研究院荣誉退休教授、香港大学客座教授让–皮埃尔·莱曼所写的文章《为何世界有必要学习中国历史以及中国的历史观》[①]。作者因西方对中国无知而感到沮丧、担忧,并谈了几个他的亲身经历。如西方高管严重缺乏中国知识,他在四小时的讲课中,重点探讨了一个问题,即为了弄清中国未来的发展方向,得弄清其从怎样的历史中走来。他还提到美国哥伦比亚大学教授霍华德·弗伦奇的杰出著述《天下万物:历史如何帮助中国力争成为全球强国》。其中的重要论点,即在当前时代,我们必须熟知中国的历史和历史观,并被认为十分重要。最后,认定对中国了解的加深将带来实实在在的好处。在学习其他社会知识的同时,"只有中国是绝对的全球战略与教育的优先关注点"。作为中国人,我们岂不应该从中得到启发?

　　说回我们自己,勿忘历史仍是或更是要经常提醒和提高认识的课题。广义的历史无所不包,自然界不用说了,仅人类社会本身就有世界史、国别史、地区史、行业史、校史、厂史、家史等,小到个人传记,也属于历史范畴。不了解历史,便往往难以自处。前人已有先进经验或犯过严重错误,由于不知其事而仍暗自摸索和误入歧途或重蹈覆辙,岂不可悲可笑!再说个人事小,国家事大,在治国理政方面绝对不可忽视甚至无视世界和本国的历史知识。

　　前面已经谈到,西方学者强调应了解中国历史,是为了正确看待中国,以便更好地相处和往来。那么试按常理,我们也必须在深悉本身历史的同时,知道有关国家或地区的历史。这里要特别着重指出的是,对历史教育切不可掉以轻心。在众多门类的历史中,除通史、断代史之外,近现代史、中国革命史、中共党史具有更贴近现实生活和发展趋势的内容。前已述及,世人关注中国久已有所谓"中国学"存在,当然也包括中国历史。近期又出现了

[①] 载香港《南华早报》网站,2017 年 8 月 8 日。

对"中共学"的研究,即针对自中国共产党成立以后,一路节节胜利而有今天中国的历史由来。其实我们早已把中共党史作为必修课,没有中国共产党的正确领导,就没有今天的新中国。我们正是要好好认真学习和研究中国共产党所依据和倡导的理论原则,及其目标远景、方针政策,从而同心同德,共同努力。外媒报道中国人对发展前途很有信心,根源正在于此。

七、中国哲学

谈到历史,再深入些,就很自然和必须接触哲学。人们在学习历史之余或与此同时,提出关于哲学的问题。因为在历史过程中的行为举止,总离不开相应的思想观点。这里我们仍从外媒的议论说起,先说美媒《为什么美国需要了解中国哲学》①这篇文章。作者认为:"美国外交人士和有见识的公民需要了解的内容之一是当代中国的基本历史背景。然而……我认为了解中国的思维方式也至少同样重要。"他感到遗憾的是,美国很少有大学讲授中国传统哲学。他提出,为什么要研究中国哲学至少有三个原因:一是中国是一个日益壮大的世界大国,传统哲学在中国有着历久不衰的重要地位。中国领导人曾多次称赞中国大哲学家孔子。二是中国哲学本身也有很多值得学习之处。事实上,中国哲学包含着大量有说服力的论证和谨慎的分析。三是与文化需要多样性有关。他还觉得中国了解美国要甚于美国了解中国,怀疑美国真的能够负担得起不了解中国的代价吗?最后他引用了孔子所说:"不患人之不己知,患不知人也。"

事隔仅十来天,我们的媒体在《海外视角》栏作了《西方哲学 呼吁学习

---

① 载《美国新闻与世界报道》周刊网站,2017 年 7 月 20 日。

中国哲学》①的专题报道。说的是近期西方知名智库学者接连在境外媒体上发表署名文章,呼吁西方官员、学者、商人和普通民众深入学习了解中国历史和哲学,抓住"一带一路"机遇赚取丰厚文化回报和物质回报,包括前已提及的建议将中国哲学纳入西方大学教程。报道内容很多,只能略述其要。例如要认识孔子,建议读《孙子兵法》,认定中国在世界中的重要性越来越高,中国传统哲学中蕴含的"中国智慧"很值得西方学习,与家庭有关的伦理问题,儒家哲学思想提供了一种优于西方自由民主的精英管理选项,中国正在启动整个人类历史上最雄心勃勃的建设计划之一 ——"一带一路"作为丝绸之路的现代版本,西方的历史观是有偏见的,等等。我们当然信奉马克思主义辩证唯物论与历史唯物论的哲学,正是因为这样,我们不能忘记并且要继续发扬自己的优良传统。西方学者逐渐看清了这一点,于是才有中国哲学热的出现。

在上述两则专题报道之前不久,我们想起了一篇报道"国家影响力、学术魅力的引致效应"——《中国哲学"走红"海外课堂》②,两相印证,表明已见诸行动。这要从美国哈佛大学东亚语言与文明系教授普鸣(Michael Puett)讲授的选修课"古代中国伦理与政治理论"已成为最受学生欢迎的课程之一说起。记者说得对:"这门课程的走红,可以说是今天中国哲学在海外传播状况的一个缩影。"这显然是由于中国哲学的价值内涵得到西方青年的欣赏,中国影响力的提升,也让包括哲学在内的中国文化得到更多关注。这篇报道的一个特点是还征求了国内几位专家学者的意见,使读者对这种现象能有更多的理解,如从比较到创新的研究,我们应将优秀的中国哲学思想向海外传播推广。我国高校须加强对外交流和人才培养合作,发表高质量的论文与著作等。为了讲好中国故事,我们自己不认真研究是不行的。

在前已经提到的《中国行政管理》"漫谈"栏目中,我已写了二百多篇短文。其中有不少内容是涉及哲学的,但专谈哲学的是 2011 年 7 月的"哲学

① 载《参考消息》,2017 年 8 月 23 日,第 14 版。
② 载《中国社会科学报》,2016 年 10 月 28 日,第 2 版。

该热"。法国第一份从哲学角度观察现代社会的杂志《哲学》的负责人认为："危机通常是孕育哲学的沃土。"他指出,在全球危机的形势下,读者们尝试从哲学刊物中寻找有关危机的信息、解决危机的答案和危机发展的前景。①其实,"临时抱佛脚"不如"功夫在平常",也就是"哲学该热",应该成为经常性的热门学科。

原因很简单,无论自觉或不自觉,各种各样的人总离不开一定的世界观,包括人生观、价值观、幸福观、荣辱观等和方法论。所有思路、认识、理念之类,都直接或间接、程度不同地接触和联系到哲学范畴。关于这一点,我们不难从实际生活和学术习惯方面得到证明。

中国人重视讲"理",常说"有理走遍天下,无理寸步难行"。有时也会出现"公说公有理,婆说婆有理"的局面,其中就不免包含哲理因素。西方人干脆把"这是我的哲学""那是你的哲学"挂在嘴边,似乎各有各的哲学,谁也不能被别人说服。

在学术研究中,欧美的"哲学博士"是一种行之已久的学位。这里不能顾名思义,它并非专攻哲学的学位,而是涵盖不少其他学科从哲学高度来要求的通用学位名称,即可以有不同的研究领域。硕士学位一般也只分文、理,不标明具体学科,与专业(职业)学位有别。另外一种现象是哲学研究虽放在社会科学院,可平时说起来常是"哲学社会科学"。不是故意突出"哲学",而是哲学的性质、地位和作用决定了它的特殊性。因为在社会科学和自然科学诸学科中,无不涉及与哲学有关的问题,更不用说要普遍加强哲学教育了。

对此,法国教育部部长宣布,部分中学将提前两年开始哲学教育,使公民教育更贴近哲学。一项实验表明,对 3~4 岁儿童进行哲学教育亦可有效。②可见哲学热潮的兴起绝非偶然。

当然,哲学有许多流派,要学习研究必须加以比较和选择。实践证明,辩

---

①② 参见西班牙《世界报》2010 年 12 月 1 日报道:法国与哲学的回归。

证唯物主义和历史唯物主义作为马克思主义哲学三个组成部分之一的哲学理论是广为人们所接受的哲学。在中国,与之一脉相承的毛泽东思想、邓小平理论、"三个代表"重要思想、科学发展观和习近平新时代中国特色社会主义思想。它们的正确性早已逐步由中国革命、建设和发展不断取得的伟大胜利所证实。导致胜利的哲学岂不更应该热起来和热下去?

现在看来,许多热议的背后,都无不反映了有关的理论观点。多问几个为什么或究竟是怎么回事,便能一清二楚。例如,对中国正在全面崛起的认识,中国稳步迈向全球金融中心,必须学会接受中国强大,掌握汉语意味着光明的前途。中国梦向世界提供新模式,中国政治体制获得民众的普遍支持,"中国崩溃论"鼓噪者一叶障目,"发展中国家踏上中国取经路"等说法,都不是中国人自己说的。

八、全面崛起

中国和平崛起,全球有目共睹。但是具体反应并不一致,大多数人能实事求是,也有些抱偏见的人。我们看得清楚,心中有数。时间长了,旁观者中就有忍不住发表意见的。我很留意这类意见,觉得要比我们自己去说明强。不仅如此,我们还可以从中得到某些相关的启发而使发展更能有利于合作。

一个较近的例子是,美国学者格雷厄姆·艾利森指出"美国人须认识到中国正在全面崛起"。出自公开发表的一篇文章,题目是"美国第二?是的,而且中国的领先优势在加强"[1]。文章从世界高校排名说起,根据《美国新闻与世界报道》周刊年度排名,2015年中国的清华大学已超过美国工程类名

---

[1] 载美国《波士顿环球报》网站,2017年5月22日。

校麻省理工学院(MIT),成为全球排名第一的工程类院校。这种排名的上升不是孤立的,每个人都知道中国在崛起,但很少人认识到其崛起的规模和影响。

紧接着进一步去看,在排名前十的工程类院校中,中、美各有四所。为现代经济增长最快的部门提供核心竞争力的科学、技术、工程和数学(STEM)专业,中国每年的毕业生人数是美国的四倍。在奥巴马执政的每一年,中国大学授予的 STEM 专业博士学位都要比美国大学多。艾利森认为,在许多美国人的成长环境中,美国就意味着"世界第一",对他们来说,中国可能对美国作为全球教育领导者的地位发起挑战,这似乎是不可想象的。这不是美国人有意忽略的唯一事务。

艾利森在哈佛讲授国家安全课,在关于中国的课程一开始,他做了一个小测验。学生们拿到一张单子,上列二十五个经济指标,要学生估计中国什么时候会超过美国,成为世界头号汽车、超级计算机、智能手机等的生产国市场。大多数学生都吃惊地发现,根据所有指标,中国已超越美国。学生接着被问,是否相信在他们的有生之年中国会超过美国,成为世界头号经济体。在他教授的上一届六十名学生中,约有半数怀疑美国成为世界第二。在课堂展示 2014 年国际货币基金组织(IMF)和世界银行的会议宣布中国已成为世界最大经济体的标题时,学生们的反应是不悦加怀疑。实际上,以购买力平价衡量 (中央情报局和 IMF 都认为这是比较国家经济的最好标准),2016 年,中国的国内生产总值是二十一万亿美元,美国为十八万五千亿美元。

他接着指出,不了解中国崛起的不仅是学生,媒体同样忽视了重点。西方媒体关于中国经济的报道爱用的词是"减缓"。很少有人问这样一个问题:跟谁比在"减缓"?美国媒体描述本国经济表现时喜欢用的词是"复苏"。尽管在"减缓",中国经济目前的增长速度仍是美国的三倍,从未有一个国家在如此多的领域如此迅速地崛起。当罗纳德·里根 1981 年任美国总统时,中国的经济规模只有美国的 10%,至 2014 年已达到 100%,如今(指

2017年5月)是美国的115%。如果美国和中国经济保持目前的增长趋势,到2023年中国的经济将是美国的1.5倍,到2040年将是美国的三倍。1980年未出现在任何国际排名中的一个国家,现在已跃升至世界首位。作者的原意也是为了保护美国重要利益的,但无可否认的现实是"一个拥有五千年文明,十四亿人口且其领导人以中华民族的伟大复兴——换句话说就是'让中国再次伟大'——为己任的国家引人注目的复苏"。

与此密切相关和有着直接联系的是一篇对艾利森的新书《注定开战》所作的书评。作者是马克斯·黑斯廷斯,在英媒刊载。① 该书的全名为"注定开战:美中能否逃脱修昔底德陷阱?"指的是公元前5世纪崛起的城邦雅典和军事霸主斯巴达之间的冲突。雅典使者告诉斯巴达人:"弱者应臣服于强者是一条亘古不变的法则",结果冲突把这两个城邦都毁了。书评的报道用"必须学会接受中国强大"这个标题,其针对性一目了然。在书中,艾利森提供了一系列有关中国的非凡崛起和美国相对衰落的数据。被称赞为最敏锐的中国问题观察家的新加坡前总理李光耀称,中国是"世界历史上最大的一个参与者"。自2008年后,每隔一年,中国的国内生产总值增量就比整个印度经济的规模还大。此书似在敲响警钟,避免开战。

事实上,全世界已在广泛流传许多关于中国迅速发展的故事。《发展中国家踏上东方取经路》② 这篇报道就很能说明问题。到中国参观访问、接受培训的人越来越多,对"中国模式"也在热议之中,这里不多说了。值得注意的是,有些偏见受到外国学者的批评和纠正。没有专门搜集,只是随手举几个例子。

一个是美学者认为"中国崩溃论"鼓噪者一叶障目。这是载于俄国媒体的美国教授的一篇文章,原题为"中国骤变对西方来说是灾难——专家多年来预言中国会崩溃,却对本国情况视而不见"③。作者是美国宾厄姆顿大

---

① 参见英国《泰晤士报》网站,2017年7月1日。

② 路透社北京,2017年7月3日电。

③ 载俄罗斯自由媒体网站,2017年7月3日。

学社会学教授詹姆斯·彼得拉斯。面对美国学者、专栏作家、媒体、当代"亚洲问题专家"、西方"进步"和保守政客从黑暗沼泽里异口同声地鼓噪：中国必然会崩溃，包括其生态环境也会崩溃，彼得拉斯认为此辈一贯歪曲事实，编造新奇的谣言，描绘实则反映他们自身社会情况的形象。随着每个谣言的真相大白，这些"青蛙"不断变换自己的论调。结果不用说了。

另一个是外媒评述"强劲数据戳穿唱衰中国经济谎言"[1]。日媒报道题为"中国经济以消费为主导呈现坚挺态势"，个人消费起到了引擎作用；德媒文章题为"中国并没有停止增长"，作者是弗兰克·施托克尔。文章指出，中国以好得惊人的数据戳穿了多年来唱衰中国经济的全部谎言。中国的经济前景更加光明。

还有美国学者的新书纠正西方对华的长期偏见——"中国政治体制获民众普遍支持"[2]，书名为"人民共和国"，作者是美国加利福尼亚大学圣克鲁斯分校政治学副教授本杰明·里德。该书结论的主要证据来源于两项调查，调查都发现民众普遍支持和信任政权的核心机构，也用事实回答了中国如何避免了苏联的命运。虽然调查仅涉及城市，忽略了农村，但已足以证明偏见之偏。

九、社会稳定

社会主义核心价值观的国家层面就是"富强、民主、文明、和谐"。和谐的先决条件是稳定，并因和谐而更加稳定。这里把"社会稳定"又作为一节来议论，是由于有一种新情况，即过去四十年中国向世界讲述一个"经济腾

---

[1] 外媒有二：一是《日本经济新闻》，2017年7月19日；二是德媒《世界报》，2017年7月18日。
[2] 载美国《华尔街日报》网站，2017年8月3日。

飞"的故事。面对复杂、剧烈而又深刻的社会经济变革大潮，以及动荡不安的国际政治环境，中国共产党能保持国家基本政治和社会秩序的总体稳定，堪称中国的"第二个奇迹"。这不是一般的评述，而是有历经十余年在中国基层社会进行田野调查研究所积淀的学术成果，一本专著。这本新著的书名是"中国何以稳定：来自田野的观察与思考"①，作者是哈佛大学政治学博士、香港大学政治与公共行政学系副教授阎小骏，由香港联合出版集团出版。香港媒体也有报道，我们已经注意到了。该书的主要内容包括以下三个方面：

一是社会稳定是隐藏在"中国经济奇迹"背后的"第二个奇迹"。这在前面已经说过，但用"隐藏"来描绘，似有点儿"神秘"，因为这是有目共睹、明摆着的事实，否则经济腾飞是飞不起来的。

二是中国政治和社会稳定经受了国际国内一系列重大历史性考验。这一点非常重要，其所述的四个方面也很中肯。第一，经济腾飞、社会转型带来社会阶层关系急剧变化、利益分化重合，新阶层和压力团体的社会诉求、政治要求日益多样化，考验着中国保持稳定的执政能力。第二，市场经济转型必然导致国家旧有的、赖以实施管制的资源基础和控制手段发生变化。第三，对外开放也必然带来外部世界对国内政治的影响和干预，以及外来价值观的传播和对国家意识形态与文化格局的侵蚀。第四，美国的"重返亚太"政策、逐步高涨的激进伊斯兰宗教势力、国际恐怖主义势力和分离势力等复杂的外部环境，对于中国政治秩序的稳定性提出了严峻挑战等。中国共产党经受住考验，保持了总体稳定。这确是难能可贵和极不容易的大事！

三是寻找中国保持稳定的答案，共有三条。第一，中国方案既有顶层设计的政治理性，又有"摸着石头过河"式的实践智慧；既有政权自身因应时代变化的自我革新与创新，也有针对潜在破坏因素的甄别、预防与管控。第二，正确处理和适时调整国家弹性与刚性两方面的辩证统一关系，始终做

---

① 《参考消息》，2017年9月17日。

到"政治吸纳"与"预防式管控"双管齐下。通过"弹性"的政权吸纳不断更新政权的社会基础,促进国家和社会的协调和交融,真正夯实政权稳定的社会基石。通过"刚性"的预防式管控,运用制度化的措施发现、识别、干预和控制社会经济大变动时代不断涌现的对政权的挑战力量和破坏因素,并把它们对国家基本政治秩序的负面影响控制在最低限度。第三,创建学习型政党。执政党通过不断对内观察分析和对外学习吸收来进行自身的调整、适应和创新,亦是中国在经济社会变动下保持政治社会稳定的关键所在。这三条答案,可以说基本上都对。

书毕竟不同于一篇文章,内容要丰富得多。在香港媒体的报道中,也有将该书所讲的国家的"弹性"剖析为四个层面:中国共产党对致富能人(新社会阶层)的吸纳、人民政协制度、统一战线制度和基层参与式治理实验,最后一个则可称之为国家的"刚性",即基层社会管理和防控体系等。正是基于这些因素,中国得以在实现经济奇迹的同时亦能保持稳定。这种出于关注、以积极的态度试图得出相应答案的举措,较之光凭主观偏见进行胡编乱造和不负责任的言论,显然是一种可喜的现象。前述应当注意和加强对中国历史、哲学的学习和研究的呼声,也由此而来。

世人对中国发展之大之快,很想得到有针对性的说明是完全可以理解的。《习近平谈治国理政》一书的全球畅销和引起热议,即直接与此有关。至今仍不断有新的译本问世,更表明仍未降温。一般来说,人们在阅读之余,总要对照实际情况,然后作出判断,以明确究竟是怎么一回事和是真是假。因此,早些时候的那些别有用心的说三道四,是完全经不起这一招的。什么"崩溃论""威胁论"之类,都有其他旁观者挺身而出发表不同意见了。我们自己应该也必须讲好这些。可能大家已注意到,《参考消息》曾开辟"迎接十九大专题报道"栏目,2017年9月25日第11版全版是"世界之问的中国答案(6)",其中包括"世界之问""外媒点评"和"权威解读",这就很好。

试以上述专栏为例,其"世界之问"为:何谓"历史终结论"?那原是日裔美籍学者弗朗西斯·福山认为,苏联解体、东欧剧变和冷战结束标志着共产主义的终结,历史的发展只有一条路,即西方的市场经济和民主政治。其实不然,西式民主的弊端很多,中国特色民主政治证明历史并未"终结"。在"外媒点评"中,美国《福布斯》双周刊网站指出,中国的崛起只是世界全貌的一半,另一半是美国的衰落,事实上是整个西方的衰落。西班牙《国家报》网站指出,中共十八届三中全会公报提到了民主问题,但不是西方式的民主政治改革,而是发挥社会主义政治制度优越性。在"权威解读"中是中国社科院政治学研究所所长房宁的一篇题为"中国民主政治模式终结'历史终结论'"的文章,谈到"西方民主制度弊端显现""现代民主政治的中国探索""保障人民权利与集中国家权力相统一""协商民主为民主政治建设重点""循序渐进扩大人民权利""采取'问题推动和试点推进'策略"。中国学者应在这方面做出贡献。

正气上升是普遍现象,但唱反调的仍不时出现。我们不妨听听,好让我们更加保持警觉。例如最近有一篇这样的文章《中国,破坏力极大的政治巨人》[①]。光看题目不知何意,从"中国想要""北京自认""评估北京的抱负""北京凭借武力迫使""变成东南亚的君主""全球的领导者"等说法和字眼来看,偏见分明、突出。

十、变革浪潮

继"全面崛起"和"社会稳定"之后,谈一谈"变革浪潮"是很自然的。因为崛起除需要稳定外,创新也非常重要,没有导致变革的创新,便难以崛起。在国际竞争中出现变革浪潮,其引领地位由具体实力决定。《第三次工业革命》

---

① 载法国《世界报》,2017 年 9 月 22 日。

的作者——美国经济趋势基金会总裁杰里米·里夫金认为："中国正引领新一轮全球变革浪潮。"英国记者对他的采访报道题为"里夫金：中国为什么可以引领新一轮全球变革浪潮？"①采访中有问有答，主要是四个问题：

一是怎么看待今天包括中国在内的全球范围的技术创新，这会是新一轮全球变革吗？回答主要有三点：第一，新技术会极大改变人类沟通交流的方式和效率，对人类社会组织架构产生巨大影响。第二，新能源体系，更高效的能源可满足和推动经济增长，能源越便宜，经济发展越有动力。第三，大幅度提高交通物流效率，对经济的推动和社会生活方式改变的意义不言而喻。

二是今天全球发生的变化，如中国出现的各种变革，意味着我们进入了新一轮全球变革浪潮吗？回答是的确如此。中国正经历一场依托互联网升级而进行的工业革命，这被称为"互联网+"。欧洲把这个变革称为"智慧欧洲"。今天全球正在发生类似于19世纪和20世纪的巨变……人类将在下个阶段得到超越式发展。中国和德国走在全球前列。

三是为什么中国和德国走在全球变革前列？回答是这次变革浪潮从德国开始，不久后中国开始关注，以非常快的速度发展，打造自己的超级物联网……中国和德国是全球在通信、能源和交流领域创新融合发展做得最好的地方，而且中国还有一些独有的特色，具备引领这个趋势的能力。中、德两国能走在前列，因为两国领导层已意识到新一轮全球变革的兴起及其对经济和社会带来的巨大改变。

四是美国的情况怎样？回答是遗憾，美国已在巨变中落后，反应太迟钝。但要特别指出的是，要排除加州和美国西海岸的一些地方，还有其中极少地区，区域性的准备工作正在进行。但就全美而言，显得力不从心。

以上是一家之言，类似的说法还有，如澳大利亚驻华大使安思捷谈澳中科技合作时，也肯定《中国已经在很多领域走在世界前沿》②。这次专访有

①载英国《金融时报》，2017年9月19日。
②载《光明日报》，2017年9月20日，第14版。

八个问题,只能简要介绍。

一是科技实力常被视为一个国家的核心竞争力,如何看待国际科技竞争与合作? 答曰:尽管有时也许可以独立做出一些成果,但在更多时候,研发成果来自不同国家科学家们的合作。射电天文望远镜是一个很好的例子,澳大利亚与其他十多个国家合作,中国也是重要合作方之一,早在五十多年前即已开始与中国合作了。全球性的科技合作正成为一种常态。

二是中国是发展中国家,与科技强国有一定差距,如何看待中国科技实力前景? 答曰:第一,中国正迅速摆脱"模仿大国"的刻板印象,在许多方面已获得显著成就。中国未来知识产权保护力度值得期待。第二,澳中科研合作仅次于美中、英中,名列第三,是非常卓越的成就。第三,在商业化方面也有很好的合作,中国广阔的市场潜力和巨大的科研潜力,是很多年轻科研工作者和公司向往的理想之地。

三是知识产权保护是国际科技合作中保护自身利益的最佳方式吗? 答曰:是的,是重要的,是找到在奖励发明者和保障公益间的平衡点。中国已做了很多卓有成效的工作,很多领域走在世界前沿,尤其是数码科技领域,我们应该改变偏见,重新认识中国。

四是如何看待传统的安全观与万物互联网时代的冲突? 答曰:这是无法回避的问题,还是应该从政策角度找平衡点,平衡安全关切与自由市场之间的关系。一些中国的大公司在澳大利亚拥有广泛的用户。

五是澳中之间在网络治理上有什么共同观点? 答曰:已有良好的交流机制,即政府间网络安全对话。有很多共识,相信会有更多交流推动更好的网络安全合作。

六是一些大型科技公司时刻在收集数据,我们应如何应对? 答曰:在大数据时代,数据即庞大资源,但用途的不可预测性可能导致严重问题。这也考验政府政策,澳大利亚在保护个人隐私的基础上规定必须自愿给予而非被动收集。

七是介绍一下澳中联合研究中心的合作成果。答曰:中心为两国科学界提供平台以壮大研究力量，使研究成果能最大化地转变为产品和商品，促进科学界和产业界合作。但有所侧重，其中不少有世界领先水平,期待进一步合作。

八是在澳大利亚已非常领先的领域中与中国合作,会有哪些收获？答曰:科学无止境,中国有很多高水平的专家学者,科学家们只有通过合作,才能互相激发产生新的想法,这非常重要。实例很多,这里从略。

此外，还有不少情况表明中国在这方面的发展。下面再介绍三篇有关的文章,仍只能谈些要点。

一是专家文章:《更加开放的资本市场有助于中国升格为全球金融中心》[1]。作者是瑞银财富管理大中华区投资总监及首席中国策略师邓体顺。文章从历史说起,比较全面,结论也相当谨慎,并非一朝一夕之事。如有可能成为与美国不相上下的全球金融中心……中国金融市场有可能成为全球最大市场。

二是法报文章:《中国网络巨头进军西方》[2],未注明作者。说的是阿里巴巴和腾讯的活动,它们征服西方的脚步不会停止。中国企业已进入第一梯队,甚至居于首位。中国2016年在线支付比美国多50倍以上,凭手机可支付一切。中国9亿人有手机,其中70%为智能手机,美国仅为40%。阿里已拥有全球第一大视频游戏公司。

三是英刊文章:《中国大胆且善于创新的新一代企业家》[3],未注明作者。内容有三大要点:为"中国式创新"正名、生存优势非常明显、佼佼者将脱颖而出。总的来讲,可以说是中国新一代企业家为全世界称羡。几年前中国式创新意味着模仿和假冒,而现在的创新驱动力来自大胆且具有才华和全球思维的新一代企业家。一家初创中国企业甚至发明最难捉摸的会飞的汽车。

---

[1] 载香港《南华早报》网站,2017年7月12日。
[2] 载法国《世界报》,2017年9月19日。
[3] 载英国《经济学人》周刊网站,2017年9月22日。

十一、俄勒冈州

这是美国的一个州名,在西海岸的华盛顿州和加利福尼亚州之间。上一节有人谈到美国的情况,提起美国的"部分地区"。凑巧看到了一篇与此有关的文章《美国这个州为何如此看重中国》①,由记者巴丹供稿,说的就是俄勒冈州。据说在重视对华关系上,这个州有不俗的举动。

该州议会参众两院最近一致通过一份共同决议案,支持该州与中国继续合作,以扩大贸易发展机会,增强经济关系。这是美国第一个以立法机构决议案形式支持对华经济贸易关系的州。此外,还有几个方面值得我们注意。

一是通过立法推广汉语教学。在 2006 年,该州议会通过立法,确立俄勒冈州与中国福建省的友好省州关系,并在议会成立专门委员会。这是美国州立法机构首次确定与中国友好省州关系的法律地位。2010 年又通过立法,规定在全州的公立中小学设立汉语课程和孔子课堂。这种推广汉语的做法,在全美乃至全球英语国家和地区中均为首屈一指。从官方到民间,全州各界多年来都积极推进与中国的友好合作关系,都把中国视为重要的合作伙伴。州长凯特·布朗说:"中国对本州经济至关重要,贸易、文化、教育方面均将造福两国人民。"

二是中国是最大的贸易伙伴。2016 年该州对华出口额达五十八亿美元,两万多个就业岗位受益于与中国贸易,中国是该州最大的国际游客来源地,每年游客超六万人。中国也是该州最大的出口市场,是美国保持对华贸易顺差的八个州之一。州长发现大多数中国人还不知道这个州,实际上

---

① 载《参考消息》,2017 年 9 月 5 日,第 11 版。

该州的产品在中国人日常生活中并不少见,工农业产品都有,受到中国消费者的青睐。

三是看好对华跨境电子商务,在传统出口渠道之外,该州对中国电子商务蓬勃发展有浓厚兴趣,希望通过跨境电子商务,帮助更多该州的中小企业把产品卖到中国市场。州长说:"电子商务是我们要重点推动的一个领域。"中国有四亿多人经常在网上购物,中产阶级日益壮大,消费者对高品质进口产品有很大需求,该州从中看到了电子商务给对华经贸带来的巨大商机。为此,前述友好关系理事会协调各机构建立一个优质公共产品跨境电子商务平台。这个平台将采用线上、线下相结合的模式,向中国消费者展销该州特色产品。该州还与中国天津市结为友好关系,以优惠条件使用天津自贸区空港经济区的欧贸中心场地,用于展销该州产品。

四是寻求"一带一路"倡议相关合作。中国提出"一带一路"倡议,打造有利于促进全球增长的开放包容型合作平台,在世界上产生广泛影响并获得广泛支持。该州长认为,"一带一路"倡议为美国商品打开新供应途径,因为这是一个公平开放的平台,也就是将有助于扩大该州出口货运方式。同时,该州对中国的出口贸易多年来主要依赖海上集装箱货运,现在转向航空货运,得以加快运送。"一带一路"倡议为该州与中国在可持续发展方面进行合作提供新的商机。除了寻求参与"一带一路"沿线"智慧城市"基础设施建设,该州也有兴趣邀请中国企业参与该州的基础建设项目。2017年6月,在旧金山举行的中美基础建设合作论坛上,该州代表向与会的中国基建相关企业介绍该州富有竞争力的投资环境,以及波特兰地区的一些设施改造项目,欢迎中国公司投资和参与这些项目。在论坛上,美方有关人员表示中国公司有很多出色的技术和经验,有很好的机会进入美国市场。本来中美各自拥有比较优势,可以形成高度互补关系,基础设施领域合作有望成为两国经贸合作的新亮点。

上述美国这个州的情况,已引起人们的高度注意,问题无不集中于为什么会如此这般?因为对整个美国来说,毕竟还是个别的或仅是少数。联

邦政府的态度和政策,却经常显得是另外一回事。关键或焦点何在,大概
也不言自明。先说一些美国自身的事情:外交四处碰壁,美国地位下降。这
是近期美媒刊载的专题文章中说的,原题为"美国外交在国内外几条战线
上处于守势"①。作者是美国史汀生中心前总裁兼首席执行官埃伦·莱普森。
文章一开头就说美国外交正处于艰难时期。在全球最大的两个挑战朝鲜
和叙利亚问题上,美国没有获得任何轻而易举的成功。例如,在波斯湾地
区的阿拉伯国家内部出现纷争时,特朗普总统决定发挥领导作用,而对于
他的这项努力,两党只是给予了短暂的尊重,然后就恢复了争斗。在联合
国,就新一轮制裁朝鲜达成一致也困难重重。还有许多具体问题,这里不
一一列举了。

从与中国联系来看,最新的情况是中国在国际舞台正面形象超过美
国。这是来自美媒的报道,题为"调查显示其他国家对中国比对美国更有好
感"②。一项全球调查显示,美国逐渐失去它在国际舞台上的正面力量形象,
甚至中国给人们留下的正面形象更积极。益普索公司对25国民众进行的
一项调查显示,在过去一年里,其他国家对美国的好感显著降低。美国在总
榜单上的排名已经下降至第15位,只有40%的受访者认为美国对"当今全
球事务具有积极影响",这较一年前下降了整整24个百分点。美国一年前
的总排名为第7位。总的印象是民调显示外界对美国的好感显著降低,虽
然没有探寻其中的原因,但常识告诉人们,原因必然是客观存在的。

在这样的国际形势下,中美关系必然受到有关方面的密切关注。妥善处
理应是明智选择,也是有识之士的共识。美方不乏这类人士,如前国务卿基
辛格博士便是其中比较著名的一个。他最近发表的讲话,即指明中美关系将
是21世纪"起到决定性作用"的大国关系,两国应携手共进,促进和平与人
类发展。③两国摩擦对两国甚至整个世界都会是灾难,不能作这样的选择。

---

① 载美国世界政治评论网站,2017年9月12日。
② 载美国消费者新闻与商业频道网站,2017年9月28日。
③ 参见《光明日报》,2017年9月28日,第14版。

他认为，今天我们寻求的不只是"安全"这个概念，而是共同发展，让两个大国能够共存，"虽然有时目的会不同，但要寻求在一个共同的理念和机遇下来实现，这是时代的需要"。他说，只要目睹了最近一代中国人的变化，都会坚定地相信中国将实现目标，真是既客观又友好，给人以公正的印象。

十二、前途未卜

本节要说的是一篇国内学者写的文章《西方的困惑和漫长莫测的前程》[①]。作者为中国社科院世界社会主义研究中心特邀研究员、新华社世界问题研究中心研究员詹得雄。这里正需要对西方情况进行概括，而文章来得正好，也写得很好，值得介绍和推荐。全文简明扼要，共分三大部分，第三部分虽是中国道路，但可作出对比。因原文较长，只能略述其要了。

首先是西方百姓怒从何来。从西方一贯傲慢开始，苏联解体后他们更有信心，没有料到走下坡路的是他们自己。被他们十分看不起的、"等着崩溃的"中国却飞速发展起来。政客再也哄骗不了怒气冲冲的选民，确实面对百年未遇的大变局，包括经济、制度和价值观等危机。西方百姓愤怒有四个原因：

一是经济衰落，生活下降。金融危机后的十年显示，四十多年来占支配地位的经济治理体系已经崩溃。这种治理体系"把职场的力量平衡向资方倾斜，把人当成工资的奴隶，确保增长果实为少数人而非多数人占有"。政府处理危机的结果是危机负责人逃脱处罚，无辜者承受痛苦，有人失去积蓄，有人因交不起房贷被赶出门。1%与99%间的尖锐矛盾必然有所反映。此时美国经济的三大特点为金融化、虚拟化和全球化，大资本家多赚，一般

---

① 载《参考消息》，2017年9月29日，第10版。

工资增长停滞,生活水平下降。众多失业者等待救济,愤怒的百姓终于把惯说群众爱听的粗口大实话的特朗普选为总统。

二是议会不灵,政府无能。在现行体制下,百姓有难,指望议会和政府,但议会只是争吵不休,政府手脚被捆,急事很难办成,有时甚至关门,怎不令人愤怒?议会和政府专为华尔街办事早是公开秘密。日本学者曾说:"美国政治是被华尔街的金融家所操纵的。"议会内外充斥着代理人,争吵似乎义正词严,其实为利益集团间的争夺,不可能为百姓仗义执言。金钱操纵、党派恶斗、否决政治、迁就眼前,已成为这种民主的代名词。美国政治体制出现了故障、两极分化、瘫痪、由特殊利益主导。最糟糕的是,美国还一直要把这样的民主"普世化",或动刀动枪,或"颜色革命",闹得战火纷飞,难民如潮,天怒人怨。

三是人口失衡,白人失势。美国是移民国,最早皆白人,盎格鲁-撒克逊文化对于美国人的身份认同处于中心地位。但随着新移民及其子孙的繁衍,美国人口结构发生重大变化,引起白人学者的极大忧虑,若白人不占优势,美国会变成什么样子!1960年,美国人口的比例是白人占85%,黑人占10%,拉美裔占2.6%。2017年,白人占60%,黑人占13%,拉美裔占18%(加非法移民为20%)。近7年中,美国新生儿过半数为非白人,预计到2024年,20岁以下一半非白人。这次大选60%的白人投特朗普,反映白人对非白人移民的恐惧和歧视。另有一个新现象,预计到21世纪20年代,美国新增劳动力的一半以上是非白人,收入比白人低,但今后"将供养享受退休生活的富有白人老年群体",他们之间能否心平气和是个未知数。

四是信仰危机,上帝死了。美国今天已远离当年"美国信念",去教堂的人越来越少,且更可怕的是先民子孙已不把这种信念(包括原始基督教的普爱、勤俭与向善)当回事。华尔街代替梵蒂冈和耶路撒冷,成了新的圣地。人们信的是"商品拜物教",一夜暴富是他们在企盼的新的"显灵"。这是教会、信仰、西方、资本主义危机。西方人内心期盼有凌驾于人间之上的"最高正义"。若连这点儿精神安慰也被金钱粗暴凌辱,心灵怎么安稳?所以有人认为,当前的西方危机"既在经济的意义上发生,也在文化意义上发生"。

其次是西方领导人难以应对三大挑战。西方无论是谁上台,都得应对经济、政治和文化三大挑战。无论是谁想改革政策,但都拿不出切中时弊的治本之策,可从以下三方面加以说明:

一是资本主义已陷入后期危机。在马克思所说的"资本具有内在的否定性"规律的支配下,很多资本主义国家利薄甚至亏本,福利制度不堪重负,许多国家借债度日,滥发钞票无济于事。

二是"民主制度"容不下强人领导。现在有一股所谓"反民主"潮流,原来老百姓看清了那种"民主",已相当厌烦,反而欢迎强人展示能力为大家办成好事。据调查,对强人寄予希望的比例是:英国为 67%、法国为 70%、意大利为 67%、西班牙为 72%。特朗普正是以强人形象上台的,强人会不会变成独裁者又是未知数。

三是让思想冲破牢笼更难。资本主义社会的伦理基础是个人主义,又被"自由、平等、博爱"等美好词汇和宗教外衣包裹着。人们去追逐利润,带来无法弥合的贫富差距,种种社会问题都由此而来。希望冲破个人主义思想牢笼的人也越多,致选举中已有人大力宣扬社会主义。看来不改不行,大家又都不清楚改成什么样、怎么改?因而有"制定战略却很难"的浩叹。

最后,中国在对比之余,应充满道路自信。这是全文结语的部分,既很有说服力,也很有趣。从一百年前,十月革命开辟了一条新的道路,从尝试建立一种没有人剥削人的新社会说起。这种探索一直被西方妖魔化,马克思主义也无数次被宣布过时。但历史证明,只要不平等和贫富差距太大,憧憬社会主义和共产主义的人总会越来越多。西方没有经历过冷战的年轻人惊讶地问:社会主义有什么不好?实现社会主义不是挺好吗?文中就以在中国学习、工作的两个外国年轻人为例证。一个是法国小伙子,一个是伊朗小姑娘。两人异口同声地称赞:"中国的政治是世界最优秀的。""很多中国人……给中国定了很高的标准,即使世界第一都不够。要比所有国家好出很多很多才行……这才是最值得中国人骄傲的。"值得深思的是,我们走中国特色社会主义道路,西方总说要让中国"融入世界主流",实际上是资本主义潮流。这里有两个问题:一是他们真心期望中国在他们主导下乖乖当打工仔;二是社会主义代表人类的希望,这才是主流!凭什么要我们随波逐流地追随他们呢?所以我们坚定不移地自信,我们正走在一条充满希望的康庄大道上,虽有坎坷曲折,我们也应风雨兼程,一往无前,坚信道路越走越宽广,越走同行者也会越多。

十三、人类命运

这里要说的是"构建人类命运共同体"的事。这要从联合国总部传出喜讯:联合国决议首次写入"构建人类命运共同体"理念,体现中国对全球治理的巨大贡献说起。手边正好有一篇对联合国高官菲利普·查沃斯的专访,题为"'构建人类命运共同体'凸显中国贡献"[1],很能说明问题。那是美国东部时间 2017 年 2 月 10 日的事,受访者即通过这一联合国社会发展委员会第 55 届会议主席。他在受访时说,当前世界各国间相互依存程度日益提高,人类面临各种严峻的挑战。在这样的形势下,"构建人类命运共同体"理念体现了中国人着眼于维护人类长远利益的远见卓识,对世界各国以及联合国都非常重要。专访共有三大部分,分别摘要略述如下。

一是中国理念获普遍认同。先是委员会以协商一致的方式通过"非洲发展新伙伴关系的社会层面"决议,"呼吁国际社会本着合作共赢和构建人类命运共同体的精神",加强对非洲经济社会发展的支持。这是联合国决议首次写入"构建人类命运共同体"理念。决议还欢迎并敦促各方进一步促进

---

[1] 载《参考消息》,2017 年 2 月 20 日,第 11 版。

非洲区域经济合作进程，推进"丝绸之路经济带和21世纪海上丝绸之路"倡议等方便区域互联互通的举措。查沃斯介绍说，四十六个委员会成员全部参与了这次磋商，还得到七十七国集团的积极支持。这体现了这一理念已得到联合国会员国的普遍认同，也彰显了中国对全球治理的巨大贡献，更是正在以稳健步伐迈向世界舞台中央的中国在联合国这个世界最重要的多边外交舞台上有效争得话语权的成功例证。

二是将在各国广泛传播。查沃斯认为这是非常重要的理念，基本上揭示了世界各国互相依存这一实际情况，各国越来越清楚地认识到地球是人类共有的唯一家园。部分人生活幸福，部分人在经历苦难，不是联合国想要建设的美好世界。这个理念符合《联合国宪章》的宗旨和原则，对推动世界各国实现可持续发展目标同样非常重要。各国在做好自己事情的同时，需要加强国际合作。可以预见，"构建人类命运共同体"理念能够通过联合国社会发展委员会和经济及社会发展理事会等重要平台，在联合国系统和广大会员国中传播开来，作为各个会员国和联合国系统合力建设一个更加美好世界的重要参考。因为理念完全切合实际，容易得到普遍理解和认同，所以也必然传播得比较快。

三是"中国人眼光更长远"。查沃斯注意到，中国国家主席习近平在访问瑞士时的主要演讲中进一步阐明了"构建人类命运共同体"理念。2017年1月17日，习近平主席在达沃斯举行的世界经济论坛2017年年会开幕式上，发表题为"共担时代责任 共促全球发展"的主旨演讲，表示"人类已经成为你中有我，我中有你的命运共同体，利益高度融合，彼此互相依存"。1月18日，习近平在日内瓦万国宫出席"共商共筑人类命运共同体"高级别会议，并发表题为"共同构建人类命运共同体"的主旨演讲，指出"人类正处在大发展大变革大调整时期，也正处在一个挑战层出不穷、风险日益增多的时代。对此，中国方案是：构建人类命运共同体，实现共赢共享"。查沃斯认为，中国人确有远见卓识。

另一方面，与此直接和密切相关的是已有美国专家写出关于"'中国梦'向世界提供新模式"的文章,题为"制造'中国梦'"①。作者是美国全球风险情报咨询公司研究顾问阿尔马·迪瓦卡尔。关于美国的情况,这里略去不谈,只说与中国梦有关的事。文中也提到中国领导人在达沃斯论坛上"对全球化的象征性捍卫行动"。他认为,习近平的战略是宏伟的,"将周边外交与实现中国梦和'中华民族的伟大复兴'联系在一起"。作者面对现实,颇有无可奈何的味道,那是原有立场所致。但不能否定相互尊重、相互信任、互利合作和"新丝绸之路"倡议等原则和措施。

此外,信手拈来的例证真的已多到不胜枚举的程度。那就大概说说,以窥一斑。按时间先后,点到为止。

2016 年 3 月 4 日《中国社会科学报》第 6 版:《世界视野中的习近平治国理政》,七国报道好评如潮。

2017 年 3 月 1 日美国《华尔街日报》网站:《富士康在中国开设工厂,但仍寻求在美国建厂》,说的是"美招商引资应学习'中国效率'"。

2017 年 9 月 2 日英国《独立报》网站:《这些将是 2030 年最强的 21 个经济体》,中国名列第一。

2017 年 9 月 24 日彭博新闻社网站:《中国可以夺取一小片天空》,说的是大飞机飞上蓝天,中国向世界一流创新者迈进。

2017 年 9 月 25 日日本《富士产经商报》:《中国主导共享业态》,中国将成共享经济全球范本。

2017 年 9 月 26 日《参考消息》第 11 版:《中国以"合作共赢"破解"文明冲突"》,"文明冲突论"一度误导国际政治,中国秉持"多彩平等包容"的文明观,坚持走和平发展道路。

2017 年 9 月 27 日《参考消息》第 11 版:《中国引领全球化发展新方向》,全球化进入大变革时期,面临四大挑战。

诸如此类的文章、报道很多,下面仅就一篇文章看看局部缩影。这就是

---

① 载卡塔尔半岛电视台网站,2017 年 6 月 19 日。

2017 年 9 月 24 日美国《国家利益》双月刊网站的《中国正在利用俄美对峙在欧洲取得重大胜利》一文。作者是小布什政府副国家安全顾问马克·法伊弗尔。作者惊呼"中国在东欧影响力急速增长",让他们"心惊肉跳",而不讲美国自身的衰败,反指是中国"威胁"。我们却可以从中看出他终于无可奈何,最后只好说"美国需要加把劲"。我们心中有数,合作互利,平等相待,不欺弱小,定会到处受到欢迎。从根本上来说,这完全是双向选择,既非强加,又无欺骗,自然水到渠成。说什么面临"威胁"和"地缘政治风险",才真是一派胡言。结果是吓不了别人,而是彻底暴露了原来只想损人利己的那一套,使大家有一个更加鲜明的对比。听言观行,早已是人们起码的常识了。

十四、看十九大

敏感的外媒早在 2016 年年底就列出"2017 年影响世界九大事件"[1],其中之一便是"中国共产党代表大会(秋季)"。本来在中国国内的政治生活中,党的全国代表大会早已是非常重要的事,但作为影响世界的大事,则似乎较近。媒体的解释是:"数百年来,中国在国际舞台上从没有像今天这样强大。"还认为与此同时要设法应对其他重大挑战,包括经济的缓慢增长和某些紧张关系可能加剧。我们的《参考消息》也开辟了"迎接十九大专题报道"和"海外展望中共十九大"专栏。内容丰富,仍只能酌选一些,说明有关情况和问题。

英媒报道:"十九大召开前,中国经济增速放慢但信贷稳定增长。"[2]这

---

[1] 参见英国《金融时报》网站,2016 年 12 月 30 日。
[2] 英国《金融时报》网站,2017 年 9 月 19 日。

主要是对中国朝年度增长目标稳步前进开展评述,认为党的十九大对经济的即时影响不会显著。

新加坡《联合早报》网站 2017 年 9 月 19 日文章《西方看不清的十九大政治》,表示海内外最关切的莫过于人事安排,同时肯定通过人事安排去实现执政党的使命和中国人事选拔制度成熟高效。

在《世界期盼借十九大了解中国抱负》①这个总标题下,包括多家媒体的报道和文章,各有侧重。这被认为是了解中国动态的一个难得的机会。党的十九大是一次十分重要的大会,巨大成就令全国人民为之自豪,党的十八大以来的五年是很不平凡的五年,党的十九大必将更大有作为。

日本媒体报道题为"中国总理强调领导层成绩"②。"人民生活水平持续提升"、国际地位极大提升等成绩,希望在党的十九大前彰显共产党的领导力,呼吁保持团结和坚决反对"台独",不断向实现祖国统一迈进。

香港媒体报道题为"李克强总理谈中国的'关键时期'"③,党的十九大将宣布新的领导阵容和中国未来的政策方向。中国将继续坚持一个中国原则,坚持"九二共识"政治基础,团结包括台湾同胞在内的一切支持两岸关系和平发展的力量,不断向着实现祖国完全统一迈进。文章强调:"我们要更加紧密地团结在以习近平同志为核心的党中央周围,同心同德,砥砺奋进。"文章还说,中国经济发展保持稳中向好态势,质量效益较大改善,人民生活水平持续提升。

新加坡媒体报道题为"李克强在国庆招待会上致辞,中国正大步走向伟大复兴"④。与前面相同处从略,在外交方面重申,中国致力于与世界各国携手构建人类命运共同体,将继续奉行独立自主的和平外交政策,坚决维护国家主权、安全、发展利益,秉承合作共赢、共谋发展的理念,继续扩大开

---

① 载《参考消息》,2017 年 9 月 30 日,第 8 版。
② 载日本广播协会网站,2017 年 9 月 30 日。
③ 载香港《南华早报》网站,2017 年 9 月 30 日。
④ 载新加坡《联合早报》网站,2017 年 10 月 1 日。

放,努力完善全球治理。

俄媒也有类似报道,大体相同处从略。① 提到国庆"黄金周"期间,中国还将开展诸多节日活动,随后将迎来另一件盛事——10 月 18 日全国两千两百余名代表将齐聚北京,巩固中国共产党的基本理念,拟定党的新发展方向。李克强总理强调,这"是在全面建成小康社会关键阶段、中国特色社会主义发展关键时期的一次十分重要的大会"。

以上归纳起来,可以用"中国用亮丽成绩单迎接十九大"形容,下面则是"西方舆论开始正面解读十九大",对华眼光正从俯视变为平视甚至仰视。仍分述如下:

关注中国理论创新的有二:一是习近平主席称,共产党员应加强对当代资本主义的研究,但绝不能背离马克思主义。时代在变化、社会在发展,但马克思主义基本原理依然是科学真理。他又说,背离或放弃马克思主义,我们党就会失去灵魂,迷失方向。中国共产党要更好地实现马克思主义基本原理同当代中国具体实践相结合,同时也要放宽视野,吸收人类文明一切有益成果,不断创新和发展马克思主义。② 二是《习近平要求中国共产党不断创新和为马克思主义作贡献》③。内容大体近似,但有"要坚持不懈用马克思主义中国化最新成果武装头脑,凝心聚魂"的要求。还有自 2016 年年初以来,中国理论家和马克思主义学者一直称赞习近平的治国理政思想为马克思主义中国化的成果。

关于接受中国崛起现实的也有二:一是《西方解读十九大 正面理解中国梦》④。党的十九大临近,西方媒体及政要报道与评论升温,但角度与立足点与之前大不相同,开始从理性与正面进行解读。法国总统马克龙认为,中国已成欧洲学习的样板,时代真的不同了。美前国务卿基辛格也表示,中国

① 参见塔斯社北京,2017 年 10 月 1 日电。
② 参见路透社北京,2017 年 9 月 30 日电。
③ 载香港《南华早报》网站,2017 年 9 月 29 日。
④ 载香港《东方日报》,2017 年 9 月 30 日。

将更强大。西媒对党的十九大的报道,更聚焦于政策层面的变化,理性分析对未来中国和世界的影响,而非过去那样一味指责或囿于情绪的发泄和人事斗争的流俗。二是《十九大确立的人事体制和提出的执政思想,将决定至少未来五年中国的走向》①。相比于现在,经济发展会提高到一个重要位置,经济改革会有一定程度推进。习近平在未来五年会把经济发展放在一个突出位置,用更多的时间和精力抓经济,进一步放松对经济的管制,出台更多的改革措施。报道最后指出,西方主流社会开始正面解读中共党代会,并接受中国崛起的现实,以及尝试理解中国共产党执政的逻辑,这是一个巨大转变。这一方面固然是因为中国日新月异的国力摆在面前,另一方面也是对西方民主制度陷入困境,找不到出路的一种反省。从某种意义上说,中国现在的确要增强政治自信,但同时也应警惕,不要将自信变成自大。

不难看出,这最后是善意的提醒。现在距离党的十九大举行的日期很近了,以上有相同的期待,也有不同的预测,等党的十九大结束,便可以见分晓。但总的来讲,"世界看好中国特色发展模式"②是大势所趋。这也可以从三个方面来观察:一是经济社会政策成就斐然,二是技术创新助力社会进步,三是发展仍将继续超出预期。最近刚好是庆祝中华人民共和国成立六十八周年,有关这方面的报道、论述非常普遍,真可以说是达到美不胜收的程度。全国人民都在等着党的十九大召开,全世界都在关注也毫不夸张。

显然,以上内容是党的十九大前写的,后来的情况果如所料,全世界都看到了。全国人民欢欣鼓舞,正在习近平新时代中国特色社会主义思想的指引下,齐心协力、奋勇向前,为争取早日实现中华民族伟大复兴的中国梦做出积极贡献。大家都已看到,因此也不用多说。

---

① 载香港《东方时报》,2017 年 9 月 30 日,转引自《纽约时报》。
②《参考消息》,2017 年 10 月 1 日,第 1 版、第 2 版。

十五、活过百岁

▲2018 年 1 月 19 日寿星照

在这第十个十年的最后一节里,我想谈谈"活过百岁"这个话题。我是 1919 年 1 月 20 日出生,现在已接近百岁或已到百岁边缘。常有亲友问起"长寿之道",我自己倒没有想过。有关说法在古今中外的书刊报纸中都有,对照一下,有的似乎确是那么一回事,有的则未必符合,可能因人而异,例如有所谓"长寿基因",至少在我身上恐怕很难沾边。因为我没有见过祖父和伯父,父亲 30 多岁就去世了,也可能与他抽鸦片有关;祖母和伯母大概都活到 70 岁左右,母亲则稍过 80 岁;兄弟四人我行二,长兄大我 3 岁,两个弟弟分别小我 4 岁和 6 岁,他们虽都比父亲活得长些,但均已在五六十岁相继过世了。我的老伴是 94 岁半离开的。四个孩子中老大和老二已近 70 岁,老三已近 65 岁,老四也快 60 岁了,都很正常。说回我自己,青少年的生活很苦,前面已说过了。在国内国外历经艰险,因为是战争时期,真可以用"九死一生"来形容。不过这与自然寿命无关,想想日常生活也没有什么特别之处,普普通通,随随便便,有啥吃啥,不大讲究。

▲1998年80岁生日与淑钧及四个儿女

▲2016年2月9日与四个儿女

面对众亲友的问题，我常笑而不答。老伴曾写了一张"夏氏简易养生法"，有这么四句："合理的饮食、充足的睡眠、适当的劳动、平和的心情。"压在我书桌的玻璃板下面，至今仍在。后来为了说来顺口，改为"饮食有度、作息有序、生活有趣、心中有数"。把睡眠与劳动归入作息，我想这大概差不多，我睡眠不错，还有午休，很少吃零食，每餐也不吃得太饱。虽然做不到经常保持笑口常开，但总不喜欢作无谓的斗气、争吵。比较难的是"心中有数"，只有随着年龄的增长，知识和经验的积累才逐渐加深体会。若能对有些事情看得开或看得破，或许有助于无损乐观情绪。说得更简单点儿，我是能吃、能睡、能动、能想、能看、能听、能写、能讲，年纪大了，动作(如走路)慢些，听觉、视觉差些而已。还有就是没生过大病，除在大学一年级时患过阑尾炎动了手术，体检都很正常。在国外读研时有一次体检，牙科医生让几个实习医生来看我的牙，说是很整齐牢固。后来我抽烟上瘾达三十年，牙也坏了，装上假牙。还是老伴力劝，才在 60 岁时戒了烟，这很可能有利于保健，有关资料和专家们都有此意。回忆老伴劝我戒烟可谓用心良苦，使我终于决心戒掉。遗憾的是，两个年逾花甲的儿子仍保持吸烟的习惯。可是吸烟有害已成全世界的最新共识，公共场所禁止吸烟也日益普遍。

▲2010 年教师节接受新生送上的特别礼物

关于图书资料和专家学者的意见应当受到重视，这里并非进行专题研究，且以较近的一篇日本媒体的专题报道为例，来作此比较。众所周知，日本人在平均寿命方面已跻身世界第一，100 岁以上的日本人已超过 6 万，长寿不再是梦想。这就是《如何才能成为健康的百岁老人》①这篇报道关于"专家支招如何健康活过百岁"的内容。光看专家阵容便相当可观：日本庆应义塾大学医院医生、日本樱美林大学老龄问题研究所所长、日本国立长寿医疗研究中心的调查员、日本群马大学教授、大阪大学副教授等。意见都是有根据的，可信度较高也很自然。按顺序来说，先从对约八百五十位百岁老人进行

———————

① 载《日本经济新闻》网站，2017 年 3 月 24 日。

长期调查开始。"越是长寿而且自理程度高的人，患有慢性炎症的程度越低"，肥胖的人易患慢性炎症。因此，"从中年前后开始，很多百岁老人就坚持吃饭只吃八成饱，避免吃得过多。与此同时，适度运动也非常重要"。百岁老人并非不患病，庆应大学的调查显示，97%的百岁老人患有某种疾病，不过患糖尿病和癌症等疾病的比例很低。我的情况也大致如此，特别是不吃得太饱和适度运动。我一直是骑单车的，70岁以后家人不让骑了，便经常走路。

▲2016 年 10 月 10 日于中山大学南校区孙中山铜像前

▲2016 年 11 月应邀出席中国公共管理学术年会并讲话

接下来是老年人"如果能一边与慢性疾病作斗争，一边过自理的生活，就可称得上健康"。健康的定义因年龄不同而有所不同。四五十岁的人只要不患癌症、心脏病和糖尿病等疾病，就算身体健康；从 60 多岁开始，"患上疾病将变得理所当然"，腰痛、高血压、白内障和听力减退等虽然不直接威胁生命，但容易导致生活质量下降。老人为了维持健康，"避免虚弱非常重要"。虚弱指的是体力和身心活力下降的状态。许多老年人都将经历虚弱阶段，需要护理。据调查，11%的65岁以上老人符合"虚弱"的定义。为了避免虚弱，重要的是使用大脑，运动身体，降低跌倒风险。营养不良和失衡将引发肌肉萎缩，积极食用包括肉类在内的均

▲2018年3月31日于中山大学出席新时代中国治理研究高端论坛暨首届夏书章公共管理优秀博士论文奖颁奖典礼

衡食物非常重要。还有报告显示，自理老人有就餐时充分咀嚼的习惯。这些也都同我的情况相似，尤其是使用大脑和运动身体。

关于老年痴呆症，一方面，衰老导致的认知功能下降是难以避免的。

▲2018年3月31日于典礼上讲话

即使不能完全防止发病，也应适度运动，并尽量说话，摄入含有大量多酚成分的蔬菜和水果；另一方面，应避免吸烟、肥胖、高血压和睡眠不足等。此外，还强调应培养信息鉴别能力。在老年痴呆症问题上，我们有一个很多人都知道的案例：此人从高校领导岗位退休，从不吸烟，说话的机会突然少了，其他方面情况不明，但还不到70岁，便连老熟人也不认识了。生活照常，"痴呆"依旧，不知他的家人是否同有关专家研究过，也许还有改善的余地。

　　在老人的心态和性格方面，"很多百岁老人都性格外向开朗，而且诚实"。他们喜欢与人交往，擅长处理事情，对新事物感兴趣，头脑灵活，同时好奇心强。此外，很多人认真遵守医生的指导和建议。随着年龄的增长，会出现腰腿疼痛、听力下降的问题，外出活动也会减少。老人即使不能外出，也应找到自娱自乐的方式，例如读诗或唱歌，这样一来，心态自然而然变得更积极，会产生幸福的感觉。保持稳定的心态最为关键，强调"生活中保持何时去世无所谓等乐观态度"的重要性。我的听力下降、外出活动减少是事实，腰腿疼痛尚未出现，心态积极，能自得其乐，加上儿女孝顺，有幸福感。至于何时去世也确是没有当回事。另据美国科学网站总结，手写文字有许多好处。① 果真是那样，我也算从笔耕中获益了。

　　活到和活过百岁，看来都有可能。对"百年寻梦从头说"这个主题，到目前为止，我已完全肯定：梦想必将成真！

▲2018 年 9 月 30 日于中山大学校训前

---

① 参见《老人报》2017 年 10 月 2 日第 2 版《常写字可防衰老》一文。

附 录

学术人生学科情
家国天下中国梦[①]

马　骏[②]

今天是个普天同庆的日子,中国共产党第十九次全国代表大会在北京盛大召开,全国各族人民欢欣鼓舞,热情关注着以习近平同志为核心的党中央如何为党和国家的未来发展谋篇布局、凝心聚力实现中华民族伟大复兴的中国梦。在这个特殊的日子里,《夏书章著作选辑》即将面世,我受学校委托为之作序,深感荣幸。这是因为夏老先生是我校的功勋教授,是中国行政管理学科的奠基人;而更重要的则是因为夏老先生在他的百年学术人生中所体现出来的家国情怀,以及为中华民族伟大复兴而奉献一生的高尚品格。概而言之:学术人生学科情,家国天下中国梦!

---

① 此文是马骏同志为中山大学出版社于 2017 年 11 月出版的《夏书章著作选辑》(十部)而撰写。

② 中山大学原党委副书记、副校长,教育部人文社会科学重点研究基地中山大学中国公共管理研究中心主任。

一、辉煌的学术人生

夏书章先生于 1919 年 1 月 20 日出生于江苏省高邮县（现高邮市）。1939 年考入中央大学政治学系。1944 年进入美国哈佛大学立陶尔公共管理研究生院（肯尼迪政治学院的前身），攻读公共行政学硕士学位。自 1947 年起在中山大学任教至今。1956 年 4 月加入中国共产党。曾任中山大学港澳研究所所长，中山大学副校长，中国政治学会副会长，中国行政管理学会副会长，全国行政学教学研究会理事长，全国高等教育自学考试指导委员会政治管理类专业委员会主任，中国法学会行政法学研究会、中国城市科学研究会等学术团体顾问，美国哈佛大学、内布拉斯加大学客座教授，联合国文官制度改革国际研讨会顾问，等等。

夏书章教授著作等身、成果卓著，至今出版著作、译作和教材约四十种，发表专题文章五百多篇。夏书章教授获奖众多：1991 年获（世界）东部地区公共行政组织（EROPA）颁发的"卓越贡献奖"，1995 年主编的《行政管理学》（中山大学出版社出版）获国家教育委员会第三届全国普通高等学校优秀教材一等奖，2000 年获中国老教授协会颁发的中国老教授 "科教兴国贡献奖"，2006 年 4 月获美国公共行政学会颁发的 2006 年度 "国际公共管理杰出贡献奖"，同年 12 月获中国政治学会颁发的 "政治学发展特殊贡献奖"，2007 年 9 月被人事部、教育部授予"全国模范教师"称号，2009 年获第六届广东省高等教育省级教学成果一等奖，2016 年获复旦管理学奖励基金会颁发的"复旦管理学终身成就奖"，享受国务院政府特殊津贴。尽管拥有众多桂冠，但夏书章教授始终用淡然、谦和的态度对待这些成果和荣誉，他把这些成就归功于改革开放后"时代需要、社会进步和有关各方面的日益重视"。用他自己的话来说,就是"生不逢时老逢时,耄耋欣幸历盛世""只要一息尚存,仍当努力耕耘"。

作为中华人民共和国成立后的公共行政学的奠基人和领军者,夏书章教授给人印象最深的是他的学术精神与品格。在近一个世纪的岁月里,夏书章教授始终把个人的前途与国家民族的命运联系在一起,把个人的追求与自己钟爱的学术事业结合在一起。他的学术活动和生活实践不仅向后学者垂范了一个中国知识分子应有的学术精神与品格,也向世人展示了他一贯倡导并且身体力行的公共行政精神。

二、振聋发聩学科情

夏书章教授是我国公共管理学、政治学界的泰斗和领军人物,为中国公共管理学、政治学的创立和发展奉献了一生的智慧与心血,被誉为"新中国公共管理学科奠基人""中国 MPA 之父""新时期中国政治学重建首倡者之一"。夏书章教授是改革开放后第一个发表论文呼吁重建行政学科的人,是行政学恢复过程中编写出第一部《行政管理学》教科书的人,也是第一位撰写出版行政管理学专著的人,他在祖国行政管理学重建的过程中做出了重大贡献。

(一)重构中国行政管理学知识体系

改革开放以后,邓小平在 1979 年的一次重要讲话中指出:"政治学、法学、社会学以及世界政治的研究,我们过去多年忽视了,现在也需要赶快补课。"夏书章教授率先响应,在 1982 年 1 月 29 日的《人民日报》上发出第一声呼吁:"把行政学的研究提上日程是时候了。"这一声呼吁,打破了三十年中国行政学的沉寂局面,恢复了中国行政管理学作为独立学科在学术界的地位,拉开了中国行政管理学重建和复兴的序幕。随后,夏书章教授趁热打铁,在《文汇报》《光明日报》等报纸上频频撰文,强调必须在行政管理领域进行"拨乱反正"。1984年8月,在国务院办公厅和劳动人事部主持召开的全国首次行政管理学科研讨会上,夏书章教授积极建言,反复申述我国的行政管理和行政学应当有中国特色。为了申明宗旨、揭示精髓,夏书章教授不辞辛劳地四处奔波,讲学授课、作学术报告、开学术会议,他的足迹几乎遍布了祖国的大江南北。1988年,鉴于学科发展势头比较顺利,夏书章教授抓住时机,继续撰文呼吁推进学科建设和学术研究。其中,《把行政管理学的研究引向深入是时候了》与1982年在《人民日报》上发表的文章《把行政学的研究提上日程是时候了》遥相呼应,在全国范围内产生了更大的共鸣。他还连续向有关部门建议,提出要设置行政学专业,讲授行政学课程,开展行政学研究,成立行政学院,等等。

中国行政管理学的重建,一切都是从头开始。首先需要确定的是教学内容和学科体系。夏书章教授以1982年在全国政治学讲习班所讲的行政管理课程的讲稿为基础,协同黑龙江、吉林、山西、湖南四省社会科学院的部分科研人员和骨干,集思广益,于1985年出版了改革开放后行政管理学领域的第一部教科书《行政管理学》(山西人民出版社出版),为这门学科提供了理论框架和知识要核,确定和阐述了我国行政学研究的主要内容。为求在原有基础上有所提高和创新,本着"为创建中国特色社会主义行政学及其普及和提高而继续努力"的宗旨,夏书章教授邀集其所在的中山大学政治学与行政学系老、中、青三代教师,同心同德,群策群力,于1991年6月主编出版新教材《行政管理学》(中山大学出版社出版),使之体例更完整、观念更新颖、内容更充实。之后,此书不断更新再版,至今已经推出第五版。

(二)重建中国行政管理学队伍

中国行政学科重建之初,由于该学科停办了三十年,面临学科断层、人才断代、师资短缺的现状。为此,夏书章教授不仅在《文汇报》《光明日报》等报纸上连续呼吁,"必须发扬全国一盘棋的社会主义制度优越性,把有限而分散的人力、物力集中使用,尽快做出成绩,建立具有中国特色的学科",而且身体力行,率先开课授徒。1982 年 4 月,中国政治学会委托复旦大学举办起到"亮相、启蒙、播种"作用的全国政治学第一期短训班,夏书章教授亲临讲授行政学课程,吸引了大量学员,奠定了坚实的人才基础。如今活跃在全国政治学和行政学领域的中坚力量,其中有不少人就是当年从该班学习后成长起来的学科骨干。因此,这期短训班被同行亲切地比作政治学和行政学界的"黄埔一期"。

1980 年,夏书章教授在北京参加中国政治学会筹备会期间,会同到会的十位老先生一起,上书中央有关领导同志,建议在高校设置政治学系,系统地培养政治学、行政学人才。他们建议,要培养专业管理人才,要在普通高校内设置行政学院(系)、专业讲授行政学课程,要开展行政学研究,要出版行政学图书与刊物,等等。在他们的呼吁与奔走下,政治学专业和政治学系开始复建。1986 年,国家教育委员会首先在普通高等学校中批准了兴办行政管理专业四年制本科;同年,武汉大学开始在已有的政治学硕士点开招行政管理方向硕士研究生。南京大学、厦门大学两校的政治学系得以恢复,中国人民大学的行政管理研究所也得以创建。1987 年,南京大学开招政治学与行政学专业学生,中山大学恢复行政管理专业的招生。1990 年后,一些学校的政治学系学习北京大学和中山大学的模式,纷纷改名为政治学与行政学(或政治与行政管理)系。中山大学在夏书章教授的倡导下于 1987 年恢复建立政治学与行政学专业,1988 年成立政治学与行政学系,后发展成为政治与公共事务管理学院,并于 1994 年起招收硕士研究生。1998 年,经国务院学位委员会批准,中山大学成为我国第一批行政管理学三个博士点之一。

(三)引进 MPA 专业学位教育

1998 年,夏书章教授在国务院学位办主办的《学位与研究生教育》杂志上发表了《设置公共行政硕士专业学位的建议》一文,倡议引进公共管理硕士(MPA)专业学位教育。经过他和全国同行的呼吁与努力,1999 年 5 月,国务院学位委员会第 17 次会议审议通过了《公共管理硕士(MPA)专业设置方案》,并组建了全国公共管理硕士专业教育指导委员会。夏书章教授担任教育指导委员会的唯一顾问,全程指导并参与了中国 MPA 教育的论证、筹备、试点等工作。作为中国第一个取得哈佛大学 MPA 学位的学子、中国第一个提出引进 MPA 学位的学者,以及全国公共管理硕士专业教育指导委员会唯一顾问,夏书章教授为中国 MPA 教育发挥了卓越的学术领导作用,也由此被誉为"中国 MPA 之父"。

夏书章教授主张中国 MPA 教育要放开视野,要有国际眼光,要借鉴西方公共管理中新的东西;提出要挖掘中国古代治国理念与传统经验,始终强调要立足于本国实践和中国国情,走中国特色社会主义的 MPA 教育发展道路。夏书章教授对 MPA 教育正确方向的坚持,出自他政治学、行政学学者的睿智与政治立场,更是出自他经历不同社会、不同国度的丰富的人生阅历与内心体验。此外,夏书章教授强调,MPA 教育必须把握自己特有的资质,界定自己的培养对象、课程设置和学位论文选题,不要混同于其他专业学位教育。夏书章教授大会小会、各种场合,多次从公共管理的缘起、从中英文的译法,说明什么是公共管理,什么是 MPA,界定学科的内涵与外延,划清同其他专业学位教育的界限,以把握 MPA 教育的特质。这体现了夏书章教授严谨的治学态度,值得我们学习。夏书章教授有一本专著《现代公共管理概论》(长春出版社,2000 年),是他这方面研究的代表作,也堪称公共管理教育的奠基之作。再者,夏书章教授十分注重 MPA 教育的培养质量。"MPA 的培养质量是 MPA 教育的生命线。"为了提高 MPA 教育的培养质量,他强调以案例来进行教学,这对于提高管理者的实际管理能力是必要和有效的,而且案例不能完全靠引进,外国的很多案例并不适用,要建立我们自己的案例库。此外,夏书章教授还围绕提高 MPA 教育培养质量这个中心,从师资队伍建设、教学管理等方面进行阐述,提出了合理化的建议。

这些都已经落实在 MPA 教育实践之中了。夏书章教授对 MPA 教育培养质量的关注,既出自其对 MPA 教育事业的挚爱,也出自一位老教育工作者的使命感与责任感。

三、师表华章启学人

从 1947 年受聘进入中山大学开始,夏书章教授为人师表,以独立、严谨的学术精神引导着一辈又一辈的学人。在具体的学术问题上,夏书章教授坚持独立、严谨的学术精神;在日常行为中,他同样保持了严谨的生活态度。无论上课还是参加学术活动,衣履端正、准时守时是夏书章教授的一贯风格和良好习惯。夏书章教授授课时一直非常准时,而且数十年如一日地坚持下来;每次会议也必定提前到场。这一点在中山大学校园里一直被传为美谈。夏老以近百岁之高龄,仍坚持尽可能参加政治与公共事务管理学院的开学师生见面会,参与中山大学的毕业典礼。我有幸和他一起参与了两次中山大学的毕业典礼,当他双手高擎五千克重的权杖庄严入场时,全体师生恭然肃立,掌声雷动,场景令人动容。怀着对行政学、政治学的热爱,夏书章教授从未放下过教鞭。如今的他即便不再承担给本科生、硕士研究生上课的教学任务,但仍坚持在家中给博士研究生开题、授课。时至今日,夏书章先生已耕耘教坛七十余载,育天下英才,桃李盈门,培养了一批又一批行政管理人才。在他的弟子中,许多人走上了党政部门的重要领导岗位,许多人成为高等院校的学术带头人和专家教授。

▲2018年6月于中山大学学位授予仪式上执权杖入场

夏书章先生没有大学者高高在上的架子。他平易近人,给学生授课毫无保留。只要对方热爱行政学,他在身体条件允许的情况下都会尽心竭力去引导。他不仅将关爱给予自己的学生,也尽可能地帮助中国行政学界的后辈。每当有青年学者拿来作品请他审读、作序,他从不推辞,总是一字一句在格子纸上写下寄语。此外,他还身体力行地匡助青年才俊,努力为后学者提供发展的机会和空间。他多次表示:"乐于向中青年学者学习。如蒙不弃,还争取同他们合作、共勉。"在他的引领下,中山大学形成了结构合理、老中青结合、高水平的政治学和公共管理学科梯队,逐渐凝聚了一大批专业过硬、经验丰富的中青年科研骨干,形成了从博士、硕士研究生到本科生的完善的人才培养体系,建成了包括教育部人文社会科学重点研究基地中山大学中国公共管理研究中心在内的一批实力雄厚的科研基地和研究中心,也形成了独具特色的办学风格。

夏书章教授谦和宽厚的学术态度还表现在,他不仅为自己所在学校中青年学者的成长提供机会和空间,而且无论哪个院校在学科建设中遇到困难时，只要找到他，他总是热情接待、不吝赐教；他还不辞辛劳、四处奔走，哪里需要帮助，哪里就有他的身影，为多所学校的学科建设出谋划策、站台造势。他在各地所作的学术演讲反响强烈。他以独到的见解和生动的论述充实着中国行政管理的理论领域，启迪并培育了一批又一批的学子。

四、学子百年报国心

▲ 坚持每天读书看报

一个真正的学者，首先要具有独立的学术精神和民族使命感，其次才是对于自己所隶属和所从事的学科的建设与研究。夏书章教授的学术活动和生活实践就是这个观点的真实写照。

夏书章先生出生在五四运动前夕，少年丧父。因家境贫寒，中学期间，他曾两度辍学，饱受贫穷、战争、离乱之苦。但是他依然坚持读书、发奋自修，从 14 岁开始就在小学、中学、夜校任代课老师以支撑自己的学业。高中毕业后，为继续自己的学业，他冒险穿过沦陷区，赶赴上海参加高考，终于如愿考上了当时已迁往重庆的中央大学。然而时值战乱，战火纷飞，山河破碎，他也买不起哪怕是最低价的船票。为了到重庆上学，夏书章走上了一条"九死一生，七十二拐"的求学路。他曾乔装为"打工仔"登上轮船，当过给烧木炭的运输车加水的小工,一路拿着录取通知书不停乞求路费。头顶是呼啸而至的炸弹,脚下是不知何时能抵达"象牙塔"的漫漫长路。花了整整两个多月的时间,他才抵达学期早已过了一半的学校,开始求知之旅。在选择专业时,当时大部分学子投向数理化,而他却坚定不移地选择政治学,就是基于一个信念——"上医医国,其次医人",他决心学习医国之术。抱定了这个信念后,无论生活如何艰辛、政治学术环境怎样变化,他都痴心不改。

大学毕业后研修政治学、行政学的夏书章先生和许多爱国学子一样,对国民党的腐败政治深恶痛绝,毅然决定负笈千里、远渡重洋,到哈佛大学成立多年的行政学研究生院学习。在美国期间,夏书章先生也时刻关注着祖国和民族的命运与发展。例如,有一次他在一本周刊的新闻地图中看到我国东北三省被无端印上"满洲国"字样时,立即致函予以谴责,表现了一个中国留学生炽热的爱国精神。1946 年,夏书章先生以毕业论文《中国战时地方政府》通过答辩,成为最早在国外获得公共管理硕士专业学位的中国留学生。其时,日本已于五个月前宣布无条件投降,苦难的中国迎来了短暂的和平,满怀报国之心的夏书章先生迫切希望把所学理论付诸实践,重建满目疮痍的祖国,从而放弃了继续留校深造的机会,决意归国。

1947 年,时任中山大学校长王星拱力邀夏书章前往任教。最终,夏书章先生成为中山大学当时最年轻的教授。同时,他时刻关注着祖国的前途和民族命运,关注着中国共产党所指出的道路和方向。在中华人民共和国成立的前夜,他和进步学生一起参加反内战、反饥饿、反迫害大游行;在反动势力企图将中山大学迁往海南之时,他又和广大师生一道义无反顾地投身于护校运动之中。中华人民共和国成立后,夏书章先生以饱满的热情投身于轰轰烈烈的国家建设事业,参加广东省土地改革运动,受当时广州市市长叶剑英之聘担任广州市人民政府市政建设计划委员会委员,并在其后光荣地加入了中国共产党。多年过去了,在公开发言时,尤其是在开学或毕业典礼上,夏书章先生回顾自己所目睹的国家苦难和所经历的坎坷往事,总是发自肺腑地感叹祖国在这几十年来所取得的伟大成就,衷心地颂扬中国共产党的英明领导。

五、学术演绎中国梦

2016 年,有感于党的十八大以来党和国家的发展新思路,有感于习近平总书记系列重要讲话中所体现的新精神,97 岁高龄的夏书章教授写作并出版了《论实干兴邦》一书。该书系统阐述了"实干兴邦"所必需的前提与基础条件、相关的理论与制度支撑,以及中国在"实干兴邦"进程中的成功案例及其方法措施;最后提出"实干兴邦"要突出社会主义核心价值观,"实干兴邦"就是要实现中国梦。夏老先生曾说:"如今的中国日新月异、渐入佳境,且常有跨越式进展,则足以令老人愈老愈开心和更加有信心。面对国内、国际两个大局,我们'实干兴邦'大业绩效卓著。建设中国特色社会主义,培育和践行社会主义核心价值观,努力争取实现国家富强、民族振兴、人民幸福的中国梦已成为全民的自觉行动。一点也没有夸张,真是形势大好,不是小好!"这再次体现了夏书章教授始终把自己钟爱的学术事业和国家民族的命运结合在一起。他的著作和发表的数以百计的论文始终不离的中心就是"治国理政"。例如,在《行政学新论》里,夏书章先生讨论行政文化、行政道德与行政精神,指出领导干部必须具备"战略眼光、系统观念和综合能力";同时提供方法论上的指导,强调要为实践而学,讲求点动成线、线动成面、面动成体。在《管理·伦理·法理》中,他对政治、行政、管理三者中的共同道理进行了深入阐述,"政"离不开"治","行政"是"政治"的中心,"行政"则与"管理"相通,要'坐而言''起而行''三理相通,其理一也'。《市政学引论》则代表了夏书章先生对中国的城市管理高屋建瓴,领先群伦的洞见。先生在多年之前就预见中国城市的巨大发展,为当前中山大学乃至全国的城市治理研究打下了厚重的基础。夏书章先生通过文字、通过学术研究所体现出来的家国情怀,当读者们抚卷览阅之时,相信会与我有同样的发现。

今天,年近百岁的夏书章教授仍在不遗余力地积极推动着中国公共管理学和政治学的繁荣与发展,坚定地为治国理政的学问竭力奋斗。夏书章教授这种"老骥伏枥,志在千里"的风范必将激励学界后进的学术责任和信心,使中国公共管理学和政治学科薪火相传、日益繁荣,为国家治理体系和治理能力现代化做出更大的贡献!

2017 年 10 月 18 日

哈佛大学
肯尼迪政治学院院长致贺函等

一、哈佛大学肯尼迪政治学院院长
致夏书章教授的贺函（译文）

亲爱的夏书章先生：

　　我谨代表哈佛大学和肯尼迪政治学院，向您的百岁生日以及获得公共管理硕士学位72周年表示祝贺。我很高兴地得知您将于本月在广州获得荣誉。

　　因为我不能到广州出席盛典①，但肯尼迪政治学院的一位校友罗宾·麦克雷教授将代表我向您颁发肯尼迪政治学院的一份证书。麦克雷教授是1999年获得公共政策专业硕士学位的，他曾于去年年底在您家与您见面。

　　祝贺您在行政管理和公共政策领域取得的卓越成就，以及您对中国公共服务事业所做出的毕生贡献。

---

　　① 函中庆典指的是2018年3月31日中山大学举行的"新时代中国治理研究高端论坛暨首届夏书章公共管理优秀博士论文奖颁奖典礼"。——译者注

我们为我们的校友感到无比骄傲，你们为推动公共事业的发展做出了特殊贡献，要给予您荣誉。衷心祝愿您的庆典活动一切顺利。

道格拉斯·艾尔门多夫

2018 年 3 月 30 日

夏纪慧 译

HARVARD Kennedy School
JOHN F. KENNEDY SCHOOL OF GOVERNMENT

DOUGLAS W. ELMENDORF
Dean
Don K. Price Professor of Public Policy

March 30, 2018

Shuzhang Xia
Room 201, No.745-1
Yuanxiqu, Sun Yat-Sen University
Haizhu District, Guanzhou
PRC
中国广东省广州市海珠区中山大学园西区745号之一201房，夏书章

Dear Mr. Xia,

On behalf of Harvard University and Harvard Kennedy School, I write to congratulate you on the 100th year of your birth and the 72nd anniversary of receiving your master's in public administration degree. I am very pleased that you will be honored in Guangzhou later this spring.

While I cannot be present at the ceremony in Guangzhou, a Kennedy School alumnus, Mr. Robin McLay, who received his master's in public policy in 1999 and whom you met last December in your home, will present you with a formal Harvard Kennedy School acknowledgement on my behalf.

Congratulations on your great accomplishments within the field of public administration and public policy, including your lifelong commitment to public service in China.

We take great pride in acknowledging and honoring the exceptional contributions of our alumni as they advance the public. I wish you the best as you celebrate at the ceremony later this year.

Sincerely,

cc: Robin McLay

79 John F. Kennedy Street, Mailbox 3
Cambridge, MA 02138

617.495.1122
Doug_Elmendorf@hks.harvard.edu

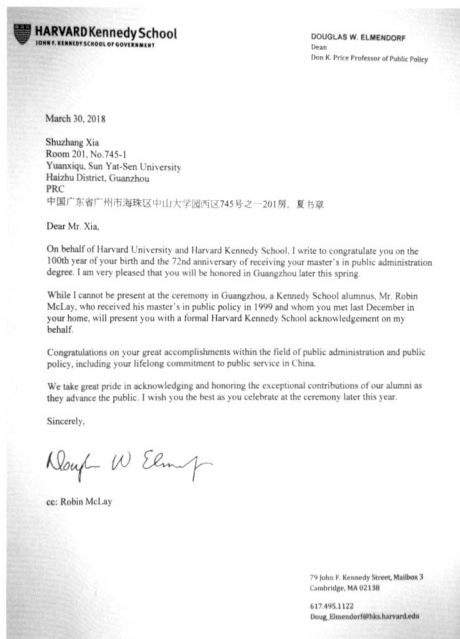

◀哈佛大学肯尼迪政治学院院长来函

二、哈佛大学肯尼迪政治学院颁发的 资深校友证书（译文）

为夏书章的百岁寿辰及其在哈佛大学获得公共管理硕士学位72周年，哈佛大学肯尼迪政治学院校友关系及资源开发办公室特向夏书章颁发此证书。

肯尼迪政治学院校友关系及资源开发办公室资深主任
艾米·戴维斯
肯尼迪政治学院院长兼公共政策教授
道格拉斯·艾尔门多夫
2018年5月8日
夏纪慧　译

◀哈佛大学肯尼迪政治学院颁发资深校友证书

家人的祝福

一、对父亲的崇敬、感恩和祝福

——夏纪梅作为家属代表在"夏书章教授从教70周年座谈会暨《夏书章著作选辑》《夏老漫谈》发布仪式"上的发言
/夏纪梅

尊敬的各位领导、各位嘉宾、各位朋友：

在今天这样喜庆的日子和高朋满座的场合，我荣幸地代表夏纪真、夏纪康、夏纪慧、李忠英、张晓穗、吴宇夏、夏洛璠、夏洛璋（他们都是今天到场的父亲的儿女孙辈及其家属）发言。我的发言是家人集体的心声，我们用有限的语言表达对父亲的崇敬、感恩和祝福。由于时间关系，我就我们对父亲的了解，归纳以下几点：

父亲的教育理想，是报效祖国，鞠躬尽瘁。他留洋不崇洋，毅然决然从海外名校学成回国，七十年来不忘初心、砥砺前行。

父亲的教育理念，是德智体美，学问思行。我们儿女的名字分别是真、善、美、康、慧，就是父母的教育期望与寄托。

父亲的教育精神,是生命不止,奋斗不息。他始终坚持在岗不退休,小车不倒只管推,参加学术会议发言,指导博士生甚至本科生学习研究。直至今年年初,他刚刚集结出版了十多本心血著作,录播了四个专题二十讲在线课程。

父亲的教育情怀,是情系国运,心系专业。他反复研读习近平主席的多部著作,推介党的新理念新思想,治国兴邦的心愿紧紧地与他的行政管理学专业深化关联。

父亲的教育态度,是严谨治学,一丝不苟。我们经常看到他不厌其烦地查阅各种辞海词源典籍文献,绝不放过一个字、一个专有名词的疑点。

父亲的教育方法,是中西合璧,博采众长。他有苏格拉底式的拷问教学法,也有中国传统引经据典、上下求索的教学法。

父亲的教育行动,是读书万卷,笔耕不辍。进入 90 岁以后,他还经常泡书店,购买各种各样的书籍回家广泛阅读,每天坚持雷打不动阅读多种报纸杂志,还做了大量笔记。他每天不离五平方米的书房,除了阅读就是写作,钢笔爬格子,老花镜加放大镜,台灯下奋笔疾书,作品量不菲。

父亲的教育生命,是源远流长,生生不息。

作为父亲的儿女,我们以父亲为骄傲、为自豪、为榜样。

我们在父亲的身体力行、谆谆教诲、严格家风、坚持党性的教养环境下,耳濡目染,自律自强,各自在自己的岗位上不辜负父母的栽培,家中三代共产党员总计七位,都是能够为党争光的合格党员。

借此机会,我想向大哥、大嫂、弟弟、弟媳、妹妹、妹夫表示衷心的感谢,感谢你们长期以来对父亲的精心照顾和无私奉献。你们功德无量,你们的付出也是一种对国家的别样贡献。

在此,我仍然以全体夏家成员的名义,以三个"祝词"结束这个发言。我们衷心祝贺父亲的九九大寿,我们衷心祝福父亲延年益寿,我们衷心祝愿父亲继续发挥百年生命的光辉。

最后,对一如既往关心支持父亲的中山大学各级领导,特别是对政务学院各级领导,对关心父亲的各界精英朋友,对远道而来的父亲中学母校代表,表示衷心的感谢。我建议我们夏家成员全体起立,向父亲鞠躬,向来宾鞠躬。

　　谢谢大家。

2018 年 1 月 19 日于广州中山大学

▲2018 年 1 月 19 日于夏书章教授从教 70 周年座谈会上的合影(立者左起:张晓穗、夏纪康、夏纪真、李忠英、夏纪梅、夏纪慧)

▲2018 年 1 月 19 日于家门前合影(立者左起:吴宇厦、夏纪慧、夏纪梅、李忠英、夏纪真、夏纪康、张晓穗、夏洛璠、夏洛璋)

二、感谢父亲对我严格要求

——祝贺父亲百岁生日

/夏纪真

父亲已达白寿之年,仍在公共管理专业的教育事业中勤奋耕耘、笔耕不止,还在带博士生。我作为长子已到了古稀之年,但仍以父亲为榜样,在国家高新科技领域中的无损检测技术事业中从事着教学、著书的工作。感谢父亲对我一贯的严格要求,对我的成长与发展起了很大作用。让我铭刻在心的事例很多,这里仅举三例。

其一,我还在广雅中学读书时,父亲时任中山大学副教务长。当时我是住读,周末才回家。广雅中学位于广州市区的西北角,中山大学位于广州市区的正南方,我每次往返需要换乘公交车,还要步行,一般需要一个半小时还多。有一次我要回学校时,正好父亲要去广州市区公干,学校派车送他去。我希望搭个顺风车到市中心再自己换乘公交车,并没有要求送我到学校。但是父亲拒绝了,他说:“这是公车,别人搭顺风车还可以,你是我儿子,搭我的顺风车就不合适了,你的地位待遇要靠你自己去努力奋斗,不能在父辈的树荫下享受。”这句话在我的脑海里烙下了深深的印记。

其二,当年我从哈尔滨军事工程学院毕业后,被分配到云贵高原海拔一千三百多米的军工大三线基地工作,生活条件、工作环境都非常艰苦。父亲后来出任中山大学副校长了,我也曾经希望父亲找关系把我调回广州,但是被父亲拒绝了。他说:“男子汉就应该志在四方,吃不了苦也就成不了才。”正是由于父亲的教导,我在大山沟里一干就是十八年,并在航空工业领域做出了自己的贡献。

其三,在 1992 年,当我和父亲同批获得国务院授予有突出贡献专家称号并终身享受政府特殊津贴时,父亲送我的一句话是:"你不要骄傲自满!"

我一直谨记父亲的教诲,努力在自己的事业上不断拼搏。在我的事业领域中一直没有人知道我有一个被誉为"MPA 之父"的父亲。我向父亲学习,为培养更多专业人才而贡献着自己的专业知识和技能,担任了北京理工大学珠海学院应用物理(无损检测方向)本科专业责任教授,并为企业提供培训和技术指导。在父亲迎来白寿之时,我衷心地对他说一句:"谢谢父亲对我的一贯严格要求! 祝亲爱的父亲长寿健康!"

2017 年 12 月于中山大学

▲2008 年 1 月 19 日全家福,四代同堂

▲2014 年 9 月 8 日中秋节与淑钧和四个儿女及大儿媳

▲2016 年春节与部分儿孙，四代同堂

▲2018 年 1 月 19 日于家中与四个儿女

三、向学无止境治学严谨的父亲致敬（照片叙事）

——贺父亲白寿

/夏纪梅

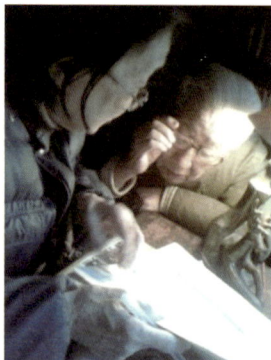

2013年，94岁的父亲夏书章和91岁的母亲汪淑钧为撰写出版《金石家话》《行政奇才周恩来》《教余漫笔》《英美幽默故事选编》《英语箴言选编》合力研究。两位老人四只老花眼聚焦台灯下，认真严谨、一丝不苟，这一幕被我即时抢拍下来，真是一对相伴七十年的学者老伴生活的真实写照。

年近百岁的父亲仍然笔耕不辍，相继于2015年出版《夏书章自选集》和2016年出版《论实干兴邦》。两书合计七十多万字，都是他用钢笔书写"爬格子"完成。看着他在大暑天为考证某论点在书房查阅书籍、在灯下写作，我十分感动，用手机拍下了珍贵的瞬间。

　　下图拍摄于 2017 年南国书香节。读书写作是我们的家风。父母亲在 90 岁高龄时仍坚持每天读书和写作，我以他们为榜样，并以他们为骄傲。

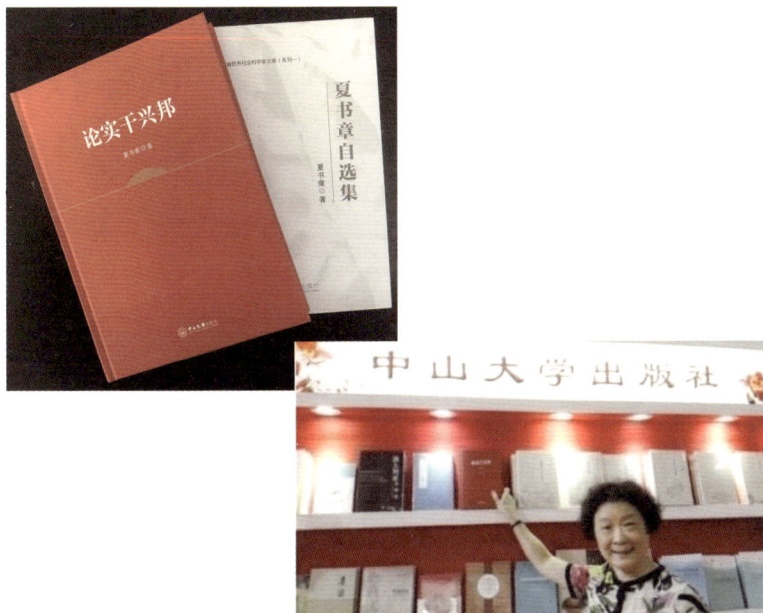

2017 年 12 月于中山大学

四、贺父亲百岁生日

/夏纪康

老骥伏枥志千里，
父行子效亦奋蹄；①
亲履家国情怀路，
百年育人记初心。②
岁月蹉跎不言弃，
生不逢时坦然行；③
日近黄昏重抖擞，
快马加鞭领行营；④
乐在盛世比后生，
赋言执杖赛同龄。⑤

2017 年 12 月于广州

---

① 我与父亲的生肖都是马，愿以父亲为榜样。

② 父亲从 14 岁担任代课老师开始就没有离开过读书教学的岗位。

③ 父亲自述"生不逢时老逢时"。

④ 父亲被誉为"中国 MPA 之父"，为建设行政管理学教学科研的阵营而努力。

⑤ 百岁仍未退休，著书教学，每年为毕业典礼执权杖。

贺父亲百岁生日

作词：夏纪康
作曲：张晓穗

1=C 4/4

老骥伏枥志千里，

父行子效亦奋蹄，　亲履家国，

情怀路，　百年育人记初心，

岁月蹉跎　不言弃，　生不逢时

坦言行，　日近黄昏冲天起，快马加鞭领行营

乐在盛世　比后生，　赋言执杖

胜同　龄。　龄。

五、我人生的榜样

—— 祝父亲白寿安康

/夏纪慧

这张照片是我在 2016 年 2 月回广州时为父亲拍照的。看着父亲红光满面、精神抖擞的样子,我从心底里祝福他老人家平安健康。回想起 2015 年 1 月母亲逝世给父亲带来了无限的痛苦和悲伤,但他老人家把悲痛埋在心底,用了不到一年的时间,在 97 岁高龄时又出版了新著《论实干兴邦》。他在扉页里写着:"永远深切怀念大学同班四年、结婚七十二载的老伴汪淑钧。"

母亲的离去给父亲的生活带来较大影响。由于我大学毕业即服从分配离开父母到北京工作,为弥补我长年未能在父亲身边尽孝的遗憾,我提前退休,安排更多的时间照顾他老人家。常言道,"百岁老人"是一本活着的历史,"百岁老人"是一部无言的巨著。在父亲身边,我有机会亲耳聆听他口述人生经历,特别是他的求学报国之路,以及向青年知识分子的寄语,深切感受到他的爱党爱国情怀。近百岁的老父亲是我人生的榜样。

他对党忠诚、信念坚定。20 世纪 40 年代,父亲曾赴美国求学。在出国前和回国后,他对国民党政府的极端腐败深恶痛绝,旧中国城市的满目疮痍令他无奈,但新中国成立后,共产党讲廉政、讲效率、讲管理、讲发展,令他振奋,他于1956年光荣地加入了中国共产党。入党六十多年来,面对惊涛骇浪,他始终对党忠诚,对党的信念从未有丝毫的动摇。在"文革"中,他被打成牛鬼蛇神,蒙受了极大的污辱和摧残。但他既不悲观,也不自弃,相信党、相信组织。他不仅没向家里人抱怨过,反而反复给我们回顾党建立和建设国家的光辉业绩。

"文革"结束后,他珍惜组织上对他的信任和工作安排,认真工作,特别是世纪伟人邓小平号召对政治学等学科"补课"的讲话让他心潮澎湃,他决心用自己的专业知识、以对工作的满腔热忱来弥补岁月的损失,为国家的振兴贡献力量。他率先响应、大声疾呼:"要搞现代化建设事业,就必须建立和健全现代化管理(包括行政管理)和实行社会主义法治(包括行政立法)",被誉为"公共管理之父",为国家(包括港澳地区)培养行政管理及研究人才倾注了全部心血。快满99岁高龄了,他仍然在带博士生,在家中给学生们开题、授课。

父亲还获得了"2016年复旦奖励基金会"颁发的终身成就奖。他在颁奖仪式上即席发表的获奖感言,令在现场的领导、嘉宾、师生们感受到他对党怀着的深厚感情、对实现中国梦充满期盼的真情。他说:"治国理政,所行的是中国社会主义特色的政,应该勤政、廉政;要以德治国,德明国泰、治国安民、国泰民安;要依法理政、法严政通、理政得人、政通人和。德和法在我们的社会主义核心价值观里都得到了体现。坚持以德治国、依法理政,我们不仅能改变中国的面貌,也就能实现我们民族振兴的梦。"

他孜孜不倦,耕耘不辍。在过去的七十年中,父亲撰写、主编了上百种学术著作。几十年如一日,他坚持读书看报写作,戴着老花镜,手持放大镜在书桌前查资料或写作的形象多次被我们收入镜头。他每天准时收看广东电视台的新闻节目和中央电视台的新闻联播,时刻关注天下大事。而平日里,他纵览群书,关心、思考着学科的发展,学习领会领导人的论著,特别是《习近平谈治国理政》,关注党和国家发展的大政方针。他思维敏捷、记忆力超强。在近期出席青年学者论坛的即席讲话中，因为准确地说出了社会主义核心价值观的全部内容，深深打动了现场听众并赢得长时间的热烈掌声。为了完整领会党的十八届六中全会公报里提到的坚持执行八项规定的内容，他向我求教，并把我替他抄写下来的主要内容放在书桌的显著位置。他学习对照《关于新形势下党内政治生活的若干准则》《中国共产党党内监督条例》，在警示自己的同时，也提醒我们同为党员的子女们要自觉遵守。

父亲的榜样事例还有很多，仅就以上两方面作一简述。人们常说，父爱是一种精神，它让我们泪流满面；父爱是一种力量，它让我们信心倍增；父爱是一种人格，他教导我们信步风雨人生。在父亲的教导下，我服从分配到北京当上一名国家公务员，光荣地加入中国共产党，经过组织的培养和工作的历练，走上了领导岗位。我庆幸自己从小就受到良好家风的熏陶，父母对我们几个子女在思想品德、工作和生活作风等方面的要求非常严格，他们的爱国之心、做人的准则和高度的工作责任心与事业心，都是我们的榜样和楷模。

在父亲近百岁之际，我以此文送上衷心的祝福，愿父亲福寿似东海云鹤，老健如南山劲松。

2017 年 12 月于波兰华沙

六、为我敬爱的外公夏书章贺寿敬礼

/吴宇厦

　　2017年6月30日，在中山大学2017届毕业典礼暨学位授予仪式上，我第一次看到外公夏书章作为主礼教授，高举约五千克重的中山大学权杖，迈着坚定而沉着的步伐走进会场，我一边举着手机录像，一边止不住激动的泪水夺眶而出。这一刻，我足足等了三十六年。

　　回想2017年2月16日，我拿到了中山大学政治与公共事务管理学院的公共管理硕士(MPA)学位证书，兴奋地一路小跑来到外公家。外公托着老花镜，仔细端详着我的中英文版硕士学位证书，并语重心长地对我说："小伙子干得不错，以后要好好工作，脚踏实地，学以致用，把公共管理精神和知识运用到工作中。"

▲2017年6月30日笔者参加毕业典礼后在外公家里合影留念

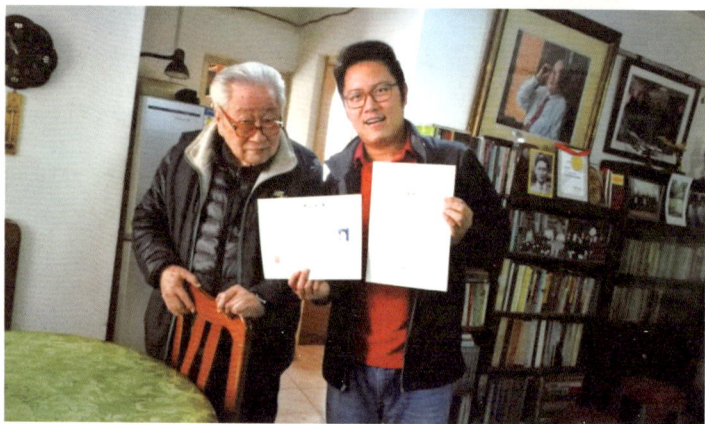

▲2017年2月16日笔者取得中山大学MPA学位证书即到外公家报喜

　　我从小就知道，外公是"中国MPA之父""新中国公共管理学科奠基人"，但那时对于什么是公共管理、什么是MPA却一窍不通。还记得小时候，每逢到外公家吃饭，他总爱在饭桌上提出各种各样的问题来"拷问"我们，搞得我每次吃饭的时候都很紧张，提心吊胆生怕回答不上来。尽管我在外交学院国际法专业毕业了，但是在外公面前还是个小学生，他对学问的严谨态度给我留下了深刻的印象。比如外公问，什么是MPA？我答："Master of Public Administration。"外公又问，为什么是Administration而不是Management？这两个英文单词有什么区别？就这样，外公总能把我们问住，然后再给我们一字一句地详细解答，就像在学校里给学生上课一样。

　　我至今仍记得外公教导我做人做事的"3A"法则，即Ambition（目标）、Ability（能力）、Action（行动），可谓是受用终身。拿破仑说过，不想当将军的士兵不是一名好士兵，做任何事情，首先要设立一个目标，然后通过努力不断完善自己、锻炼自己，正所谓"故天将降大任于斯人也，必先苦其心志，劳其筋骨……"只要有足够的能力和水平才能实现自己的目标。最后也是最重要的是行动，"空谈误国，实干兴邦"。外公2016年出版了一本新书《论实干兴邦》，我觉得他是在告诉我，告诉中国的年轻人，要实现中华民族的伟大复兴，实现中国梦，必须要实干，实干闯未来，实干创明天！

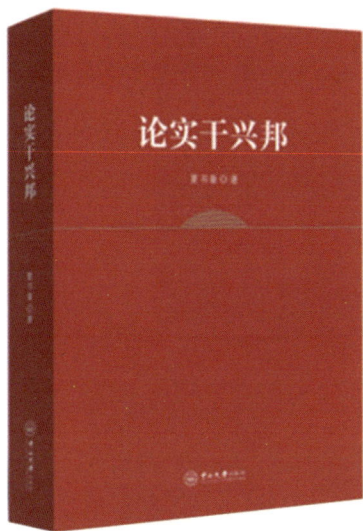

▲《论实干兴邦》一书

外公写了很多书，其中我最喜欢的就是《"三国"智谋与现代管理》和《行政奇才——周恩来》。《三国演义》是我小时候最喜欢看的名著，外公把三国的人物和故事用现代管理学的角度去解读，让我脑洞大开。周恩来是我小时候的偶像，他的"为中华之崛起而读书"深深地影响着我，而新中国的建设和发展离不开周恩来高超的行政管理水平。

外公家里藏书无数，每次去他家里，我总喜欢在书架边转悠，看看各种书名，翻翻自己感兴趣的书。外公对知识的渴求和与时俱进的精神令我十分敬佩。作为一名百岁长者，外公每天仍孜孜不倦地坚持读书看报、伏案疾书；与年轻人在一起的时候，对最新的时事新闻总能侃侃而谈、针砭时弊。外公总是不断地勉励我，要多读书、多看报，学无止境。

外公拥有超人的记忆力，年近百岁却对我的工作十分清楚。我大学毕业后在电视台工作长达十三年，外公至今还记得我刚开始当编导的时候制作的国际时事电视节目《天下聊斋》，甚至连我当时的领导的详细情况、专业和教育背景都记得一清二楚。后来，我又陆续参与制作了《中国外交官纪实》《相约多瑙河》等专题纪录片，外公都持续关注。2014年，我考上了中山大学公共管理硕士班，外公时刻关心着我，每次见到我就会问，上课感觉怎样啊？选了导师吗？论文题目是什么？论文开题了吗？什么时候答辩？要努力哟！

　　"善政天下，良治中国"，这是外公夏书章亲笔写的八个字，我将谨记心头，付诸行动。

　　谨以此文献给外公夏书章百岁华诞。

2017 年 12 月于广州

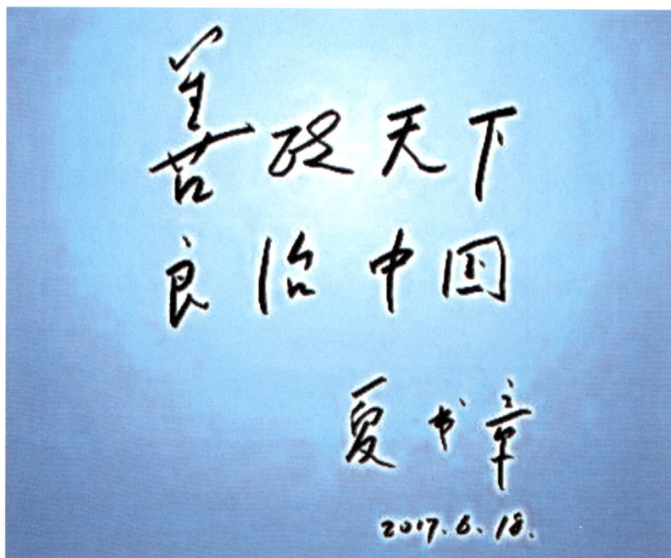

七、爷

——谨以此文祝贺爷爷夏书章先生百岁生日

/夏洛璠

　　小时候,每当我在读书时遇到不懂的生字,爷爷一定会在解释前让我先查字典。在第五版《现代汉语词典》中,"爷"是名词,二声,六画,古指父亲,今义祖父或父亲,亦可形容官僚或神仙。男性自称"大爷"或"小爷",人们称呼官人"老爷",百姓尊称神仙为"财神爷",方言中形容男性为"爷们儿",小辈敬称长辈"爷爷"。对我来说,"爷爷"不仅仅是一个对祖父的尊称。我的爷爷——夏书章先生对我影响极深,彻底塑造了我对"爷爷"的理解和寓意,使我无法承认有比他更好的爷爷。

　　爷爷是行动的维基百科。爷爷不仅上知天文下知地理,深知中华历史,他还时刻更新自己的知识库。他不但了解当今社会的发展,还很清楚中文语言的变化,包括流行语和网络用语。他彻底地贯彻了活到老,学到老。

　　爷爷是位独立的"年轻人"。每当有人要伸手搀扶爷爷,他都会挥挥手,坚持自己能行。虽然他如今近百,他还会坚持自己去做许多生活里的事情,以此为乐,也作为锻炼。

　　爷爷是严谨的学者。爷爷家里摆置最多的便是不同种类的书籍,而且每一本书籍每一页都会有爷爷的字迹,注释着自己的理解或对作者的疑问。若爷爷不在休息,他便一定是坐在书桌前,开着台灯,戴着眼镜,手持放大镜看书或看报。

　　爷爷是谦虚的知名人士。他有着无数的奖状、奖牌和荣誉证书,却从不挂在嘴边炫耀自己。每当我问起每项称号的由来,他都会轻描淡写地解释。

相反,每年收到五湖四海的学生寄来的节日贺卡,他都会把它们悉心地摆饰在桌子上或挂在绳子上,为他的学生们的成就而自豪。

爷爷是慈爱的长辈。每次我和弟弟去看望他,他都会仔细地问我们的近况,包括身体和工作情况,时刻提醒着我们不要忘记照顾自己和作为中华子孙的自豪。由于我爱阅览各类书籍,爷爷从来都会毫不吝啬地对我敞开他的书房。若我在他的书房中找到爱不释手的书籍,他有时会破例将那些书籍赠予我。

爷爷是节俭的普通百姓。记忆中爷爷和奶奶在客厅里有他们专属的竹椅,那对竹椅的年龄不知比我要年长多少。那对竹椅破得竹条从椅背上脱落了他们都不舍得换新的。爷爷家里的东西从来都是如果能够再次利用的,便绝对不会把它们扔掉。我和弟弟小时候,爷爷会留着卫生纸的纸筒芯让我们当积木玩耍。

这些关于爷爷的解释,在字典上是不存在的。爷爷用他的行动让我明白了知识的重要性、生活的点点滴滴和做人的道理。爷爷的举止深深地影响了我,造就了如今的我,激励着我做最好的自己。

2017 年 9 月 8 日于美国丹佛

八、我的动力

——贺爷爷百岁生日

/夏洛璋

前不久我的一个朋友在脸书（Facebook）朋友圈上问：你的动力是什么？

我毫不犹豫地回答：我的家人。

我盯着自己填的答复，想了许久：我这个回答还真的挺准确的。

从小到大我的生活都跟身边的朋友有所不同。虽说我那时察觉不到，但我是在很多人的夸奖和羡慕中长大的。我并不大了解我和其他小孩有什么不同，只知道叔叔阿姨们有时会叫我公子。我还是平平淡淡地和同学们在这普普通通的小学里疯跑。

疯归疯，但每次我们去爷爷奶奶家时，我和我姐一下就安静下来了。在一间狭小却充满了书籍的环境里，我们不由自主地跨过那些空篮子和旧挂历在书架上寻宝。我姐从小就喜欢看书，我嘛，就看些笑话集啊杨红樱阿姨的儿童故事书，等等。每逢生日或过节，爷爷奶奶送给我们的礼物都是"学而优"书店的礼品券。探望他们之后，我们都会走到中山大学西门旁边的"学而优"去"兑奖"。从小到大，这样的读书求学环境对我无疑有着很大的影响。

也不知是被爷爷影响了还是天生继承的，我和我爷爷都爱囤东西。什么空盒子啊、空益力多罐子啊我都留着，总觉得以后会有什么用。要不是奶奶常常悄悄地把多余的纸张、箱子、果篮等清了，爷爷的那个小家可能连落脚的地方都没有了。不过我现在倒把空的大箱子堆在房间里做柜子，还挺方便的，搬家也好搬。以我的理解，爷爷不舍得丢东西是因为他真的是太节省了，他不会浪费一丁点儿东西。家里到处都有废物利用、废物再生的例子。比如旧的衣架裹个破布就可以捶背了、旧的袜子用橡皮筋绑在一根筷子上就可以用来擦缝隙的灰尘了。当然,最重要的,也是我爷爷常常叮嘱我和我姐的,是叫我们不要浪费了宝贵的中华文化、宝贵的知识。

渐渐的,我听到了父母的故事,也读到了爷爷、奶奶、外公、外婆、姑姑、伯伯等许多亲戚的故事,才知道我生活得太幸运了。可以说,爷爷当年的努力完全改变了他以下两代人的生活,父母的努力反映在他们的小孩身上。我自认为,自己千万不能浪费了这个幸运的身份。小时候身在福中不知福,现在既然我知福了,就要以这份福气化为动力,加倍努力,争取青出于蓝胜于蓝。

2017 年 9 月 8 日于美国洛杉矶

后　记

　　本书初稿原已于 2017 年 10 月初完成。我当时的实际年龄，还不足 99 岁。提前写是为赶 2018 年年初的一次活动，因有"祝九不祝十"的习惯，即当我满 99 岁开始进入 100 岁之初就算到 100 岁了。但与此同时，存在一个具体问题，即出版社能否及时出书是关键所系，初稿还不算定稿，有待再从头修补，而且不仅是文字方面，起码如举行在即的党的十九大更不可缺。真正完整的百年应至 2019 年 1 月，出书以在与这个时间较近为宜。后来又因至 10 月底或 11 初才能交稿，恐出版社难以配合，不如另行考虑推迟付梓，以顾其全与存其实。相信在党的十九大后必更大有作为，已有种种迹象显示国际将出现新的重大变化。前面已经提到不少比较突出的事例，还有很多使世界关注和惊奇的中国现状，我们自己岂能安于无知？以下试作为举例略述一些(时间不按先后)以资补充。

　　俄媒报道题"中国宣布要打造自己的'超级环'"①，中国研发高速飞行列车，最高时速达四千千米。相比于传统高铁提升了十倍，约是当前客机时速的五倍。人们议论时速虽高，但乘客感受亦须考虑，其实用性受到怀疑。

　　德媒报道题"中国与中小学生西方化作斗争"②，关注中国新教材加强

① 载俄罗斯商业咨询网,2017 年 8 月 30 日。
② 载德国《世界报》网站,2017 年 9 月 27 日。

传统教育,赞美勤奋、服从和文明行为。中国抗日战争不是始于1937年,而是早六年。中国必须"从一开始就按照我们的社会主义核心价值观教育"年轻人并"加强他们的红色基因"。

日媒报道题"中国主导共享业态"①,中国将成共享经济全球范本。要说全世界共享经济业态前途最明朗的地方,那无疑是中国。中国的千禧一代是电商产业和由此派生出来的共享经济产业的动力来源,还有消费行为的迅速变化,最重要的是移动支付行为的扩大。

美媒文章题"为什么美国学生需要中式教育?"②过去十年,上海孩子在国际学生评估计划中两次夺得世界第一。中国孩子走出国门后学业令人惊讶。教育工作者在中国受到尊重程度是全世界最高的。勤奋才是成功的关键。美国学生只处于中流水平。半数中国人愿意鼓励孩子当教师,而相比之下,英国人、美国人的这个比例不足三分之一。

俄媒报道题"乌克兰人不去欧洲去中国"③,乌克兰人掀起赴华打工潮,到中国打工赚钱。乌克兰《消息报》报道了有关"盛况",在中国大使馆附近排几百人的长队申领签证,有的人在使馆墙下打地铺过夜。一百至一百三十美元的签证费也没有让当地人却步。

……

在一片大好的形势下,我们应保持清醒,注意还有美中不足。要坚持反腐倡廉,从严治党,狠抓为官不为,《给文山会海戴上"紧箍"》④。我们的媒体已报道了某地一部门八人全出去开会的"怪事",这是文山会海回潮、反弹的迹象。这只是一个例子,诸如此类,以此类推,应随时牢记实干兴邦,不做表面文章。

说回此稿,一放下就是半年,又有许多新情况了。小女儿纪慧回家照顾

---

① 载日本《富士产经商报》,2017年9月25日。
② 载美国《华尔街日报》网站,2017年9月8日。
③ 载俄罗斯《晨报》网站,2017年9月1日。
④ 载《光明日报》,2017年4月21日,第1版。

我,成为书稿的第一个读者,提了不少很好的建议。我这才安排时间来进行清理,争取在我满百岁时问世。与此同时,感谢中共天津市委宣传部部长陈浙闽同志盛情推荐在天津人民出版社出版。犹记在 20 世纪 90 年代初,曾在该社出版过一本由我挂名担任主编的关于河西区的著作,此次再续南北前缘,也是一大乐事。

谈到关于出版的事情,我所在的中山大学校、院、中心领导为 2018 年年初的活动,特请中山大学出版社出版了一套"夏书章著作选辑"。此选辑共十册,按出版时间顺序为:

《管理·伦理·法理》(原法律出版社,1984 年)

《人事管理》(原人民出版社,1985 年)

《高等教育管理学讲话》(原山西人民出版社,1985 年)

《行政学新论》(原中国政法大学出版社,1986 年)

《市政学引论》(原中共中央党校出版社,1994 年)

《"三国"智谋与现代管理》(原湖南科技出版社,1994 年)

《〈孙子兵法〉与现代管理》(原中山大学出版社,1996 年)

《现代公共管理概论》(原长春出版社,2000 年)

《知识管理导论》(原武汉出版社,2003 年)

《论实干兴邦》(原中山大学出版社,2016 年)

还有出版过我的著编作品的如天津人民出版社、光明日报出版社等,这里均深致谢忱!

最后,还有三点说明:一是在各专题之间为了如实反映情况,难免有些交叉;二是证明中国梦的形成和在逐步实现中得到世界关注,引用较多外媒参考资料;三是关于旅游经历,如国际国内古迹名胜的访问,因与主题无关,故从略。

夏书章

2018 年 5 月于广州中山大学